Rolf Bergmeier

Schatten über Europa

Rolf Bergmeier

Schatten über Europa

Der Untergang der antiken Kultur

Alibri Verlag
Aschaffenburg

2012

Rolf Bergmeier, Jahrgang 1940, Studium der Alten Geschichte und Philosophie an der Gutenberg-Universität Mainz. Seit zehn Jahren liegt sein Forschungsschwerpunkt auf der Spätantike (4./5. Jahrhundert).

Das Titelbild zeigt den „Sterbenden Gallier“, eine antike, in Marmor ausgeführte Skulptur, die sich heute in den Kapitolinischen Museen Roms befindet. Der „Sterbende Gallier“ ist Teil eines Siegesmonumentes, mit dem Attalos I. von Pergamon (269-197) den besiegten Kelten, lateinisch Galliern, ein ehrendes Gedenken setzt. Der verletzte Krieger liegt halb niedergesunken auf seinem Schild, unter ihm, gebrochen, sein Horn. So erwartet der einsame Krieger, den Blick am Boden, sein nahes Ende.

Das ergreifende Meisterwerk ist ein würdevolles Bild, das den Feind noch im Tode ehrt. Alles an dieser Statue spricht von einer Aufrichtigkeit und Einfachheit, wie sie im Angesicht des Todes angemessen scheint. Der Gallier wirkt trotz seiner verzweifelten Situation nobel. Der Name des Künstlers ist unbekannt.

Alibri Verlag
www.alibri.de
Aschaffenburg
Mitglied in der Assoziation Linker Verlage (aLiVe)

Zweite Auflage 2012

Umschlaggestaltung: Claus Sterneck
Druck und Verarbeitung: Sowa, Warschau

ISBN 978-3-86569-075-3

Inhaltsverzeichnis

Einleitung

Nach tausend Jahren versandet der Strom der Bildung

Beheizte Bäder, kühlende Brunnen, Fischteiche, Kanäle, Gärten, Landgüter, überall sprudelt im antiken Rom das kostbare Nass. „Wenn man sich den Überfluss an Wasser, die Aquädukte, Tunnel und eingeebneten Täler vergegenwärtigt, die erforderlich sind, um das Wasser über elf Fernleitungen an die Stadt Rom heranzuführen, dann wird man eingestehen müssen, dass es auf der ganzen Erde nie etwas Bewundernswerteres gegeben hat."[1] Plinius, römischer Autor dieser Zeilen, der beim Ausbruch des Vesuvs im Jahre 79 n.Chr.[2] ums Leben kommt, begnügt sich nicht mit der Beschreibung römischer Wasserspiele. Er spricht zwei Sprachen und schreibt vier Bücher über die Zoologie, acht über Botanik, zwölf über Medizin.

Plinius ist Repräsentant der römischen Kaiserzeit, zugleich Vertreter der vermutlich anspruchsvollsten und vielfältigsten Lebensform der Menschheit: Der griechisch-römischen Kultur. Von den Griechen im Verkehr mit Syrern, Persern, Ägyptern und Babyloniern geformt, von den Römern übernommen und ergänzt, von der Renaissance und der folgenden Zeit der Aufklärung zur abendländischen Kultur verdichtet, bildet die griechisch-römische Kultur die Urform all dessen, was wir noch heute täglich erfahren und mit den Begriffen Wissenschaften, Bildung und Zivilisation nur unge-

---

1 Nach Plinius, Naturgeschichte 36,123; ähnlich Frontinus, Über die Aquädukte der Stadt Rom, Kap. 119 („bestes Zeugnis der Größe des Imperiums"). Die genialen Ingenieurleistungen der Römer sind beliebte Themen für Seminararbeiten altgeschichtlicher Institute.

2 In diesem Buch werden trotz Bedenken die bekannten Begriffe „v.Chr." und „n.Chr." genutzt. Die neue Zeitrechnung (nach dem 6. Jahrhundert installiert) ist rein religiös begründet und zerreißt die Kontinuität der römischen Geschichte. Da die Leser an diese Chronologie gewohnt sind, wird die Zeitteilung beibehalten.

nügend umschreiben können. Denn griechisch-römische Kultur ist weitaus mehr. Sie setzt sich mit der Würde des Menschen auseinander, mit den Menschenrechten, mit der Frage nach dem Wert des Einzelnen in einer sozialen Gemeinschaft, definiert den Vorrang des Öffentlichen und fragt, was getan werden muss, um glücklich zu werden. Kurzum, die antike Kultur setzt *Werte*. Und wer sich mit den griechischen Philosophen und römischen Autoren beschäftigt, verneigt sich tief vor der Gedankenfülle, mit der Wertefragen damals diskutiert worden sind.

Dann aber versandet dieser Strom des Wissens und der Kultur. Innerhalb von wenig mehr als einem Jahrhundert verwahrlosen fast alle Erbstücke, die die Römer in Italien und Gallien, Spanien und Syrien, Schottland und Nordafrika hinterlassen haben. Verfügte Rom im vierten nachchristlichen Jahrhundert noch über achtundzwanzig öffentliche Bibliotheken[3] mit Hunderttausenden von Büchern, so quälen sich wenig später Reste von wenigen hundert Büchern in das Mittelalter hinein. Viele Fertigkeiten, die das Leben angenehm machen, liegen darnieder, die Wasserleitungen verfallen, die Menschen vergessen das Schreiben, verstehen die Amtssprache nicht mehr und brauchen Übersetzer, wenn sie kommunale Verordnungen lesen wollen. Sie sind Fremde im eigenen Land, das von mächtigen Kräften beherrscht wird. Über das Abendland senkt sich das „finstere Mittelalter“[4] herab mit materieller und geistiger Armut, aus der es nur langsam, nach einer kleinen Ewigkeit von fast tausend Jahren wieder auftauchen wird. „Renaissance“ wird das Ende der Finsternis genannt, Wiedergeburt.

Dieses Buch widmet sich dem rätselhaften Zusammenbruch der antiken Kultur im fünften und sechsten Jahrhundert. Es sucht das Ursachenbündel zu entwirren, das gemeinhin zur Erklärung benannt wird und fragt, wie es geschehen konnte, dass eine solche Kultur, so vielschichtig wie tiefgründig, so wissenschaftlich wie kunstbesessen, so hilfreich für den Menschen wie angenehm derart verstoßen wird. Alle Welt ist sich sicher: Die Dekadenz der Römer, vor allem aber die „Völkerwanderung“ seien schuld. Teutonische Hinterwäldler seien aus ihren armseligen Hütten ausgebrochen und hätten in ungestümer Wut der lichten Antike den Garaus gemacht. Eine wilde Gegenwelt zur römischen Zivilisation sei über das Imperium Roma-

3 Theologische Realenzyklopädie, Bd. 6, S. 413 (Balz/Krause).

4 „Finsteres Mittelalter“? Historiker bezweifeln die Berechtigung dieses Begriffes. Der Titel sei ein Klischee (J. Fried, Mittelalter, 2008, S. 558, passim; J. Fried/M. Stolleis [Hrsg.], Wissenskulturen, 2009, S. 12-42).

num hereingebrochen; rohe, dunkle Barbarenkräfte hätten das Edle verwüstet. Ein wenig hätten auch andere Umstände mitgewirkt: Die Militärmüdigkeit der römischen Bürger, Hungersnot, Pest und Steuerdruck, aber die Hauptverantwortlichen für den Tod der antiken Kultur seien die Völker jenseits des Rheins und nördlich der Donau gewesen, die in der frostigen Silvesternacht des Jahres 406 n.Chr. bei Mainz zum Sturm auf das Imperium angesetzt hätten. Unter dem Druck der Immigranten sei dann das Weltreich zusammengebrochen und mit ihm die antike Kultur, die einer neuen Lebensart mit überlegenen „tieferen Einsichten“ habe Platz machen müssen: der christlichen. Soweit die Schulmeinung, die – wie so manche durch lange Schulbuchtradition geheiligte Lehre – bestenfalls zur Hälfte richtig ist.

Dieses Buch bringt solche Gewissheiten ins Wanken. Von der Thematik her gehört es zu den Altertumswissenschaften, muss aber Anleihen bei den Kunsthistorikern und Philologen machen. Man kann nicht über abendländische Kultur schreiben, ohne die Kunst- und Literaturexperten zu Worte kommen zu lassen. Anleihen werden auch bei der Kirchengeschichte gemacht. Denn die christliche Kirche[5] bestimmt seit ihrer Erhebung zur Staatskirche im Jahre 380 n.Chr. das alltägliche Leben wie keine andere Institution. Das Buch ist also ein Wanderer zwischen den Fakultäten, ein Grenzgänger.

Grenzgänger ist das Buch auch im Hinblick auf die beiden großen Epochen „Spätantike“ und „Frühmittelalter“. Denn der „Schatten“, der auf das „finstere“ christliche Mittelalter zwischen 400 n.Chr. und 1000 n.Chr. fällt, kann nur im Vergleich mit der „lichten“ heidnischen Spätantike sichtbar gemacht werden. Insoweit ist das Buch auch ein Wanderer zwischen zwei Welten, die sich beileibe nicht nur in der Frage der Religionen unterscheiden.

Die Untersuchung dieses Europa grundlegend bestimmenden Phänomens, das wir gegen den vorhersehbaren heftigen Widerstand aller Kontinuitätstheoretiker „Kulturbruch“ nennen wollen, führt die Leser mit zwei

5 In der althistorischen Literatur (Spätantike) wird durchgängig nicht zwischen „Kirche“ und „Christentum“, resp. zwischen dem ideengeschichtlichen Phänomen und der hierarchisch verfassten Institution, unterschieden. Tatsächlich gleicht das Christentum (zukünftig Institution) des 4. Jahrhunderts eher einem „Haufen raufender und lärmender Hunde“ als einer „Kirche“ (vgl. R. Bergmeier, Kaiser Konstantin und die wilden Jahre des Christentums, 2010, Kap. 1 „Was ist Kirche?“).

einführenden Kapiteln „Die antike Kultur im 4. Jahrhundert“ und „Die Auflösung der antiken Kultur ab dem 5. Jahrhundert“ in die damalige Welt ein. Sie sollen lediglich sensibilisieren, Details sind noch nicht vonnöten.

Ihnen schließt sich die Diskussion der Ursachen des Kulturverfalls an, in der vier Theorien diskutiert werden. Natürlich tragen viele Einflüsse zum Untergang der antiken Kultur bei, aber wir suchen den *Hauptverantwortlichen* und keine schwammige „Multikausalität“, noch weniger eine „Kontinuität“, die im gesamten Geschichtsablauf so selbstverständlich ist, dass man sich über ihre Erwähnung nur wundern kann.

Damit sind wir beim Kern des Buches, der Diskussion einer in der historischen Forschung bisher nicht oder bestenfalls nur *en passant* behandelten neuen Theorie zur Ursache des Verfalls der antiken Kultur: dem Christentum in seiner staatskirchlichen Ausprägung. Die Theorie ist eine These und die unsterbliche, ermüdende wie substanzlose „Werte“-Diskussion lässt ahnen, warum so manche Politiker eine unsägliche Verwirrung stiften, wenn sie von „christlich-abendländischer Kultur“ oder „europäischen Werten“ sprechen: Ihnen fehlt das historische, philologische und philosophische Rüstzeug, um mit Gewinn über „Werte“ und „Kultur“ sprechen zu können: Zudem werden ihre Meinungen durch weltanschauliche und parteipolitische Gesichtspunkte, die außerhalb von Wissenschaft und Lehre liegen, geprägt.[6]

Es ist also einige Arbeit vonnöten, um mit Hilfe zahlreicher Zeitzeugen Lücken zu schließen und Krusten zu öffnen. Und manche Leser werden sich freuen zu hören, dass die Germanen auf ihrer berüchtigten „Völkerwanderung“ nicht die römischen Bibliotheken ausgeräumt haben, um auf dem *Forum Romanum* ihre Wildschweine zu braten.

---

6 Die Leitkultur Deutschlands sei „jüdisch-christlich“, hört man von Politikern. Bekanntermaßen ist aber weder die deutschen Geschichte noch die des Christentums durch ein erträgliches Zusammenleben von Juden und Christen geprägt. Aus diesem Grunde lehnen jüdische Persönlichkeiten den Begriff kategorisch ab. So antwortet der Vizepräsident des Zentralrats der Juden Salomon Korn, die Politiker verwendeten solche Formulierungen, um sich von Muslimen abzugrenzen und die Juden in eine gemeinsame Front gegen die Muslime einzubinden (Online-Ausgabe Süddeutschen Zeitung, 27.1.2011).

Teil Eins

Wissen und Kunst.
Die antike Kultur im 4. Jahrhundert

Weit vor Beginn unserer heutigen Zeitrechnung, vor 500 v.Chr., tritt ein nicht sehr mächtiges und nicht besonders gut organisiertes Volk hervor, das eine gänzlich neue Auffassung von der Bestimmung des Menschen, seiner Bindung an die Gemeinschaft, von den Idealen des Schönen und Guten hat und „zum erstenmal zeigt, was der Geist des Menschen vermag"[7]: die Griechen.

Was und wer auch immer die Entdeckung des Neuen und des Schönen ursprünglich betrieben haben mag, der Drang der Griechen nach außen und ihre Fähigkeit, in Konzepten zu denken, dürfte maßgeblich zur hohen Kultur und zur Symphonie wissenschaftlicher Schöpfungen beigetragen haben. Aber auch die geographische Lage Griechenlands spielt eine Rolle. Die Griechen säßen, bemerkt Platon, rund um das Mittelmeer wie „Frösche um einen Tümpel".[8] Italien, Südfrankreich, Spanien, Nordafrika, Kleinasien, Schwarzes Meer, überall quaken griechische „Frösche", nehmen auf, erweitern ihre Kenntnisse über Kulte, Sitten, Gebräuche und Forschungen anderer Völker und formen das Erworbene zu einer einzigartigen, geschlossenen und blühenden Kultur und Sittenlandschaft um.

Im Umgang mit der großen, weiten Welt und ihrer Variantenfülle blühen und gedeihen Kritik und Selbstkritik. Das „Infragestellen", Intimfeind des seine provinzielle Physiognomie nicht verbergen könnenden Dogmas, wird geboren und mit ihm die Philosophie, Mutter aller Wissenschaften. Und es passt in diese Welt aus Geist, Kultur und Wissen, dass die „Hel-

---

7 Humphry D. F. Kitto, Die Griechen, 1960, S. 7.

8 „Wir, die wir von Phasis bis an die Säulen des Herakles reichen [...], wie Ameisen oder Frösche um einen Sumpf, so wir um das Meer herum wohnen" (Platon, Phaidon 109).

lenen“ zugleich die literarische Beschreibung dieses Umbruchs erfinden: Herodot, „Vater der Geschichte“, der in neun Büchern den Aufstieg Griechenlands aus mythischer Vorzeit zur führenden Kulturnation beschreibt, und sein Kollege Thukydides gründen im fünften vorchristlichen Jahrhundert die Geschichtswissenschaft, die in ihrem Anspruch auf geschichtliche Wahrhaftigkeit der Zeit weit voraus eilt.

Später wird Rom die griechische Kultur übernehmen und ergänzen. Nach der Einverleibung Griechenlands als Provinz im zweiten vorchristlichen Jahrhundert wird der griechische Lebensstil Vorbild aller römischen Schichten und Klassen. Wer etwas auf sich hält, fährt nach Athen oder nach Alexandria, der hellenistischen Wissenschaftsstadt in Nordafrika, um dort zu studieren. Pragmatisch wie die Römer nun einmal sind, fügen sie der umschwärmten griechischen Kultur staatsformende Elemente aus Verwaltung, Organisation, Ingenieurwesen, Militär und Recht bei und gründen damit die überragende römisch-griechische Kultur, die wir „antik“ nennen und von der wir fortan sprechen wollen.

1 Das Schul- und Erziehungssystem der antiken Kaiserzeit

Bildung erfreut sich in der Antike fast religiöser Verehrung. Überall ist sie verbreitet, in Gallien, Spanien und Afrika nicht minder als in Italien und Griechenland. Sie allein öffnet die Tore in die höheren Gesellschaftsschichten und in die hohen Staatsämter, sie allein schafft Ansehen und gesellschaftliche Geltung. Beschäftigung mit literarischen Dingen, die Lektüre von Dichtern und die eigene Betätigung als Schriftsteller und begnadeter Rhetor gehören zu den unumgänglichen Merkmalen eines Mannes aus gutem Haus. Bildung sei die höchste aller Tugenden – *litteratura quae omnium virtutum maxima est* –, schreibt Kaiser Konstantius, der selbst gerne als Gelehrter gelten möchte, im Jahre 360 in das römische Gesetzbuch.[9]

Ausgangspunkt ist Griechenland oder präziser das Schul- und Akademiewesen der Stadtstaaten. Bereits das um 500 v.Chr. eingeführte „Scherbengericht“ Athens (Ostrakismos) verlangt die Anwesenheit von mindestens 6.000 Stimmberechtigten, die ihren Namen lesen und schreiben können.[10] Es folgen Jahrhunderte, in denen die Griechen über die Aufgaben des Individuums in der Gemeinschaft nachdenken und mit Staats- und Erziehungsformen experimentieren. Die Früchte dieser Anstrengungen sammelt Platon ein, der in seinem um 347 v.Chr. publizierten Werk *Gesetze* detaillierte Vorstellungen über die Verpflichtungen des Einzelnen gegenüber der Gemeinschaft, über die Aufgaben des Staates, die grundlegende Bedeutung der staatlichen Schulen für die Gemeinschaft, die Verantwor-

9 Codex Theodosianus 14,1,1. Der Codex Theodosianus ist eine Sammlung kaiserlicher Verordnungen, die 438 n.Chr. unter Theodosius II. publiziert wird. Die Sammlung wird 100 Jahre später durch den Codex Justinianus abgelöst. Der Codex Theodosianus bleibt dennoch ein wichtiges Dokument.

10 Beschreibung des Verfahrens bei Plutarch, Aristides 7 (Aristides war Athener und *Strategos* bei Marathon, der Schlacht der Athener gegen die Perser, 490 v.Chr. Aristides wurde 482 durch ein Scherbengericht verbannt).

tung des Staates zur Einrichtung und zum Erhalt derselben und über ein differenziertes Auswahl- und Erziehungssystem entwickelt, so dass jeder nach seinen Anlagen eine Rolle im Staat ausfüllen kann und soll. Ziel ist, neben der Vervollkommnung des Individuums, die Besten für die Leitung des Staates auszuwählen. Bildung ist folglich Angelegenheit des Staates. Er richtet Schulen und Ausbildungsstätten ein, bestimmt die „Wärterinnen" für die Kleinkinder und verpflichtet gegen Lohn die Lehrer für den Unterricht in allen Fächern.

Roms dreigliedriges Schulsystem

Auf dieser griechischen Schulkonzeption baut Rom in Italien wie in den Provinzen flächenweit ein dreigeteiltes Schulwesen auf,[11] das getragen wird vom Bewusstsein, Weltkultur zu repräsentieren: „Städte strahlen nun in Glanz und Anmut, und die ganze Erde ist wie ein paradiesischer Garten geschmückt. Rauchwolken aus den Ebenen und Feuersignale von Freund und Feind sind verschwunden, als hätte sie ein Wind davongetragen, jenseits von Land und Meer. An ihre Stelle sind anmutige Schauspiele aller Art und Wettkämpfe in unbegrenzter Zahl getreten. So hören die Festversammlungen gleich wie ein heiliges, nie erlöschendes Feuer nicht mehr auf [...] und ständig wird irgendwo gefeiert [...]. Daher verdienen allein diejenigen Mitleid, die außerhalb eures Reiches wohnen, wenn es irgendwo noch welche gibt, weil sie von solchen Wohltaten ausgeschlossen sind"[12] Auf dieser Basis entwickelt sich im Imperium Romanum ein Schulsystem, das ohne Schulzwang die meisten Kinder erfasst.[13]

11 Einige Forscher gehen zwar von einer sozialen Zweiteilung des Schulsystems aus, bei dem die Unterschicht von den oberen Schichten getrennt unterrichtet worden sei (A.D. Booth, Elementary and Secondary Education in the Roman Empire, 1979, S. 11-9), aber die grundsätzliche Konzeption von drei aufeinander aufbauenden Schultypen, Elementar-, Grammatik- und Rhetorschule, wird von allen Forschern anerkannt. Vermutlich wird das Grundsystem, abhängig vom Einkommen des Elternhauses (Hauslehrer) und in Anlehnung an die Region (Stadt/Land), variiert.

12 Aelius Aristides, Romrede 99 (Lobrede auf Rom, um 143 n.Chr.).

13 Zu der breiten Streuung öffentlicher Schulen vgl. Plinius, Brief 4,13; Eusebius, Kirchengeschichte 9,5,1; 9,7,1; Strabo 673. M. Fuhrmann: „Der Elementarunterricht vermittelte [...] den meisten Kindern die Fertigkeiten des Lesens,

Zwar sind die Schulräume meist einfach bis primitiv, zwar findet der Schulunterricht häufig *open air* statt, zwar hält die Paukmethode keinem modernen pädagogischen Konzept stand, da setzt es bei Unaufmerksamkeit oder mangelndem Fortschritt auch schon mal Prügel, aber die Mehrheit der Kinder – Jungen wie Mädchen – lernt Rechnen, Schreiben und Lesen.[14] Es ist also keineswegs so, wie die Professorin für Kirchengeschichte Barbara Aland meint, dass Lesen und Schreiben ein Privileg gebildeter Schichten sei und das Schul- und Bildungssystem, „selbstverständlich nur von der Oberschicht genutzt" werde.[15] Eine solche Hypothese verkennt den politischen Charakter, den Rom der Erziehung zumisst. Ungleich dem griechischen Bildungssystem, das die Heranbildung des Individuums zu höchster Menschlichkeit anstrebt, werden die Römer vom Prinzip „Erziehung zur Praxis" geleitet. Die berühmte Formel Senecas „sed vitae discimus" verkörpert die Auffassung, dass Erziehung und Bildung vor allem eine Erziehung für das Leben sei und dem Staate dienen muss. Das riesige Reich braucht Verwaltungsfachleute, muss über weite Strecken kommunizieren können und dazu sind Schulen in Stadt und Land erforderlich, die zum Teil aus öffentlichen Mitteln finanziert werden.[16]

Zahllose Gesetzestafeln und Erlasse, die unübersehbare Masse an Inschriften jeglicher Art, volkstümliche, zum Teil vulgäre Graffiti in Pompeji und Herkulaneum, die allgegenwärtigen Bibliotheken in Städten, Ther-

Schreibens und Rechnens" (Rom in der Spätantike, 1994, S. 81). W. Harris: „many or all towns [...] continued to have schools [...] at least through most of the fourth century" (Ancient Literacy, 1989, S. 308/309). B. Ward-Perkins, Untergang des Römischen Reiches, 2007, S. 159 ff. Tacitus mäkelt, dass Schulbildung prinzipell für jeden zu haben sei („in quem nemo nisi aeque imperitus intrat", Dialog über die Redner, 35,3).

14 Der gemeinsame Unterricht von Jungen und Mädchen kann nur aus versteckten Andeutungen erschlossen werden (Livius, Römische Geschichte 3, 44; Martial Epigramme 9,68; 8,3).

15 B. Aland, Christentum, 1983, S. 18. Die Auffassung findet in den Quellen bzw. der Literatur keine Bestätigung.

16 Lehrer als Staatsangestellte: Bereits Kaiser Vespasian (69-79) lässt einen Teil der Lehrer aus dem Staatssäckel bezahlen (Sueton, de viris, Vespasian 18, 100.000 Sesterzen Jahresgehalt). Im Jahre 301 erlässt Kaiser Diokletian ein Preisedikt, dass das monatlich zu entrichtende Unterrichtshonorar für Schulaufseher, Turn-, Lese-, Stenographie-, Sprach- und Geometrielehrer und Lehrer der Baukunst festlegt (Kap. 7). S. Lauffer, Diokletians Preisdiktat, 1971, S. 124-125.

men und Villen, die Weihe- und Grabinschriften, Soldatenbriefe sowie die Papyri-Funde mit allerlei wichtigen und nichtigen Verwaltungsakten, die u. a. in der antiken Müllkippe der ägyptischen Stadt Oxyrhynchos entdeckt wurden, bestätigen einen eindrucksvollen Befund: Alle Städte des Imperiums verfügen über öffentliche Schulen, in denen ein beträchtlicher Teil der Jugend wenigstens die Elementarschulen besucht und in weiterführenden Schulen mit dem reichen Schatz römischen und griechischen Schrifttums bekannt gemacht wird.

Quintilian (35-96 n.Chr.), ein berühmter römischer Lehrer der Rhetorik, beschreibt in seiner *Unterweisung in der Redekunst* die Anforderungen an den Schüler und den Weg des Schülers zum vollendeten Redner.[17] Schon vor Beginn des Schulunterrichtes solle der Knabe die griechische Sprache erlernen, aber so, dass die lateinische nicht darunter leide. Der dargebotene Lehrstoff solle sittlich wertvoll sein und auch seltene Worte enthalten.

Die eigentliche Schulausbildung beginnt mit dem Elementarunterricht beim *Magister ludi*, dem Schulmeister, der den meisten Kindern ab dem siebten Lebensjahr die Fertigkeiten der „Trivialwissenschaften", des Lesens, Schreibens und Rechnens, vermittelt. Als Material beim Schreiben dienen Wachstäfelchen, auf denen die Schüler mit spitzem Griffel schreiben, dessen oberes flaches Ende zum Auslöschen des Geschriebenen dient.

Es folgt als erste Stufe des höheren Unterrichtes die Unterrichtung durch den *Grammaticus*, den Philologen. In diesen Grammatik-Kursen wird ein Kanon poetischer und prosaischer Werke studiert, grammatikalisch interpretiert und kommentiert, in dessen Mittelpunkt die griechischen Autoren Homer, Euripides, Meander und Demosthenes und die Lateiner Vergil, Terenz, Sallust und Cicero stehen. Musik, Geometrie, Arithmetik, Astronomie und Elementar-Rhetorik ergänzen das Angebot, so dass von den Lehrern ein gehöriges Maß an Kenntnissen in Literatur, Philosophie, Rhetorik, Musik und Mathematik erwartet wird. Die Unterrichtung erfolgt in Latein und Griechisch.

Für die Elite schließt sich frühestens ab dem 15. Lebensjahr ein ebenfalls mehrjähriges Studium der „großen" Rhetorik an, die im Wesentlichen aus

17 H. Rahn (Hrsg.), Marcus Fabius Quintilianus: Ausbildung des Redners, ^{5}2011; Apuleius, florida 20,2-3. Detaillierte Beschreibung bei: H.I. Marrou, Erziehung im klassischen Altertum, 1977, 2, Kap. 5-11; 3, Kap. 4-6. Sehr schön arbeitet P. Brown das Ziel der Erziehung zum *beherrschten* Vortrag heraus (Macht und Rhetorik in der Spätantike, 1995, S. 67ff.).

den Disziplinen Psychologie, Stilkunde und Logik (Argumentationslehre) besteht[18] und die Studenten auf die Aufgaben im öffentlichen Dienst und vor Gericht vorbereitet. Die zweisprachige Rhetorikausbildung wird durch Studienreisen zu den griechischen Akademien in Athen, Rhodus, Mitylene und Apollonia ergänzt, die die schulische Laufbahn krönen. Rom verfügt damit über eine Elite, die – gebildet und beredt, zuverlässig in Krieg und Frieden – das Blut in den Adern des Imperiums und das Herz einer gemeinsamen, auch in den Provinzen hoch angesehenen Kultur bildet.

Diese dreistufige Ausbildung hat die schweren Krisen des dritten nachchristlichen Jahrhunderts, in der vierzig Soldatenkaiser und Usurpatoren sich gegenseitig entmachten und das Reich in Bedrängnis bringen, weitgehend unbeschadet überstanden. Zu sehr ist die Zivilverwaltung, sind Finanz- und Gerichtsbehörden von einem steten Strom gut ausgebildeter und redekundiger Beamter abhängig, als dass sich der Staat ein Absinken des allgemeinen Bildungsniveaus hätte erlauben können. „Der Sockel der philologisch-rhetorischen Allgemeinbildung blieb [...] gleich“, schreibt der angesehene Altphilologe Manfred Fuhrmann, Autor einer zum Klassiker gewordenen Einführung in Bedeutung und System der griechisch-römischen Redekunst, und nimmt damit allen Behauptungen den Wind aus den Segeln, die krisenhaften Zustände im dritten Jahrhundert seien ursächlich für einen kulturellen Einbruch gewesen. Der weltanschauliche Graben sei anders verlaufen, fährt Fuhrmann fort, „er trennte die heidnische Bildung im Ganzen von der christlichen Religion“.[19] Die *Bekenntnisse* des berühmten Augustinus, Bischof von Hippo in Nordafrika (gest. 430), bestätigen Fuhrmann in jeder Weise: Augustinus hat eine gründliche Schulausbildung bis zum Rhetor durchlaufen (lediglich sein Griechisch soll geschwächelt haben) und seine spätere christliche Sicht ist von der heidnischen Kultur durch einen tiefen „weltanschaulichen Graben“ getrennt.

Parallel zum Aufbau eines organisierten Schulwesens lösen sich Einzelwissenschaften aus dem ursprünglich engen Verbund aller Wissenschaften unter dem bisherigen Dach der Philosophie. Vielfalt ergänzt die Einheit, Teildisziplinen treten neben die weltanschauliche Geschlossenheit. Einzelforschungen in Natur- und Geisteswissenschaften, Medizin, Jurisprudenz, Ingenieurwesen, Architektur und Mathematik ergänzen den Bildungs- und

18 Aristoteles hat seine Logiklehre aus der weit früher entwickelten Rhetorik abgeleitet. Mit dem Wort kam das Nachdenken. Mit dem Nachdenken die Argumentation.

19 M. Fuhrmann, Rom in der Spätantike, 1998, S. 82/83.

Ausbildungskanon. Die Spezialisierung wird durch enzyklopädische Werke, fachwissenschaftliche Terminologien und durch die Entwicklung wissenschaftlicher Methoden begleitet, mit denen bis heute gültige Maßstäbe wissenschaftlichen Forschens geschaffen werden.

So leisten römische Kultur und römische Schulen, ohne Schlachten schlagen zu müssen, Integrationspolitik und zwar höchst erfolgreich. In allen Teilen des Reiches von Spanien bis Kleinasien, von Schottland bis Nordafrika, vielfach auch auf dem Lande, arbeiten die Schulen an der Verbreitung gemeinsamer Werte, überall wird die Achtung vor den „Sitten der Alten" gepredigt. Nur Bildung schafft es, dass sich die Teile als *ein* Vaterland verstehen, als *eine* Großmacht, die den Barbaren überlegen ist. Kaiser Claudius versichert im Jahre 48 n.Chr. dem Senat, dass die Gallier nach der Eroberung durch Caesar in *moribus, artibus*, an Sitte und Bildung, den Römern gleich geworden seien; der Grieche Aristides preist, „überall gibt es Gymnasien, Brunnen, Vorhallen, Tempel, Werkstätten und Schulen. Mit einem klugen Vergleich könnte man sagen, dass der am Anfang gleichsam kranke Erdkreis gesund geworden ist";[20] der römische Historiker Velleius Paterculus bezeugt, dass sich in allen pannonischen Provinzen die lateinische Sprache und die literarische Bildung ausgebreitet habe[21] und Plinius der Jüngere bestätigt in einem Schreiben an seinen Kollegen Tacitus, an vielen Orten seien öffentliche Schulen eingerichtet und „Lehrer auf Gemeindekosten" angestellt.[22] Papyrusfunde aus Ägypten bestätigen, dass offenbar auch arme Bauern und Sklaven in den Provinzen lesen und schreiben können und auch der „heilige" Augustinus, der in drei Städten (Thagaste, Madauros, Karthago) zur Schule gegangen ist, versichert, dass es im vierten Jahrhundert überall *scholae publicae* gegeben habe, die vom Staat unterhalten worden seien.[23]

---

20 Aelius Aristides, Romrede, 97.

21 Velleius Paterculus 2,110.

22 Plinius, Brief 4,13.

23 Augustinus, Bekenntnisse 1,13; 3,3; 6,7; de civitate dei 1,3. Otto Denk kommt zu dem Ergebnis, dass Adel, Kuriale (Stadtrat) und freie Stadtbevölkerung „ohne genügende Schulkenntnisse den ihnen zugeschobenen Obliegenheiten [...] Verwaltung der städtischen Angelegenheiten, Besorgung des Steuerwesens [...] nicht gerecht zu werden" vermochten. (Gallo-Fränkisches Bildungswesens, 1892, S. 165). H. Dessau weist nach, dass es in Spanien Elementarschulen bis in das kleine Bergwerksgebiet Südlusitanien gegeben habe und in allen einigermaßen bedeutenden Städten Afrikas und Galliens lateinische und griechische Grammatiker anzutreffen gewesen seien (Inscriptiones Latinae selectae

Bildung als Integrationsfaktor, Rom zeigt, wie man das macht. Und es hat seinen wohl überlegten, staatsmännisch-klugen Grund, dass Rom provinziale Fürstensöhne gerne als Geiseln in die Hauptstadt führt (Arminius) und ihnen eine vorzügliche Schulausbildung in der Erwartung zukommen lässt, die in ihr Heimatland zurückkehrenden Jünglinge würden Völker und Stämme vom Wert römischer Kultur überzeugen.

2892; 6891, 57; 7762; 7766; 7772). Michael Rostovtzeff: „Alle Städte des Reiches besaßen Gymnasien und Ringschulen, in denen die Jugend geistige und körperliche Ausbildung erfuhr. [...] Die Kaiser übernahmen die Besoldung einer gewissen Anzahl von Professoren und Lehrern" (Alte Welt,1942, Bd. 2, S. 262f.). Henri I. Marrou: „Fast überall gab es Elementarschulen, in den nur einigermaßen bedeutenden Zentren Grammatiker und dann auch Redner" (Geschichte der Erziehung, 1977, S. 493, 541) Manfred Fuhrmann: „Der Elementarunterricht vermittelte [...] den meisten Kindern die Fertigkeiten des Lesens, Schreibens und Rechnens" (Rom in der Spätantike, 1994, S. 81). W. V. Harris: „Many or all towns of moderate size probably continued to have schools [...] at least through most of the fourth century" (Ancient Literacy, 1989, S. 308/309). Theodor Mommsen: „Auch unter den niederen Klassen und den Sklaven wurde viel gelesen, geschrieben und gerechnet" (Römische Geschichte 1, S. 892).

2 Bücher und Bibliotheken

Diese einzigartige Schul- und Akademielandschaft eröffnet den Wettbewerb der Städte, Aristokraten und Herrscher um die größte und schönste Bibliothek. Es gehört zum guten Ton eines römischen Landedelmannes, seine Landhäuser mehr oder weniger reichlich mit Bibliotheken auszustatten, die mehr als 50.000 Schriftrollen umfassen können und von *servi litterati*, Bibliothekssklaven, betreut werden.[24] Berühmte Besitzer von Privatbibliotheken sind Lucullus, Cato, Atticus, Varro und natürlich Cicero, der in seinen sieben Landhäusern über mehrere Bibliotheken verfügt.[25] Reiche Römer kaufen *tot milia librorum*, viele Tausend Bücher, auch wenn sie nur ihre Bildungsbeflissenheit demonstrieren wollen.[26] Private Bibliotheken sind als Statussymbol so verbreitet, dass sich Seneca und Petronius über die Besitzer lustig machen, die die Bücher lediglich zur Dekoration nutzen.[27] „Ein Affe bleibt ein Affe, auch wenn er goldene Orden trägt", geißelt der Syrer Lukian (um 120-180) hohle Kulturgeschäftigkeit, „zwar hältst du nun ein Buch in der Hand und bist ständig am Lesen, aber verstehen tust du nichts von dem, was du liest, sondern gleichst einem Esel, der die Ohren spitzt und auf die Leier lauscht".[28] Und auch Seneca amüsiert sich in einer Bemerkung über ungebildete Büchersammler, dass diese in ihrem ganzen

24 Die Bestandszahlen für Privatbibliotheken gehen bis zu 62.000 Schriftrollen (Historia Augusta, Gordianus 18,2). Zu *servi litterati* vgl. Cicero, de finibus 3,7. Wolfram Hoepfner weist für die kleine Stadt Delos im 2. Jahrhundert v.Chr. sieben Bibliotheken nach (Antike Bibliotheken, 2002, S. 88/89).

25 Hochschätzung der Bücher bei: Cicero, ad Atticum 1,7,3; 1,20,7; 2,6,1. Die eigentliche Bibliothek ist vermutlich in Tusculum, darauf deutet die Tatsache hin, dass Cicero hier die wichtigsten Schriften verfasste (De oratore, Cato, de finibus bonorum et malorum, de natura deorum u.a., vgl. O. Schmidt, Ciceros Villen, 1972, S. 35).

26 Seneca, de tranquillitate animi 9,6.

27 Petronius, Cena Trimalchionis, 48. Seneca, de tranquillitate animi 9,5-7.

28 Lukian, Gegen den ungebildeten Büchernarren (Möllendorf, S. 212)

Leben noch nicht einmal die Verzeichnisse ihrer Bibliothek durchgelesen hätten.[29]

Manche Villen verfügen nicht nur über Bibliotheken, sondern auch über ein *auditorium*, einen gesonderten Raum für Lesungen, der an Feiertagen für die Beschäftigung mit ästhetisch anspruchsvoller Literatur genutzt wird, ganz im Sinne des Lebenskonzeptes der *vita contemplativa*, eines beschaulich-versunkenen Lebens. Plinius begrüßt die Vielzahl von Lesungen als Zeichen eines goldenen Zeitalters der Literatur, während Martial über die Möchtegernpoeten und ihre Allgegenwart spottete: „Ihr lest mir vor, wenn ich stehe, Ihr lest mir vor, wenn ich mich setze, Ihr lest mir vor, wenn ich euch fliehe, Ihr lest mir sogar vor beim Scheißen." Aus den Briefen des Plinius lässt sich eine regelrechte „Etikette der Lesung" in Rom herauslesen. So wird von den Zuhörern erwartet, dass sie – durchaus auch als Unterbrechung des Vortrages – Stellung beziehen und kritische Hinweise geben, die vom Autor zu beherzigen sind. Ferner wird erwartet, dass das Publikum dem Vortrag, ungeachtet der Dauer einer Veranstaltung, von Anfang bis zum Ende folgt und keinen Teil verpasst – eine Forderung, die erst dann ihre volle Härte zeigt, wenn man weiß, dass Lesungen drei Tage dauern konnten.

Augustus lässt nach dem Vorbild der griechischen Spiele in Neapel Dichterwettbewerbe ausrichten, die allerdings später durch seine Nachfolger Caligula und Nero *ad absurdum* geführt werden. Während Caligula die Wettbewerber demutigt, indem er die Verlierer Lobreden auf die Gewinner halten lässt, nimmt der zunehmend an krankhafter Selbstüberschätzung leidende Nero an den Wettbewerben selbst teil – und gewinnt stets.

Das Bedürfnis, Privatbibliotheken zur literarischen Selbstinszenierung in Form von Lesungen aufzubauen, wächst im Laufe des dritten Jahrhunderts. Nach dem weitgehenden Verlust politischer Verantwortung, aus den militärischen Vorzugspositionen verdrängt, von der kaiserlichen Administration in die politische Bedeutungslosigkeit und Langeweile getrieben,

29 Seneca, de tranquillitate animi 9,4; Lukian: „Nur, um alles in der Welt, lass sie unangerührt und ungelesen, und erlaube einer Zunge wie der deinigen nicht, die Werke der alten Dichter und Weisen, die dir nichts zuleide getan haben, zu verunreinigen. Doch, wozu sage ich dir das? Ich weiß nur zu wohl, dass es in den Wind gesprochen ist [...]. Du wirst fortfahren zu kaufen, was dir nichts hilft" (Gegen den ungebildeten Büchernarren). Vgl. auch Plutarch, der die weltmännische Attitüde des Bücherfreundes Lucullus beschreibt und sich lobend über den freien Zugang zur Bibliothek äußert (Lucullus 42,1).

trifft sich die Aristokratie vermehrt in literarischen Kränzchen, liest, dichtet, dilettiert, schriftstellert, führt mit den Gästen angeregte Unterhaltung und demonstriert vornehme Lebensführung, von Ammianus Marcellinus, dem letzten bedeutenden Historiker und Begleiter Kaiser Julians (361-363), „Spielereien langweiliger Untätigkeit“ und von Ernst Howald „progressive Verblödung“ genannt.[30] Der *cursus honorum*, die Beamtenlaufbahn, mit dem bisher das Engagement für die *res publica* öffentlich dargestellt wird, tritt in seiner Bedeutung zurück. Wo früher das politische Gespräch dominiert, werden nunmehr Tänze eitler Rhetorik aufgeführt und Vorlesungen zelebriert, die durchaus auch Tage dauern können[31] und nach Meinung des römischen Satirendichters Juvenal neben dem Zusammenbruch morscher Häuser und den Bränden zu den schlimmsten Übeln Roms gehören.[32]

Natürlich errichten und pflegen auch die Kaiser prestigeträchtige Bibliotheken. So wird es ab Caesar Sitte, dem Vorbild Griechenlands folgend, auch die westlichen Städte des Imperiums mit einer oder mehreren repräsentativen öffentlichen Bibliotheken, meist getrennt in eine lateinische und griechische Abteilung, auszustatten. Die Schriftrollen werden in Schränken an den Wänden gelagert, so dass man in der Mitte Platz für Tische und Stühle hat. Den bedeutendsten Bibliotheksbau in Rom lässt Kaiser Trajan 112/113 errichten. Die Säle der *Bibliothecae divi Traiani* sind durch einen vierzig Meter langen quadratischen Portikus getrennt, in dessen Mitte die bekannte Trajanssäule steht. Jeder Saal ist zwanzig Meter lang, zehn Meter breit und siebenundzwanzig Meter hoch.[33] Das geräumige Bauwerk umfasst zwei Stockwerke samt Galerie unter einer Kassettendecke. Die Bücherschränke sind für Schriftrollen von maximal vierzig Zentimetern Tiefe konstruiert, ihre Höhe wird auf etwa drei Meter geschätzt.[34]

30 Ammianus Marcellinus 14,6,18 (Seyfarth); E. Howald, Kultur der Antike, 1936, S. 144.

31 Plinius, Brief 1,13; 3,18,4 (Autorenlesung); 8,21,4 („Zwei Tage habe ich vorgetragen“). Vgl. auch Sueton, Domitian, 2,2 (öffentliche Vorlesungen als Teil des Alltages).

32 Juvenal, Satiren 3 („ut non deterius credas horrere incendia, lapsus tectorum adsiduos ac mille pericula saevae urbis et Augusto recitantes mense poetas?“).

33 Die Zahlen sind in der Literatur uneinheitlich; so misst Egert Pöhlmann die Grundfläche der Büchersäle mit 27 mal 17 Meter (Überlieferungsgeschichte, 1994, S. 54).

34 Die Rekonstruktion im Museo della Civiltà romana misst eine nutzbare Höhe von ca. 4 Meter (nach V.M. Strocka, Römische Bibliotheken, 1981, S. 311, Thermen).

Abb. 1: Ephesus, Celsus-Bibliothek, 2. Jahrhundert

Nicht selten stehen die Bibliotheken hinsichtlich Qualität, Originalität und Anzahl der Bücher im Wettstreit miteinander und versuchen, mit allen Mitteln, ihre Bestände zu erweitern. Ihr hohes Ansehen korrespondiert mit den Forderungen an die Bibliotheksleitung. Aus Dokumenten und Grabinschriften wissen wir, dass die Leitung meist bedeutenden Gelehrten und Literaten anvertraut ist und die Verantwortung für eine Bibliothek als ein wichtiges und ehrenvolles Amt betrachtet wird.

Im Gleichschritt mit dem Aufbau einer breiten Bibliothekenlandschaft gedeiht der kommerzielle Buchvertrieb. Denn für eine derart umfassende und breite Verteilung der Bücher quer durch die Land- und Stadthäuser ist ein funktionierender, „professionell“ aufgezogener Buchhandel mit Verlegern erforderlich, die die Vervielfältigung und den Verkauf der Bücher übernehmen.[35] Auch in dieser Beziehung ist die Antike, wie bereits bei der Archivierung der Bibliotheksbestände, Vorbild für den modernen Büchervertrieb.

35 Über Buchhändler wird vielfach berichtet: Martial, Epigramme 1,2 („Meine Bücher sind überall erwerbbar“); 1,66 (Poet wird man nicht durch billiges Kopieren); 1,117 (Buchladen); 13,3 (Buchhändler Trypho); Gellius, Noctes Atticae 2,3,5 (Kunst- und Bildermarkt); 5,4,1 (Buchladen) und 9,4,1 (stapelweise Bücher in Brundisium); Apuleius, florida 9 (Buchhandel in Nordafrika).

3 Kunst

Das klassische Theater entsteht im sechsten vorchristlichen Jahrhundert. Seit 534 v.Chr. gibt es Belege für Wettkämpfe von Tragödien- und Komödiendichtern bei den bis zu acht Tagen dauernden *Dionysien*, einer Mischung aus Theater, Volksversammlung und Volksfest. Komödien und Tragödien wetteifern um die Gunst des Publikums, bis zu tausend Chorsänger überbieten sich gegenseitig im Wettbewerb. Auf der Bühne stehen sich berühmte Namen wie Namenlose im Wettkampf gegenüber. Höhepunkt ist die Wahl des besten Tragödien-Autors vor 17.000 Zuschauern. Reiche Bürger und der Staat teilen sich die Finanzierung. Wenn ärmere Bürger nicht die Möglichkeit haben, das Eintrittsgeld zu begleichen, zahlt die Gemeinschaft ihre Plätze.

Nahezu eintausend Tragödien werden in einhundert Jahren aufgeführt. In der Hauptstadt Athen spielen zahlreiche Bühnen die Dramen des Sophokles und die seiner Dichterkollegen Aischylos und Euripides. Die Themen ihrer Handlungen (*dráma*) sind explosiv: Sophokles stellt die Menschen in den Mittelpunkt und lässt Ödipus, der den Vater ermordet und die eigene Mutter heiratet, im Geflecht der Götter, Zufälle und Triebe scheitern. Ödipus wird damit zum Inbegriff der griechischen Tragödie. Mit Antigone, die sich gegen ein unmenschliches Gesetz auflehnt, schafft Sophokles eine Ikone des Widerstandes. Seine Elektra ist sogar bereit, im Namen der Gerechtigkeit die eigene Mutter zu töten. Menschen gegen Götter, Staatsräson gegen familiäre Loyalitäten, Vater-Sohn-Konflikt, Inzest und Mord, Schuld und Sühne, alles ist drin und so schreiben alle großen Tragödiendichter ihre Beiträge zum abendländischen Theater, deren Themen und dramatischer Aufbau uns heute noch in Atem halten. Und wann immer wir von Theater sprechen, verwenden wir griechische Terminologie: théatron, kōmōidía, tragodía, skené, orchestra, dráma.

Unabhängig von Athen wachsen in Rom zwischen dem vierten vorchristlichen und vierten nachchristlichen Jahrhundert die *ludi Romani* zum großen vierzehntägigen September-Festival auf. Neben Gladiatorenkämpfen und Pferderennen laden die Spiele die Zuschauer ein, Dramen, Tragödien und Komödien zu genießen.[36] Die *ludi* werden fester Bestandteil des römischen Veranstaltungskalenders und von Kaisern oder reichen Beamten finanziert. Sie zeigen Roms zwei Gesichter: Hohe Bildung und völlige Unempfindlichkeit gegenüber den Leiden der Nächsten. Einige tausend Tiere und Menschen werden innerhalb weniger Tage zum Vergnügen der Zuschauer getötet und niemand ist an ihrem Schicksal oder an der Zahl der Toten wirklich interessiert. The show must go on. Zivilisierter geht es bei den *scaenici* zu: Dramen, Tragödien und Komödien laden ein, sich mit den Grundfragen des Lebens zu beschäftigen.

Die Römer lieben Kurzweil und so wächst die Zahl der Festtage ins Uferlose. Mitte des vierten nachchristlichen Jahrhunderts werden 176 Festtage gezählt, von denen 102 für Theater-Aufführungen reserviert sind. Theater-Inszenierungen stehen damit über Jahrhunderte zahlenmäßig auf Platz Eins der Beliebtheitsskala. Grund hierfür scheint der geringe finanzielle Aufwand einer Theateraufführung zu sein im Vergleich zu den astronomischen Summen, die Tierhetzen und Gladiatorenkämpfe im Zirkus verschlingen. Trotz des breit gestreuten Angebotes sind die Theater regelmäßig ausverkauft.

Parallel zur Entwicklung der griechisch-römischen Theaterszene strebt die antike Bildhauerei einsamen Höhepunkten entgegen: Das wohl bekannteste antike Kunstwerk aus der Zeit um 450 v.Chr. ist der Diskuswerfer von Myron. Die Skulptur ist ein Meisterwerk der Harmonie. Knochenbau und Muskulatur sind perfekt wiedergegeben und spiegeln in reinster Form das klassisch-antike Menschenbild wider. Last und Kraft, Schwung und Gegenbewegung sind vollkommen im Gleichgewicht. Eine einzige Schwunglinie bestimmt für einen flüchtigen Moment den Bewegungsablauf.

Nicht minder berühmt ist der Apollo von Belvedere aus dem vierten vorchristlichen Jahrhundert. Der erhabene Blick geht ins Unendliche, die Hand weist über den Sieg hinaus, Körper und Beine verharren in klassisch-eleganter Haltung, Lässigkeit wäre mit der menschlichen Würde unvereinbar. In der Pose der *contrapposto* ruht das Körpergewicht auf einem „Standbein", während das „Spielbein" elegant ausschwingt. Der Archäologe Winckelmann ist überwältigt: „Die Beschreibung des Apollo erfordert

36 Isidor von Sevilla teilt die römischen *ludi* in vier Gruppen ein: Athletik (Sportler), Zirkusspiele (Wagenrennen), Gladiatoren und Theaterspiele (Etymologiae 18,16 „Ludus autem aut gymnicus est, aut circensis, aut gladiatorius, aut scenicus").

Abb. 2: Der Diskuswerfer des Myron, Bronze, um 450 v.Chr.

den höchsten Stil, eine Erhebung über alles, was menschlich ist. Es ist unbeschreiblich, was der Anblick desselben für eine Wirkung macht“ (Brief an Francke, 20. März 1756). Auch für Goethe ist der Apoll die alles überragende antike Statue. In einem Brief an Johann Gottfried Herder im Herbst

Abb. 3: Apollo von Belvedere, Bronze, um 320 v.Chr.

1771 fasst er seine Ergriffenheit in Worte: „Mein ganzes Ich ist erschüttert, das können sie denken, Mann! Und es vibriert noch viel zu sehr als dass meine Feder stets zeichnen könnte. Apollo von Belvedere, warum zeigst du dich uns in deiner Nacktheit, dass wir uns der unsrigen schämen müssen."

Die antiken Statuen sind eine Hommage an den Menschen. Sie sollen ein Ideal von Harmonien widerspiegeln, Körper und Geist vereinen. „Menschenwürde", findet hier in der griechischen Kunst einen sichtbaren bildhaften Ausdruck. Alter, Krankheit und Leiden werden ausgeblendet. Selbst im Tode bewahrt der meist nackte Körper seine dem Menschen eigentümliche Würde, wie der „Sterbende Gallier" eindrucksvoll dokumentiert. Nichts vermag die unterschiedlichen Vorstellungen vom Menschen und seiner Würde besser darzustellen als der Vergleich des „Sterbenden Galliers" (Titelbild) mit dem des sterbenden Jesus. Hier der noble Gallier, der noch im Tode Würde zeigt, dort dagegen die nackte Hilflosigkeit, Mitleid heischend, ein Gott des Jammers und des Elends.

Höhepunkt ausdrucksstarker Skulpturen ist sicherlich die Laokoon-Gruppe, um 50 v.Chr. in Marmor geschlagen, der Todeskampf des Vaters und seiner Söhne, alle tödlich umschlungen von zwei riesigen Schlangen.

Der kleinere der Knaben krümmt sich in höchstem Schmerz, tief haben sich die Zähne einer Schlange in seine Seite gebohrt. Der Vater bäumt sich vergebens auf und versucht die zweite Schlange von seiner Hüfte zu reißen. Nur für den älteren Sohn scheint es noch Hoffnung zu geben, aber auch er ist fest vom Schlangenleib umschlungen. Sein Blick sucht hilflos das Antlitz des furchtbar ringenden Vaters, dem auch der sterbende Blick des kleineren gilt. Aber die Götter haben kein Erbarmen. Keine Sentimentalität, kein Pathos, noch im Todeskampf eine „Mäßigung im Jammer", das kennzeichne das Bild, schreibt der große Jacob Burckhardt.[37]

Solche großformatigen Plastiken antiker Götter und Helden dienen der Verschönerung öffentlicher Plätze und der Ausstattung kaiserlicher Thermenanlagen und Theater.[38] Sie ergänzen die im ersten und zweiten nachchristlichen Jahrhundert zu neuen architektonischen Höhen strebende Baukunst, die in der Pantheon-Rotunde und in den großen Thermen- und Basilikabauten unübersehbare Höhepunkte aufweisen.

Dann, ab dem Ende des dritten nachchristlichen Jahrhunderts, soll ein künstlerischer Wandel, ein Aufweichen der Identität von Kunstform und Natürlichkeit, eine „Auflösung der hellenistischen Formenwelt" (Herbert Koch) erfolgt sein, so jedenfalls ist es lange Zeit Tenor der Forschung. Eine neue „Mode" habe sich durchgesetzt (Paul Veyne), schließlich habe Konstantin I. im vierten Jahrhundert das Fundament für eine neue christliche Weltordnung gelegt, in der es kein Interesse an heidnischer Skulptur mehr gegeben habe.[39]

37 J. Burckhardt, Der Cicerone, ND 1986, S. 477.

38 Vgl. H. Manderscheid, Skulpturenausstattung, 1981; M. Fuchs, Römische Theater, 1987; N. Hannestad, Skulpturenausstattung spätantiker Herrschaftshäuser, 2006.

39 H. Koch, Probleme der Spätantike, 1930; Paul Veyne spricht von „Wende" (Die Kunst der Spätantike).

Abb. 4: Laokoon-Gruppe, Marmor, um 50 v.Chr.

Die Annahme eines künstlerischen Verfalls zugunsten einer neuen christlichen Kultur beruht wesentlich auf der umstrittenen Theorie, dass das vierte Jahrhundert, beginnend mit Konstantins „Bekehrung“ in der Schlacht an der Milvischen Brücke am 28. Oktober 312, ein christliches Jahrhundert geworden sei. Konstantin sei ein *Imperator Christianissimus* gewesen und die Bauwut Konstantins habe sich auf den Neubau von Kirchen konzentriert. Am Beispiel Konstantinopels könne erkannt werden, dass die heidnische Kunst mit dem Erscheinen des „großen“ Kaisers ausgedient habe.

An diesem Bild, das auch von Althistorikern liebevoll ausgemalt wird, ist so ziemlich alles umstritten. Nicht nur die Christlichkeit Konstantins, sondern auch seine angebliche Kirchenbauwut.[40] Denn Konstantinopel, im Jahre 330 mit heidnischem Gepränge eingeweiht, belegt die Wertschätzung Konstantins für Großskulpturen, die als *ornamenta urbis* aus aller Herren Ländern herantransportiert werden. Er selbst lässt sich in sonnengöttlicher Pose in Großformat darstellen.[41] Die Konkurrenz der neuen Residenz mit den alten Weltstädten Rom, Antiochia, Alexandria und Mailand dürfte den Wettbewerb um prachtvolle öffentliche Repräsentanz in Form von Großplastiken ziemlich beflügelt haben. 3.785 Bronzestatuen werden im vierten Jahrhundert auf Roms öffentlichen Plätzen gezählt, 22 Reiterstatuen, 80 vergoldete und 74 elfenbeinerne Götterstatuen, 36 Triumphbogen weisen das *Curiosum urbis* aus der Zeit Konstantins und die *Notitia urbis Romae* für die Stadt nach. Eine unvorstellbare Menge von Kunstwerken, wenn wir bedenken, dass Werke in Privatbesitz und Marmorskulpturen gar nicht mitgezählt sind.[42]

Und als Kaiser Konstantius II. im Jahre 357 Rom besucht, ist der Herrscher angesichts der wie in einer Ruhmeshalle aufgereihten künstlerischen und architektonischen Meisterwerke zutiefst „erschüttert“. So jedenfalls be-

40 Zur Widerlegung der Kirchenbauwut Konstantins vgl. R. Bergmeier, Kaiser Konstantin und die wilden Jahre des Christentums, 2010.

41 Sozomenos: „Was aber künstlerisch aus Erz gegossen war, wurde von allen Orten in die nach dem Kaiser benannte Stadt zur Zierde derselben gebracht“ (die Pythia vom Orakel des Apollo, die Musen vom Helikon, die Dreifüße aus Delphi, der berühmte Pan; Kirchengeschichte 2,5). Auf die Frage „Groß- und Kleinplastik in der Spätantike“ kann hier nicht eingegangen werden. Vgl. dazu P. Kranz, Vom Kunstwert der Götzenbilder, 2006.

42 A. Rumpf, Archäologie I, 1953, S. 21 ff; L. Peller, Die Regionen der Stadt Rom, 1946.

richtet der zeitgenössische Historiker Ammianus Marcellinus.[43] Von einer „Auflösung der hellenistischen Formenwelt“ oder einer neuen „Mode“ ist also wenig zu bemerken.

Hinzu kommt, dass der jüngeren Forschung mittlerweile der Nachweis gelungen ist, dass die klassische naturalistische Kunsttradition unter Kaiser Diokletian (reg. 285-305) auflebt. Die Ursachen der Wiederbelebung klassischer Stilformen sind in dem Villen-Boom zu suchen, der das ganze vierte Jahrhundert andauert und einen idealen Rahmen für Skulpturen und Kunsthandwerk schafft. Fußböden werden mit vielfarbigem Marmor oder figürlichen Mosaiken ausgelegt und große Silberaufsätze mit mythologischen Szenen zieren die herrschaftlichen Häuser. Dieser spätantike Aufschwung geht allerdings zulasten der Armen: „Aus dieser Masse von Gold füllten sich die Privathäuser der Mächtigen, die zum Schaden der Armen immer prächtiger wurden, während die einfachen Leute offensichtlich durch Gewalt unterdrückt wurden.“[44] Ob oder in welchem Umfang diese marxsche Verelendungstheorie stimmt, kann heute kaum mehr zuverlässig beurteilt werden, aber für das Kunstschaffen sind soziale Unterschiede seit jeher von Vorteil gewesen. Kein Versailles und auch keine barocke Klosterbibliothek hätte ohne die billigen Arbeitskräfte der von Hof und Abtei Abhängigen geschaffen werden können.

So blüht also im vierten Jahrhundert die darstellende Kunst, die weltliche, mythologische und pagan-religiöse Themen, seltener christliche, zum Inhalt hat und die sich angesichts der Sättigung mit Großplastiken vor allem mit kleinformatigen Statuetten in Villen und Herrschaftshäusern, häufig in Form von Figuren-Ensembles, präsentiert. Ob die kleineren Formate die körpergroßen Skulpturen verdrängt haben, wie gelegentlich in der Literatur angedeutet wird, ob es im vierten Jahrhundert tatsächlich einen Wandel von der naturalistischen Plastik hin zur „archaisch-steifen“ gegeben hat, mag man im Hinblick auf die überlieferte künstlerische Ausstattung Roms und Konstantinopels im vierten Jahrhundert bezweifeln. Vermutlich hat es mehrere Stilrichtungen nebeneinander gegeben, regionale Unterschiede, Hauptströmungen und Unterströmungen, ohne dass die traditionelle,

43 Ammianus Marcellinus 16,10.

44 Anonymus, de rebus bellicis 2,4 („Ex hac auri copia privatae potentium repletae domus in perniciem pauperum clariores effectae, tenuioribus videlicet violentia oppressis“, R. Schneider, S. 7). *De rebus bellicis* ist eine anonyme Handschrift des 4. Jahrhunderts, in der verschiedene Kriegstechniken vorgestellt werden.

naturalistische und handwerklich ausgefeilte ihren dominierenden Platz verloren hat.

Damit neigt eine tausendjährige Epoche sich ihrem Ende zu, in der die bildhauende Kunst auf kaum überbietbarer Höhe gewandelt ist. Keine Skulptur des frühen Mittelalters,[45] kein Porträt, kein Fresco und kein Mosaik wird in dieser Beziehung der Antike das Wasser reichen können.

45 Als „fruhes Mittelalter" wird in diesem Werk die Epoche zwischen 400 und 1.000 definiert. Begründung in Teil 6, „Aufbruch ins Mittelalter".

4 Philosophie und Wissenschaften

Die Philosophie, Mutter aller Wissenschaften, ist das größte Geschenk Griechenlands an die europäische Menschheit. Denkoffen, wertebewusst, nicht verbohrt, windet sich der Mensch aus der Abhängigkeit der Götter, die alles verursachen, alles lenken und damit für alles verantwortlich sind und entdeckt sich selbst als vernunftbegabtes und selbstverantwortliches Individuum. Schon Mitte des fünften vorchristlichen Jahrhunderts räumt der athenische Philosoph Protagoras (490-411 v.Chr.) die Götter, die alles lenken, beiseite: „Von den Göttern vermag ich nichts festzustellen, weder dass es sie gibt, noch, dass es sie nicht gibt, noch was für eine Gestalt sie haben; denn vieles hindert Wissen hierüber: Die Dunkelheit der Sache und die Kürze des menschlichen Lebens.“[46] Protagoras formuliert damit *den* Einwand gegen jedwede Gottesvorstellung, deckt *die* menschliche Blöße auf, der unendlichen Entität Attribute zuordnen zu können,[47] und formuliert *die* gegen Widerspruch dauerhaft resistente Position zur Gott-Religion: den Agnostizismus. Der Stoiker Panaitios (180-110 v.Chr.) ergänzt im zweiten vorchristlichen Jahrhundert: Er selbst komme ganz gut ohne Gott aus, aber wer den allbelebenden, sonnenverwandten Weltgeist (Logos) unter dem Namen Zeus anbeten wolle, solle dies doch gerne tun.

Wohl alle Philosophen grübeln über den Sinn des Lebens und fragen nach „Werten“, die unser Leben bestimmen sollen. Sie bilden und variieren Begriffe, befassen sich mit der Beantwortung der Frage, wie sich die Natur erklären lasse, wie der Mensch Erkenntnisse über die Natur gewinnen könne und suchen nach dem Urgrund aller Dinge, nach der Seele der Welt, nach dem Weiterleben einer körperlosen „Seele“ nach dem Tode (Pythagoras), nach der „wahren“ Erkenntnis. Die Stoiker lehren Pflichtbewusstsein,

46 Protagoras, Von den Göttern, zit. nach: Vorsokratiker. Fragmente und Quellenberichte, hrsg. von W. Capelle, 1968, S. 333.

47 J.G. Fichte: „Es ist [...] klar, dass, sobald man Gott zum Objekte eines Begriffes macht, er eben dadurch aufhört, Gott, d. h. unendlich zu sein“ (Verteidigungsschrift gegen den Vorwurf des Atheismus, 18.3.1799).

Mäßigung und Sittlichkeit im Einklang mit der Natur, sind aber auch im Einklang mit Protagoras und in Gefolgschaft ihres Lehrmeisters Panaitios für eine religiöse Deutung der Welt ohne dogmatische Vorgaben offen. Und der römische Philosoph Seneca (gest. 65 n.Chr.) befasst sich bereits mit Fragen des „guten Handelns" und der „Nächstenliebe" (*de clementia; de beneficiis*), als alle christlichen Kirchenväter noch in Papyrus-Windeln liegen.

Nachdem die Götter in den Olymp zurückverwiesen sind und die Jagd nach dem Wesen der Seele abgebrochen ist, wird es irdisch. Die Philosophie widmet sich nunmehr der vernunftgemäßen Führung des Staates. Platon verfasst um ca. 370 v.Chr. das Werk *Politeia*, Vom Staatswesen, das zu den wichtigsten Schriften in der Geschichte der politischen Philosophie gehört. Zentrales Thema ist die Frage nach der Gerechtigkeit. Ausgehend von der Kritik an den herkömmlichen Regierungsformen (Oligarchie, Demokratie, Tyrannei), zeichnet Platon als Gegenentwurf das Bild eines Staates, in dem Gerechtigkeit und Glück konstitutive Elemente sind. Platon verlangt im politischen Geschäft eine „anständige und von Neid freie Diskussion auf der Suche nach der Wahrheit" und setzt damit Maßstäbe, die in der Praxis kaum erreichbar sind.

Platons Schüler Aristoteles, Lehrer der „großen Bestie" Alexander, Zoologe und „ein Muster für alle Empiriker" (Heinrich Heine), ist zwar weniger idealistisch als Platon, aber seine *Staatslehre* trägt dennoch wesentliche Kennzeichen des großen Lehrers Platons in sich. Nicht weniger als Platon ereifert sich Aristoteles über die Gewinnsucht, die über die Befriedigung des naturgemäßen Bedarfs hinausgeht und wettert gegen Kapitalanhäufung und Geld- und Handelsgeschäfte überhaupt. Wie in Platons Lehre gehört der Bürger nicht sich selbst, sondern dem Staate an, aber im Gegensatz zu Platon macht sich bei Aristoteles größere Nüchternheit bemerkbar. Er hält die von Platon erstrebte Einheitlichkeit des Denkens, Fühlens und Wollens weder für erreichbar noch für begehrenswert. Eine solche Harmonie scheint ihm eher Monotonie zu sein. Dazu sind, wie er meint, die Bedürfnisse, Ansprüche und Leistungen der Menschen zu verschieden. Und auch die Abschaffung des Privateigentums gehe wider die Natur des Menschen. Die Vollbürger sollen gleiche politische Rechte erhalten und indem ein jeder den Zwecken des Ganzen dient, wird er auch die eigenen am besten fördern. Die Sklaverei findet er in der „Natur" begründet, so lange noch keine Maschinen erfunden seien, die deren Arbeit verrichten. Denn alle Erwerbsarbeit, insbesondere Geldgeschäfte, dünkt ihm des freien Bürgers unwürdig. Aristoteles definiert noch heute gültige philosophische

Grundbegriffe und entwickelt erstmals eine Systematik der Logik, des vernünftigen Schlussfolgerns. Nebenher seziert er die Natur, besonders das Meeresgetier, und die Schriften über seine Naturbeobachtungen gelten jahrhundertelang als *das* naturwissenschaftliche Lehrbuch.

Parallel zur Philosophie und zur systematischen Naturbeobachtung entwickelt sich das wissenschaftliche Denken. An vorderster Stelle steht die Mathematik, die mit ihrer Art der Beweisführung und dem abstraktlogischen Denken die Philosophie erheblich beeinflussen wird. Thales, Anaximander, Pythagoras, Hippokrates, Anaxagoras, Demokrit, Eudoxos, Euklid, Archimedes und Apollonios beweisen allgemeingültige Lehrsätze über die Symmetrie des Kreises, berechnen die Kreiszahl Pi, bewältigen algebraische Probleme mit Hilfe linearer und quadratischer Gleichungen und finden den Lehrsatz, der eine unendliche Zahl von Schülern quälen wird: Im rechtwinkligen Dreieck ist das Hypothenusen-Quadrat gleich der Summe der Katheten-Quadrate (Pythagoras).

5 Europas Wurzeln

Diese Denker entzünden ein grandioses Feuerwerk der Emanzipation der Vernunft. Sie stellen den Menschen in den Mittelpunkt, fordern ihn gar auf, den Göttern das Feuer zu entreißen (Prometheus) und erklären die Natur natürlich. Die Ursprünge dieses forschenden Geistes dürften im Orient, im babylonischen, persischen und ägyptischen Raum zu suchen sein. Die Griechen aber sammeln ein. Sie pflegen den grenzüberschreitenden Wissenschafts- und Kulturtransfer, nehmen auf und verarbeiten alles im Wettstreit der Städte um den imaginären Preis des besten Griechenstaates zu einer geschlossenen Höchstkultur.[48] Die Lage Griechenlands beschleunigt den Prozess der geistigen Fermentierung und kulturellen Aggregierung: Mitten in der farbigen Kulturlandschaft gelegen, mit dem Mittelmeer als Transportträger für Waren und Kulturen durch zahllose Buchten und Inseln mit den Nachbarn verbandelt, fördert die geographische Lage die Offenheit gegenüber allem Neuen und erlaubt, die gesammelten Kenntnisse zur Entfaltung kommen zu lassen.

So formt sich die griechische Epoche zu einem einzigartigen Monument der Bildung und geistigen Freiheit. Von dieser Zeit nimmt alles seinen Anfang: Die schöpferische Phantasie, die Einheit von Wissenschaft und Kunst, die Suche nach dem sittlich Vollkommenen, die Entfaltung des Geistes. Aus ihrem Forschen nach dem „Sein", nach dem, was „die Welt im Inneren zusammenhält", nach dem Urgrund, den Urelementen und der Einheit der Natur wächst der Geist der Sprache. Indem man sie zergliedert und ihre Gesetze zu entdecken sucht, gelangt man zur Logik. Die Griechen übertragen die Logik in Zahlen und so entsteht die beweisführende Mathematik. Logik und Mathematik werden Grundlage und Werkzeug der exakten Wissenschaften, denen die Naturwissenschaften und die Medizin an die Seite gestellt werden.

---

48 Homer: „Immer der erste zu sein und vorauszustreben vor anderen" (Ilias, 6. Gesang, 208).

Es gibt kaum etwas, was nicht schon von den griechischen Wissenschaftlern angedacht und erforscht worden ist: Das „Ding an sich", das heliozentrische Sonnensystem des Aristarch, die Kugelgestalt der Erde, die Ermittlung des Erdumfanges durch Eratosthenes, der Gedanke des Atomismus von Leukipp, Demokrit und Epikur, die Deduktion aus Axiomen von Euklid, das Hebelgesetz und das Prinzip vom hydrostatischen Auftrieb von Archimedes, die Geschichtsforschung nach wissenschaftlichen Maßstäben von Thukydides und Herodot, die moderne Städteplanung mit rechtwinklig angeordneten Straßen und „Marktplatz" (*agora*). Astronomie und Kosmologie, Medizin und Pharmakologie, Politologie und Philologie, alles trägt griechische Namen. Kaum eine moderne geistes- und naturwissenschaftliche Fakultät, keine künstlerische Hochschule, die nicht von diesem Erbe zehrt.

So als wäre diese ungeheure Geistesleistung nicht überzeugend genug, erschafft Griechenland Kunstformen, die als unvergleichlich, eben „klassisch" schön gelten und denen tausend Jahre lang wenig Neues angefügt wird. Die Idee des „Schönen" und der Harmonie hält Einzug in Kunst und Architektur und wetteifert mit der Dramatik in Schauspiel und Literatur: Die homerischen Epen und die Dramen der großen Tragiker stehen noch immer unerreicht da und werden nach wie vor auf unseren Bühnen gespielt.

Es dauert nicht lange, da wird das Staatswesen seziert und das politische Ideal der Demokratie entworfen. Platon erkennt die Schwäche der Demokratie, die von Voltaire, vermutlich in Anlehnung an Aristoteles, 1773 in einem Brief an Friedrich den Großen als „Pöbelherrschaft" bezeichnet wird,[49] weil sie erlaube, dass eine Straßenmehrheit wenig Bemittelter die Klugen und Reifen überstimmt. Die Idee des Bürgers, *zoon politikon*, der nur als Mitglied der freien, selbst organisierten Bürgergemeinschaft, *polis*, anerkannt wird, setzt sich durch und die Rede vor Gericht und in der Öf-

49 „Wenn aber über die Verwaltung der Stadt zu ratschlagen ist, so steht jeder auf und erteilt Rat, ohne dies irgendwo gelernt zu haben: Zimmermann, Schmied, Schuster, Krämer, Schiffsherr, Reiche, Arme, Vornehme, Geringe, einer wie der andere, und Niemand macht einem Vorwürfe darüber, wie im vorigen Falle, dass er ohne dies irgendwo gelernt zu haben, oder seinen Meister darin aufzeigen zu können, sich nun doch unterfangen wolle Rat zu geben" (Platon, Protagoras, zit nach Hegel, Vorlesungen, Bd. 7/2, S. 345). Zum Begriff „Pöbelherrschaft" vgl. Briefwechsel Voltaire – Friedrich d.Gr., hrsg. von H. Pleschinski, Zürich 1992, S. 493.

fentlichkeit wandelt sich zur Wissenschaft von der Rhetorik, die hinsichtlich der geforderten Logik, des dramatischen Aufbaus der Gedanken und der rhetorischen Finessen dem heutigen drögen und argumentationsarmen Politikergerede um Potenzen überlegen ist.[50]

An die Spitze dieser in der dokumentierten Menschheitsgeschichte einmaligen Bewegung setzt sich Athen. Sie ist die Stadt der Ideen, der Geburtsort der Logik und damit der Mathematik. In ihren Mauern blühen systematische Geschichtsschreibung, naturwissenschaftliche und medizinische Forschung, die Grundregeln der Architektur und die naturalistische Kunst in höchster Vollendung auf. Athen ist genialer Erfinder und Trendsetter über Jahrtausende. Eine solche Stadt *muss* die Heimat der „Freunde der Weisheit", der Philosophie, werden, die so tiefgründig ist, dass gut ein Jahrtausend lang kaum etwas von Bedeutung hinzugefügt wird.

Das nordafrikanische Alexandria ergänzt Athen und löst es später ab. Die Stadt Alexanders wird, gestützt auf eine Bibliothek mit einer halben Million Bände, die Flamme der Belesenheit und der Vernunft bis in das vierte nachchristliche Jahrhundert weitertragen. Antiochia steht Alexandria kaum nach.

Politisches Zentrum aber ist und bleibt Rom, die „Hauptstadt der Welt". Rom übernimmt ohne Zögern die griechische Kultur, ergänzt sie mit ingenieur- und verwaltungstechnischen Meisterleistungen[51] und verbreitet die Summe als „griechisch-römische Kultur" im gesamten Abendland. Das aber will erst noch erobert werden. Und die Konsequenz und die Grausamkeit, mit der Rom in den ersten zwei vorchristlichen Jahrhunderten seine politischen Ziele verfolgt, dürfen nicht verschwiegen werden. Karthago erhebt sich, führt drei große Kriege gegen Rom, treibt sogar afrikanische Elefanten über die Alpen gegen die Legionen und verliert nach achtzehnjährigem

50 Niemand gelangt *sine eloquentia* zur Macht (Tacitus, Dialog über die Redner 37,3f.). Diodor: Denn durch die Macht der Rede „stehen die Griechen über den andern Völkern. [...] Zudem ist es dadurch allein möglich, dass Einer über Viele die Herrschaft gewinnt" (Bibliotheca historica 1,2,6). Sallust setzt dieser Überbetonung der *eloquentia* die Weisheit entgegen: „Satis eloquentiae sapientiae parum", Redekunst genug, aber wenig Weisheit (Catilina 5,4).

51 In jedes juristische Grundstudium gehören noch heute Vorlesungen/Seminare über „Römische Rechtsprechung". Die ausgeklügelte Wasserversorgung der Städte ist ein wahres Wunderwerk, da das Wasser über große Entfernungen, über Aquädukte oder durch Tunnel geführt werden muss, ohne die Fließgeschwindigkeit des Wassers zu verändern (Frontinus, De aquaeductu urbis Romae).

Ringen. Im Jahre 146 v.Chr. werden die Mauern Karthagos geschleift, die Stadt verflucht und die Bürger versklavt. Und als sich in den Jahre 73-71 v.Chr. mehr als 100.000 Sklaven unter dem römischen Gladiator Spartacus erheben, werden diese nach einem zweijährigen blutigen Krieg von den römischen Legionen vernichtet. Die 6.000 überlebenden Sklaven werden entlang der Via Appia gekreuzigt. Auch das ist Rom.

Später, im Kaiserreich, arrangieren sich die meisten Provinzen mit Rom. Es beginnt eine Phase mehr oder weniger friedlicher Allianz und meist reichen ein römischer Prokonsul und wenige Mitarbeiter, um eine Provinz wie Gallien oder Ägypten zu regieren. Zwar versuchen römische Statthalter immer wieder, Provinzen über Gebühr auszubeuten, aber sie werden damit nicht glücklich. Seit Augustus ist das Reich gesättigt, treibt noch hier und dort ein wenig Expansion, widmet sich aber ansonsten der Sicherung des Erreichten und dem Luxus zeitraubender Bildung. Beides, Macht und Bildung, stehen nicht im Widerspruch: „Nur von einem jungen Mann, der sich schon in frühem Alter mit Demosthenes vertraut gemacht habe“, schreibt Libanios, ein bekannter Redner des vierten Jahrhunderts, könne man erwarten, dass er sich als Statthalter korrekt verhalte; „er wird es für seine Pflicht halten, die Städte glücklich zu machen, er wird sich freuen, wenn das Schwert des Henkers ruhen darf [...] er wird unter allen Umständen ein Freund der Musen sein“.[52]

Daneben gibt es eine relativ breite Schicht des Bürgertums – Provinzadel, kuriale Beamte, Kaufleute, Lehrer, Schriftsteller – die die Bildung mittragen und als lokale Elite eine zweite Ebene der homogenen gesellschaftlichen Führungsschicht bildet. Wie die Aristokratie strebt sie nach *paideia*, überbrückt in einem gemeinsamen Elitebewusstsein die Entfernungen des Riesenreiches und vermittelt ein einheitliches geistiges Panorama für diejenigen, die durch ihren Beruf weit von ihrer Geburtstadt leben müssen.

Selbst die unteren Schichten scheinen sich um Bildung zu bemühen. Der römische Politiker und Redner Plinius (um 61-115) spricht in diesem Zusammenhang von den *sordidos pullatosque*, den einfachen Leuten in schmutziger Toga, die bei ihm während des Vortrages Befangenheit und Respekt erzeugen.[53] Die beim Ausbruch des Vesuvs am 24. August 79 n.Chr. untergegangene Stadt Pompeji liefert einzigartige Belege für die weit verbreitete Lese- und Schreibfähigkeit der Bürger. Über 11.000 In-

52 Libanios, Brief 126,4.
53 Plinius Secundus, Brief 7,17,9.

schriften verschiedenster Art haben die Archäologen in dieser Kleinstadt gefunden, von weihevollen Grabinschriften bis zu trivialen Bordell-Graffiti. In Verbindung mit der Flut von Papyri aus Ägypten, mit den Inschriften auf Meilensteinen und Grabmälern sowie der gängigen Kennzeichnung von Keramikartikeln lassen die Funde den Schluss zu, dass Schreiben und Lesen ein wesentlicher, tagtäglich geübter Brauch im Leben der meisten römischen Bürger gewesen ist. Man spricht zwar nicht zwei Sprachen wie die *jeunesse dorée*, aber die meisten Kinder nehmen zumindest an der Elementarausbildung für Lesen, Schreiben und Rechnen teil. Es verwundert daher nicht, wenn der römische Dichter Juvenal (ca. 60-130) die antike Bildung preist: Jetzt besitze der ganze Erdkreis griechische und römische Bildung, Gallien habe Rechtsanwälte ausgebildet und schon spreche man in Thule davon, einen Professor für Rhetorik anzustellen.[54]

In einer solchen bildungshungrigen Gesellschaft sind Bücher, öffentliche Bibliotheken und private Hausbibliotheken ein Statussymbol.[55] Edward Parsons schätzt den Fundus an griechischsprachigen Büchern für das Jahr 350 n.Chr. auf eine Million Titel.[56] Hinzu kommt der lateinsprachige Bestand, so dass wir von mehreren Millionen Titeln ausgehen können, die innerhalb des Imperiums im Umlauf sind.[57] Nimmt man an, dass jedes Werk durchschnittlich zehnmal kopiert worden ist, dann dürfte die Gesamtzahl der antiken Schriftrollen eher im zweistelligen Millionenbereich gelegen haben, die im ganzen Reich verteilt gewesen sind.[58]

---

54 Juvenal 15, 108-112. „Ultima Thule“ (= Island?) galt damals als das „Ende der Welt“. Vgl. auch Ovid, tristia 10,128 und Plinius, Brief 9,11,2 (auch in Lugdunum/Lyon werde er gelesen).

55 „Bibliothek“ bezeichnet in der Antike sowohl einen großen Bücherbestand (Festus, De verborum significatu, p. 34 M: „magnus numeros librorum“), als auch Abteilungen („Bibliothecas Graecas Latinasque“, Sueton, Caesar 44,2). Bei Seneca, de tranquillitate animi 9,6 und Paulus, sententiae 3,6,51 auch im Sinne von Bücherregal.

56 E. A. Parsons, The Alexandrian Library. Glory of the hellenic world, 1967, S. 121.

57 Die Zahl deckt sich mit den „Codices Latini Antiquiores“ (1934-1971). Seneca berichtet, dass ein Schriftsteller Didymos alleine 4.000 Schriftrollen verfasst habe (Brief 88,37). H. Strasburger berechnet eine Produktion von 28,2 Büchern/Autor (Studien zur Alten Geschichte 3, 1990, S. 178-179).

58 Diese Hochrechnung wird durch eine Untersuchung von Naphtali Lewis über das Ausmaß der Papyrusproduktion der frühen Kaiserzeit gestützt: Die Produktion sei „ohne Zweifel in die Millionen von Rollen pro Jahr“ gegangen

So also tritt das Imperium Romanum in das vierte Jahrhundert ein. Die Philosophie hat die Grundfragen des Lebens aufgeworfen und unterschiedliche Lösungen erörtert, die hellenistischen Werke liegen mehrsprachig vor, zu vielen Texten namhafter Autoren gibt es Kommentare, das Rechtswesen ist organisiert, herrliche Plastiken zieren öffentliche Plätze, Fußbodenheizungen wärmen die Thermen, Aquädukte bieten den Bürgern sauberes Wasser, das Reich ist durch Fernstraßen erschlossen, eine Staatspost, *cursus publicus*, verbindet die Städte und die Wohnhäuser wohlhabender Römer verfügen über Badezimmer. Auf allen Seiten des Mittelmeeres sind römisches Recht und römische Kultur eingezogen und die Wirtschaft blüht, weil alle vom freien Handel profitieren. Das Mittelmeer ist das *mare nostrum.*

Fünfhundert Jahre hält Rom dicses Imperium zusammen und das Geheimnis ist keines. Denn nur mit Truppen kann ein solches gigantisches Vielvölkerreich nicht verbunden bleiben. Meist reichen ein bis zwei Legionen pro Provinz, um den Willen Roms dauerhaft umzusetzen, lediglich 1.200 Legionäre halten Gallien über Jahrhunderte unter Kontrolle.[59] Fünfhundert Jahre bemühen sich Kelten, Ägypter und Syrer, so zu werden wie die in Rom, da muss man wohl tiefer forschen, wenn man der Frage auf den Grund gehen will, mit welchen Mitteln und Methoden ein derart großes Reich zusammengeschweißt worden ist. Politische Leistung, Kooperation mit den einheimischen Autoritäten, Kultur und Wohlstand, Export und Import, gemeinsames Recht und effiziente Verwaltung, religiöse Toleranz und Achtung fremder Kulte, Fernstraßen und Aquädukte, Thermen und Theater, Arbeitsplätze für die Provinzialen und Zivilisation, das ist der Stoff, der das Imperium zusammenhält und attraktiv macht.

Wir sind Zeuge einer ungeheuren politischen Leistung, Beobachter großer Staatskunst. Hier am Mittelmeer wird Europa, wird die europäische Kultur geboren. Hier, in der Antike, werden unsere Werte geschaffen. Hier, zwischen dem Kapitol von Rom und der Akropolis in Athen, liegen Europas Wurzeln und nicht im Wüstenstaub Palästinas.

(Papyrus in classical antiquity, 1975, S. 102). Kopierkosten sind kein Hindernis. L. Friedländer (1922, S. 223f.) belegt die geringen Kosten für die Kopien (Schreibsklaven) und weist auf die hohe Geschwindigkeit hin, mit der Kopien hergestellt wurden (50 Schreiber arbeiten parallel nach Diktat).

59 O. Denk, Geschichte des Gallo-Fränkischen Unterrichts- und Bildungswesens, 1892, S. 40.

Teil Zwei

Die Auflösung der antiken Kultur ab dem 5. Jahrhundert

Mitten im Hochsommer spätantiker Bildung bricht im fünften Jahrhundert der Frost ein. Die Schulen schließen, Bibliotheken veröden, Tempel werden zu Steinbrüchen, Theater zu Lagerräumen und die Bürger verlernen das Lesen und Schreiben. Es ist eine Katastrophe, die auch nicht dadurch weniger niederschmetternd wird, dass der Todeskampf der antiken Kultur mehr als einhundert Jahre währt.

Das Verderben beginnt mit der Schließung der Schulen. Erst sterben die weiterführenden Grammatik- und Rhetorenschulen und schließlich die Elementarschulen. Der Tod nähert sich in Schritten, orientiert sich an regionalen Bedingungen, wird von wenigen Wohlmeinenden verzögert, aber Ende des sechsten Jahrhunderts sind die öffentlichen Schulen überall im Imperium geschlossen. Schrift und Sprache verwildern und selbst die Angehörigen der mittleren und oberen Führungsschicht verlernen im frühen Mittelalter die Fähigkeit zu lesen und zu schreiben.[60] Häufig sind noch nicht einmal die Herrscher des Lesens und Schreibens mächtig. Karl der Große, im Jahre 800 zum Kaiser gekrönt, soll wie ein römischer Schulbube von acht Jahren mit den Buchstaben gekämpft haben. Anstelle einer Unterschrift zeichnet er Urkunden oder Schreiben mit einem „Vollziehungsstrich" ab, um diese für gültig zu erklären. Erst ab dem 14. Jahrhundert gilt ein des Lesens und Schreibens unkundiger Herrscher als eine Belastung: Ein gekrönter Esel bleibe ein Esel, heißt es im hohen Mittelalter, *rex illiteratus, asinus coronatus*.

60 Ausführliche Darstellung der verlorenen Lese- und Schreibkenntnisse mit epigraphischen und archäologischen Belegen bei: B. Ward-Perkins, Untergang des Römischen Reiches, 2007, S. 159ff.

Der britische Kulturhistoriker Peter Watson zieht in seiner monumentalen Kulturgeschichte *Ideen* eine deprimierende Bilanz: „Eine nach der anderen schlossen die Schulen des klassischen Altertums nun ihre Tore. Mitte des 6. Jahrhunderts waren nur noch Konstantinopel und Alexandria übrig [...] Aus drei Jahrhunderten, von Mitte des 6. bis Mitte des 9. Jahrhunderts (die wahrhaft finstren Jahre), lassen sich nicht die geringsten Anhaltspunkte finden, dass noch irgendwelche Klassiker studiert wurden. Das Erziehungs- und Ausbildungssystem hatte das unterste Niveau erreicht. Entsprechend sind uns aus dieser Periode so gut wie gar keine Handschriften überliefert, egal, zu welchem Themenkomplex.“[61]

Damit versiegt die völkerverbindende Schriftlichkeit zu einem Rinnsal. Latein wandelt sich zur Herrschaftssprache, zur Sprache der Liturgie, der Kanzleien und weniger Gelehrter. Das Volk wird weitgehend von Bildung ausgeschlossen. Die zahllosen Stempel, Siegel und Inschriften auf antiken Gebrauchsgütern verschwinden fast vollständig, die ehemals vielfach mit Buchstaben und Namen gekennzeichneten Gegenstände zum häuslichen Gebrauch bleiben stumm und es mehren sich die Kreuze und Zeichen gegenüber autographen Bestätigungen. In den Gerichtssälen verschwinden die öffentlichen Gerichtsschreiber und das Urkundenwesen verfällt,[62] erkennbar an den überlieferten Subskriptionen. Zukünftig wird es an jeder Straßenecke professionelle Stadtschreiber geben, die für andere Menschen gegen Bezahlung vorlesen oder schreiben.

Nach tausend Jahren breit gestreuter Lese- und Schreibkenntnisse, nach einer griechisch-römischen Epoche, in „der das Lesen und Schreiben [...] grundsätzlich jedermann verfügbar war“,[63] in der ein überraschend großer Teil der Bevölkerung, auch des dritten Standes, dank der elementaren Schulausbildung, zahlloser Bibliotheken und der öffentlichen, auf Plätzen, in Bädern und Theatern vorgetragenen *recitationes*[64] die großen griechi-

61 P. Watson, Ideen, 2008, S. 405.

62 „Im 10. und 11. Jahrhundert war der Verfall der Schrift so weit gediehen, daß beim Wiederaufleben [der Schrift] die neuen Urkundenarten nicht mehr im unmittelbaren Zusammenhang mit der Überlieferung des Altertums entstehen konnten“ (R. Heuberger, Urkundenlehre, 1921, in: P.E. Hübinger, Kulturbruch oder Kontinuität, 1968, S. 131).

63 O. Mazal, Griechisch-römische Antike, 1999, S. 161. Plinius drückt in einem Brief an Tacitus sein Erstaunen aus, dass in seiner kleinen Heimatstadt Como nicht studiert werden könne (Brief 4,13).

64 Plinius, Brief 2,14 („Singsang“); Brief 3,5,11 (Vorträge während des Essens); 3,5,14 (Vorträge während des Badens); Brief 9,34 („Gemurmel“); Seneca, Brief

schen und lateinischen Hauptwerke kennt,[65] nach tausend Jahren geistiger Hochblüte wird der Analphabetismus normal und keinesfalls als ein Stigma empfunden. Das Erziehungs- und Ausbildungssystem hat das unterste Niveau erreicht.

Parallel zur Schließung der Schulen verhungern die Bücher. Der Grazer Altphilologe Hans Gerstinger spricht von lediglich 144 lateinischen Werken, die aus dieser Zeit des Umbruchs überliefert worden sind, davon seien 37 vollständig und der Rest nur fragmentarisch auf uns gekommen.[66] Der Anteil vollständig überlieferter lateinischsprachiger Werke liegt also bestenfalls im Bereich weniger Prozentpunkte. Diese Tendenz wiederholt sich bei den griechischen Werken: Von rund zweitausend griechischen Schriftstellern, die uns dem Namen nach bekannt sind, liegen 253 Werke vor. Darunter sind nur 136 Werke, also ca. sechs Prozent, ganz erhalten, die übrigen sind lediglich in Fragmenten überliefert.[67]

Das Bild verdüstert sich weiter, wenn wir die überlieferten Werke nach Themen ordnen. Während die Enzyklopädie des römischen Polyhistorikers Varro (116-27 v.Chr.) nur einen verschwindend geringen Prozentsatz religiöser Literatur enthält,[68] macht der Anteil christlicher Literatur gemäß den *Codices Latini Antiquiores* ab dem siebten Jahrhundert über neunzig Prozent des Gesamtbestandes der produzierten Werke aus. Die Literatur ist also nicht nur dezimiert, sondern auch selektiert worden. „Alles ist verloren, darunter Werke höchster literarischer, inhaltlicher und künstlerisch-ästhetischer Bedeutung", schreibt Hans Gerstinger.[69] Unter der Überlieferung habe sich „nicht wenig Zweit- und Drittrangiges, ja geradezu Minderwertiges [befunden,] während vieles Große und Wertvolle untergegangen" sei.

95,2 („ich hör auf, wenn Ihr wollt"). Rezitationen konnten Tage dauern (vgl. Plinius, Brief 3,18,4 drei Tage Vorlesung; 8,21,4 zwei Tage). Martial, Epigramme 10,70 (ein Tag). Sueton berichtet, Kaiser Claudius habe eine recitatio kaum beenden können, weil ein Stuhl unter einem dicken Zuhörer zusammengebrochen war und das Publikum sich vor Lachen kaum einfangen ließ (Claudius 41,1).

65 M. Fuhrmann führt für den griechischen Unterricht Homer, Euripides, Menander, Demosthenes und für Latein Vergil, Cicero, Terenz, Sallust an (Rom in der Spätantike, 1994, S. 82).

66 H. Gerstinger, Literaturwerke, 1948, S. 10.

67 H. Gerstinger, Literaturwerke, 1948, S. 10.

68 Der Kleine Pauly, „Varro", Bd. 5, Sp. 1133f. Im Wust säkularer Schriften sind die wenigen religiösen Werke kaum identifizierbar.

69 H. Gerstinger, Literaturwerke, 1948, S. 10-11.

Vorsichtig fährt Gerstinger fort, bei der Überlieferung hätten noch andere Faktoren mitgewirkt, die überhaupt nicht fragten, was wertvoll oder unnütz gewesen sei, sondern sich von anderen Prinzipien hätten leiten lassen.[70] So gleicht der einstmals üppige Büchermarkt im siebten Jahrhundert den Ruinen des heutigen *Forum Romanum*, das einst voll blühenden Lebens gewesen ist.

Gemeinsam mit den Büchern gehen natürlich auch die antiken Bibliotheken unter, die literarischen Leuchttürme des klassischen Altertums. Ihr Todeskampf ist kaum strittig. Lediglich der Zeitraum und die Form des Überganges sind umstritten. Ladislaus Buzas, ehemals Leiter der Universitätsbibliothek München, meldet sich zu Wort: Der Verfall der öffentlichen Bibliotheken habe mehrere Jahrhunderte gedauert und „erstreckte sich von der Gründung der letzten uns bekannten öffentlichen Bibliothek in Rom durch Kaiser Alexander Severus (gest. 235) bis zur Klostergründung Cassiodors in Vivarium um 560 n.Chr".[71] Buzas erweckt damit den Eindruck, der Untergang der Bibliotheken sei eine Art immerwährender Prozess gewesen, eine Alltagsangelegenheit ohne spezifischen Höhepunkt.

Aber die Geschichtsforschung kommt zu anderen Ergebnissen. Zunächst sind bis tief ins vierte Jahrhundert hinein Bibliotheks-Neugründungen zu verzeichnen. Kaiser Konstantius II. gründet 356 n.Chr. die Bibliothek von Konstantinopel mit einem Bestand von 120.000 Büchern und stattet sie mit einem Skriptorium von Kalligraphen aus, die die gesamte erreichbare griechische Literatur kopieren sollen.[72] Der heidnische Historiker Zosimos (ca. 450-500) berichtet, Kaiser Julian habe zwischen 361 und 363 n.Chr. seine eigene Büchersammlung in die Bibliothek überführt und dadurch den Bestand der Bibliothek erweitert.[73] In Antiochia, nach spätantiken Maßstäben eine mächtige Stadt mit 200.000 Einwohnern und einem sechshundert Mitglieder starken Stadtrat, wird in einem von Hadrian für Trajan gestifte-

70 H. Gerstinger, Literaturwerke, 1948, S. 14.

71 L. Buzas, Deutsche Bibliotheksgeschichte, 1975, S. 1. Buzas irrt, wenn er die „Begründung der christlichen Reichskirche" in das Jahr 313 n.Chr. legt (S. 1). 313 werden die christlichen Kofessionen lediglich als *religio licita* anerkannt und von einer „Kirche" ist die durch Konfessionsstreitigkeiten geschüttelte christliche Bewegung noch weit entfernt.

72 Siehe dazu die 4. Rede des Themistios zum Konsulatsantritt des Konstantius II. im Jahre 357 (Orationes 4, 59 b-62a). Der Anlass der Personalaufstockung ist umstritten (H. Leppin/W. Portmann, Themistios. Staatsreden, 1998, S. 80-81).

73 Zosimos 3,11,3.

ten Tempel eine weitere Bibliothek eingerichtet[74] und Kaiser Valens stellt noch im Jahr 372 sieben *antiquarii*, vier griechische und drei lateinische Kalligraphen, ein,[75] vermutlich um die Umschreibung auf die neue, nach vorne drängende Buchform der Codices[76] zu beschleunigen. Die Stadt Rom verfügt Mitte des vierten Jahrhunderts noch über achtundzwanzig stadtrömische Bibliotheken (*Notitia dignitatum*) und die Hauptbibliothek des arabisch-maurischen Cordoba glänzt im neunten Jahrhundert mit einem Bestand von rund 600.000 Titeln.

Offenbar beginnt das Bibliotheksterben also erst zum Ende des vierten Jahrhunderts und betrifft vor allem das lateinischsprachige Westreich. Der Todeskampf dürfte sich wohl über mehrere Jahrzehnte, vermutlich etwa von 400 bis 450 n.Chr., hingezogen haben.[77] Schließlich verschwinden die Bibliotheken ohne jeden weiteren Hinweis auf ihr Schicksal aus der Geschichte.

Dem Argument, der Bibliotheksbetrieb sei erst ab dem Ende des vierten Jahrhunderts eingestellt worden, wird gerne Ammianus Marcellinus entgegengestellt, der um 375 schreibt: „Die Bibliotheken sind wie Grabmäler für immer geschlossen." (Seyfarth)[78] Daraus könne gefolgert werden, dass die

74 Suda 401 (Suda-online: http://www.stoa.org/sol, Zugriff 22.8.2009).

75 Codex Theodosianus 14,9,2.

76 Codices sind nicht an Pergament als Schriftträger gebunden, sondern existieren auch in Papyrus-Form. Die Codex-Form ist bereits im ersten Jahrhundert in Rom für triviale Literatur üblich. Martial macht um 85 n.Chr. an verschiedenen Stellen Werbung für Codex-Editionen seines Verlegers Secundus (Epigramme 14,184; 192, „vielfach geschichtete Haut").

77 Die Trajansbibliothek scheint noch um 456 n.Chr. existiert zu haben, da sich Apollinaris Sidonius (um 430–480) rühmt, dort ein Standbild eingeweiht bekommen zu haben, vermutlich aber ohne funktionsfähiges Bibliothekswesen.

78 Ammianus Marcellinus 14,6,18. Diese schwermütige Anmerkung, die sich auf die „Sittenverderbnis in Rom" und auf die Privatbibliotheken in den Häusern der reichen Senatoren bezieht, ist Teil eines düsteren Panoramas, das Marcellinus vom Rom der 70er Jahre des 4. Jahrhunderts malt. Es reflektiert die Enttäuschung über die politische Entmachtung der ehemaligen „Hauptstadt der Welt" durch Konstantinopel und ist ein umstrittenes Einzelbild, das nicht mit der oben gezeichneten literatur- und kulturgeschichtlichen Realität übereinstimmen will. L. Buzas glaubt dennoch aus dem Zitat erkennen zu können, dass die Bibliotheken „aus Mangel an Besuchern" verschlossen worden seien (Bibliotheksgeschichte, 1975, S. 2). Eine unbelegte Hypothese und im Gesamtzusammenhang der Textpassage unverständlich. Vgl. auch H. Blanck, Das Buch in der Antike, 1992, S. 162.

Bibliotheken bereits vor dem Jahre 375 als längst verlorenes Treibgut im Getöse der Geschichte untergegangen seien (Dekadenztheorie). Aber dieser nebulöse Hinweis des Ammianus kann sich bestenfalls auf private Bibliotheken beziehen, nicht nur weil sich die gesamte Textpassage ausschließlich und betont auf „dekadente" private Haushalte bezieht, sondern auch weil wenige Jahre vorher, wie erwähnt, die Bibliothek von Konstantinopel gegründet worden ist. Zudem ist die Vermutung, die mysteriöse Anmerkung des Ammianus Marcellinus deute auf einen Literturverfall hin, kaum in einen historischen Kontext einzuordnen, denn der Symmachus- und Nicomachuskreis, ein „Familienunternehmen",[79] repräsentiert eindrucksvoll die Literaturfreude im Rom des ausgehenden vierten Jahrhunderts.[80] Das wäre sicherlich das letzte gewesen, was ein Römer freiwillig getan hätte: Seine Bibliothek, das Aushängeschild seiner Bildung und seines Reichtums, den Lebensmittelpunkt seines Hauses, zu schließen. Eher trennt sich ein Schwabe von seinem Mercedes.

Vereinzelt wollen Forscher den literarischen Bankrott nicht wahrhaben. Es habe sie nie gegeben, die Literaturkrise, meint der schon zitierte Ladislaus Buzas, Autor der *Deutsche Bibliotheksgeschichte des Mittelalters*: Die Auffassung der Historiker, zwischen der Spätantike und dem Frühmittelalter habe ein geistiges Vakuum geherrscht, sei ein „fundamentaler Irrtum".[81] Dieser Eindruck sei lediglich entstanden, weil man das zerstreute Quellenmaterial nicht beachtet habe. In Wirklichkeit läge kein Vakuum der Geschichte vor, sondern eines der Geschichtsschreibung. Lediglich die zweit- und drittklassige Literatur sei untergegangen, die Gebildeten dagegen, „die als Bischöfe in der kirchlichen Hierarchie eine ähnlich Stellung einnahmen wie ihre Vorfahren in der Verwaltung des Reiches", hätten das erstrangige Kulturgut getreulich verwahrt.

Der „fundamentale Irrtum" entpuppt sich allerdings rasch als ein solcher des Autors. Denn die *Codices Latini antiquiores* von Elias Lowe[82] geben Auskunft, was überliefert worden ist. Danach sind uns aus der Mitte des fünften Jahrhunderts lediglich einunddreißig und aus dem achten Jahrhun-

79 M. Fuhrmann, Rom in der Spätantike, 1998, S. 89.

80 Codex Theodosianus 16,10,17.

81 L. Buzas, Bibliotheksgeschichte, 1975, S. 2.

82 Codices Latini Antiquiores. A paleographical guide to latin manuscripts prior to the ninth century, hrsg. von E. Lowe, Bd. 1-11 und Suppl., Oxford 1934-1971, ND Osnabrück 1982. Graphische Auswertung bei: http://de.wikipedia.org/Buecherverluste_in_der_Spaetantike, 20.6.2009.

dert ganze neun lateinisch-klassisch-heidnische Werke, also vierzig lateinische Werke, überliefert worden. Der Münchner Mediävist Friedrich Prinz spricht daher unter Verweis auf die *Codices* von einem nur rudimentären Kontingent antiker Texte, die überlebt hätten, „wobei noch praktisches Wissen, also Medizin, Agrarwirtschaft und Architektur einen beträchtlichen Anteil stellen".[83] Es seien, so fährt Prinz fort, die „ideologisch relativ unverfänglichen Themenbereiche von unmittelbar einsehbarem Nutzen [gewesen], die noch am ehesten die [...] Selektionsmechanismen passieren konnten".

So also trennt der Verfall der antiken Kultur im fünften Jahrhundert die Antike vom Mittelalter und wir werden sehen, dass sich der Niedergang nicht nur auf Schulen und Bibliotheken beschränkt.

83 F. Prinz, Von den geistigen Anfängen Europas, 2004, S. 3f.

Teil Drei

Theorien zu den Ursachen des Kulturverfalls

Die bisher nur exemplarisch vorgestellte Bildungstragödie wird sich innerhalb der folgenden Jahrhunderte zu einem Desaster und Wirtschaftsfiasko auswachsen. Das Drama verläuft im westlichen, lateinischsprachigen Teil des Reiches brutaler als im östlichen, griechischsprachigen. Denn die alte griechische Kolonie Byzanz, nunmehr Konstantinopel und politischer Mittelpunkt des Reiches, fühlt sich weiterhin den griechischen Klassikern verpflichtet und sichert zählebig die griechischen Schätze. Wenn wir also vom Untergang der antiken Kultur im fünften und den folgenden Jahrhunderten sprechen, dann meinen wir den westlichen, lateinisch sprechenden Teil des Reiches. Der oströmische, byzantinische, griechischsprachige Teil interessiert uns weniger. Ziehen wir, in grober Vereinfachung, die Grenze zwischen Ost- und Westrom, die zugleich auch die Demarkationslinie zwischen dem späteren orthodoxen Christentum und dem römisch-katholischen sein wird, entlang der Westgrenze des heutigen Griechenlands.

Da gibt es allerdings, neben Rom und Konstantinopel, noch eine dritte Macht im Mittelmeeraum, die die frühmittelalterliche Kulturlandschaft ganz wesentlich beeinflusst: die Araber. Sie erobern im siebten Jahrhundert in Siebenmeilenstiefeln die ehemals römischen kleinasiatischen, nordafrikanischen und spanischen Territorien und verwandeln das *mare nostrum* in ein weitgehend islamisches Meer. Ähnlich den Griechen der archaischen Zeit integrieren die Araber die kulturellen und wissenschaftlichen Leistungen der Antike und führen ihre Länder in eine Jahrhunderte währende Phase des kulturellen und wirtschaftlichen Aufschwungs hinein. Sie bilden also, ähnlich wie das oströmische Konstantinopel, keine fundamentale Gefahr für die antike Kultur. Die Ursachen des Kulturverfalls sind folglich nicht in einem angeblich militanten Islamismus, sondern an anderer Stelle zu suchen.

Es liegt auf der Hand, den Niedergang der antiken Kultur an den politischen Überlebenskampf des römischen Reiches zu binden. Im Untergang des einstmals großen Imperiums habe die Politik die Kultur mitgerissen. Folglich brauche man lediglich, so die Theorie, die politischen und militärischen Scharfrichter des Reiches zu finden, um die Urheber des kulturellen Niederganges dingfest zu machen. Bei dieser Suche steht die Invasion der germanischen „Barbaren" weit oben auf der Diskussionsagenda. Von diesen teutonischen Finstermännern aus einer fernen Weltregion, die von den römischen Legionen nie bezwungen worden sind, sind die Römer gleichermaßen fasziniert wie abgestoßen. Einerseits graust es Tacitus vor den wilden Germanen, die zu viel trinken und schlecht essen. Aber gleichzeitig preist er sie in seiner *Germania* als Vorbild unverdorbener Natürlichkeit und rühmt die „wohl behütete Sittsamkeit" ihrer Frauen, die „nicht durch lüsterne Schauspiele, nicht durch aufreizende Gelage" verführt würden. Diese „Barbaren" also überschreiten in der Silvesternacht des Jahres 406 den Rhein bei Mainz, ergießen sich nach Gallien und es scheint manches dafür zu sprechen, dass sie im Zuge ihres Eroberungskrieges die römische Kultur kurz und klein geschlagen haben.

Beifall findet auch die Dekadenztheorie. Eine korrumpierte und luxussüchtige Elite soll das römische Staats- und Gesellschaftswesen ruiniert haben. Parallel zur Entartung der Sitten seien Wissenschaft und Bildungsbemühen in einen spätantiken Winterschlaf verfallen. Man habe „Wissenschaft" als etwas Abgeschlossenes betrachtet, habe nicht mehr den Stand der Wissenschaften verbessern wollen, stattdessen sich mit dem Ruhm der Vorgänger begnügt. Daher sei es verständlich, schreibt der französische Historiker Henri I. Marrou, „dass diese [Art von] Wissenschaft Augustins und seiner Zeitgenossen Interesse nicht stärker fesseln konnte".[84] Nun, ob Wissenschaft und Bildung des vierten Jahrhunderts für Geistesgrößen wie Augustin zu anspruchslos gewesen sind, darüber kann man trefflich streiten, weniger jedoch darüber, dass Augustins wissenschaftlicher Forschungsdrang eher begrenzt und sein Griechisch miserabel gewesen ist, so dass der Heilige möglicherweise aus sehr persönlichen Gründen von der Wissenschaft nicht „gefesselt" worden ist.

Dann gibt es noch die Kontinuitätstheorie, zu der Friedrich Dürrenmatt in seiner *Romulus*-Komödie meint, ein so großes Unternehmen wie das römische Imperium könne nicht einfach in sich zusammenkrachen. Er hat

84 H.I. Marrou, Augustinus und das Ende der antiken Bildung, 1938/1981, S. 134.

mit seiner launischen Anmerkung sicherlich recht: „Einfach zusammengekracht“ ist das Weltreich nicht. Und so denken auch die Verfechter der Kontinuitätstheorie, die nach dem Ersten Weltkrieg in bewusster Reaktion auf die Katastrophentheorien maßgeblich durch Alfons Dopsch vorgetragen wird.[85] Das Reich habe in seinen Nachfolgestaaten, wenngleich zerstückelt und gewandelt, überlebt und die zur Staatskirche[86] avancierte *Ecclesia Catholica Romana* habe die kulturell leerlaufende Staatsform mit neuem Sauerteig gefüllt, der glänzend aufgegangen sei. Neue virulente Kräfte hätten Wertvolles übernommen, Antikes sei durch Christliches, Überholtes durch neue Formen ersetzt worden. Daher müsse man von einer Kontinuität über die Epochengrenze hinweg sprechen. Ein Bruch, sei er politischer oder kultureller Art, sei jedenfalls nicht erfolgt. Der Althistoriker und studierte Theologe Klaus M. Girardet fragt sogar an, ob nach dem Untergang des heidnischen Imperiums dank der christlichen Kirche nicht eine höhere Stufe der Menschheit erreicht worden sei.[87] So wandelt sich also die klassische Kontinuitätstheorie in den Händen eines theologienahen Historikers zu einer Höherstufungslehre, die das segensreiche Wirken der katholischen Kirche im Überlebenskampf der antiken Kultur schildert.

Das gibt Anlass, sich der christlichen Staatskirche zuzuwenden, die mit einem Bündel von Dogmen und Diesseitsratschlägen sicherlich auch ihren Anteil zum Wandel der Kulturen beigetragen hat. Daher erinnert der Althistoriker Alexander Demandt an die „beispiellosen kulturellen und sozialen Glanzleistungen des Christentums in der Geschichte des Abendlandes“, an die grandiosen Kathedralen, die segensreichen Hospitaler, an die h-moll-Messe Bachs, die Franckesche Stiftung und das internationale Kolpingwerk. Selbst der moderne Sozialstaat, so Demandt, sei aus christlicher

85 A. Dopsch, Wirtschaftliche und soziale Grundlagen der europäischen Kulturentwicklung, ²1923. Vgl. auch H. Pirenne, Mahomet et Charlemagne, 1937, 1. Buch „Westeuropa vor dem Auftreten des Islam“.

86 H. Leppin findet den Begriff „Staatskirche“ ungeeignet, weil beide Institutionen personell getrennt gewesen seien (Theodosius, 2003, S. 238). Der Kirchenhistoriker M. Fiedrowicz hat dagegen mit dem Terminus „Staatsreligion“ keine Probleme (Christen und Heiden, 2004, S. 168). Tatsächlich erfüllt die christlich-trinitarische Kirche ab 380 alle Charakteristika einer Staatskirche: Sie ist innerhalb der Grenzen des Staates die einzige anerkannte Religionsgemeinschaft und wird vom Staat direkt und maßgeblich alimentiert. Erst mit wachsender Ausformung wächst ihr Anspruch auf Selbständigkeit, ohne jedoch die Protektion durch die Staatsmacht ablegen zu wollen.

87 K.M. Girardet, Die Konstantinische Wende, 2006, S. 41.

Wurzel erwachsen.[88] Und wenn schon ein Althistoriker, Experte der Antike also, feststellt, dass die kulturellen Glanzleistungen des Christentums *beispiellos* seien, dann muss ja wohl etwas dran sein an dieser Höherstufungstheorie seines Kollegen Girardet. Oder?

Damit ist der Rahmen gesetzt, in dem wir uns bei der Diskussion der Untergangstheorien bewegen wollen: Dekadenztheorie, Barbarensturm, auch „Völkerwanderung“ genannt, und staatskirchliches Christentum. In dieser Reihenfolge widmen wir uns dem „Untergang der antiken Kultur“. Wobei sich Argumente für oder gegen die Kontinuitätstheorie eher begleitend entwickeln werden.

88 A. Demandt, Durch Mord zum Heil; in: Spiegel Geschichte 1/2009 vom 27.1.2009, S. 117. Auf die Bismarcksche Sozialgesetzgebung gehen wir hier nicht ein.

6 Die Dekadenztheorie

> *„Die Römer suchen bei den Barbaren römische Menschlichkeit, weil sie bei den Römern die barbarische Unmenschlichkeit nicht ertragen können."*
>
> Salvianus, De gubernatione Dei, um 440 n.Chr.[89]

Degeneriert sollen sie gewesen sein, die Römer. Bereits zu republikanischen Zeiten beklagt Cicero (106-43 v.Chr.) in seinen großen Reden den Verfall der Sitten und sein Zeitgenosse, der römische Historiker Sallust, der sich selbst schamlos bereichert haben soll, geißelt die „Verdorbenheit", „Trägheit" und „niedrigen Gelüste" der Römer. Der Katzenjammer geht in der Kaiserzeit weiter. Der Satiriker Juvenal nimmt um 100 n.Chr. in seinen *Saturae* die „sexuellen Ausschweifungen" und das „sündige Großstadtleben" aufs Korn und fasst das angeblich wüste Leben in wenigen herben Sätzen zusammen: „Jetzt leiden wir an den üblen Folgen eines lange dauernden Friedens: Schwelgerei hat uns erfasst", während Petronius die angebliche römische Dekadenz im Rom Neros in seinem *Satyricon* farbenprächtig ausmalt.

Besonders bissig schildert der römische Historiker Ammianus Marcellinus den dekadenten Luxus der Aristokratie des vierten Jahrhunderts, die sich im Tafelluxus und Kleideraufwand gegenseitig zu übertreffen suche.[90]

---

89 Salvian kämpfte wie Augustinus und Orosius mit der Frage: Wie kann der allmächtige Gott so viel Drangsal zulassen? Salvian erklärt alles aus der Vorhersehung Gottes und seinem Strafgericht. Sein *de gubernatione* muss daher mit Distanz bewertet werden.

90 Ammianus Marcellinus, Res Gestae 14,6; 28,4. W. Seyfarth bezeichnet den „Tatenbericht" als einen „gewaltigen Schwanengesang, der den endgültigen Untergang des römischen Heidentums und der von ihm hervorgebrachten sittlichen Normen und gesellschaftlichen Formen begleitet" (Ammianus Marcellinus, S. 35).

Im Rausch der Sinne und des Luxus hätten die Bürger das Interesse an Kunst und Wissenschaft verloren und „Buntschriftstellerei“ habe das ausgefeilte, breit ausgelegte Bildungsangebot der kaiserlichen Zeit aus den Bibliotheken verdrängt.[91] Es sei der Luxus der Oberschicht, ihre Korruptheit, die Preisgabe des Götterkultes und die damit verbundene Aufgabe der bewährten Verbundenheit von *benevolentia deorum* und *salus imperii*, die mangelnde Bereitschaft der Bürger zum Heeresdienst und die monarchische Willkürherrschaft gewesen, die den Eintritt der antiken Welt in ein Greisenalter beschleunigt hätten. Hoffnung für einen erneuten Aufstieg des „ewigen Roms“ sei zwar begründet, verlange aber eine Umkehr der Gesittung.[92]

Das Granteln geht im betagten „Früher war eh vieles besser“-Stil bis in das fünfte Jahrhundert weiter, das ohnehin unter dem Einfluss des lustfremden Christentums rasch eine Verbindung von Lust, Sünde und Untergang herzustellen geneigt ist. So ruft der im fernen Palästina weilende Bibelübersetzer und *Vulgata*-Autor Hieronymus in einem dramatischen Klageruf der Welt zu: „Romanus orbis ruit“, die römische Welt breche zusammen, und schiebt die Schuld an dieser Tragödie den sündigen Römern in die Schuhe.[93] Und auch Augustinus, Bischof im nordafrikanischen Hippo, in seiner Jugend Mitglied des lebenslustigen Jetsets, nachfolgend bitterböser Richter in Sachen Sexualität sowie Schlaufuchs in transuniversalen Fragen, greift in seinem gewaltigen Werk vom *Gottesstaat* die damals übliche Erklärung auf, die militärischen Niederlagen und der Hochmut der Barbaren seien die Strafe für den Sittenverfall des Reiches und eine Mahnung an die Gottlosen. Damit stehe das letzte der Weltreiche am Ende der Epoche und es warte nunmehr der Gottesstaat (*civitas caelestis*) auf die Menschen. Gott, so hoffen die geistlichen Führer, werde die alte, kranke Welt aus ihrem Bette jagen und im neuen Geist erstehen lassen. Sündenlos und ohne Sex.

Dem Dekadenz-Pessimismus schließen sich in der Neuzeit Edward Gibbon, Theodor Mommsen, Jacob Burckhardt, Friedrich Engels („Ver-

91 Beschreibung der guten, alten Zeit und Gründe für den Verfall bei Velleius Paterculus, Historia Romana 1,16-17 („Auf und ab der Geschichte“).

92 Vgl. Aurelius Victor, Eunapius, Zosimos, Vegetius und der unbekannte Verfasser der *rebus bellicis* (5,1f.). Auch die 3. Relatio des Symmachus atmet die Hoffnung auf eine Umkehr aus. Dazu M. Fuhrmann, Die Romidee in der Spätantike, 1968, S. 529f.

93 Hieronymus, Brief 60,16; ähnlich Brief 128,5: „Schrecklich! Die Welt bricht zusammen, aber nicht die Sünde in uns.“

sumpfung einer untergehenden Zivilisation“) und Christian Meier („Altweibersommer“) an, während Josef Schröteler Beutelust, Käuflichkeit, Ordens-, Ämter- und Titelsucht, „widerliche Hetärenwirtschaft“ und Verschwendungssucht als Merkmale des spätrömischen Kaiserreiches identifiziert.[94] Der Althistoriker Alexander Demandt, „Hirte“ der deutschen althistorischen Herde, der uns im Jahre 2009 an die „beispiellosen kulturellen und sozialen Glanzleistungen des Christentums“ erinnert hat, darf mit einem besonders schönen Beispiel weltanschaulich imprägnierter Analyse nicht fehlen: „Progressive Züge“ seien im Zusammenhang mit dem kulturellen Untergang des Imperiums lediglich „in allem“ zu erkennen, „was mit der katholischen Kirche zusammenhänge“, die Bekehrung der Heiden habe beispielsweise Fortschritte gemacht, ebenso die Buchmalerei, die Mosaike und die Architektur, daher sei der Begriff „Dekadenz“ letztlich unangebracht.[95] Diese Theorie, die die Bekehrung Andersdenkender mittels Berufsverbot, Vermögenseinzug und Zwangstaufe als einen „Fortschritt“ deklariert, ist ziemlich starker Tobak und soll hier mit Rücksicht auf die Verdienste Demandts nicht weiter kommentiert werden.

94 C. Meier, Entstehung des Begriffs „Demokratie“, 1970, S. 150. J. Schröteler, Die Pädagogik der nicht-christlichen Kulturvölker, 1934, S. 324/325. M. Fuhrmann: „Im ganzen haben wohl vor allem innere Zermürbung und Erschöpfung der maßgeblichen Schicht das Geistesleben allmählich zum Erliegen gebracht. [Es] herrschte überall auf dem europäischen Kontinent [...] eine geistige tabula rasa“ (Spätantike, 1994, S. 56-57). F. Prinz: Die „Ausdünnung kultureller Traditionen, wie sie im spätantiken und frühmittelalterlichen Kompendienwesen [...] nachzuweisen ist“, sei im „römischen Pragmatismus“ begründet, der wenig Neigung zur Grundlagenforschung habe erkennen lassen (Von Konstantin zu Karl dem Großen, 2000, S. 532). An anderer Stelle spricht Prinz von der „Dekadenz der Antike“ (Merowingerreich, 2002, S. 346). Man habe sich aufs Pragmatisch-Ethische konzentriert, sich mit dem in Handbüchern gespeicherten Wissen aus griechischen Tradition zufrieden gegeben und den von Griechenland überlieferten Bildungsstand als abgeschlossenes Ganzes betrachtet. Römischer „Pragmatismus“ habe dazu beigetragen, die Höhenflüge griechischen Geistes einzuebnen.

95 A. Demandt, Geschichte der Spätantike, 2008, S. 496.

Das erste und zweite Jahrhundert. Silberne Jahre

Nun ist nicht abzusprechen, dass die lateinische Literatur des Kaiserreiches im Vergleich mit den klassisch-griechischen Werken qualitativ abfällt. In Rom sucht man große Prosaschriftsteller vergebens, es herrschen ab dem zweiten Jahrhundert Enzyklopädie, Rhetorik und Grammatik vor. Auf der anderen Seite wächst die Zweisprachigkeit der gebildeten Schichten, nehmen – parallel zum Lateinischen als Gesetzes- und Verwaltungssprache – griechische Sprache und Literatur einen neuen Aufschwung, so dass der Literaturwissenschaftler des 19. Jahrhunderts Rudolf Nicolai vom „Glanz einer neu aufblühenden [griechischen] Literatur voll schimmernder Pracht der Declamation", spricht, die die lateinische Sprache in Schatten stelle.[96] Griechisch wird ab dem zweiten nachchristlichen Jahrhundert im gesamten Reich Kultursprache, die zum Lateinischen in demselben Verhältnis steht wie zur Zeit Friedrichs des Großen das Französische zum Deutschen. Wie der große Fritz französisch, so schreiben Kaiser Hadrian (reg. 117-138) und Kaiser Marc Aurel (reg. 161-180) mit Vorliebe griechisch.

Dabei ist anzumerken, dass das hohe, häufig zweisprachige Bildungsniveau keineswegs auf Kaiserhof und Senatsaristokratie begrenzt bleibt. Gleichermaßen gebildet ist ein breiter Mittelstand: Professoren, Elementar-, Griechisch- und Lateinlehrer, Erzieher, Stenographen, Autoren, Bibliothekare, Lektoren, Kopisten, Verleger, Richter und Anwälte. Diese Mittelschicht bildet, unbeschadet aller angeblichen Dekadenztheorien, den Katalysator, der eine erstaunlich breite Bevölkerungsschicht an das antike Bildungsgut bindet. Vielleicht erreichen diese Schichten nicht die literarische Ausdruckskraft und die Beredsamkeit Ciceros, aber das bedeutet ja nicht, dass Bildung versandet ist.

Und es gibt auch keinerlei Hinweise, dass sich an dieser Liaison zwischen der gebildeten breiten Mittelschicht und der Aristokratie grundsätzlich etwas geändert hätte. Warum auch sollte der Mittelstand die aristotelischen Naturwissenschaften, die platonische Lehre vom Staat, die Grammatiklehre des Dionysios Thrax, die medizinischen Lehrbücher des Hippokrates oder die Erdkunde des Strabo, kurzum das gesamte griechisch-römische Kulturerbe, ersatzlos über Bord werfen? Das Bildungsbürgertum lebt im Einverständnis mit der Aristokratie, die – wie Kaiser Julian um 360 n.Chr. und die Senatsfamilien um Symmachus und Nicomachus am Ausgang des vierten Jahrhunderts – der Sorge Ausdruck geben, der christliche Funda-

96 R. Nicolai, Griechische Literaturgeschichte, 1878, II, S. 425f.

mentalismus gelte nicht nur den Tempeln, sondern auch dem römischen Erbe, dem Geistesleben und der Kunst. Die heidnischen Bildungsbürger vermeinen eine neue Unkultur aus den Tiefen christlicher Traditionsverweigerung hervorsteigen zu sehen und erkennen ihre Lebensaufgabe darin, das zu pflegen und zu schützen, was ihrem Dasein bisher Würde und Tiefe gegeben hat: die antike Kultur. Sie zu schützen, ist ihr Anliegen.[97]

Natürlich beobachten wir auch Veränderungen in der Kulturszene. Es mag sein, wenngleich die Theorie nicht bewiesen ist, dass die Durchdringung der Gesellschaft mit einer klassischen höheren Schulbildung, von Friedrich Nietzsche, nicht nur ein genialer Visionär, sondern auch ein erstklassiger Altphilologe, als „Gymnasial-Dressur" beschrieben,[98] seit dem dritten Jahrhundert schwächer wird. Dass sich die freie Rede unter dem Einfluss der Rhetorenschulen in einem ornamentalen Pathos zu überschlagen droht. Und es kann nicht ausgeschlossen werden, dass das hohe Bildungsniveau einer verhältnismäßig breiten gebildeten Klasse aus der republikanischen Epoche und der frühen Kaiserzeit nicht gehalten werden kann. Dies auch deshalb, weil immer mehr Provinziale ohne profunde dreistufige Schulbildung in Führungsebenen berufen werden. Während Augustus (gest. 14 n.Chr.) noch einen Konsularlegaten wegen Unbildung von seinem Posten abberuft, da er ein Wort der unteren Klassen verwendet habe,[99] sei der Emporkömmling Hadrian (gest. 138 n.Chr.) im Senat bei der Verlesung einer kaiserlichen Rede wegen seines Akzentes angeblich ausgelacht worden.[100]

Aber diese Verlotterung der Sprache scheint in den gehobenen Bildungsschichten kaum anzukommen, wie wir aus den Klagen zahlreicher Autoren – Paterculus, Seneca, Petron, Tacitus, Plinius u. a. – sowie aus der gepflegten Rhetorik und dem Bemühen der Senatsaristokratie um Erhalt

97 Vgl. das fiktive Treffen der Senatsaristokratie an den Saturnalien d.J. 384 (Macrobius, Saturnalia).

98 F. Nietzsche, Götzendämmerung oder Wie man mit dem Hammer philosophiert, 1889. Nietzsche hatte in Basel eine entsprechende Professorenstelle zehn Jahre inne. Die Flucht Nietzsches aus dem Christentum des elterlichen Pfarrhauses und des Internates heraus in Altphilologie und Philosophie hinein wird von Hermann Josef Schmidt in einem scharfsinnigen und materialreichen Opus Magnum nachgezeichnet (Nietzsche absconditus, 1991-1994).

99 Sueton, Augustus 88 (Der Legat habe „ixi" statt „ipsi" geschrieben).

100 Historia Augusta, Hadrian 3,1. Hadrian war durchaus gebildet. Man muss daher der Historia misstrauen.

der antiken Literatur am Ende des vierten Jahrhunderts folgern können.[101] Wenn sich fast jeder bekannte Redner und Autor zu diesem angeblichen Dekadenz-Phänomen äußert – alleine im *Dialogus* des Tacitus reden sich vier Gesprächspartner in gepflegtem Konversationsstil die Köpfe heiß über den Verfall der Beredsamkeit – dann spricht schon alleine die Menge der Klagenden gegen die Theorie einer allgemeinen Sprachverlotterung. Die Bibliotheken jedenfalls sind bis zum Rande gefüllt und noch der spätantike Kaiser Julian genießt bei den Zeitgenossen wegen seiner philosophischen Bildung hohes Ansehen.

Hinzu kommen Indizien, die dem von Philologen beobachteten „Krebsgang der römischen Literatur"[102] nicht gerecht werden wollen. Denn wir erblicken in den ersten beiden nachchristlichen Jahrhunderten eine literarische Blüte im Imperium, die dieser Epoche den Ehrennamen „Silbernes Zeitalter der Literatur" einbringt.[103] Diese Jahrhunderte sind durch zahlreiche Werke von hohem künstlerischen Niveau in leuchtenden Farben markiert: Vergil, Lukian, Seneca, Petronius, Persius, Juvenal, Martial, Plinius, Quintilian, Tacitus, Sueton, Macrobius und viele mehr oder weniger bekannte Namen, durch eine Blüte der öffentlichen und privaten Bibliotheken im gesamten Imperium, durch einen „weltweit" agierenden kommerziellen Buchhandel,[104] durch die Einführung öffentlicher Vorlesungen neuer Werke und durch die Stiftung einer den Dichtern eigentümlichen Auszeichnung, der Dichterkrönungen,[105] gekennzeichnet.

Eine „Vergreisung" der römischen Kultur, gar ein „Verfall der Sprache im 2. Jahrhundert"[106] ist also nicht zu lokalisieren. Heinz-Günther Nesselrath erkennt daher „die eigentliche Blütezeit klassizistischer griechischer Historiographie" im zweiten Jahrhundert.[107]

101 Symmachus- und Nicomachuskreis.
102 M. Fuhrmann, Spätantike, 1994, S. 43.
103 W. Stein, Kulturfahrplan, 1956, S. 272ff.
104 Ursprünglich war Alexandria für den Buchhandel maßgebend (Stabo 13,609). Sueton: Domitian habe „überall unter großen Kosten nach Kopien gesucht" (Domitian 20). Cicero über seinen Freund Atticus, der in größerem Umfang Bücher verlegte und vertreiben ließ (ad Atticum 13,12,2; 13,22,3). Vgl. L. Hänny, Schriftsteller und Buchhändler in Rom, ^{2}1885; K. Dziatzko, Untersuchungen über ausgewählte Kapitel des antiken Buchwesens, 1900.
105 Die Dichterkrönungen wurden 2 n.Chr. zu Ehren Augustus gestiftet.
106 L. Friedländer, Sittengeschichte, 1922, Bd. 2, S. 209.
107 H. G. Nesselrath, Einleitung in die griechische Philologie, 1997, S. 280.

Das dritte Jahrhundert: Kaum ein Kaiser regiert länger als ein Jahr

Zutreffender könnte dagegen die Beobachtung sein, dass der vorgebliche Verfall der Sprachkultur[108] bei Lichte betrachtet weniger ein Verfall der Sprachkultur ist, als vielmehr auf eine wachsende Durchlässigkeit der sozialen Schichten hindeutet.[109] Auch dürfte die Notzeit des dritten Jahrhunderts mit einer Heerschar von meist ebenso rasch ernannten wie gemordeten Kaisern und Usurpatoren von einer kulturellen und literarischen Verarmung begleitet gewesen sein. Es liegt auf der Hand anzunehmen, dass Machtkämpfe im Inneren und die Anstürme von außen zu einer vorübergehenden Verödung der geistigen Landschaft geführt haben. Wissenschaft braucht die Studierstube, Kriege und Unruhen sind wenig geeignet, geisteswissenschaftliche Fortschritte zu erzielen. „Sklerose" nennt Erich Auerbach daher den Zustand im dritten Jahrhundert, an der Rom langsam untergegangen sei.[110] Michael Rostovtzeff spricht vom „Schweigen der Literatur", das nur Werke ohne besondere Vorzüge durchbrochen hätten.[111] Daher, so folgert Georg Wissowa kurz und bündig, „folgt im dritten Jahrhundert, in der Zeit der Soldatenkaiser und Grenzkriege, die [...] Barbarei". Überall sei eine „erschreckende Abnahme der literarischen Schaffenskraft" zu beobachten und ein rapides Sinken der allgemeinen Bildung. Dies sei die Zeit gewesen, „die das überkommene geistige Kapital am verhängnisvollsten vermindert" habe.[112]

108 L. Friedländer meint, Mitte des zweiten Jahrhunderts sei der Verfall der lateinischen Sprache „zahlreich und erschreckend" gewesen und zitiert als Beleg Gellius (16,5,1; 14,5; 1,22,2) und einzelne Inschriften (Sittengeschichte, 1922, S. 209-210). Aber die wenigen Beispiele aus spärlichen Quellen sind kaum geeignet, eine breite Sprachverwilderung zu diagnostizieren.

109 Ein übereinstimmendes Gesellschaftsmodell über die römische Gesellschaft ist in der Literatur nicht erkennbar. Th. Mommsen geht von den „beiden tonangebenden Klassen der Gesellschaft aus: dem Bettlervolk und der eigentlich vornehmen Welt" aus (Röm. Geschichte 3, [13]1922, S. 522). F. Vittinghoff, Soziale Struktur und politisches System, 1980, S. 31-55,42. Sehr gute Darstellung der sozialen Schichten und ihrer Abhängigkeiten bei A. Lippold, Theodosius, 1968, S. 51-88.

110 E. Auerbach, Literatursprache, 1958, S. 183.

111 M. Rostovtzeff, Geschichte der Alten Welt, 1942, Bd. 2, S. 404.

112 G. Wissowa, Bestehen und Vergehen in der römischen Literatur, 1908, S. 9/10.

Das hört sich plausibel an, korrespondiert auch mit einem Investitionsstau im Bereich der öffentlichen Gebäude[113] und mit der Ausdünnung privater Inschriften,[114] mag auch für wenige Jahrzehnte zutreffen, verliert aber bei näherer Betrachtung seine Überzeugungskraft. Denn trotz außenpolitischer Krisen und finanzpolitischer Not werden im dritten Jahrhundert auf dem Gebiet der Philosophie und Religion bedeutende neue Impulse verzeichnet und stehen auf den Feldern der Prosa, Rhetorik, Grammatik, Jurisprudenz und Historiographie die Namen zahlreicher Autoren und Werke (Longos *Daphnis und Chloe*, Origines, Plotin, Longinos) für eine geistige Kontinuität. Es kann daher nicht überraschen, wenn der klassische Philologe Manfred Fuhrmann konstatiert, dass „die schwere Krise des 3. Jahrhunderts, die wirre Übergangszeit zwischen Antike und Spätantike, [...] im Bildungswesen offensichtlich keinen tiefgreifenden Wandel mit sich gebracht“ habe.[115] Man darf daher vermuten, dass eine nur wenige Jahrzehnte währende Literaturkrise nicht den langatmigen Prozess geistigen Schaffens widerspiegelt.

Das vierte Jahrhundert: Antike Renaissance

Das nachfolgende vierte Jahrhundert zeichnet sich dann durch eine geradezu schöpferische Renaissance im Bereich der historischen, theologischen, rhetorischen, geographischen und juristischen Werke aus. Nach zwei Generationen des Kommens und Gehens von Soldatenkaisern sehnt sich die Elite offenbar nach der alten anerkannten Tradition zurück. Laktanz und Eusebius schreiben zwischen 310 und 340 ihre kirchengeschichtlichen Werke, die *Historia Augusta* erblickt das Licht der Welt, die Historiker Sextus Aurelius Victor, Eutropius, Festus und Ammianus Marcellinus entwerfen in der zweiten Hälfte des vierten Jahrhunderts bedeutende Geschichtswerke der Spätantike, der belesene Hieronymus schreibt die *Vulga-*

113 „Es wurden [nach 235] fast nur noch die wichtigsten Gebäude restauriert, die wenigen neu errichteten *opera publica* waren überwiegend Sport- und Vergnügungsstätten“ (A. Scheithauer, Kaiserliche Bautätigkeit in Rom, 2000, S. 204).

114 W. Harris, Ancient Literacy, 1989, S. 286.

115 M. Fuhrmann, Spätantike, 1994, S. 44/82. Fuhrmann betont eine zunehmende Spezialisierung der Literatur, was die Annahme einer Interessensverschiebung statt eines Bildungseinbruches rechtfertigt.

ta, Donatus seine Sprachlehre und avanciert damit für mehr als tausend Jahre zu *dem* Grammatiker schlechthin, sein Schüler Servius liefert die Vergil-Erläuterungen, die uns noch heute helfen, den großen römischen Dichter zu verstehen, und die Kaiser fördern die Wiederbelebung der griechisch-attischen Hochsprache.[116]

Alleine die geistige Schulung der Kaiser des vierten Jahrhunderts weist aus, welches Gewicht die klassische Bildung immer noch hat. Der römische Historiker Aurelius Victor schreibt 360 in seiner Kaiserbiographie *de Caesaribus*, für die Bewertung der Kaiser sei ganz allgemein ihre Bildung maßgeblich. Bischof Eusebius und der heidnische Rhetor Libanius berichten übereinstimmend, dass Konstantin I. in seiner Jugend eine anspruchsvolle Erziehung genossen und für die Ausbildung seiner Söhne die hervorragendsten Lehrer herangezogen habe,[117] während Kaiser Julian (reg. 361-363) ohnehin als Sinnbild römischer Belesenheit gilt, der von der Untrennbarkeit hellenistischer Bildung und römischen Staatskultes überzeugt ist. Die hohen Bildungsansprüche der Kaiser, die als Reaktion auf die barbarischen Verhältnisse im Zeitalter der Soldatenkaiser des dritten Jahrhunderts zu verstehen sind, korrespondieren mit den ebenso hohen Bildungsvorstellungen des Magistrates[118] und der Aristokratie um Symmachus herum, und selbst Augustinus hält zunächst die Schulung in den *artes liberales* für die Pflicht eines wahren Christen.

Libanius von Antiochia (um 314-393), ein hochgeachteter Gelehrter, gibt uns einen glänzenden Eindruck von der Höhe antiker Bildung in der zweiten Hälfte des vierten Jahrhunderts. Mehr als sechzig Reden und 1.600 Briefe sind uns überliefert und zeugen von der sprachlichen Fertigkeit, dem Respekt vor der klassischen Bildung und der Autorität gebildeter Rhetoren.[119] Seine Hinterlassenschaft und die *Res Gestae* des Historikers Ammianus Marcellinus (330- ca. 400) vermitteln ein gänzlich anderes Bild von dem, was damals Kaiser und Volk bewegt hat als die *Kirchengeschichten*, die uns überzeugen wollen, dass die Herrscher des vierten Jahrhunderts kaum etwas anderes als die Lösung religiöser Fragen im Sinne hatten.

116 Die griechische Verkehrssprache (koiné) sollte durch die Hochsprache des 5./4. vorchristlichen Jahrhunderts ersetzt werden.

117 Eusebius, Vita Constantini 4,51-52; Libanios, Rede 59,33-34.

118 Zahlreiche Magistratsinschriften aus dieser Zeit belegen die Wertschätzung alter Tugenden (Inschriften-Corpus CIL 6,1677ff).

119 Libanii opera, hrsg. von R. Foerster, 1903-1927, ND Hildesheim 1963.

Es mag sein, dass im vierten Jahrhundert die Werke der Poesie weniger vertreten sind als in der klassischen Zeit, aber aus den Stilunterschieden kann man angesichts der Üppigkeit anderer Themen kaum den Schluss ziehen, Literatur und Wissenschaften seien verfallen. Auch mag die Beobachtung von Manfred Fuhrmann richtig sein, in der ersten Hälfte des vierten Jahrhunderts habe „Hohes [...] neben Niedrigem, Gefeiltes neben Rohem, Gekünsteltes neben Schlichtem" gestanden. Aber, so fügt er an, man könne „den ernsthaften Willen zur Wiederherstellung eines Kulturstandards, den es einmal gegeben" habe, beobachten. Er kennzeichnet daher die zweite Hälfte des vierten Jahrhunderts als „Blüte der lateinischen Literatur der Spätantike". Überall im Reich sei das „überkommene Bildungswesen" im Aufschwung gewesen, die wissenschaftlichen und literarischen Studien hätten „weitreichende Impulse" vermittelt, Höhepunkt habe neben Höhepunkt gestanden und die „Restauration der kulturellen Hinterlassenschaft" habe Züge angenommen, die den heutigen Betrachter an die Bemühungen des Mittelalters erinnere.[120]

Die negativen Folgen der politischen Aufteilung des Imperiums unter Augusti und Caesares, die Kriege und Wirtschaftskrisen schlagen offensichtlich auch nicht nachhaltig auf die imperiale Bautätigkeit durch, die im vierten Jahrhundert in allen Provinzen lebhaft ansteigt,[121] wie wir an den kaiserlichen Residenzbauten, am Konstantinbogen in Rom, am nicht weniger angesehenen Amphitheater in Verona, an außergewöhnlichen Meisterwerken der Plastik und Architektur, an Kolonnaden, Kolossalstatuen, riesigen Säulen und Obelisken, an Thermen, Bibliotheken und Theatern, an plastischen Kunstwerken aller Art und an den bedeutenden Restaurationen und Neubauten, die noch im vierten Jahrhundert in Auftrag gegeben werden, erkennen können. Ammianus Marcellinus schildert den triumphalen Einzug Kaiser Konstantius' in Rom am 28. April 357 und dessen kindliches Staunen über die Pracht dieser Stadt: „Da staunte er, und auf allen Seiten, wohin sich sein Blick wendete, wurde er von dichtgedrängten Wunderwerken überrascht [...] Und immer glaubte er, das, was er gerade zuerst sah, das müsse über alles andere erhaben sein [...] doch als er zum Trajansforum

120 M. Fuhrmann, Spätantike, 1994, S. 47-54.

121 Sehr ansprechende Darstellung der Bautätigkeit unter Diokletian und Konstantin I. bei A. Scheithauer, Kaiserliche Bautätigkeit in Rom, 2000. Vgl. auch B. Brenk, Innovation in der Spätantike, 1996.

kam, einem Bau ohnegleichen unter dem weiten Himmel, [...] da war er spachlos vor Erschütterung."[122]

Rom war, ist und bleibt eben göttlich. Und so verherrlicht Claudian (um 370-405), der bedeutendste lateinische Dichter der Spätantike, noch zum Ausgang des vierten Jahrhunderts das „unbezwingbare Rom", das die ehemals verfeindeten Völker zu einer Einheit geführt habe, in der jeder Verkehr von Menschen und Waren frei gestattet sei.[123]

Daneben entwickelt sich Konstantinopel, das „Neue Rom", mit seiner griechisch-lateinischen Palastbibliothek, der zweisprachigen Universität und schließlich der Patriarchatsbibliothek zu einer Bildungsmetropole, die sich von Anfang an der Bewahrung des antiken Erbes verpflichtet fühlt. Ähnlich wie Ammianus Marcellinus Rom bewundert, so zeigt sich Porphyrius, Bischof von Gaza, der anlässlich der Taufe Theodosius II. im Jahre 401 in Konstantinopel weilt, von den zahlreichen Skulpturen und Monumenten sowie vom Glanz des Palastbezirkes geblendet.[124]

So selbstbewusst präsentiert sich keine Spolienkultur[125] und es ist auch kein „Abwelken all dessen, was für die Antike typisch" ist, zu beobachten, wie Alexander Demandt plakativ formuliert.[126] Wenn der ansonsten verdienstvolle Altphilologe Hans Gerstinger in einer nicht nachvollziehbaren Schwarzmalerei schreibt, die Welt des vierten Jahrhunderts sei alt und die Menschheit irre geworden, der Geist sei versehrt gewesen, allerortens habe Verzweiflung geherrscht,[127] wenn Olof Gigon von einem Absturz in die Barbarei, von einer „Verarmung und Dezimierung der kulturtragenden Schichten" spricht, nur um wenige Zeilen später, die „Entschlossenheit und Liberalität" des Christentums zu loben, die die „antike Kultur unter ihren

122 Ammianus Marcellinus 16,10.

123 Claudii Claudiani Carmina 24,150ff.

124 Vita Porphyrii 47 („Niemand konnte die Pracht der Stadt beschreiben").

125 „Spolie", ein Wort das ursprünglich die in der Schlacht erbeuteten Waffen bezeichnete, ist ein moderner Begriff für Stückwerke, die aus ihrem einstigen Kontext herausgelöst und wiederverwendet werden. F. Prinz kennzeichnet so die Spätantike und meint damit, dass die Spätantike weniger durch schöpferische Kräfte als durch „Ausschlachten" der alten Kultur gekennzeichnet sei (Von Konstantin zu Karl dem Großen, 2000, S. 535f.).

126 A. Demandt, Spätantike, 2008, S. 497. Widerlegung durch J. Geffcken, Der Ausgang des griechisch-römischen Heidentums, 1920, S. 101-141.

127 H. Gerstinger, Literaturwerke, 1948, S. 23.

Schutz“ genommen habe,[128] dann wundert man sich und fragt, wo die Belege sind und welche Eingebung die Feder geführt hat.

Damit soll nicht in Abrede gestellt werden, dass Kriege, innenpolitische Verwerfungen und gesellschaftlicher Wandel ihre Spuren hinterlassen. Auch wissen wir, dass der orthodoxe Staatskult über Jahrhunderte an kultischer Ausstrahlung verliert und der erschöpfte *ritus Romanus* und sein oberster Wächter, der *pontifex maximus*, in den Falten eines byzantinischen Kaisermantels verschwinden. Aber der schleichende Verfall des traditionellen Staatskultes führt nicht zum Untergang der römisch-griechischen Kultur. Bildung stirbt nicht, wenn eine ihrer Religionen, meist Träger wissenschaftsfremder und vernunftsferner Glaubensüberzeugungen,[129] vergeht. Das klassisch-antike Kulturgut lebt auch mit geschwächtem heidnisch-religiösem Inhalt auf hohem Niveau weiter. Ungebrochen bleibt die Hochschätzung einer gepflegten Bildung, unbeschadet das Ansehen der klassisch gebildeten Gelehrten. Hoch oben im Olymp der Poeten thronen weiterhin Cicero, Sallust, Livius, Horaz, Vergil und Homer und bilden den Grundstock der Schullektüre. Rom bleibt die bewunderte Primadonna der Weltbühne, Konstantinopel drängt mit geraubter Pracht nach vorne, Athen erlebt eine neuplatonische Blütezeit und Alexandria gedeiht als mathematisches und astronomisches Zentrum, wie Theon und seine Tochter Hypathia zeigen.

Ungeachtet seiner missmutiger Bemerkungen zum Luxus der Aristokratie hören wir in den Worten des Ammianus Marcellinus die Sprache der spätantiken Restauration, die sich immer noch der weltumspannenden Bedeutung der Tibermetropole als Herrin des Erdkreises gewiss ist. Und so wundern wir uns nicht, aus Kreisen der Altertumswissenschaften Stimmen zu vernehmen, die die „Dekadenz“ bestreiten. Die britische Althistorikerin Averil Cameron meint, dass „die entschlossene Fortsetzung der lateinischen Kultur angesichts der gesellschaftlichen und politischen Wandlungen im Westen bemerkenswert gewesen sei“, das „konventionelle Modell des Niederganges“, passe nicht zu dem, was tatsächlich geschehen sei.[130] Der französische Historiker Henri I. Marrou schreibt: „Die Menschen des spätrömischen Reiches betrachteten sich nicht als Vertreter einer Bildung,

128 O. Gigon, Antike Kultur und Christentum, 1966, S. 180-181.

129 „Wer ein Christ sein will, der steche seiner Vernunft die Augen aus.“ (M. Luther, Gesamtausgabe, hrsg. von J. Walch, St. Louis 1880-1910, Bd. 5, S. 452).

130 Vgl. A. Cameron, Das späte Rom, 1994, S. 198.

die am Erlöschen ist. Sie waren Römer, die im Dienst des ewigen Rom standen.“[131] Und der Berliner Altphilologe Ulrich Schmitzer kommentiert diese Epoche: „Das 4. Jahrhundert ist eine – in der Forschung aufgrund der Dekadenzvorstellungen lange verkannte – kulturelle Blütezeit, in der sich ein letztes Mal die schöpferischen Fähigkeiten der traditionellen paganen Eliten zeigen.“[132]

131 H.I. Marrou, Erziehung im klassischen Altertum, 1977, S. 564.

132 U. Schmitzer (Hrsg.), Suus cuique mos, 2006, Rückseite. Der Begriff „pagan“ wird in diesem Buch als Synonym für „heidnisch“ gebraucht. Die erstmalige Verwendung des Begriffes ist umstritten. In einem Gesetz von 409 heißt es: „Gentiles, quos vulgo paganos vocamus“ (Codex Theodosianus 16,5,46).

7 Finstere Barbaren? Die „Katastrophe“ der Völkerwanderung

Hält die Dekadenztheorie als Hypothese für einen Kulturverfall im vierten Jahrhundert einer kritischen Prüfung nicht stand, so bleibt noch der „Germanensturm“, gerne auch als „Völkerwanderung“ bezeichnet, als Erklärungsmodell und Lieblingstheorie der meisten Historiker. Im „Sturm wüster Horden“[133] sei am 9. August 378 n.Chr. in der Schlacht von Adrianopel (Türkei) die antike Welt zunächst verwundet und drei Jahrzehnte später in der eisigen Silvesternacht 406/407 mit dem Zusammenbruch der Rheingrenze unter der verheerenden Stoßkraft der germanischen Stämme zertrümmert worden.[134] Ein Trümmerfeld hätten die Germanen geschaffen, unter dessen Schutt die Errungenschaften einer tausendjährigen Kultur begraben worden seien. Das „Gebäude des römischen Staates [ist] nach der Überflutung durch die Germanen [...] abgebröckelt und zusammengebrochen“, glaubt der Hamburger Historiker Herrmann Aubin erkennen zu können, der französische Historiker André Piganol spricht gar von einer „Ermordung der römischen Kultur“ und Hans Gerstinger von einer „jäh hereinbrechenden Barbarei“.[135] Wie die apokalyptischen Reiter seien die Germanen quer durch den antiken Kulturgarten geritten.

Die französischen Forschung schüttelt sich lange Zeit vor Entsetzen und spricht von *les invasions des barbares*, während man „deutscherseits [...] den gemütlichen, der Wandervogelbewegung entnommenen Begriff

---

133 Ammianus Marcellinus 31.

134 Der von Caesar eingeführte supraethnische, scheinnationale Begriff „Germanen“ (de bello Gallico, Buch 6) ist irreführend. Ostwärts des Rheines gab es, auch im 4. Jahrhundert, lediglich eine bunte Mischung von Stämmen, die sich nach Bedarf verbündeten.

135 A. Piganiol, L'Empire chrétien, 1947, S. 422. Zu den übrigen Autoren vgl. Der Untergang des römischen Reiches, hrsg. von K. Christ, 1986; H. Gerstinger, Literaturwerke, 1948, S. 21/22.

Abb. 5: „Völkerwanderung" um 450 n.Chr., Stich aus dem 19. Jahrhundert

'Völkerwanderung' bevorzugt".[136] Kurzum: Um unsere Vorfahren steht es schlecht. Wenn schon nicht die dekadenten Römer das eigene Reich ruiniert haben, dann müssen wenigstens „Deutsche" herhalten.

Nun ist die Auflösung politischer Einheiten und die Fusionen unterschiedlicher Kulturen nicht zwangsläufig mit deren Zerstörung verbunden, wie wir aus dem kulturellen und wirtschaftlichen Reichtum vieler Grenz- und Mischregionen wissen. Wobei das Weltreich des Hellenismus sicherlich das erstaunlichste politische und kulturelle Mischgebilde gewesen ist, dicht gefolgt, wenn nicht sogar übertroffen, vom arabisch-jüdisch-christlichen Spanien, *der* Hochkultur des frühen Mittelalters. Bis in die Kochkultur entlang der französisch-deutschen Grenze hinein kann belegt werden, dass Gesellschaften immer dann besonders reichlich blühen, wenn es gelingt, verschiedene Kulturen zusammenzuführen und in ein großes Bauwerk der

136 Vgl. F. Prinz, Europas geistige Anfänge, Zeit-Online (Zeit.de/reden/Gesellschaft/ 200229_prinz/seite-3, Zugriff 10.10.2011). Wohl immer noch führend in der Analyse der Völkerwanderung: L. Schmidt, Geschichte der deutschen Stämme bis zum Ausgang der Völkerwanderung, 1969.

Toleranz einzubinden. Die Frage ist also, ob die *incursiones barbarorum* diese Regeln der Akkulturation und Bereicherung durchbrochen haben und der radikale Kulturzusammenbruch zwischen Antike und Mittelalter folglich durch die „Völkerwanderung" erklärt werden kann.

Die Thematik ist nicht zuletzt deshalb etwas verwickelt, weil zwischen den seit Jahrhunderten mit Rom föderierten „Nachbarschafts"-Germanen und den „Invasions-Germanen" des späten vierten und fünften Jahrhunderts zu unterscheiden ist. Wobei die föderierten Stämme kaum eine Gefahr für die antike Kultur darstellen, weil sie meist in Grenznähe, fern der Kulturhauptstätten siedeln und das römische Verwaltungswesen sowie die Bildung und Erfahrung der römischen Oberschicht gerne übernehmen.

Dieses ohnehin schon komplexe interkulturelle Beziehungsgeflecht von Germanen und Römern wird durch eine weitere Form der Assimilation beider Kulturkreise noch verwickelter: Gemeint ist der berühmte Gotenvertrag von 382, mit welchem erstmals einem externen Volk als geschlossene Einheit und unter Wahrung eigener Gesetze ein Wohnrecht auf dem Reichsterritorium an der Donau zugestanden wird.[137] Die 382er-Goten sind sozusagen die antiken „Donauschwaben", die nach dem Urteil internationaler Forscher eher zur Belebung der Kultur beigetragen haben als zu ihrem Niedergang.

Schon der erste kritische Blick zeigt also, dass die Frage nach den Wirkungen der „Völkerwanderung" nicht „locker vom Hocker" beantwortet werden kann und man den Begriff ethnisch, zeitlich und regional präzisieren muss, um überhaupt tragfähige Antworten zu bekommen, ob und wenn ja, in welchem Umfang die „Völkerwanderung" zum Untergang der antiken Kultur beigetragen hat.

Das Verhältnis von Römern und Germanen bis zum Ende des 4. Jahrhunderts

Seit dem Jahre 38 v.Chr. treten Germanen und Römer nachweisbar in enge Nachbarschafts- und Wirtschaftsbeziehungen. In diesem Jahr siedeln die germanischen Ubier mit Billigung der Römer aus dem Rheingau nach *Colonia* (Köln) um, dem Standort mehrerer Legionen und der römischen

137 Zum Gotenvertrag vgl. A. Lippold, Theodosius, ^{2}1980, S. 30f.; G. Kampers, Geschichte der Westgoten, 2008, S. 92-97.

Rheinflotte (*classis germanica pia fidelis*).[138] Damit beginnt die jahrhundertelange Durchdringung des römischen Militärapparates mit Hilfstruppen, Verbündeten und *laeti*, zum Wehrdienst verpflichteten halbfreien Bauern, aber auch mit nicht-römischen Söldnern und Offizieren, die seit Caears und Augustus' Zeiten in großer Zahl zur Verstärkung des römischen Militärs angeworben werden.[139] Insbesondere über diese in den Provinzen angeworbenen Hilfstruppen, deren Stärke in der frühen Kaiserzeit auf rund 100.000 bis 150.000 Mann geschätzt wird,[140] gelingt eine zügige Romanisierung der Provinzen westlich des Rheines, die mit dem Wunsch der Angeworbenen korreliert, an der römischen Kultur und Zivilisation teilhaben zu können.

Von allen provinzialen Ländern öffnet sich Gallien (Frankreich, Belgien, Teile Westdeutschlands) am frühesten und bereitwilligsten der römischen Zivilisation. Durch Erziehung, Vorbild und Schulbildung wird Latein ebenso zur Umgangssprache wie die römischen Sitten und Gesetze zum Standard werden. Die großen gallischen Städte Marseille, Arles, Lyon, Toulouse, Poitiers, Reims, Besançon, Narbonne, Autun, Nimes, Langres und Trier verändern ihren Charakter und können mit italienischen Städten einen Vergleich in römischer Lebensart aushalten. Der gallische Adel, hervorgegangen zum größten Teil aus gallischen Clanshäuptlingen, verschmilzt mit dem römischen Wesen so sehr, dass Kaiser Claudius rühmt, die Gallier hätten sich in Sitten und Künsten schnell mit den Römern ver-

138 Auf die schon bei Caesar, de bello Gallico 1,40 erwähnten Kontakte zwischen Römern und Germanen (Ubier 4,16,5) wird hier nicht eingegangen. Hier auch die Unterteilung in Cisrhenani (= vier germanische Stämme *uno nomine Germani appellantur,* de bello 2,4,10) und Transrhenani (= freies, rechtsrheinisches Germanien).

139 Tacitus berichtet von „germanischen Hilfstruppen", die an der Spitze des Heeres von Germanicus die germanischen Truppen angreifen (Schlacht bei Idistaviso, 16 n.Chr., Annalen 2,16). Es gab Fälle, in denen eine Verselbständigung der mit Germanen überfremdeten römischen Legionen befürchtet wurde. So veranlasste Theodosius den Austausch gotischer Verbände von der Donau nach Ägypten (Zosimos 4,30,2-3).

140 M. Junkelmann, Die Legionen des Augustus, 92003, S. 91-92. Unter Zugrundelegung einer 25-jährigen Dienstzeit durchlaufen damit innerhalb eines Jahrhunderts rund eine halbe Million „Barbaren" die römische Schulung und bekommen zum Dienstende die römische Staatsbürgerschaft. Die römische Armee wird damit zum Integrationsfaktor Nummer Eins.

eint.[141] Und der römische Historiker Plinius meint, sich auf römischer Erde zu befinden, wenn er südgallischen Boden betritt. So erklärt sich, dass im ersten Jahrhundert n.Chr. eine Garnison mit 1200 Mann Besatzung zur Aufrechterhaltung der Ruhe im ganzen gallischen Land genügt.[142]

Nicht ganz so kooperativ und integrativ entwickelt sich das Verhältnis Roms zu den Rhein-Germanen. Dennoch werden die beiderseits des Rheins wohnenden Germanen von den Römer wegen ihres kriegerischen Geistes – „die verwegensten Kämpfer bei den Feinden“[143] – hoch geschätzt und folglich ebenso gerne als Soldaten in die römische Armee eingebunden. Tacitus berichtet von Germanenstämmen, die „Gebiet und Wohnsitz auf germanischer Seite des Rheines, doch Herz und Gesinnung bei uns“ haben sowie von zahlreichen Überläufern, die sich während des Militärkommandos Germanicus' (gest. 19 n.Chr.) im römischen Heer einfinden.[144] Auch die Ereignisse des Jahres 9 n.Chr. („Schlacht im „Teutoburger Wald“/ Kalkriese) ändern nichts an der Tatsache, dass es in Germanien starke romfreundliche Gruppierungen gibt, die unter römischer Flagge zu dienen bereit sind.

Diese frühe militärische Partnerschaft führt zwangsläufig auch zu einem stärkeren politischen Engagement der Römer in Germanien. Wo immer bei den germanischen Grenzvölkern etwas im Gange ist, mischen die Römer mit. Brechen in einem germanischen Stamm Parteizwistigkeiten aus, so wirft sich die unterlegene Partei den Römern gerne in die Arme. Rom übernimmt die Rolle des Beschützers, unterstützt Hilfesuchende mit Geld, droht mit den Waffen und scheut auch kleinere militärische Händel jenseits des Rheines nicht.[145] Das Ansehen Roms ist so groß, dass die Cherusker im Jahre 47 n.Chr. Kaiser Claudius bitten, Flavius Italicus, den letzten Sproß ihres Herrschergeschlechtes, zum König zu ernennen. Rom kommt der Bitte gerne nach, stattet den Königssohn mit Geld und einer Leibwache aus und ermahnt ihn, die „Würde mit stolzem Sinn entgegenzunehmen“.[146]

141 Plinius, Historia naturalis 3,4.
142 O. Denk, Gallo-Fränkisches Unterrichts- und Bildungswesen, 1892, S. 40.
143 Tacitus, Historiae 32.
144 Tacitus, Germania 29; Annalen 1,56; 2,12.
145 Plinius, Brief 2,7,2.
146 Tacitus, Annalen 11,16. Nach Tacitus, Germania 42, erwarten die Markomannen und Quaden zur Legitimierung des neugewählten Stammesoberhauptes die *auctoritas Romana*, die Legitimierung durch das Einverständnis Roms. Vgl. auch Tacitus Annalen 12,28 und Germania 41.

Oft kämpft bei den zahlreichen Grenzkriegen ein germanischer Stamm als Verbündeter des Römischen Reichs gegen seine germanischen Nachbarn.[147] Arminius, der „Cherusker", ein germanischer Fürstensohn, wird wegen seiner Verdienste als Befehlshaber germanischer Hilfstruppen im Solde Roms mit dem Ehrentitel „Ritter" bedacht, bevor er in der „Schlacht im Teutoburger Wald" im Jahr 9 n.Chr. zum deutschen Freiheitshelden mutiert. Sein Bruder Flavus, „ein Muster an Treue", verdingt sich im römischen Heer und verliert für Kaiser und Reich ein Auge.[148] Und als in der Silvesternacht 406/407 Sueben, Vandalen, Burgunder und Alanen den zugefrorenen Rhein bei Mainz und Worms überschreiten und ohne Vorwarnung in die römische Provinz Gallien eindringen, stellen sich den Invasoren fränkische *foederati* entgegen.[149]

Die von antiken Autoren mehrfach beschriebene und honorierte Waffenbrüderschaft[150] wird durch bilaterale römisch-germanische Vereinbarungen ergänzt, in denen meist die römische Oberhoheit anerkannt wird. So schließt Gennobaudes, einer der zahlreichen Frankenkönige, im Jahre 287 einen *foedus* mit den Römern und im Jahre 358 wird den salischen Franken mit einem solchen *foedus* römisches Siedlungsgebiet an der Grenze des heutigen Belgiens bzw. der Niederlande zugesichert. Der Theologe und Mittelalterforscher Arnold Angenendt hat mehr als einhundert solcher Verträge gezählt, die zwischen 395 und 476 geschlossen worden sind.[151] Diese Föderatenverträge und zuletzt auch die Ansiedlung germanischer Stämme auf Reichsgebiet nach den Regeln des *ius hospitalitatis* (Gastrecht), in denen den Neusiedlern öffentlicher Grund und Boden und bis zu einem Drittel an Privatbesitz zugesagt werden, tragen zur Stabilisierung der Rheingrenze bei und leiten eine für das künftige Europa entscheidende Phase römisch-germanischer Beziehungen ein.

147 Detaillierte Darstellung bei M. Bang, Germanen im römischen Dienst, 1906, S. 25f.

148 Tacitus, Annalen 2,9.

149 Hieronymus, Brief 123, 16-17.

150 Ammianus Marcellinus 15,5 (Konstantin), 20,4 (Julian bei Straßburg), 20,8 und 23,2 (Perserfeldzug); Zosimos 2,15,1 (Konstantin).

151 A. Angenendt, Frühmittelalter, 1990, S. 112. Prokopius definiert in seinen *Gotenkriegen* die Foederati: „Sie treten nicht als Unterworfene, sondern mit vollkommen gleichen Rechten in den Staatsverband ein" (Buch 3, 2,3f.).

Die Besetzung hoher militärischer Ämter mit Personal aus den germanischen und Donau-Provinzen[152] und gemeinsame Kämpfe gegen Eindringlinge schlingen die römisch-germanischen Bande soldatischer Waffengemeinschaft immer enger. Einzelne Alemannen, Franken und wenig später Goten im römischen Heeresdienst erringen rasch Rang und Einfluss und helfen, die politische Kontinuität der römischen Staatsmacht zu sichern.[153] Mit der Neuordnung des Militärwesens unter Diokletian und Konstantin I. wächst in der ersten Hälfte des vierten Jahrhunderts der Einfluss germanisch-militärischer Kräfte in eine *politische* Dimension hinein. Die bisher Kommandierten werden nun Kommandeure, so dass unter Kaiser Julian (361-363) bereits die Hälfte aller höheren Offiziersstellen mit Germanen besetzt ist. Als Folge verschwindet in den römischen Rechts- und Verwaltungstexten des vierten Jahrhunderts der Begriff *barbarus* zur Kennzeichnung auswärtiger Soldaten in den eigenen Reihen und wird durch die Bezeichnung *gentilis* ersetzt.[154]

Gleichermaßen verbindend wirken die langen nachbarschaftlichen Beziehungen innerhalb der Provinzen, der prosperierende Nah- und Fernhandel quer über alle Grenzen hinweg wie auch das Nebeneinander in den „Grenzgesellschaften".[155] Tacitus spricht in diesem Zusammenhang mit besonderer Anerkennung vom Stamm der Hermunduren, die den Römern „treu ergeben" gewesen seien. „Sie kommen allerorten und ohne Beaufsichtigung über die Grenze". Und, so fährt Tacitus fort, „wir haben den Hermunduren unsere Häuser und Gutshöfe geöffnet".[156]

Am Ende dieser wechselvollen Periode germanisch-römischer Beziehungen schauen wir auf ein viertes Jahrhundert, das bereits stark durch germanischen Einfluss geprägt und im Vergleich mit früheren Epochen

152 In der zweiten Hälfte des 3. Jahrhunderts gelangen sogar Offiziere aus den Donau-Provinzen an die Spitze des Staates: Claudius Gothicus (reg. 268-270) und Aurelian (reg. 270-275).

153 Ammianus Marcellinus 15,5,6: „Dem Reich treu ergebene Männer". Vgl. M. Waas, Germanen im römischen Dienst, 1965.

154 S. Rugullis, Die Barbaren in den spätrömischen Gesetzen, S. 513.

155 Belegführung durch A. Dopsch, Wirtschaftliche und soziale Grundlagen, 1923, die auch nicht durch H. Wopfner (in: P.E. Hübinger, Kulturbruch oder Kontinuität, 1968, S. 1f.) bestritten wird. Neuerdings A. Bursche, Handelsbeziehungen zwischen Rom und den Barbaren, 2008. F. Staab weist auf germanische „römisch produzierende Töpferwerkstätten" in Thüringen hin, um die römisch-germanische Assimilation zu belegen (1994, S. 21).

156 Tacitus, Germania 41.

relativ stabil ist, was nicht zuletzt ein Ergebnis germanischer Treue ist: Die Germanen, die bereits in Massen im römischen Heer dienen, Teile der Leibwache stellen und zahlreiche hohe Kommandoposten besetzt haben, zetteln keinen Aufstand an. So abgesichert regiert Rom in einer Meta-Welt unterschiedlichster Länder, Völker, Sitten und Religionen. Von den Säulen des Herkules bis zum Euphrat, vom Rhein bis zur libyschen Wüste, von Fernstraßen durchzogen, durch internationalen Handelsverkehr wirtschaftlich erschlossen, von einer gemeinsamen Rechtsprechung gesichert, leistet Rom genau das, was Europa heute anstrebt: organisatorische Einheit mit einer Vielzahl von Kulturen. Zwar herrscht im Reich kein „ewiger Frieden" – im August 378 handelt sich Kaiser Valens bei Adrianopel eine vernichtende Niederlage gegen die Westgoten ein – aber das römische Reich bleibt noch weitere Jahrhunderte militärisch, politisch, verwaltungstechnisch, rechtlich und kulturell eine Einheit.[157]

Die „Völkerwanderung" ab dem fünften Jahrhundert

Die halbwegs stabile politische Lage ändert sich im fünften Jahrhundert. Der außenpolitische Druck wächst. Alemannen, Vandalen, Franken und Goten setzen, selbst bedrängt durch die Hunnen, dem Reich zu. Am 31. Dezember 406 überschreitet eine Koalition von Vandalen, Burgundern, Alanen und Sueben den Rhein. Die Burgunder lassen sich unmittelbar nach dem Übergang in Rheinhessen mit Worms als Mittelpunkt, in friedlicher Nachbarschaft zum immer noch römischen Mainz nieder, ihre Könige sind voll romanisiert, Verfassung, Steuer- und Münzsystem sind römisch, gemischte Ehen werden gefördert und für die Rechtspflege gibt es nach römischem Brauch urteilende Richter, die *iudices deputati*.[158] Knapp vierzig Jahre später verlassen sie das Rheingebiet und verschwinden schließlich in Ostfrankreich (Burgund).

157 Zwar wird das Reich 395 unter dem 11-jährigen Sohn des Theodosius, Honorius (Westreich), und dem 18-jährigen Arkadius (Ostreich) aufgeteilt, aber die Nachfolger Theodosius' halten an einer formalen staatsrechtlichen Einheit fest (gemeinsam erlassene Gesetzen, Bezeichnungen *pars* Orientis und *pars* Occidentis, gemeinsame Ernennung der Konsuln, gemeinsame Flotte gegen die Vandalen, 467).

158 H. Heftner, Comites, iudices, iudices deputati, 2002.

Die übrigen germanischen Stämme, die sich am Rhein-Übergang im Jahre 406 beteiligen, machen sich auf gen Westen. Orientius, in der ersten Hälfte des fünften Jahrhunderts christlich-katholischer Bischof in Gallien, zugleich Schöpfer von mehr als fünfhundert elegischen Gedichten, in denen er vor den Lastern der Welt warnt und den Weg zum ewigen Leben weist, kommentiert den Marsch der christlich-arianischen, nach damaligem und heutigem Verständnis also „ketzerisch-häretischen" Germanenstämme: „Ganz Gallien rauchte wie ein riesiger Scheiterhaufen."[159] Sein Zeitgenosse, der christliche Kirchenführer Hieronymus, ergänzt das von Orentius geschilderte furchtbare Treiben der Germanen in einem Brief an Ageruchia, eine Aristokraten-Witwe in Gallien: „Wilde Stämme haben in zahlloser Menge alle Teile Galliens überrannt. Das ganze Land zwischen Alpen und Pyrennäen, Rhein und Ozean ist durch die Horden der Quaden, Vandalen, Sarmatianer, Alanen, Gepiden, Herulen, Sachsen, Burgunder, Alemannen niedergelegt worden."[160]

Archäologie und nicht-kirchliche Textüberlieferungen bestätigen dieses Katastrophen-Szenario allerdings nicht. Zwar kann die Archäologie eine Reihe Brandspuren nachweisen, diese aber zeitlich nicht eindeutig zuordnen. Außerdem suchen die Invasoren, die sich mit Frauen, Kindern und Greisen auf den Marsch ins „gelobte Land" machen, mitten in einem strengen Winter (der Rhein ist zugefroren!) sicherlich den Schutz und die Vorräte der Dörfer und Städte und dürften kaum an einer Vernichtung ihrer winterlichen Unterkünfte interessiert gewesen sein. Es handelt sich also bei den Schilderungen der beiden „katholischen" Kirchenführer offenbar um polemische Ohrwatschen, die sie den häretischen Barbaren mit auf den Weg geben.

159 Orientius, Commonitorium 2,165-184 („Verwüstung Galliens im Jahr 406"), hier 2,184. Der Begriff „Ketzer" leitet sich von den „Katharern" ab, der größten mittelalterlichen Laienbewegung des 12. bis 14. Jahrhunderts, die den Papst nicht anerkannte. Die Papstkirche nannte die Katharer „Tiere Satans" und vernichtete sie in einem grausamen „Kreuzzug".

160 Hieronymus, Brief 123,16-17.

Die (West) Goten: Die Plünderung Roms (410)

Während also die Burgunder sich bei Worms häuslich einrichten, die Vandalen in Richtung Spanien marschieren, wird Rom, immer noch der Inbegriff der Weltherrschaft, im Jahre 410 von den Goten unter Alarich belagert.

Die Goten sind ein unruhiges Völkchen. Bedrängt durch die Hunnen, Hunger und Elend haben sie Konstantinopel angegriffen, die Schlacht bei Adrianopel (378) überlegen gewonnen und sind durch Kaiser Theodosius 382 als Reichsangehörige mit eigenem Territorium auf oströmischem Gebiet angesiedelt worden. Mag sein, dass ihnen die Nase des Kaisers oder das Domizil nicht gefallen, jedenfalls ziehen sich die Goten nach dem Tode Kaiser Theodosius' (395) zurück, sammeln sich und marschieren erneut gegen Konstantinopel. Doch die Stadt ist dank ihrer strategisch günstigen Lage und der gewaltigen Mauern unbezwingbar. Die Goten werden abgewehrt und in Richtung Italien abgedrängt.[161]

Nun stehen sie vor Rom und Alarich, ihr Führer, zugleich römischer Militärbefehlshaber[162] (!), verlangt im Reich wohnen zu dürfen. Als neue Heimstatt schlägt er das Noricum (Österreich / Slowenien) vor und bietet dafür an, unter römischem Oberbefehl die Feinde Roms zu bekämpfen. Ein durchaus vernünftiges Angebot, das jedoch von dem in Ravenna[163] residierenden politisch unfähigen Westkaiser Honorius, der sich einer Anekdote des antiken Historikers Prokopius zufolge lieber mit seinem Hahn „Roma" als mit den Gefahren des Reiches beschäftigt[164] und ansonsten durch Tempelzerstörungen, Verbrennung der Sibyllinischen Bücher, Verfolgung der Donatisten und Vermehrung der Privilegien des christlichen Klerus bemerkbar macht, abgelehnt wird. Chronisten zufolge soll Honorius „seiner Stiefschwester Galla Placidia seine Liebe auf höchst peinliche Art und Weise" bezeugt haben, „indem er sie in aller Öffentlichkeit mit sabbernden Küssen überhäuft".[165] Die Absage des gotischen Angebots bleibt

161 Detailreiche Darstellung des Lebenslaufes der Wisi/Westgoten bei G. Kampers, Geschichte der Westgoten, 2008 (Marsch nach Italien, S. 100ff.).

162 Alarich nahm 394 als Militärbefehlshaber am Feldzug gegen den Ursupator Eugenius teil.

163 Die Residenz des weströmischen Kaisers wechselt 402/404 von Rom nach Ravenna.

164 Prokopios, Kriege, nach O. Veh, Bellum Vandalicum, 1971, S. 16/17.

165 J. Norwich, Byzanz. Der Aufstieg des oströmischen Reiches, 1993, S. 162.

natürlich nicht ohne Folgen. Alarich belagert Rom, der Senat erklärt sich bereit, mehrere tausend Pfund Gold und Silber Lösegeld zu zahlen, öffnet die Tore, erklärt Kaiser Honorius für abgesetzt und die Goten marschieren friedlich in die Stadt ein. Nennen wir es die erste Besetzung Roms.[166]

Nunmehr will Alarich sich Honorius vorknöpfen. Der Gotenkönig bricht nach Ravenna auf, um den Kaiser abzusetzen, als dieser aus Konstantinopel sechs Legionen Verstärkung erhält. Das Blatt wendet sich, auch weil Nordafrika zu Honorius hält. Umgehend marschiert der gotische Treck wieder zurück nach Rom. Alarich belagert die Stadt, diese hungert und die Einwohner haben angeblich Kannibalismus getrieben.[167] In der Nacht des 24. August 410 erstürmen die Goten die Aurelianische Stadtmauer und dringen in die Stadt ein. Drei Tage soll die Plünderung gedauert haben, das ist die damals übliche Zeitspanne.

Damit treten wir in das Reich der Fabeln ein. Die Zeitgenossen nehmen sich der Sache an und malen die Stadterstürmung zur Katastrophe aus. Augustinus, der wohl wichtigste Zeitzeuge dieses Ereignisses, als christlicher Konvertit kaum eine objektive Quelle, meldet sich aus der fernen nordafrikanischen Hafenstadt Hippo zu Wort und wehrt sich gegen die Annahme, die mächtigen heidnischen Götter hätten Rom wegen der neuen christlichen Religion im Stich gelassen. Beschwichtigend fragt er in seinem *Gottesstaat*, ob Rom nicht in der Vergangenheit schlimmere Ereignisse getroffen, ob es nicht Zeiten der Bürgerkriege gegeben habe, in denen mehr Menschen und Senatoren ermordet worden seien, ob nicht die Götter versagen *mussten*, weil es sie gar nicht gegeben habe.[168] Im Grunde sind die Fragen des Augustinus, die darauf hinauslaufen, die Eroberung Roms nicht allzu hoch aufzuhängen, berechtigt. Denn die jahrzehntelange Verwüstung ganz Italiens durch Hannibal im zweiten Punischen Krieg und die Verwerfungen des Imperiums während des Bürgerkrieges im ersten vorchristlichen Jahrhundert sind sicherlich weitaus schmerzhafter gewesen als eine dreitägige Besetzung Roms.

Als nächstes meldet sich der spanische Historiker Orosius, ein Schüler des Augustinus, zu Worte. Wenige Jahre nach der Plünderung Roms

166 J. Norwich, Byzanz, 1993, S. 78.

167 Zosimos, 5,39,1-3 (Hungersnot); Olympiodorus, Geschichte, Fragment 11,3 (Kapitulation). Nach Hieronymus soll eine hungernde Mutter ihr Kind gegessen haben (M. Meier / S. Patzold, August 410. Ein Kampf um Rom, 2010, S. 36).

168 Augustinus, civitate dei 3,29.

schreibt er eine *Geschichte gegen die Heiden*, in der er ganz im Sinne des Augustinus nachzuweisen versucht, dass es den Römern schon schlechter ergangen sei als im Jahre 410, folglich die heidnischen Götter auch schon vorher versagt hätten. Jetzt aber, nach dem Einmarsch der christlich-arianischen Goten, sei Blutvergießen so weit wie möglich vermieden worden. Ja, die wilden Barbaren hätten sogar eine Nonne, die das Kirchensilber verstecken wollte, unter militärischer Eskorte zur Kirche begleitet. Man könne glauben, so schreibt Orosius, es sei nichts geschehen, wenn der Besucher nicht durch einige Brandruinen zufällig belehrt würde.[169]

Auch hier kann man dem Autor folgen. Denn der germanische Arianismus scheint im Gegensatz zum christlich-trinitarischen Christentum von Toleranz und religiöser Duldsamkeit geprägt zu sein.[170] So erklärt der Gesandte des Gotenkönigs Vitiges (reg. 536-540), dass unter gotischem Regiment kein Römer wegen seines Glaubens gekränkt worden sei und Gregor (538-594), Bischof von Tour, berichtet von Agila, einem Gesandten des Gotenkönigs Leuvigild (reg. 569-586), der in einer religiösen Debatte Gregor vorgehalten habe, er solle nicht über den Glauben lästern, den er nicht teile, denn die Goten würden auch nicht über seinen Glauben lästern: „Es schadet nicht, wenn man zwischen einem heidnischen Altar und einer Kirche hindurchgeht und beiden seine Verehrung bezeugt." Und von dem Ostgotenkönig Theoderich ist das schöne Wort an die Juden von Genua überliefert: „Religionem imperare non possumus, quia nemo cogitur, ut credat invitus", wir können keine Religion gegen das Gewissen erzwingen.[171] Und wenn man nach gotischer Auffassung ohne Schaden „zwischen einem heidnischen Altar und einer Kirche" hindurchgehen und allen Göttern seine Verehrung bezeugen kann, dann gibt es auch keinen Grund, die heidnisch-antike Kultur und Bildung zu zerstören. Daher dürfte die Besetzung Roms durch Alarich im Jahre 410 kaum ein kulturelles Inferno gewesen sein. Zumal Alarich ja bereits ein Jahrzehnt vorher in einer ähnlichen Situation das offene Athen von Plünderungen verschont und ein halbes Jahr vor der

169 Orosius, historia 7,39-40. Der „heilige" Hieronymus mag keine verärgerte Abkehr der alten Götter erkennen und meint aus dem fernen Palästina, Rom sei eine Beute des Hungers geworden, bevor das Schwert zugeschlagen habe (Hieronymus, Brief 127,12).

170 Der christlich-arianische Jesus ist *kein* Gott. Der Arianismus ist im 4. Jahrhundert vermutlich die mächtigste christliche Konfession (vgl. R. Bergmeier, Kaiser Konstantin und die wilden Jahre des Christentums, 2010, S. 15-50).

171 Prokopius, De bello Goticus, 2,6; Gregor, Historiae, 5,43 („Disput mit einem Häretiker"); Cassiodor, Variae 2,27.

zweiten Rombesetzung die Stadt friedlich besetzt hat. Er und seine Goten suchen Lebensraum auf römischem Boden und in einer solchen Situation wird Alarich sicherlich nicht die Hauptstadt Italiens verwüsten, sondern um die Sympathie von Senat und Bevölkerung werben.[172]

So ist also nicht so recht erklärlich, warum der britische Historiker John J. Norwich die Besetzung Roms im Jahre 410 als eine üble Großtat ersten Ranges darstellt: „Die schönsten Bauten gingen in Flammen auf, viele Unschuldige wurden erschlagen, Frauen vergewaltigt und Kinder massakriert."[173] Zumal er uns nicht verrät, woher er diesen schaurigen Kriegsbericht hat. Sicherlich kann man davon ausgehen, dass Rom geplündert wurde. Denn das Gotenheer musste sich ja aus dem Lande ernähren und im August, also vor der Herbsternte, kann dies nur unter Zugriff auf die Bevorratung der Städte und Dörfer erfolgen. Außerdem dürften die Soldaten die ihnen zustehende Beute verlangt und Silbernes in jeder Form geraubt haben. Aber einen *Kulturfeldzug* haben die Westgoten sicherlich nicht gestartet. Denn sie haben ja bereits Jahrzehnte auf oströmischem Boden gelebt und die römische Kultur so sehr schätzen gelernt, dass Athaulf (reg. 410-415), ein Nachfolger Alarichs, sich als Erneuerer Roms sieht. Es gibt also keinen nachvollziehbaren Anlass für die Annahme, die Goten hätten im Jahre 410 Rom und die römische Kultur zu vernichten gesucht. Und so scheint die Forschungsmeinung mittlerweile dahin zu tendieren, die dreitätige Besetzung und „Plünderung" Roms im Jahre 410 eher als maßvoll zu bewerten. Der Kunsthistoriker Xavier B. Altet schreibt 1997 dazu: „Unter den Westgoten [...] kam es zu keinen großen baulichen Veränderungen. Frühchristliche und klassisch-antike Gebäude blieben erhalten; das Kolosseum wurde im 5. Jahrhundert umfassend restauriert."[174]

Nach der Eroberung Roms rücken die Goten in Richtung Afrika ab und siedeln sich nach neunjähriger Odyssee, Italien rauf und runter – ihr Held Alarich ist inzwischen verstorben und im „Busento" beigesetzt worden – in Aquitanien, im Tal der Garonne zwischen Toulouse und Bordeaux, als

172 W. Enßlin zitiert in diesem Zusammenhang Alarich, der in Bezug auf die Römer von *populos noster*, unserem Volk, gesprochen habe (Die Bedeutung der Germanen, 1951, S. 31). Enßlin spricht später in Bezug auf die Westgoten und Burgunder von einem „germanisch-romanischen Staatsgebilde".

173 J. Norwich, Byzanz. Aufstieg und Fall eines Weltreiches, 1997, S. 79. Zuletzt auch M. Meier / S. Patzold, August 410. Ein Kampf um Rom, 2010; M. Kulikowski, Die Goten vor Rom, 2009.

174 X. Altet, Frühes Mittelalter, 1997, S. 24.

„Westgoten“ an. Ihr Führer Athaulf heiratet 414 die schöne Römerin Placida, die ihn damit zum Schwager des weströmischen Kaisers macht. Als Hochzeitsgeschenk bringt Athaulf ein Bekenntnis mit: „Ich habe mich also entschlossen [...] durch die gotische Kraft die Fülle des römischen Namens zu erneuern und zu mehren; ich hoffe, der Nachwelt als Roms Erneuerer zu gelten, da ich es unmöglich verdrängen kann.“[175] Das Land bleibt Provinz unter römischer Herrschaft, Westgoten und Römer vertragen sich und kämpfen schließlich im Jahre 451 auf den Katalaunischen Feldern (bei Troyes) gemeinsam gegen die Hunnen.

507 beginnt der Niedergang. Innenpolitisch durch zahllose Konflikte zwischen den Adelsfamilien geschwächt, in deren Verlauf mehrere Könige ermordet werden, militärisch den aus den Niederlanden Richtung Atlantik drängenden Franken unterlegen, wird das gallisch-westgotische Reich in das neu entstandene Frankenreich integriert.[176] Damit endet die Geschichte der gallischen Westgoten, die an keiner Stelle den Schluss zulässt, sie seien wie die Kultur-Elefanten im römischen Porzellanladen herumgetrampelt. Im Gegenteil. Die Westgoten kämpfen gemeinsam mit den Römern gegen auswärtige Feinde, heiraten in die Kaiserfamilie hinein, sind bemüht, an der römischen Zivilisation teilzunehmen und übernehmen Gebräuche und Gesetze. Sichtbarer Ausdruck der römisch-gotischen Kooperation ist der *Codex Euricianus* aus dem Jahre 475, eine lateinische, vom romanischen Geist erfüllte und zu großem Teil auf römischem Recht beruhende Gesetzessammlung für die germanische Bevölkerung.[177]

Die Vandalen: Horror in Nordafrika und Italien?

Nach Überschreitung des Rheines in der Neujahrsnacht 406/407 erreichen die Vandalen, begleitet von Sueben und Alanen, Bauern und entlaufenen Sklaven, nach einem zwanzig Jahre währenden Umzug auf der Suche nach Lebensraum, nach Ansiedlung und Vertreibung, nach Krieg mit den römischen Truppen und Kampf um spanische Provinzen schließlich den Süden Spaniens. Der Zug durch Gallien dürfte lokale Spuren hinterlassen, aber

175 Orosius, Adversus Paganos 7,43.

176 Die Entwicklung der Westgoten in Spanien verläuft etwas anders, endet aber 711 mit dem Ansturm der Araber.

177 Auf die spanischen Westgoten (Toledo) wird hier nicht eingegangen.

die Kulturlandschaft als Ganzes nicht erkennbar beeinflusst haben. Nun locken die reichen Kornkammern Roms in Nordafrika.

In Afrika geht es zu dieser Zeit drunter und drüber. Seit einem vollen Jahrhundert tobt dort ein erbitterter innerchristlicher Religionskrieg zwischen den Trinitariern, den heutigen „Katholiken“, und den Donatisten, die die Mehrheit zu repräsentieren scheinen. Eine bessere Gelegenheit, sich des Landes zu bemächtigen, gibt es nicht. Und so setzen im Mai 429 die Vandalen, unter Führung des tüchtigen Königs Geiserich, mit angeblich 80.000 Kriegern, Frauen, Kindern und Greisen[178] auf requirierten römischen Frachtschiffen nach Nordafrika über, um – der nordafrikanischen Küste folgend und von einer Flotte begleitet – die nordafrikanischen Städte zu erobern. Pikanterweise nennen sich die Vandalen auch Christen, sind aber in der christlich-kirchlichen Überlieferung Ketzer, da arianischen Glaubens. So balgen sich im fünften Jahrhundert auf nordafrikanischem Boden drei christliche Parteien: Trinitarier, Donatisten und Arianer. Die arianischen Vandalen setzen sich durch, übernehmen die meisten Städte weitgehend kampflos und erobern am 19. Oktober 439 Karthago.

Ein Jahrzehnt später setzen sie erneut über das Mittelmeer über, besetzen Italien, Sardinien und Korsika und verleiben sich am 2. Juni 455 kampflos Rom ein. Zwei Wochen soll die systematische Plünderung Roms gedauert haben, die auch die Kunstwerke nicht verschont haben soll. Der spätantike Historiker Prokopius (gest. um 562) berichtet, die Vandalen hätten die Hälfte der vergoldeten Bronzeziegel vom Tempel des kapitolinischen Jupiter abgedeckt.[179] Aber offenbar ist die „Plünderung“ maßvoll und schonend. Kunstwerke werden nicht eingeschmolzen oder zerstört, sondern nach Ostia gebracht, um von dort nach Karthago verschifft zu werden. Ansonsten bleiben Menschen und Bauwerke anscheinend unangetastet.[180] Geiserich will offenbar seine Hauptstadt Karthago mit klassischen Statuen schmücken, wie es die meisten römischen Herrscher vor ihm, allen voran Konstantin I. mit Konstantinopel, getan haben. Nicht Zerstörung, sondern

178 Zahl bei Victor von Vita 1,2. Victor ist nordafrikanischer Bischof, der um 490 die *Historia persecutionis Africanae Provinciae* verfasst und die Leiden der Katholiken beschreibt. Die von ihm genannte Zahl 80.000 muss mit Abstand bewertet werden. In der Literatur wird überwiegend von etwa 15.000 Kämpfern ausgegangen (O. Veh, Prokop, Vandalenkriege, 1971, S. 394).

179 Prokopios, Kriege, Buch 3, Kap.5.

180 J. Norwich, Byzanz. Aufstieg und Fall eines Weltreiches, 1997, S. 92.

Verlagerung der hoch geschätzten Kunstschätze ist also das vorrangige Ansinnen Geiserichs.

Seither brodelt, ähnlich wie bei der Eroberung Roms durch die Goten im Jahre 410, die Gerüchteküche. Und wie immer in dieser Zeit interpretieren Kirchenschriftsteller die Historie aus ihrem eigenen Blickwinkel. Es sei das Verdienst Papst Leos I. (gest. 461) gewesen, Rom gerettet zu haben: Der Papst habe den Vandalen versichert, dass es keinen Widerstand geben werde, um Kampfhandlungen, Feuersbrünste und Vergewaltigungen zu vermeiden. Sein Appell sei erfolgreich gewesen. Eine vertrauenswürdige Quelle für das heldenhafte Eingreifens Leos gibt es nicht. Es darf auch bezweifelt werden, dass der im fünften Jahrhundert politisch bedeutungslose Bischof von Rom autorisiert gewesen ist, mit den Vandalen zu verhandeln. So dürfte es sich bei der Verhandlungsstory wohl um eine ähnlich dubiose Geschichte handeln, wie die angebliche Taufe Konstantins I. durch den Bischof von Rom mit anschließender „konstantinischer Schenkung" halb Italiens an die christliche Kirche.[181]

Es folgt der Kirchenhistoriker Victor von Vita, nordafrikanischer Bischof und „Heiliger", der um 488 in seinem Auftragswerk *Historia persecutionis Africanae provinciae*, im Namen und auf Rechnung des katholischen Bischofs von Karthago, eine Geschichte der Verfolgungen der katholischen Bevölkerung Afrikas schreibt und sich ausführlich mit den arianischen Vandalen in Nordafrika beschäftigt.[182] Er berichtet von jenem „grausamen und wilden Volk des vandalischen Stammes", das keinen Ort verschont und Opfer mit Hilfe ungenießbarer Flüssigkeiten gequält habe (1,1-10). Aber wie alle spätantiken Kirchenhistoriker vereinfacht und polarisiert auch Victor. Sein Werk ist ein katholischer Heldengesang, mit hagiographischer Absicht geschrieben und betont den Mut der katholischen Christen gegenüber den häretisch-arianischen, zumal barbarischen Vandalen. Es kommt Victor offensichtlich auf eine Dokumentation der heilsgeschichtlichen Bedeutung des Kampfes der „wahren" Christen mit Häretikern und auf die Darstellung katholischer Standhaftigkeit an und nicht auf geschichtstreue Berichterstattung.

Parallel machen sich oströmische kirchennahe Autoren auf, Geiserich und seine Vandalen zu diskriminieren. Da die Vandalen häretische Arianer

181 Brunner-Zeumer, Die Constantinische Schenkungsurkunde, 1888.

182 Victor von Vita, Historia persecutionis Africanae provinciae; zuletzt übers. von K. Vössing, 2011; vgl. Tankred Howe, Vandalen, Barbaren und Arianer bei Victor von Vita, 2007.

sind, verdienen sie sich dank ihrer angeblichen Verfolgung der christlich-trinitarischen Kirche, ihrer „Seeräuberei" im Mittelmeerraum sowie der „Plünderung Roms" einen denkbar schlechten Ruf am byzantinischen Hof. Ein grausamer Verfolger sei Geiserich gewesen, dekadent und jederzeit zu Gewalttaten und Gräueln bereit. Das Schlagwort vom „Vandalismus" als Synonym für fanatische Zerstörung um ihrer selbst willen, tritt in die europäische Geschichte ein und gerät im 19. Jahrhundert durch den katholischen Abbé Gregoire, Bischof von Blois, der mit „Vandalismus" die Kulturvernichtung der Französischen Revolution brandmarkt, zum Synonym für sinnlose Zerstörungswut.[183]

Lediglich Cassiodor (gest. um 580), römischer Gelehrter, Schriftsteller und Klostergründer eigener Prägung widerspricht der Theorie vom „Vandalismus in Rom". Cassiodor hat mit Sorge den seit einhundertfünfzig Jahren anhaltenden Verlust großer Teile der antiken lateinischen Literatur beobachtet, und zeichnet nach der Einnahme Roms ein imposantes Bild der prächtigen Stadt mit kostbaren Bildsäulen von Mensch und Tier, öffentlichen Bädern und Brunnen, Circus Maximus, Kapitol und dem Forum Trajans. Folgt man dem Zeugnis Cassiodors, dann entpuppt sich die vanadalische Besetzung Roms, gleich der „Plünderung Roms" im Jahre 410, als eine zivilisierte afrikanische Razzia ohne weitreichende politische Folgen oder kulturelle Konsequenzen, auch wenn Bertrand Russell etwas voreilig meint: „Diese Zeit richtete die italienische Kultur zugrunde."[184]

Tatsächlich geht die neuere Forschung ziemlich einmütig davon aus, dass sich eine neue vandalische Elite über die bisherige römische Oberschicht schiebt, ohne das „Unterste zuoberst" zu kehren und dass der schulische und außerschulische Bildungsbetrieb seinen normalen Gang geht. Denn Geiserich herrscht in Karthago auf römische Art und Weise: Er richtet sich mit einem *Palatium* und einer römisch geführten Kanzlei unter dem Referendarius Petrus ein, prägt Münzen mit dem Bild des römischen Kaisers und stattet Tunis mit Thermen à la Roma aus. So kann es nicht überraschen, dass archäologische Quellen wie auch der um Objektivität bemühte Zeitzeuge Prokopius bezeugen, dass die Vandalen einen ausgespro-

---

183 H. Gregoire brandmarkt in *Rapport sur les destructions opérées par le vandalisme* (1794) sinnlose Morde und Zerstörung von Kunstwerken durch radikale Jakobiner im Anschluss an die Französischen Revolution.

184 B. Russell, Philosophie des Abendlandes, 2001, S. 387.

chen „römischen“ Lebensstil pflegen.[185] Nichts weise darauf hin, schreibt Tankred Howe, „dass die Alltagskultur der Vandalen sich in irgendeiner Weise von der der afrikanischen Provinzialrömer unterschied“.[186] Und die Karlsruher Sonderausstellung *Das Königreich der Vandalen* kommt im Jahre 2009 zu dem Ergebnis: „Die Welt der Vandalen in Nordafrika war [...] die gleiche wie die der Römer.“[187]

Ostgoten: Paradebeispiel römisch-germanischer Koexistenz

Im Jahre 476 endet das weströmische Reich, so steht es in vielen Geschichtsbüchern. An diesem Tag erschlägt der in römischen Diensten stehende germanische Gardeoffizier Odoaker in einem Gefecht bei Piacenza den Usurpator Orestes, erobert wenige Tage später die Residenzstadt Ravenna und ruft sich zum König aus.

Warum die Historiker das Jahr 476 immer wieder zum Jahr einer Epochenwende hochheben, ist nicht ganz verständlich. Denn die Zeitgenossen scheint der Sturz der Weströmer-Herrschaft nicht als ein epochemachendes Ereignis zu berühren. Die antiken Quellen berichten eher im Vorbeigehen davon und geben ihrer Genugtuung über die Wiederherstellung rechtmäßiger Zustände Ausdruck. Auch ist nie ein weströmisches *Reich* untergegangen, das es nicht gegeben hat. Denn nach wie vor ist der Kaiser in Konstantinopel Herrscher *eines* Imperium. Ebenso wenig endet im Jahre 476 die Antike, ihre Kultur und Verwaltung. Der neue König Italiens ist

185 Prokopios, Kriege, Bd. 3,4. Aus einer Lebensbeschreibung des Fulgentius, wissen wir, dass dieser in einem vornehmen afro-römischen Haus aufwächst, dessen Pracht dem Luxus römischer Villen in nichts nachsteht, und er eine klassisch-römische Erziehung genießt (Ferrandus, Vita Fulgentii 1,4). P. Klopsch stellt fest, dass sich Nordafrika im 6. Jahrhundert eines „geistigen Lebens erfreut“ habe, die arianischen Vandalen hätten einen in jeder Hinsicht römischen Lebensstil gepflegt (Lateinische Literatur, 2003, S. 71/72).

186 T. Howe, Vandalen, Barbaren und Arianer bei Victor von Vita, 2007, S. 368.

187 P. v. Rummel, Fragen an die Vandalen, in: Ausstellungskatalog „Das Königreich der Vandalen“, 2009, S. 30. Ausführlich: K. Vössing, Schule und Bildung in Nordafrika, 1997.

zwar Germane ungewissen Stammes,[188] verhält sich aber durch und durch „römisch". Odoaker habe, so wird berichtet,[189] wenige Wochen nach seiner Ausrufung zum König den kaiserlichen Ornat nach Konstantinopel gesandt und erklärt, man brauche im Westen keinen eigenen Augustus, sondern er unterstelle sich als *patricius* und *magister militum* dem oströmischen Kaiser Zenon (reg. 474-491). Im Übrigen habe Odoaker die politischen und religiösen Einrichtungen Roms geschont, so berichtet Isidor von Sevilla, der um 620 n.Chr. in seiner *Historia de regibus Gothorum* die Freundschaft zwischen den Goten und Römern beschreibt und damit als Zeitzeuge die Assimilations- und Akkulturationstheorie nachhaltig stützt. Tatsächlich findet am 28. August 476 ein Macht-, aber kein Reichs- und noch weniger ein Epochenwechsel statt.

Zwölf Jahre später, im Jahre 488, entthront der Ostgote Theoderich im Einvernehmen mit Ostrom Odoaker und gründet in dessen Nachfolge ein halbautonomes Königreich, das als Prototyp des römisch-germanischen Akkulturationsprozesses besonders lehrreich ist.[190] Theoderich hat größten Respekt vor der *majestas Imperii Romani*, da er mit acht Jahren als Geisel an den Hof Kaiser Leos I. nach Konstantinopel geschickt worden ist. Dort gewinnt er in einer zehnjährigen Erziehung und Ausbildung (ca. 459-469) Eindrücke von der hochentwickelten Kultur und einem bis ins Einzelne geregelten Staatswesens die den Sinn des jungen Theoderich für die Vorzüge der römisch-griechischen Kultur prägen werden, so dass sich der konservative Historiker Prokopius (um 500-562) in seinem Werk über den Gotenkrieg lobend äußert: Seine „gewaltige Hand" habe allentwegen für Gerechtigkeit gesorgt und sei ein „starker Schirm für Recht und Gesetz" gewesen. „Weder ließ er sich irgend ein Unrecht gegen seine Untertanen zuschulden kommen, noch ließ er derartiges durchgehen."[191]

---

188 Das byzantinische Lexikon *Suda* lässt indirekt auf eine thüringisch-skirische Abstammung schließen.

189 Isidorus, Historia de regibus Gothorum, Vandalorum et Suevorum. Zur germanisch-römischen Gesellschaft vgl. B. Meyer-Flügel, Ostgotisch-römische Gesellschaft, 1992, die das gute Verhältnis von Goten und Römern betont: „Es ist ein Verdienst Cassiodors, [...] viel zu einem guten Verhältnis zwischen der römischen Aristokratie und dem gotischen Herrscherhaus beigetragen zu haben" (S. 145).

190 Den Weg Theoderichs zur Macht bei: L. Schmidt, Geschichte der deutschen Stämme 1969, S. 278-301, 337-398.

191 Prokopios, Kriege, Buch 5, Kap.1.

Theoderich nimmt den einfachen Titel *Rex* an und hält wie seine Vorgänger in Ravenna Hof. Er respektiert den Senat, übernimmt das römisch-byzantinische Hofzeremoniell und schlägt Münzen im Namen des oströmischen Kaisers. Er legt sich als Zeichen der Annahme römischer Nationalität den Namen Flavius bei, womit sein voller Name *Flavius Theodoricus rex* lautet, und Inschriften verehren ihn als *Propagator Romani nominis*. Goten bilden das Heer, haben aber keine Sonderrechte und führen als eine Art Kriegerkaste ein Leben mit gutem Sold.

Dieser Doppelrolle ist es wohl auch zu verdanken, dass Theoderich die Ansiedlung der Goten in Italien ohne größere Konfrontation mit den Italikern erreicht und sich eine weitgehend friedliche Koexistenz zwischen der noch immer reichen italischen Senatsaristokratie und den Ostgoten entwickelt. „Zusammen mit seinen Beratern", schreibt der Althistoriker Frank M. Ausbüttel, „entwickelt Theoderich ab 493 [...] eine eigene ethische Idee für eine Herrschaft, um einen Konsens zwischen den gotischen Siedlern und der einheimischen Bevölkerung herzustellen. Diese Idee der *civilitas* [...] besagt, dass unter einem König und einem Recht zwei Völker [...] einträchtig und einmütig zusammenleben."[192] Der Senat wird ehrenvoll behandelt, zahlreiche Römer dienen dem König in hohen Verwaltungs- und Militärämtern und gleichen sich den führenden römischen Familien an. Die Verwaltung, gleich ob römisch oder gotisch besetzt, spricht lateinisch[193] und knüpft weitgehend nahtlos an die römische Praxis an. Soweit ein hoher gotischer Offizier als *Comes* (Leiter eines Stadtgebietes bzw. einer Provinz) tätig ist, wird ihm ein rechtskundiger Römer als *Adsessor* und römisches Kanzleipersonal (*militia Romana*) an die Seite gestellt.[194]

Dieses Nebeneinander gotischer und römischer Verwaltung ist beispielhaft für die gesamte Struktur des ostgotischen Staatsapparates. Schon alleine die Tatsache, dass ein Gote als König Italiens akzeptiert und anerkannt wird, dass der Ostgotenkönig Theoderich vom byzantinischen Kaiser Justin ein *Patrimonium Romae* erbittet, dass keiner der ostgotischen Herrscher einen Anspruch auf den Kaisertitel erhebt (und wenig später der Frankenkönig Chlodwig den Titel eines römischen Konsuls verliehen bekommt),

192 F. M. Ausbüttel, Theoderich, 2003, S. 88.

193 Vgl. dazu die zahlreichen Schreiben in den *Variae* des Cassiodors. Die *Variae* (ca. 538 n.Chr.) sind eine hervorragende Quelle für die Beurteilung des gesellschaftlichen Geschehens im Ostgotenreich.

194 Cassiodor, variae 7,3.

spricht Bände für die Vertrautheit im Umgang miteinander, eine Vertrautheit, die vom gemeinsamen Respekt vor der alten Kultur begleitet wird.

Es kann daher nicht wirklich verwundern, dass die römische Gesellschaftsordnung und Kultur unter dem arianischen Ostgoten Theoderich eine bemerkenswerte Spätblüte erlebt. Der Überlieferung nach soll Theoderich erklärt haben: „Ein armseliger Römer ahmt einen Goten nach, ein tüchtiger Gote ahmt dagegen einen Römer nach".[195] Der römische Altphilologe Guglielmo Cavallo charakterisiert diese Zeit römisch-germanischer Harmonie: „Die Goten [...] enthielten sich jeden Eingriffs in das kulturelle Eigenleben ihrer römischen Untertanen [...] Die tägliche Lektüre der griechischen und lateinischen Klassiker und die intime Kenntnis ihrer Werke waren Teil einer Geisteskultur, die sich gerade auch unter der Herrschaft der Barbaren [...] als identitätsstiftender Faktor erwies [...] Was die Verhältnisse außerhalb Italiens angeht, [...] so herrschte auf dem Gebiet von Schrift und Buch Kontinuität zur römischen Zeit."[196] Das Bild beeindruckender Harmonie zwischen Germanen und Italikern wird von den Historikern Silvia Orlandi und Gian Luca Gregori anhand von Inschriften belegt, die zeigen „wie weit die Anpassung an die Kultur des Imperium Romanum auf Seiten der neuen Herren gehen konnte [...] und wie stark sich der Adel der Barbaren an die römische Kultur angepaßt hatte".[197]

Germanen als Kulturzerstörer? Eine Bewertung

Die klischeehafte Stigmatisierung der Germanen als wilde Kulturbarbaren geht auf frührömische Vorurteile gegenüber den Germanen zurück, die – nach Tacitus – in finsteren Wäldern, fern aller Städte hausen und nicht einmal Bausteine oder Ziegel in Gebrauch hätten, stattdessen unförmiges Bauholz „ohne Ansehen und Anmut" verwenden und unterirdische Höhlen als

195 Anonymus Valesianus 2,61. Theoderich erkennt die Bedeutung der Schriftkultur und macht Cassiodor zum *Quaestor sacri palatii*, zu dessen Aufgaben die königliche Korrespondenz gehört. Dieser weist in seinen *Variae* mehrfach auf den Zusammenhang von literarisch-rhetorischer Bildung und Charakter hin.

196 G. Cavallo, Schriftwesen und Buchkultur bei Römern und Barbaren, 2008, S. 272/275.

197 S. Orlandi/G.L. Gregori, Die Epigraphik der römisch-barbarischen Zeit, 2008, S. 278.

Zuflucht für den Winter anlegen, die sie mit viel Mist beschweren.[198] Der römische Historiker Cassius Dio untermauert solche Vorurteile, wenn er von dem Entsetzen der römischen Bürger berichtet, das diese im Juni 193 bei dem Einzug des Kaisers Septimius Severus in Rom empfunden hätten: Er wurde von „einem bunten Haufen von Soldaten [aus den Provinzen begleitet], deren Aussehen wild, deren Sprache entsetzlich und deren Reden ausgesprochen grob“ gewesen seien. Die römischen Autoren würdigen zwar die Kriegstüchtigkeit der Germanen: „Die Bewohner des Landes [Germanien] haben ungeheuren Mut und gewaltige Körper und [...] üben beides mit großem Eifer“,[199] versäumen aber nicht festzustellen, dass die Germanen bereits seit 210 Jahren besiegt werden.[200] Dieses Vorurteil von kulturstürmenden Barbaren wird später mit besonderer Vorliebe in den romanischen Ländern gepflegt und hat sich bis heute gehalten.[201]

Will man dem Geheimnis der „Völkerwanderung“ näher kommen, dann muss man bereit sein, sich von solchen Gewalt- und Hordenklischees zu lösen und in einem Kategorien-Bündel von Aggression, Akkulturation, Integration und Assimilation zu denken. Anders ist das Phänomen, dass relativ kleine Einheiten, die mitsamt der mitgeführten Angehörigen vermutlich nie an die 50.000 Menschen herangekommen sind, ein Weltreich wie das römische mit ca. 50 bis 100 Millionen Einwohnern und mehreren hunderttausend Soldaten substanziell verändern, nicht erklärbar.[202] Hält man sich vor Augen, dass das kriegszerstörte Deutschland unmittelbar nach dem Zweiten Weltkrieg rund vierzehn Millionen Flüchtlinge integriert und zehn Jahre später weitere vier Millionen Gastarbeiter aufnimmt, ohne dass Kultur und Wirtschaft leiden, vermutlich sogar aus deren Aufbauwillen neue Kraft schöpft, dann steht man ohnehin allen diskriminierenden Völkerwanderungs-Theorien skeptisch gegenüber.

198 Tacitus, Germania 16,1-4.

199 Pomponius, Mela de chorographia, 3,21.

200 Tacitus, Germania 37,2.

201 Vasari, Villani, Bruni, Macchiavelli u.a.; vgl. R. Klein, Roma versa per aevum, 1999, S. 120f.

202 T. Mommsen in: Hermes, Bd. 24, 1889, S. 257. Mommsen dürfte die Zahl der *Notitia dignitatum*, dem römischen Staatshandbuch des 4. Jahrhunderts, entnommen und nach unten korrigiert haben. Zahlen antiker Quellen sind höchst unzuverlässig. Nach Zosimos führt der Ostgote Radageis 404/405 n.Chr. 400.000 Soldaten nach Italien (Neue Geschichte 5,26,3), während Orosius nur von 200.000 (adversus paganos 7,37,4) und Augustin von „weit mehr als 100.000“ spricht.

Schon alleine die logistischen Probleme sind ohne Hilfestellung durch die einheimische Bevölkerung und ohne maritime Unterstützung kaum lösbar gewesen. Fehlen beide Voraussetzungen, dann müsste ein Verkehrs-, Kommunikations- und Versorgungsnetz geplant werden, dessen Lebensadern Flüsse sind, an denen Versorgungsstützpunkte eingerichtet werden. So jedenfalls planen die Römer zwischen 15 v. und 16 n.Chr. ihre Vorstöße entlang der Flüsse Lippe, Lahn und Main in das germanische Zentralland. Die germanischen Stämme der Völkerwanderungszeit dürften dazu kaum in der Lage gewesen sein.

Einer der wenigen Forscher, der sich überhaupt mit den logistischen Problemen antiker Marschgruppen befasst, ist der amerikanische Historiker Donald W. Engels. Dieser ermittelt für den persisch-indischen Feldzug Alexanders einen Tages-Durchschnittswert von ca. drei Kilogramm Getreide und fünf Liter Wasser pro Person sowie zehn Kilogramm Futter und achtzig Liter Wasser für Pferde, Mulis etc.[203] Hochgerechnet auf 15.000 männliche Kämpfer, 5.000 Tragtiere und weitere 15.000 Begleitpersonen ergeben sich damit astronomische Versorgungszahlen. Zwar kann jeder Erwachsene seine Getreide- und Wasserration für ein bis drei Tage selbst tragen, aber spätestens ab dem vierten Tag muss Nachschub aus dem Lande organisiert werden.

Über die damaligen logistischen Probleme, die beim Zug größerer Menschenmengen zu bewältigen waren, berichtet beispielsweise Polybios bei der Beschreibung von Hannibals Zug nach Italien im 2. Punischen Krieg (218 v.Chr.): „Als sie den Marsch von Spanien nach Italien erörterten, wurde vorhergesehen, dass es sehr hart werden würde, die Truppen zu versorgen.“ Offenbar wurden diese Probleme mehr als einmal im Kriegsrat erörtert. Monomachus meinte, er sehe voraus, dass „den Truppen gelehrt werden müsse, Menschenfleisch zu essen“.[204] Massenbewegungen in der Größenordnung von 50.000 Kämpfern zuzüglich Tross sind also ohne see-

---

203 D.W. Engels, Alexander the Great and the Logistics of the Macedonian Army, Univ. of California, 1978, S. 144f. Plutarch berichtet, dass das alexandrinische Heer bei seinem Aufbruch nach Persien (334 v.Chr.) zwischen 34.000 und 48.000 Mann stark gewesen sei und trotz einer Armada von fast 1.000 Schiffen nur für 30 Tage Verpflegung an Bord gehabt habe (Plutarch, Alexander 15).

204 Zit. nach Polybios 9,24, 4-7. Es ist auszuschließen, dass die Truppen auf ihrem Marsch von Spanien nach Italien Milchkühe oder Schafe in größerer Zahl mitgeführt haben. Spätestens in Südfrankreich wären die meisten Tiere an Erschöpfung verendet. Theoderich weist daher die Alemannen beim Durch-

oder flussgestützte Versorgung und ohne Unterstützung aus dem Lande völlig utopisch.

Daher sind logistische Vorausplanung, die die Erntezeiten bedenkt, Erkundung der Region durch Vorauskommandos und Vorab-Absprachen mit den Einheimischen unverzichtbare Voraussetzungen für einen erfolgreichen und möglichst verlustarmen Vormarsch. Die Annahme dürfte daher plausibel sein, dass die „Völkerwanderung" die Form langjähriger Bewegungen getrennt marschierender Großgruppen verschiedener Stämme hatte, die schubweise und raupenförmig, vermischt mit Einheimischen und entlaufenen Sklaven, auf der Suche nach besseren Wohnbedingungen, auf eine mehr oder weniger aggressive Wanderschaft gegangen sind. Dort, wo die Voraustruppen auf Widerstand stoßen, versuchen sie die Gegenwehr zu brechen, hinterlassen hier auch Bahnen der Zerstörung. Und dort, wo sich ihnen weder Bevölkerung noch römische Besatzungstruppen entgegenstellen, siedeln sie sich an und suchen, sich mit Hilfe von Verträgen in das Reich einzubinden.[205]

Als Immigranten ohne jegliche soziale Absicherung sind sie anpassungswillig, zumal sie in den Provinzen des römischen Reiches, in denen sie sich festsetzen, eine Kultur vorfinden, die den größten Eindruck machen muss: Städte, Bibliotheken, Theater, Thermen, gepflasterte Straßen, ein geordnetes Gerichts-, Verwaltungs- und Münzwesen, aber auch Steuern, Steuereintreiber und Gladiatoren. Aus archäologischen und numismatischen Funden, aus überlieferten Vertragsurkunden und Bestimmungen zur Kanzleiführung sowie aus der Form der Registerführung wissen wir, dass Burgunder, Goten, Franken und Vandalen in Italien wie in den ehemaligen römischen Provinzen die römischen Verwaltungsmethoden übernehmen und die Verwaltungsakten in der römischen Amtssprache Latein führen. Sie ahmen die römisch-kaiserlichen Münzen nach,[206] verwenden römische Mythologie für die eigene Geschichtsdeutung und bemühen sich, gutes Latein zu schreiben.

Unübersehbar und gut überliefert ist diese Mischung römischer und germanischer Vorstellungen in der Gesetzgebung, die germanische Rechtsvor-

zug durchs Noricum (506 n.Chr.) an, ihr erschöpftes Vieh bei den Bauern einzutauschen (Cassiodor, Variae, 3,50).

205 R. Klein spricht von über hundert solcher Verträge (Roma versa per aevum, 1999, S. 103).

206 Zur Nachahmung der römisch-kaiserlichen Münzen vgl. Ausstellungskatalog Das Königreich der Vandalen, 2009, S. 162f.

stellungen und spezifisch römische Verfahrens- und Argumentationsweisen inkorporiert. „Inspiriert vom Beispiel der großen Kaiser und Gesetzgeber, umgeben von im römischen Recht geschulten Beratern [...] haben fast alle barbarischen Herrscher in die von ihnen verkündeten Gesetzgebungen römische Elemente integriert.“[207] Der Hof-Historiker Kaiser Justinians, Agathias Scholastikos (536-582), rühmt in seinem Geschichtswerk *Über die Herrschaft des Justinian* die Gemeinsamkeiten: „Sie machen Gebrauch von römischer Verwaltung und römischem Recht. Mit den Römern gemeinsam haben sie Handelsrecht, Eherecht und die Verehrung Gottes.“ Die Germanen, schreibt der Basler Archäologe Beat Brenk, übernehmen bereitwillig in allen Provinzen „das römische Verwaltungs- und Geldsystem, die römische Gesetzgebung und die soziale Struktur [...], unterwandern zwar gewiß politische und militärische Ämter, nicht aber den römischen Kunstbetrieb“.[208]

So durchdringen sich Besetzer und Besetzte, Altkultur und Neukultur, und so fügen sich ganze germanische *gentes* in das römische Ordnungsgefüge ein. Prokopius, Historiker des sechsten Jahrhunderts, anerkennt in seinen Büchern über den Gotenkrieg neidlos, ja bewundernd, die Leistungen der Germanen und stellt sie mit den römischen auf eine Stufe. Sidonius Apollinaris, ein römischer Aristokrat, schreibt 477 an Arbogast, den fränkischen Regenten des Moseltals: „Du schützt vor, dass Du nur mit Kultiviertheit spielst, obgleich Du in tiefen Zügen aus der Quelle römischer Eloquenz getrunken hast. [...] In Worten und Taten bist du unseren Führern ähnlich, die die Feder so oft wie das Schwert schwangen.“[209] Der angesehene französische Historiker Henri I. Marrou meint, der gallorömische Adel sei ebenso gebildet gewesen wie der italienische Adel aus der Zeit des jungen Plinius.[210] Und der Bonner Historiker und Merowinger-Experte Eugen Ewig spricht in diesem Zusammenhang von der Trierer Kaiserresidenz als einem römisch-fränkischen Integrationszentrum.[211]

207 O. Huck, Die Gesetzgebung der Barbaren, 2008, S. 285. Als Beispiele mögen *Lex Romana Visigothorum*/Römergesetz der Westgoten und *Lex Romana Burgundionum*/Römergesetz der Burgunder, beide um 506/520, gelten, die für einen großen Teil der Bevölkerung bindend sind und neben dem *Codex Iustinianus* aus dem 6. Jahrhundert für die europäischen Rechtskultur grundlegend werden sollen.

208 B. Brenk, Spätantike und frühes Christentum, 1980, S. 86.

209 Sidonius Apollinaris, Brief 4,17.

210 H.I. Marrou, Erziehung im klassischen Altertum, 1977, S. 565.

211 E. Ewig, Trier im Merowingerreich, 1954, S. 19f.

Im gesamten weströmischen Reich erkennen wir die Bereitschaft, die als überlegen betrachtete römische Zivilisation und Kultur anzuerkennen und zu assimilieren, wie auch *vice versa* politisch-schöpferische Kräfte der Germanen bei der Bildung eines römisch-germanischen Reiches zu nutzen.[212] Keine Kultur verdrängt die andere und wo es nicht zur Assimilierung kommt, existieren die Kulturen parallel. Keine der Religionen steht der anderen im Wege. Keines der beiden Gotenreiche auf altem römischen Boden, kein Merowinger und kein Vandale bricht aus dem politischen, kulturellen und sozialen Verband des ehemaligen Imperiums aus. Kein germanischer Herrscher wagt bis 800 den Kaisertitel anzunehmen, auch wenn die Bindungen an den fernen Kaiser in Konstatinopel locker gewesen sind. Kein Herrscher stellt Konstantinopel als Hauptstadt der Welt infrage. Dorthin wenden sich die gotischen und vandalischen Könige um Schlichtung ihrer Streitigkeiten. Bis in die entlegensten Provinzen sind die Menschen offenbar der Meinung, dass ihnen die Zugehörigkeit zum Imperium mehr nützt als schadet. Die Überlegenheit römischer Wissenschaft, die relativ große Freiheit in der persönlichen Lebensführung – von der Sklaven und Frauen freilich ausgeschlossen bleiben –, die Aussicht auf Ämter in Verwaltung und Militär, die verlässliche Versorgung mit Getreide und Wein, eine schicke Toga oder die Zerstreuung im Theater, das alles hat in der Antike eine große Anziehungskraft. *Civis Romanus sum*, ich bin römischer Bürger, dieser Status verschafft Aufstieg und eine privilegierte Stellung.

Gewiss, die Überlieferung berichtet auch von Verwüstungen und von den damals üblichen Raubzügen. Die Langobarden des sechsten Jahrhunderts, die „noch wilder als die germanische Wildheit" gewesen sein sollen (Velleius Paterculus), scheinen das *enfant terrible* unter den germanischen Stämmen gewesen zu sein. Der französische Althistoriker Paul Veyne erkennt: „Im Abendland war der künstlerische Zusammenbruch mit der Invasion der Lombarden [Langobarden] besiegelt."[213] Aber eine quellengestützte Begründung vermag der französische Historiker nicht zu liefern. Denn die Quellen berichten nichts von gezielten, vorsätzlichen Eingriffen

212 Vgl. H.-J. Gehrke, Geschichte der Antike, 2003, S. 171; M. Schanz/R. Herzog/P. Schmidt, Die Literatur des 5. und 6. Jahrhunderts, ND 1971, S. 351f. Die Ausstellung „Rom und die Barbaren. Europa zur Zeit der Völkerwanderung" (2008) vermittelt ein Bild der römisch-germanischen Annäherung und weniger das einer Besetzung; ebenso die Vandalen-Ausstellung in Karlsruhe (2009).

213 P. Veyne, Die Kunst der Spätantike, 2009, S. 113.

in die bestehende Kultur.[214] Die Vermutung ist nicht aus der Luft gegriffen, dass sich unter langobardischer Herrschaft eine kulturelle byzantinisch-hellenistisch-römische Gegenbewegung zur weströmischen Kulturöde des sechsten und siebten Jahrhunderts durchsetzt. Immerhin sind zu diesem Zeitpunkt bereits alle Schulen, Akademien und Bibliotheken in den ehemals weströmischen Territorien geschlossen.

Es ist einmal mehr das Verdienst eines Querdenkers, traditionelle akademische Denkweisen infrage zu stellen. Der österreichische Historiker und Mediävist Alfons Dopsch meldet sich nach dem Ersten Weltkrieg in mehreren detailreichen Beiträgen zur antiken und mittelalterlichen Kulturentwicklung zu Worte: Die Germanen seien keine blinden Zerstörerer gewesen, sondern Kenner und Wertschätzer der römischen Zivilisation. Die Beseitigung des weströmischen Kaisertums sei von den Zeitgenossen noch nicht einmal als ein Ereignis einschneidender Bedeutung bemerkt worden.[215] Der Erlanger Philologe Egert Pöhlmann argumentiert ähnlich: Der Einfall der Westgoten in Italien (401-410), die Plünderung Roms durch die Vandalen (455 n.Chr.) und schließlich die Absetzung des Romulus Augustulus durch den ostgermanischen Odoaker (476 n.Chr.) habe trotz aller Verluste keine Zäsur für die Überlieferung der klassischen Bildung bedeutet: „Die datierbaren subscriptiones [...] bezeugen das nicht nachlassende Interesse einer gebildeten Leserschaft an korrekten Texten."[216] In Wahrheit habe, so meint Ernst Bickel, „eine einheitliche Kulturströmung die Bürgschaft für die Fortpflanzung der römischen Klassiker übernommen", die germanischen Stämme seien „zu Anhängern der antiken Bildung [geworden] mit dem Willen, den römischen Geist [...] lebendig zu erhalten".[217] Ähnlich

214 Vgl. de Renzi, Geschichte der Schule von Salerno. Danach soll die medizinische Schule von vier Ärzten verschiedener Herkunft gegründet worden sein: Je einem Griechen, Lateiner, Sarazenen und Juden, von denen jeder für seine Landsleute in seiner Muttersprache vortrug. Die Chronik ist insofern aufschlussreich, als aus ihr der internationale, religionsfreie Charakter der Schule hervorgeht, der ihre Entwicklung entscheidend beeinflusst hat.

215 A. Dopsch, Grundlagen der europäischen Kulturentwicklung, 1923, S. 412-413. Dazu die Rezension von H. Wopfner, der meint, „Dopsch habe sich zuviel zugemutet" und am Ende der Rezension den „kritischen Scharfsinn" lobt und das Werk von Dopsch als eine „wertvolle Gabe für die Wissenschaft" bezeichnet (in: P.E. Hübinger, Kulturbruch oder Kontinuität, 1968, S. 1-21).

216 E. Pöhlmann, Textkritik der antiken Literatur, 1994, S. 99.

217 E. Bickel, Geschichte der römischen Literatur, 1937, S. 11. Der Begriff der „einheitlichen Kulturströmung" kann irreführend interpretiert werden. An-

Uwe Jochum und Otto Mazal: „Die Grundlagen der antiken Bildung wurden weder von den Westgoten in der Provence und in Spanien noch von den Franken in Gallien oder von den Ostgoten und Langobarden in Italien vernichtet, mochte auch in den Kämpfen und Plünderungen manches Kulturgut unwiederbringlich verlorengegangen oder zumindest in seinem Bestand gefährdet worden sein."[218]

Kurz und gut: Die seit langem und bis heute auch in historisch-wissenschaftlichen Werken gepflegte Hypothese, die germanischen Stämme hätten sich auf den Weg gemacht, in Gallien, Italien, Spanien und Nordafrika neue Lebensräume zu suchen, um nach Eintreffen die dortige antike Kultur und Zivilisation mehr oder weniger fahrlässig zu ruinieren, wird weder von der Überlieferung noch von der Lebenserfahrung gestützt. Weder trifft zu, wie der Althistoriker Alexander Demandt meint, dass die Germanen ungeeignet gewesen seien, „die Zivilisation fortzuführen, die sie angelockt" habe,[219] noch sind die germanischen Stämme aufgebrochen, um fremde Länder auszubeuten. Ihr Ziel ist das aller Emigranten: neue Lebensräume suchen. Weit unterlegen an Menschen können sie unter keinen Umständen einen groß angelegten Krieg *gegen* die Bevölkerung führen. Sie benötigen die Unterstützung der einheimischen Bevölkerung und die Verwüstung ganzer Landstriche hätte mit Sicherheit den Hungertod der In-

---

gesichts der diversen einheimischen bzw. provinzialen Kulturvarianten kann man schwerlich von einer homogenen römischen Kultur sprechen. Auf der anderen Seite hat zweifelsfrei ein breites gemeinsames Interesse bestanden, die Vorteile der römischen Verwaltung und Rechtsprechung sowie die zivilisatorischen Errungenschaften gemeinsam zu nutzen. Dies soll wohl der Begriff „einheitliche Kulturströmung" andeuten.

218 U. Jochum, Bibliotheksgeschichte, 2007, S. 55: „vielschichtiger und lang andauernder Prozeß kultureller Assimilation". Weitere Forscher kommentieren den Integrationswillen der germanischen Stämme. W. Enßlin hebt die Bedeutung der Germanen als Helfer der Römer in der Zeit des Niederganges hervor; F. Behn meint: Die Germanen hätten die antike Kultur nicht vernichtet, sondern gerettet; B. Meyer-Flügel: „Diese Germanen streben nicht eine Zerstörung der einheimischen, antiken Tradition an. Speziell das Königshaus und Teile der gotischen Oberschicht übernehmen diese respektvoll, machen sie durch ihr Engagement zu ihrer eigenen und versuchen, sie zu einer neuen Blüte zu bringen." (W. Enßlin, Die Bedeutung der Germanen, S. 27f; ders., Germanen als Helfer der Römer, 1958/59, S. 237f.; F. Behn, Römertum und Völkerwanderung, 1963, S. 87; B. Meyer-Flügel, Das Bild der ostgotisch-römischen Gesellschaft bei Cassiodor, 1992, S. 562).

219 A. Demandt, Die Germanen im Römischen Reich, 1995, S. 68-80.

vasoren bedeutet. Unerfahren in der Verwaltung großer Reiche können die germanischen Stämme bei der Organisation ihrer neuen Reiche auf keinen Fall auf die seit Jahrhunderten etablierten römischen Organisations- und Verwaltungsstrukturen verzichten. Da sie im Lande leben wollen, Frauen, Greise und Kinder ein Dach über dem Kopf benötigen, wäre es töricht, in einer solch kritischen Phase des Neuanfangs Städte und Dörfer vorsätzlich zu zerstören. Eine Kuh, die man melken will, schlachtet man nicht. Wenn Ansiedlungen zerstört werden, dann, wenn es im Zuge der Eroberung verteidigter Räume unvermeidlich ist.

Der große deutsche Historiker und Nobelpreisträger Theodor Mommsen stellt in seiner unnachahmlichen Art fest, die Germanen hätten ohne Zögern die römische Rechtspflege und die Formen der Steuererhebung übernommen, „die warmen Bäder, die Villen, die gute Küche, überhaupt der Luxus, aber auch die Poesie und Rhetorik, Wissenschaft und Kunst taten es ihnen an, sie romanisierten sich“.[220] Der Zusammenbruch der antiken Bildung muss andere Gründe gehabt haben. Die Germanen jedenfalls waren es nicht.

220 T. Mommsen, Römische Kaisergeschichte, 2005, S. 572.

Teil Vier

Ursache: Die Staatskirche und ihr neues Weltbild

Die religiöse Welt des Imperium Romanum ist bunt und die Menschen aller Länder und Rassen zwischen Schottland und Nordafrika wollen dies auch so. Der Polytheismus unter dem Dach eines höchsten Gottes, gleich ob Jupiter oder Sonnengott Sol, die Bereitschaft, dem Nächsten seinen Glauben zu belassen, seine Götter gar als Teil der eigenen religiösen Welt zu verstehen, ist Teil der römischen Kultur und Voraussetzung für gesellschaftlichen Frieden in diesem gewaltigen und vielschichtigen Weltreich.

Eine „gottgegebene", einzig richtige Wahrheit gibt es nicht. Selbst die Götter können irren und kein Römer empfindet dies als einen himmlischen Makel. Einen Gegensatz zwischen Vernunft und Religion sieht niemand. Denn den Götter gefällt es, wenn die Irdischen sich bemühen, ihnen durch außergewöhnliche Leistungen auf allen Gebieten Ehre einlegen zu wollen. Dazu zählt selbstverständlich auch die Philosophie, die auf vielen Wegen sich der Wahrheit zu nähern sucht. „Pflege Deine Urteilskraft", fordert Kaiser Marc Aurel (reg. 161-180), „sie alleine kann Dich davor bewahren, dass in Dir Ansichten entstehen, die mit der Natur und der Beschaffenheit eines vernünftigen Wesens im Widerspruch stehen". Man müsse sich, so fährt er fort, daher vorschneller Urteile enthalten, Wohlwollen gegenüber den Menschen und Gehorsam gegenüber den Göttern zeigen.[221] Marc Aurel vereint damit auf natürlichste Art und Weise Vernunft und Glauben, Toleranz und Humanität. Gleichermaßen wie Philosophie und Verstand lieben die Himmlischen die Kunst. Folglich bilden Theater, Dichterlesungen und vollendete Architektur eine Symbiose mit der Götterwelt. Ein Bilder- und Skulpturenverbot würde die Götter erzürnen, die sich an makellosen Kör-

221 Marc Aurel, Selbstbetrachtungen, 3. Buch, 9.

pern der Irdischen erfreuen können. So ist die Götterwelt der Antike, gewiss nicht perfekt, aber sympathisch offen und unverkrampft.

Die Offenheit Roms gegenüber neuen Kulten und Religionen wird durch die Vergrößerung des Reichsgebietes, durch die Dislozierung der Legionen an den äußeren Provinzgrenzen und durch die massenweise Einstellung von „Barbaren“ in römische Kriegsdienste gefördert. Neue rätselhafte Mysterien- und Erlöserreligionen fallen ab dem zweiten nachchristlichen Jahrhundert auf fruchtbaren Boden und durchdringen die Menschen: Sol, Mithras, Baal, Magna Mater, Isis und Osiris, Retter und Heilande, eine brodelnde Flut ergießt sich auf einen trocknenden Kultacker und flutet in das mit Kriegen und wechselnden Weltanschauungen übersättigte Chaos des dritten Jahrhunderts hinein. Kaufleute und Soldaten tragen Kulte und Mysterien in alle Winkel des Reiches und jeder kann sich aus dem Mythen- und Mysterienkatalog bedienen, wie er mag.

Der Gedanke, fremde Gottheiten könnten „falsche“ oder gar überhaupt keine Götter sein, liegt den Römern ebenso fern, wie der Wunsch nach einer religiösen Einheitlichkeit. In der Überzeugung, dass sich die Gottheiten fremder Religionen nur durch den Namen von den römischen Göttern unterscheiden, innerlich ihnen aber wesensgleich oder wesensverwandt sind, wenden die Römer die *interpretatio Romana* an,[222] d.h. sie belassen den fremden Gottheiten ihre Namen oder fügen sie als Beinamen der römischen Gottheit an und integrieren sie so in die römische Götterlandschaft. Von der ständigen Furcht geplagt, sie könnten in dem unübersichtlichen System provinzialer Götter eine Gottheit vergessen und dadurch erzürnen, bemühen sie sich, nach der Eroberung jeder feindlichen Stadt die nun heimatlose Stadtgottheit mit einem Platz in Rom zu versöhnen. „Wenn sie Rom dienten – und das mußten sie nach römischer Auffassung – waren sie willkommen.“[223] Monotheistisches und Polytheistisches gehen ineinander über,[224] Erkenntnis (Gnosis) und Glaube verbinden sich und trennen sich

222 Tacitus beschreibt damit die Metamorphose germanischer in römische Gottheiten (Germania 43). Bereits Caesar gibt in *de bello Gallico* den gallischen Göttern römische Namen. Solche Gleichsetzungen kennen wir auch aus dem Transfer griechischer Götter in den römischen Götterhimmel.

223 Dröge in: Lexikon der Religionen, hrsg. von H. Waldenfels, 1988, S. 567.

224 Es ist ein weit verbreiteter Irrtum, pauschal von einem Gegensatz zwischen heidnischem Polytheismus und christlichem Monotheismus zu sprechen. Der Sonnengottglaube (Sol) des 4. Jahrhunderts ist nicht weniger monotheistisch als der christliche Drei-in-Einem-Gott-Glaube.

wieder. Am Ende müssen Importe herhalten, um die Götterwelt wieder in Schuss zu bringen: Mithras, Elagabal, Sol und der christliche Gott. Sie alle werden außerhalb der christlichen Minderheit als *eine* Gottheit mit unterschiedlicher Benennung verstanden, die ab Mitte des dritten Jahrhunderts das Zentrum im göttlichen Elysium wird.

In diesem Getümmel der Ideen verschwinden nach und nach die Priesterkollegien, wird der *pontifex maximus*, oberster römischer Priester, zur Hülle und rutscht die Religion ins Beliebige ab. Ohne Revolution der Massen vermögen die Kaiser die Götter nach Belieben ein- und abzusetzen. Betrachtet man die Teilnahmslosigkeit und die zeitgenössischen Reaktionen auf die religiösen Maßnahmen der Kaiser des vierten Jahrhunderts, den Gleichmut der Massen, mit der diese das Mailänder Toleranzedikt (313), die innerchristlichen Streitereien um den „wahren" Gott, die traditionsbezogene Religionspolitik Kaiser Julians, das radikale Christentum Gratians oder die Staatskirchen-Edikte Theodosius' aufnehmen, dann hat man den Eindruck, dass der religiös fundierte Staatskult längst seine ehemals völkerverbindende Kraft verloren hat und niemand mehr einen grundlegenden, schicksalshaften Wandel in der wechselnden Religionspolitik des Staates erkennen mag. Offenbar ist der Prozess der Privatisierung religiöser Anschauungen Mitte des vierten Jahrhunderts bereits weit fortgeschritten und wie es scheint, sind die Bürger bereit, ein wildes vagabundierendes Konglomerat von religiösem Krethi und Plethi achselzuckend zu akzeptieren.

Rom, das Zentrum religiöser Praxis, versteht sich in diesem Tohuwabohu unzähliger Gottheiten als *templum mundi totius*, als Tempel der Welt,[225] und verliert. Vor allem, weil mit der Gründung der neuen Residenzstadt Konstantinopel der politische Schwerpunkt nach Osten verlagert wird. Hier, weitab vom liberalen Geist der Antike, lässt sich Kaiser Konstantin in das oströmisch-christliche Gezerre um den wahren Gott hineinziehen. Hier, im Osten, werden seine Söhne, in dynastischer Erbschaft an die Macht gekommen, den Faden aufgreifen und das Christentum, in welcher Ausprägung auch immer, fördern. In sicheren Tüchern ist das „katholische" Christentum damit noch längst nicht, wie uns die im vierten Jahrhundert mächtige christlich-arianische (Jesus-ist-kein-Gott) Konfession und Kaiser Julian, der mit einem Federstrich die heidnischen Götter wieder auf ihren Thron setzt, lehren werden.

225 Ausführliche Diskusion bei Thomas Harrison, Templum Mundi Totius: Ammianus Marcellinus and a Religious Ideal of Rome, 1999, S. 178-190.

8 Neue Botschaften

Die Zeit des frühen Christentums ist eine stürmische Zeit mit apokalyptischen Enthüllungen und religiösen Vorhersagen. Juden und Christen sind in Endzeitstimmung und offen für Erwartungs-, Mysterien- und Heilsgeschichten. Das „Königreich Gottes auf Erden“ sei nahe und der alttestamentarische, bereits von den Propheten angekündigte Messias, der „Gesalbte Gottes“, der Herrscher der Endzeit, werde in Kürze das tausendjährige Friedensreich bringen. Eine kleine radikal-jüdische Gemeinde, die orthodoxe und einflussreiche Sekte der Essener,[226] hat sich schon vorsorglich in die Wüste zurückgezogen, um sich dort auf die Ankunft des Messias, „Christos“ auf Griechisch, lateinisch „Christus“, vorzubereiten. Mehrmals schon haben sie den Zeitpunkt der Ankunft berechnet: Der aus den Schriften abgeleitete Termin im Jahre 70 v.Chr. wird nach Ablauf der Frist auf das Jahr 70 n.Chr. neu festgelegt.[227] Zwar vergeht Termin um Termin ereignislos, aber der Glaube, das irdische Reich werde in Kürze in sich zusammenbrechen, beherrscht das Christentum bis in das hohe Mittelalter hinein.

Der neue Mensch: Sünder in einem Jammertal

Solche endzeitlichen Erwartungen sind keine Erfindungen des Christentums. Selbst das siegesgewohnte Rom gefällt sich in apokalyptischen Spe-

226 Die Essener wurden als eine orthodox-jüdische Gruppe durch die Qumran-Funde bekannt. Trotz der bescheiden anmutenden Anzahl von etwa 4.000 Mitgliedern billigt H. Stegemann ihnen einen erheblichen Einfluss zu (Die Essener, Qumran, Johannes d.T und Jesus, 1993). Ihre Blütezeit war etwa von 200 v.Chr. bis zum jüdisch-römischen Krieg um 70 n.Chr.

227 Neufestsetzung auf Grund einer neuen Daniel-Exegese (Altes Testament). Vgl. H. Stegmann, Die Essener, S. 285.

kulationen, wenn es die zwölf Geier, die Romulus angeblich bei der Gründung Roms im Jahre 753 v.Chr. als *augurium* erschienen sind, mit 1200 Jahren Lebenszeit des Imperiums gleichsetzt. Aber etwas ist doch neu: Juden und Christen *radikalisieren* die Lehre von der Endzeit und fügen ihr *den* Lehrsatz religiöser Intoleranz bei, „keinen anderen Gott neben sich" zu dulden (Exodus 20,2), an dem bereits im 14. vorchristlichen Jahrhundert der ägyptische König Echnaton gescheitert ist.

Hinzu treten zwei weitere nicht minder radikale Lehrsätze: Die Dogmen vom verlorenen Sünder und vom Gericht Gottes, dessen unbarmherzige Strafen – „nur wenige werden gerettet werden"[228] – in düsteren Farben ausgemalt werden. Damit werden Jenseitsorientierung, Diesseitsverdrossenheit, Schuldvorwürfe, Selbsterniedrigung und Angst die entscheidenden und bestimmenden Faktoren im Leben der Menschen des frühen Mittelalters und Komponenten eines neuen Weltbildes mit einer hervorstechenden Sünden- und Strafkultur.

Geburtshelfer der Idee vom „verlorenen Sünder" ist ein Mann namens Paulus. Kurz nach dem Tode Jesu von göttlich-greller Erleuchtung getroffen, „ein Licht warf mich auf den Boden", wird er über Nacht vom christenverfolgenden Saulus zum bekennenden Paulus verwandelt. In der modernen Medizin ist eine solche sprunghafte Reaktion als Positivsymptom einer Übersteigerung normalen Erlebens bekannt. Solche Symptome treten oft plötzlich und ohne auffällige Warnmerkmale auf. Charakteristisch sind Denkstörungen und Sinnestäuschungen, verbunden mit Wahnbildung und optischen oder akustischen Halluzinationen. Vielfach werden Stimmen und Gedanken wahrgenommen, deren Ursprung von den Betroffenen außerhalb verortet werden. Gelegentlich kommt der Betroffene zu dem Schluss, von Außerirdischen oder Geistern aus dem Jenseits beobachtet zu werden. Im Falle eines krankhaften Verlaufes besteht für den Betroffenen eine unerschütterliche Gewissheit, dass das wahnhaft Vorgestellte tatsächlich geschieht. Diese Symptome fasst die moderne Medizin unter dem Begriff der Schizophrenie zusammen.

Paulus also hört solche Stimmen, „warum verfolgst Du mich?", und wird von gleißendem Licht geblendet. Nachfolgend geht er in die Wüste, erkennt das christliche Jenseits und gilt bei Nietzsche daher als der „Erfinder des Christentums". Das Diesseits interessiert Paulus weniger. Der um-

228 „Weg von mir, ihr habt alle unrecht getan!", „da werdet ihr heulen und mit den Zähnen knirschen", Lukas 13, 22-30. Es gibt zahllose Bemühungen, diese entmutigende Rede schön zu schreiben.

strittene Verfasser der ältesten neutestamentarischen Dokumente[229] hat Jesus nie gesehen und gehört und lebt als lästiger Besserwisser in ständigem Konflikt mit den „Jerusalemern", mit den Männern und Frauen also, die Jesus am besten gekannt haben.[230] Dieser Paulus also klagt die Menschheit an: Böse sei der zuversichtliche Glaube an sich selbst und böse das Freiheitsgefühl. Freiheit sei fortan nur dort, „wo der Geist des Herrn" wirke (2 Kor 3). Stolz sei die größte Sünde und dienende Demut die größte Tugend. Den Armen im Geiste sei das Himmelreich. Das ist eine Lehre der „kleinen Leute", so recht nach dem Gefallen der Zukurzgekommen, zur Zufriedenheit der Ungebildeten, die alle geistigen Rangunterschiede aufzulösen wünschen, zur Nivellierung der Begnadeten. Es tut ihnen gut zu hören, dass ihr Glaube sie erhebt und alles, was bisher ersonnen, falsch sei.

Jahrhunderte später wird Augustinus, der nach seiner gleichermaßen geheimnisvollen „Bekehrung" – „nimm und lies!" ruft eine ferne Stimme – zunächst Frau und Kind in die Wüste schickt, sich eine Konkubine zulegt[231] und dann einen noch tieferen Blick in das Universum wagt als Paulus, dem Menschen endgültig seine antike Würde nehmen. Mit den in den letzten Jahren des vierten Jahrhunderts erarbeiteten Schriften *Bekenntnisse* und *Dreiundachtzig Fragen* legt Augustinus philisterhafte, intellektuell bedeutungslose Streitschriften gegen den freien, schöpferischen Menschen vor, die in ihrer nihilistischen Abwertung allen menschlichen Bemühens und in der entwürdigenden Selbsterniedrigung des Menschen in der Weltliteratur einzigartig sind. Ein „erbarmungswürdiges Stücklein deiner Kreatur" sei der Mensch. „Täglich seufze ich zu Dir. Wie hässlich ich bin, wie verzerrt und beschmutzt, fleckig und voll Beulen". Die menschliche Natur sei grundsätzlich verdorben. Dies zeige sich auch im „Aufruhr des

229 Die meisten Paulusbriefe sind nicht echt. Echt sind vermutlich nur der Galater-, der Römer- und teilweise der erste Korintherbrief.

230 „Die Existenz Pauli ist nicht besser bezeugt als die Jesu und der zwölf Apostel" (A. Schweitzer, Geschichte der Leben-Jesu-Forschung, [9]1984, S. 545).

231 Augustinus, Bekenntnisse 6,15; 8,19-30. Augustinus schickt seine Partnerin, mit der er einen Sohn hat, auf Betreiben seiner Mutter fort, um ein minderjähriges reiches Mädchen zu heiraten. Auf Grund der Minderjährigkeit kam die Ehe nicht zustande. Der frisch getrennte Augustinus hatte zu warten. Daher verkürzt er die Verlobungszeit mit einer zweiten, uns unbekannten Frau (6,15,25). Augstinus' wirre, dem Schöpfungsgedanken widersprechende Sexuallehre ist in diesem Spannungsfeld von abgöttischer Mutterverehrung, Verstoßung einer vermutlich geliebten Frau, unerfüllter Ehe und Ersatzkonkubine zu erklären.

Fleisches", wie Augustinus den Sexualtrieb nennt. Was der Bischof dazu im vierzehnten Buch seines Großwerkes *Gottesstaat* zu sagen hat, kann im 1993 erschienenen katholischen Katechismus nachgelesen werden und bietet jedem Psychoanalytiker ausreichend Stoff zum Nachdenken über pathologische Wahnvorstellungen, krankhafte Selbstjustiz und Transformation subjektiver „Schuld" auf die äußere Welt.

All das, was in der spätantiken Welt als richtiges Handeln angesehen wird, stellt Augustinus auf den Kopf. Das glücklich erfüllte Leben hat für das endgültige Leben im Jenseits keinerlei Bedeutung, die düstere Welt ist durchteufelt und der entmächtigte Mensch verloren. Es gilt, sich aller sinnlichen Genüsse dieser schönen Erde zu enthalten, unseren Leib, das Lehen Satans, zu peinigen, damit die Seele sich desto herrlicher emporschwingen kann in das strahlende Reich Gottes.

Hermeneutisch gesehen gibt es keinen Unterschied zwischen „Rotkäppchen" der Gebrüder Grimm und den Lehren von Paulus und Augustinus: Weder die Brüder Grimm noch die beiden Christfrommen können auch nur *einen* Beleg vorweisen, dass ihre Lehre kein Wahn, sondern Wahrheit ist. Aber anders als bei Rotkäppchen, das immerhin glücklich und zufrieden mit der Großmutter aus dem Wald eilen kann, geht die ganze paulinische und augustinische Geschichte weniger erheiternd aus: Der Mensch, bereits durch eine „Erbsünde" schwerst belastet, baut ununterbrochen sein Sündenkonto aus, so dass er am Ende seines irdischen Daseins wenig Hoffnung hat, durch die schmale Pforte ins himmlische Jenseits zu gelangen.

Und nichts vermag den Epoche bestimmenden Wandel von der freudenoffenen heidnischen Antike zum lustfinsteren christlichen Mittelalter plakativer zu illustrieren als der Wandel vom heidnischen *carpe diem*, nutze den Tag, zum christlichen *memento mori*, bedenke den Tod.[232] Statt des Glücks im Diesseits nun also die Flucht ins weltenblinde Jenseits. Statt Epikurs „wir sind ein einziges Mal geboren [...], eine kleine Ewigkeit werden wir nicht mehr sein dürfen. Und da schiebst du das, was Freude macht, auf, obwohl du nicht einmal Herr bist über das Morgen" nun Paulus' Drohung „der Lohn der Sünde ist der Tod".[233]

232 Der alte römische Brauch, hinter einem siegreichen Feldherrn, dem ein Triumphzug gewährt worden ist, einen Sklaven zu stellen, der ihm einen Lorbeerkranz über den Kopf hält und mahnt: „Memento moriendum esse", Bedenke, dass du sterblich bist, hat eine andere Bedeutung.

233 Epikur (um 300 v.Chr.), Philosophie der Freude, [12]1988, Lehrsatz 5; Paulus, Römer 6,23.

Ambrosius, in der zweiten Hälfte des vierten Jahrhunderts einflussreicher Bischof von Mailand, dessen intellektuelle Fähigkeiten vom Philosophen Kurt Flasch im Gegensatz zur Kirchenliteratur als „eher bescheiden" eingestuft werden,[234] der innerhalb einer Woche getauft, zum Priester ordiniert und zum Bischof gewählt wird, schreibt ein ganzes Buch mit Begründungen, warum man das Diesseits meiden soll: Man müsse die „Welt fliehen [...] so fliehen wir denn von hier wie die Hirsche zur Wasserquelle".[235] Bewegt von diesem Gedanken der Weltflucht greift Eucherius, Erzbischof von Lyon (gest. um 450), das Thema auf und informiert die Welt in seinen Werken *Über das Lob des Rückzugs aus der Welt* und *Über die Verachtung der Welt und der weltlichen Bildung*, wie mit der Welt umzugehen sei, nämlich überhaupt nicht.[236]

So schlecht hat es noch niemand mit den Menschen gemeint. So finster wurde noch niemals die Zukunft ausgemalt. Ein schwarzer, zutiefst menschenferner Fatalismus, in der großen, weiten Welt der griechisch-römischen Antike völlig unbekannt, wird in die Köpfe der Menschen eingepflanzt, verunglimpft sie als schuldbeladene Sünder und das Dasein als Sündental. „Schuldig!" wird den *Katechumenen* in riesengroßen Lettern auf die Stirn geschrieben. Sündig bin ich, echoen die Verführten. Nie gehörte Maximen begleiten den düsteren Chor: Infernalische Strafen ohne jegliches Maß, würdelose Selbsterniedrigung des Menschen, Angst vor der Sinnlichkeit, Gehorsam auch gegenüber den sinnentleertesten, archaichsten Bibeltexten und Kirchenregeln, das sind die neuen Gebote, mit denen die christlich-abendländische Menschheit in das mittelalterliche Wartezimmer voller Verstörter einziehen wird. Wozu sich also noch um Bildung bemühen?

Mit destruktiver Wut stürmt die neue Lehre gegen die großen antiken Ideale an, reden die Priester den Menschen die Missachtung all dessen ein, was tausend Jahre Menschheit im imponierenden Gestus geschaffen haben: Mut, Tapferkeit, Ritterlichkeit, Bildung und Hingabe für die Gemeinschaft.

234 K. Flasch, Augustin, 2003, S. 41.

235 Ambrosius, Die Flucht vor der Welt / De fuga saeculi: „Wir müssen die Welt fliehen, weil sie der Sitz der Bosheit ist" (Kap. 7). Auch wenn Ambrosius damit die Flucht vor der Sünde meint (Kap. 4), so führt die praktische Umsetzung zum Rückzug in die Wüste oder hinter Klostermauern und zur Verachtung des Diesseitigen. Denn ein Leben ohne „Sünde" (Sex, Streben nach Ansehen etc.) ist unmenschlich.

236 Eucherius, De laude eremi / De contemptu mundi et saecularis philosophiae.

Alles sei nichtig. Mut zeige sich im Kampf gegen Ketzer und Hingabe für die Gemeinschaft bedeute Hingabe für die *kirchliche* Gemeinschaft der Gläubigen und ihrer Heiligen. Die Zertrümmerung des Alten adle die neue Religion, rufen die Mönche, bevor sie sich aufmachen, wertvollste Statuen kurz und klein zu schlagen. Und auch die Philosophie bekommt ihr Fett weg: Frevelhafter Hochmut sei die Suche nach der Wahrheit. Denn die Wahrheit stehe in der Bibel. Zweifel an der kirchlich-göttlichen Lehre sei die ärgste aller Versuchungen. Sie sei als Schuld nur durch selbstanklagende Erniedrigung, Buße und Fasten tilgbar. „Um in das Gottesreich einzutreten [muss] man sich erniedrigen", schreibt der Katholische Katechismus des Jahres 1993, der unter Vorsitz des damaligen Kardinals Joseph Ratzinger, heute Papst Benedikt XVI., erarbeitet wurde,[237] und nicht nachfragt, warum Gott Gefallen an einer sich erniedrigenden Kreatur finden sollte, die doch alle Anlagen hat, „Krone der Schöpfung", gar Gottes „Ebenbild" zu sein.

Was für eine Sklaven-Kultur, die da an die Stelle des griechisch-römischen Helden-Kultes tritt, in dem selbst Pferde, „die Häupter gesenkt, aus ihren Augen tropfen Tränen warm auf die Erde" (Ilias 17,425), den Tod der Helden betrauern. Dagegen das Christentum: Welches ingrimmige Gieren nach Selbstbeschmutzung, welch schwarze Flut des Leidens, des Martyriums und Sterbeverlangens, in der der Gläubige zu schwimmen gezwungen wird! Welche Verdrossenheit, die die Welt zu einem von Erbsünde kontaminierten Jammertal ruiniert! Während der antike Mensch danach trachtet, auch in unbilligen Lagen seine Würde und seinen Stolz zu behalten, brütet der Christ über seine Unwürdigkeit nach. Bevor sich überhaupt etwas ereignet hat, bekennt er sich schon schuldig. Was für ein armseliges Menschenbild, Welten von den antiken Entwürfen entfernt. Ein „Ebenbild Gottes" soll das Konstrukt sein und ist doch nur menschlicher Tand.

237 Katholischer Katechismus, 1993, 526.

Der neue Gott: „Mein ist die Rache“

Dem ersten Kataklysmus, der das tausendjährige, honorige Menschenbild wegspült, folgt die zweite, menschengemachte Katastrophe: ein Gott der Liebe und der grenzenlosen Güte, der alle Maßstäbe verliert und richtet, was das Zeug hält. „Mein ist die Rache“, verkündet er (5 Mose 32,35; Römerbrief 12,19) und hebt sich damit selbst auf. Denn völlige Güte („allgütig“) und Rache schließen sich ebenso aus, wie Gottes Unendlichkeit und das Erkennen seiner Eigenschaften. Wenn Gott aber in wichtigen Eigenschaften erkannt ist, verliert er das Hauptwesensmerkmal der universalen Transzendenz, seine Unendlichkeit. Gott wird gottlos.

Dieser metaphysisch entwurzelte, irdisch attribuierte Kirchengott wird nunmehr einer alle Grenzen menschlichen Erkenntnisvermögens sprengenden Phantasie ausgesetzt. Sein Zorn über Adam und Eva sei fürchterlich und er habe alle Menschen zweifach bestraft: Erstens mit dem Tod und zweitens mit der Erbsünde, die ausschließt, dass allzu viele Sünder in das Himmelreich einziehen, denn „eng ist die Pforte und schmal der Weg, der zum Leben führt, und nur wenige werden ihn finden“ (Mt 7,13-14). Kurz danach räumt Gott in einer Sintflut alles Leben beiseite, einfach so, auch das der Fische, die sich doch eigentlich in dem vielen Wasser pudelwohl fühlen müssten, weil er sich immer noch über die Sünder ärgert. Dann, nachdem sich das Leben auf Erden wieder erholt hat, verlangt er, dass sein eigener Sohn ans Kreuz genagelt wird, als „Sühne für die verdorbene Menschheit“. Nebenher richtet er eine Vorhölle und Hölle ein mit allerlei Grausamkeiten und man mag gar nicht über das Gott beschämende und die Intelligenz beleidigende Gottesbild reden, das die christliche Kirchenlehre von IHM entwirft.

Dieser seiner Transzendenz und Unendlichkeit entkleidete Kirchengott[238] tritt als kirchliches Artefakt aus drei Wesen und zwei Naturen an die Stelle des jüdischen Alleingottes. In vierhundert Jahren bitterböser Strei-

238 Spinoza (1632-1677): „Ich behaupte nicht, dass ich Gott völlig erkenne, wohl aber, dass ich gewisse Eigenschaften von ihm [...] wahrnehme“ (G. Paulus, Benedicti de Spinoza, Jena 1802, Bd. 1, S. 659). Dieser Widerspruch (Zuordnung menschlicher Attribute zu einer nicht fassbaren Unendlichkeit) ist – wie das Theodizeeproblem (Göttliche Allgüte / Allmacht und irdische Realität schließen sich aus) – nicht aufhebbar. Versuche, die Widersprüche zu überdecken (Offenbarung, Wege Gottes sind unwägbar), sind nicht ernsthaft debattierbar.

tigkeiten und unter tatkräftiger Mithilfe römischer Kaiser geformt,[239] haben sich die Priester auf einen Drei-Wesen-Zwei-Naturen-Gott voll peinlicher Widersprüche geeinigt: Drei in Einem, ewige Einheit, aber doch wieder nicht, denn Gottvater wandelt ja nicht in Palästina und hängt auch nicht am Kreuz. Die *ewige* Einheit ist also keine, sie ist für dreißig Jahre aufgelöst.[240] Das wiederum geht aber auch nicht, weil die Trinität *per definitionem* unveränderlich ist. Wir erkennen hier, warum die Kirche darauf besteht, dass die Trinität ein Geheimnis ist, aber auch wieder nicht, weil sie ja die inneren (!) Beziehungen der drei göttlichen Personen erkannt hat.

Ein Allgerechter sei er, der die einfachsten Regeln der Schuldbemessung nicht anerkennt. Ein Schöpfer, der die Geschaffenen verdammt. Ein Herrscher des Universums, der peinlich darauf achtet, dass freitags kein Fleisch gegessen wird und kein Beischlaf erfolgt. Ein Liebender, der die gesamte Menschheit nebst allen Tieren in einer Sintflut ausrottet. Ein Gütiger, der das furchtbare Monster der Inquisition und Pest, Weltkriege, Hiroshima und das Massaker von Srebrenica zulässt. Und dann Auschwitz. Gott sieht zu, wie sein „auserwähltes Volk" mit Prügeln, Fußtritten, Bauchschlägen und Genickbrechen entmenschlicht wird; wie die Schergen Scheibenschießen auf Frauen und medizinische Versuche an Lebenden veranstalten; Gott lässt Bluthunde zu, stunden-, tage- und nächtelanges Stehen auf dem Appellplatz, Hungerbunker und Vergasung von Müttern mit Kindern; Gott rührt sich nicht, wenn kleine Kinder und Säuglinge direkt ins Feuer geworfen werden und röchelnd verglühen. Noch nicht einmal ein Gewitter lässt Gott über Auschwitz toben. Die Priester aber rufen im Chor: Gott liebt Dich.

Einen „Gottessohn" habe der Vater, lehren die Priester und expedieren Gott auf die Erde. Dort, im Leib einer Irdischen, habe der Sohn Gottes gewartet, neun lange Monate, bevor er das Licht der Erde erblickt, ohne Geburt. Dreißig Jahre lebt er auf Erden, nicht in edler Haltung, sondern in

239 Die „Wesensgleichheit" Jesu wurde 325 von Kaiser Konstantin den zerstrittenen Bischöfen geradezu befohlen (vgl. R. Bergmeier, Kaiser Konstantin und die wilden Jahre des Christentums, Kap. 17.5), während die Ernennung des Heiligen Geistes zur dritten Kraft der Trinität 380 von Kaiser Theodosius im Edikt *Cunctos populos* verkündet wurde.

240 Diesem Problem, Vater und Sohn seien so ähnlich, dass man annehmen müsse, der Vater hänge am Kreuz, widmet bereits Tertullian seine Schrift *Adversus Praxean.* Tertullian weist darauf hin, so stehe es nicht in der Schrift und beschimpft Praxeas „patrem crucifixit" – den Vater hefte er ans Kreuz.

erniedrigendster Pose, im Leiden am „Martergerüst“ (Goethe), Mitleid heischend und den Menschen zur Besichtigung am Kreuz freigegeben, ohne dass der Allmächtige mit Donnerschlägen dazwischen fährt. Das habe ER so gewollt! Sein „Sohn“ habe stellvertretend für die Menschen büßen müssen. ER lässt seinen Sohn ans Kreuz nageln, weil ER seine *eigene* Strafe nicht aufheben will! Gott mag die drei Worte nicht sagen: „Ich verzeihe Euch!“ Wer denkt sich eine solche Vater-Sohn-Beziehung aus? Wie kann ein Staat so etwas mit dem Strafgesetzbuch schützen wollen?[241]

Und immer noch ist es nicht genug: Ein „Jüngstes Gericht“ muss her mit Höllenstrafen ausgesuchter Scheußlichkeit und ewiger Verdammnis. Ein grauenhaftes Schreckensszenario wird inszeniert mit einem Ofen, in dem immerwährendes Feuer brennt (Mt 13,41-42), mit Würmern und „Heulen und Zähneknirschen“. „Weg von mir, ihr Verfluchten, in das ewige Feuer“ (Mt 25,41). Ein schauriges Drehbuch aus der Hexenküche kranker Phantasien, ein Menschenkonstrukt, gebastelt von einer Kirche, die als „Braut des fleischgewordenen Wortes“ sich stets bemühe, „vom Heiligen Geist belehrt, zu einem immer tieferen Verständnis der Heiligen Schriften vorzudringen, um ihre Kinder [!] unablässig mit dem Worte Gottes zu nähren“,[242] eine schallende Ohrfeige für den „liebenden Gott“.

Das spüren auch die Erfinder dieser Lehre und so erhält die göttliche Maßlosigkeit einen camouflierenden Namen: „Gnadenlehre“. Sie wird, ausgehend von Paulus’ Römerbrief (9,9-29), von Augustinus entworfen, soll die Güte Gottes zeigen und verdient ihren Namen nicht. Denn die *massa damnata*, die sündige Menschenmasse, findet vor Gott wenig Gnade. Offenbar zu Recht, denn „was ist die ganze Christengemeinde anders als ein Auswurf von Lastern?“, fragt der „Kirchenvater“ Salvianus von Massilia.[243] Selbst gutes Handeln, meint Augustinus, sei sinnlos, denn Gott entscheide ohne für den Menschen erkennbares Maß.

---

241 § 166 StGB bedroht Kritik an Religionen und Weltanschauungen mit Strafe. Ziel sei, „Frieden“ zu halten. Der Paragraph, eine Ruine vergangener Tage zum Machterhalt der christlichen Kirchen, die jedem Moralgesättigten erlaubt, seine „Betroffenheit“ gerichtlich einzuklagen, der in Großbritannien 2008 beseitigt wurde, demonstriert, dass die politische Klasse Deutschlands nicht mitkriegt, was draußen im Lande vor sich geht. Immerhin gehören rund 30 Millionen Deutsche keiner Religionsgemeinschaft an. Und die Zahl wächst kontinuierlich.

242 2. Vatikanisches Konzil, Dogmatische Konstitution *Dei verbum*, 1965.

243 Salvianus von Massilia (gest. nach 480), de gubernatione Dei, 3,9.

Lassen wir es dabei bewenden. Die Berichte und Beispiele über die Absurditäten, Ungeheuerlichkeiten und Anmaßungen könnten *ad infinitum* fortgesetzt werden und würden doch wieder und wieder nur eines belegen: Nie in der Menschheitsgeschichte hat es einen radikaleren Wandel des Menschenbildes gegeben. Nie eine größere Entmutigung, nie mehr Machenschaften, um das defätistische Bild vom verlorenen Sünder mit Hilfe von „Gott liebt Dich"-Sprüchen verträglicher zu machen. Was für ein Wandel des Gottesbildes! Hier die klassische natürliche Frömmigkeit eines Homers, der die Götter tausendmal und ohne Hintergedanken erwähnt, hier die olympischen Götter, deren Größe, Schönheit und Hoheit in zahllosen Plastiken nachgebildet werden und die sich darüber freuen. Dort der herrische Gegenüber „ich bin der Herr!" (3 Mose 19,18). Der Züchtigende, der Menschen zu Staube kriechen lässt. Hier der römische Philosoph Seneca (gest. 65 n.Chr.), ein „Heide" und Zeitzeuge Jesu, der mit liebevoller Hochachtung von den heidnischen Göttern spricht: „Winter und Sommer sänftigen sie mit dem Eintreten eines milderen Hauches, das Irren strauchelnder Seelen ertragen sie sanftmütig und gnädig" (*De beneficiis*). Dort der „heilige" Augustinus, der den sanftmütigen antiken Göttern, die sich gelegentlich auch einmal im irdischen Getriebe verlieren,[244] im 21. Buch seines *Gottesstaates* den im düsteren Schweigen furchtbar richtenden Gott entgegensetzt und mit Teufeln, Dämonen, Würmern und „Feuer- und Schwefelpfuhl" den Menschen einheizt. Es sei daher besser lahm und blind auf der Erde zu leben, als in die Hölle einzuziehen. Nie hat es einen grausameren Gott gegeben.

Was für ein Paradigmenwechsel! Wer über „Abendland", über „Werte" oder „Leitkultur" sprechen will, *muss* diesen Paradigmenwechsel kennen. Und wir ahnen, dass es mit dem neuen Gottes- und Menschenbild eine bedenkliche Bewandtnis haben wird, dass die Priester den Bildern folgen und Rache nehmen werden an allen, die nicht ihrem Gott folgen mögen. Wir ahnen, dass die Wolfszeit anbricht. Es ist nur eine Frage der Zeit, bis aus den grauenhaften Metaphern Realität wird.

244 Lukian, Göttergespräche (um 120-180 n.Chr.) Lukian lässt die Götter in 26 Gesprächen auftreten, in denen sie sich necken und eifersüchtig den Rang streitig machen (vgl. Möllendorf, Lukian, S. 111-123).

9 Mäzene: Die Kaiser

„Warum hat das Christentum in der Antike überlebt?", fragt Christoph Markschies, Kirchenhistoriker, Theologe und ehemals Präsident der Humboldt-Universität Berlin, im Jahre 2004 und gibt sofort die Antwort:[245] Charismatisch begabte Märtyrer, Mönche und Bischöfe hätten mit einer Doppelstrategie gearbeitet: Mit einer einfachen Lehre von der Vergebung persönlicher Schuld sei das Volk angesprochen worden, während parallel eine komplexe Theologie herausgebildet worden sei, mit der die Lehre im intellektuellen (platonischen) Diskurs der Zeit habe bestehen können. Markschies unterstützt die bereits von dem britischen Theologen Henry Chadwick (gest. 2008) vertretene These, das Christentum habe zu einer „befreienden Humanisierung" der Gesellschaft geführt und je weiter die Auflösung des Imperium Romanum vorangeschritten sei, um so besser sei es dem Christentum gelungen, sich als „Staat im Staate" zu etablieren und sein Überleben institutionell abzusichern. Im Übrigen habe das Wirken des Heiligen Geistes, das „das äußerliche Wort des Evangeliums im Herzen von Menschen gewiß" mache, kräftig mitgeholfen. Kurzum: Die Heiligen und Märtyrer, die Offenheit der Christen für alle Menschen, die Attraktivität für Intellektuelle, seine Ethik und Heilsverheißung, die Überlegenheit der neuen Religion auf allen Gebieten und der „Heilige Geist" haben es dem Christentum leicht gemacht, sich durchzusetzen.

Doch wer die Geschichte kennt, weiß, dass die Entwicklung des Christentums zur alleinigen Staatskirche ein wenig anders aussieht, als von dem in Berliner Pfarreien predigenden ehemaligen Präsidenten der Humboldt-Universität im blumigen Theologenstil dahingeplaudert. Beginnen wir mit dem Heiligen Geist, der „das äußerliche Wort des Evangeliums im Herzen" der damaligen Menschen verankert haben soll. Bedauerlicherweise wechselt der Heilige Geist, die Umstände bleiben verborgen, einige Zeit später die Fahne und verankert in der südlichen Hälfte des gerade christianisierten

245 C. Markschies, Warum hat das Christentum in der Antike überlebt? 2004.

Imperium Romanum das „Wort“ des Propheten Mohammed in den Herzen der Menschen: Der halbe Mittelmeerraum zwischen Syrien und Spanien rückt vom Christentum ab und schläft fortan mit dem Koran unter dem Kopfkissen ein. Was nur bedeuten kann, dass sich der Heilige Geist wenig um provinzielles Religionsgeschacher schert. Aber vielleicht sollte man doch besser den lieben Gott aus dem Spiel lassen, wenn historische Prozesse zu erläutern sind. Was wiederum zu der Frage führt, warum ausgerechnet ein predigender Theologe Präsident einer ehemals renommierten Universität werden kann, die, 1810 gegründet, den Namen eines Freimaurers und Mitgliedes des Freundeskreis der Berliner jüdischen Aufklärung trägt und so bedeutende Professoren wie Fichte (der in Jena wegen atheistischer Schriften entlassen wird), Savigny, Schleiermacher, Niebuhr und Süvern für sich gewinnen konnte, allesamt Gelehrte, die das Weltbild des 19. Jahrhunderts entscheidend geprägt haben.

Die übrigen Argumente Markschies' sind nicht weniger für Kritik anfällig. Erstens ist die Zahl christlicher Märtyrer vermutlich weitaus geringer als die hagiographischen Berichte der antiken Kirchenhistoriker suggerieren.[246] Die Berichterstatter (Laktanz, Eusebius, einzelne fragmentarische Berichte spätantiker Autoren) schreiben tendenziös, widersprüchlich, im Falle von Laktanz plump propagandistisch, machen nur allgemeine, ins Sagenhafte mutierende Anmerkungen und sind bis auf Ausnahmen ohne konkrete Angaben zu Zeit, Raum und Betroffenen. Epigraphische und archäologische Funde sind karg und erfüllen ebenfalls nicht die Voraussetzungen für eine weltanschauungsfreie Forschung. So bleiben Heiligschreibungen und Märtyrerlegenden mit spirituell-religiöser Zielsetzung übrig, die in einer bunten Mischung aus Historie und Fama das Leben der Märtyrer und wunderbare Ereignisse rund um „Heilige“ darstellen. Sie dienen als Durchhalteparolen, auch der Erbauung der Kleriker und Mönche und stellen historische Fakten hinter den heilig-exemplarischen Charakter der Lebensbeschreibungen zurück. Die wissenschaftliche Anrüchigkeit dieser Quellen führt dazu, dass sie praktisch keinen Eingang in die historische Forschung gefunden haben.[247]

246 Ausführliche Diskussion der diokletianischen Verfolgungen von K. Stade, Der Politiker Diokletian und die letzte große Christenverfolgung, Krautheim/Jagst 1926. Glänzend widerlegt durch H. Dannenbauer, Die Entstehung Europas, 1959, S. 349/350.

247 W. Kuhoff analysiert die Quellen in einer detaillierten, verdienstvollen Arbeit und lässt die Leser mit vielen Fragezeichen über die historische Verwertbar-

Zweitens werden gerade die Intellektuellen nicht durch das Christentum angezogen und bleiben mehrheitlich bis zur letzten Minute der überlegenen antiken Kultur verhaftet. Viele Gebildete finden noch im vierten Jahrhundert die christliche Theologie sonderbar und die Bibeltexte sprachlich schlicht und wenig anspruchsvoll.[248] Drittens hat sich das Christentum eben nicht durch Offenheit „für alle Menschen“ ausgezeichnet, sondern fällt durch feindliche, im Falle der Häresien hasserfüllte Abgrenzung selbst gegenüber den eigenen Glaubensbrüdern auf. Viertens muss überraschen, dass die von Markschies apostrophierten großartigen Vorzüge des Christentums sich merkwürdigerweise erst nach vierhundert Jahren in Mehrheiten umsetzen lassen. Und schließlich dürfte es dem Kirchenhistoriker Markschies eigentlich nicht entgangen sein, dass Ende des vierten Jahrhunderts mehr als sechzig Gesetze und Erlasse erforderlich sind, um *eine* Richtung des Christentums als Staatskirche zu etablieren, bevor sich Kaiser Justinian einhundert Jahre später aufmacht, das trinitarische Christentum mit Hilfe von Zwangstaufen endgültig im Mittelalter zu verankern.

Alles, worüber Markschies locker dahinplaudert, ist also widerlegbar. Ebenso seine Behauptung, das christliche Liebesgebot habe die Menschen des vierten Jahrhunderts zur Abkehr von den alten Göttern bewogen. In dieser Beziehung haben die klassischen Philosophen und Dramatiker schon Jahrhunderte vor der Schaffung des ersten Evangeliums gezeigt, dass „Gutes tun“ eine alle Kultur- und Zeitgrenzen sprengende, wenngleich selten erreichbare Tugend und Forderung ist. Im Übrigen sind im vierten Jahrhundert die maßlose Rachsucht des alttestamentarischen Gottes, der „wegen jeder Lumperei gleich donnert“,[249] die militante Streitbarkeit der christlichen Bischöfe und die Plündereien ägyptischer Mönchsbanden nicht nur in Rom stadtbekannt. Dies dürfte die Attraktivität der christlichen Religion kaum erhöht haben.

Oder anders: Das Christentum hat sich nicht durchgesetzt, wie Markschies meint, sondern wurde durchgesetzt. Kaiser sind es, die Ordnung schaffen.

---

keit dieser Quellen zurück (Diokletian und die Epoche der Tetrarchie, 2001, S. 246-296).

248 Laktanz, divinarum institutionum 6,21,4f.; Augustinus, Bekenntnisse 8,2: „beinahe der ganze römische Adel“ ist heidnisch.

249 H. Heine, Zur Geschichte der Religion und Philosophie in Deutschland, 1834, Zweites Buch.

Konstantin und seine Söhne

An erster Stelle wird in diesem Zusammenhang gerne Konstantin I. genannt, der angeblich wenige Stunden vor der Schlacht an der Milvischen Brücke im Jahre 312 erleuchtet oder bekehrt, auf jeden Fall christlich umgestimmt – so ganz genau mögen sich die Althistoriker nicht festlegen – der christlichen Kirche zum Durchbruch verholfen haben soll. Aber der „Durchbruch" hat einen üblen Beigeschmack: Konstantin ist, wenn überhaupt, christlicher Häretiker, denn er glaubt nicht an die Wesensgleichheit Jesu. Vermutlich Anhänger des Sonnengottes Sol, dem Mars, Victoria und Christus nachgeordnet sind, soll der Kaiser ziemlich konfuse Briefe geschrieben haben. Es seien merkwürdige Produkte, meint der Altphilologe und Archäologe Georg Löschke, Produkte „theologischen Dilettantismus, aufgebaut auf im Wesentlichen pantheistischer Grundlage mit Hilfe weniger christlicher Termini und fast noch weniger christlicher Gedanken".[250] Diese These von einem wirren, theologisch dilettantisch auftretenden Konstantin korrespondiert blendend mit der damaligen Zeit: Denn zu diesem Zeitpunkt einer angeblichen „Konstantinischen Wende" weiß noch niemand, wohin die religiöse Reise des Reiches und die des Christentums einmal führen wird. Das Christentum hat noch nicht einmal Gott definiert. Dazu brauchen die christlichen Bischöfe drei Konzile und weitere einhundert Jahre, um sich schließlich und abschließend über das Unendliche, folglich nicht Erkennbare, zu einigen.

Nach Konstantins Tod im Jahre 337 geht der innerchristliche Streit erst richtig los. Historisch belegt sind achtzehn Konzile / Synoden, die zwischen 335 und 381 stattfinden und die sich alle der Aufgabe verschreiben, die Frage nach dem Wesen Gottes zu klären und drohende Schismen zu verhindern.[251] Aber keines dieser Konzile ist in der Lage, das katzenmusikalische Konzert von Streitsynoden, gegenseitigen Exilierungen und Verwünschungen unter Kontrolle zu bekommen, die Einheit der Kirche herzustellen oder *eine* Richtung zur tragenden zu erklären, weil es weder eine von allen

250 G. Löschke, Das Syntagma des Gelasius Cyzicenus, 1906, ND [9]1989, S. 312.

251 Tyros (335), Gangra (ca. 340-341), Antiochia (341), Serdica (342-343), Karthago (345-348), Sirmium (351-352), Arles (353), Mailand (355), Sirmium (357), Seleukia-Rimini (359), Paris (360-361), Alexandria (362), Laodicäa (367), Valence (374), Rom (375), Antiochia (378), Saragossa (380), Konstantinopel (381).

Seiten anerkannte Autorität noch eindeutige Mehrheiten gibt.[252] Seufzend spricht Sokrates, Kirchenhistoriker des fünften Jahrhunderts, von einem Labyrinth von Glaubensformeln, die ausgearbeitet, vorgelegt, in Synoden behandelt und verworfen, wieder vorgelegt und erneut verworfen worden seien.[253] Keiner hört mehr auf den anderen. Verwirrende Begriffe häufen sich, hoffnungslos Verworrenes geistert in den bischöflichen Amtsstuben herum: Dreieinigkeit, hypostasia, usia, substantia, wesensgleich, wesensähnlich, dem Wesen nach gleich oder ähnlich, persona, physis, homoousis, homoiousis, niemand schaut mehr durch. Bischof Basileus von Caesarea schildert die völlige Konfusion: Es sei wie eine Seeschlacht im dichten Nebel, keiner könne mehr Freund und Feind unterscheiden. Man vernehme nichts als wirres Geschrei, alles sei erlaubt, ehrliche und unehrliche Mittel, gemeinsam sei allen der zügellose Hass.[254]

Kaiser Konstantius, Sohn des „großen" Konstantin, greift nunmehr ein und sucht Ordnung in das christliche Chaos zu bringen. Er bearbeitet die widerspenstigen Bischöfe mit Güte und Drohungen. Diese reagieren, einigen sich nach mehreren chaotischen Synoden auf die Gummiformel „ähnlich nach der Schrift" und schicken dem Kaiser einen Dankesbrief: „Auf Deinen Befehl haben wir das Bekenntnis unterschrieben, beglückt durch Dich über den Glauben belehrt worden zu sein."[255] Das „Bekenntnis", von dem die Bischöfe „beglückt" sprechen, ist das arianische: Jesus ist kein Gott.

252 Das häufig zu hörende Argument, der hohe Organisationsgrad der Kirche habe ihr zum Durchbruch verholfen, ist schlicht falsch. Da alle Bischöfe in jeder Beziehung gleich sind, liegt in dieser flachen Organissationstruktur die Wurzel der Zersplitterung in Dutzende von Konfessionen.

253 Sokrates, Kirchengeschichte 2,41.

254 Basileus an Athanasius, Brief 82. Eine der besten quellengestützten Kurz-Zusammenfassungen dieses Trinitätsstreites bei H. Dannenbauer, Die Entstehung Europas, 1959, S. 352.

255 Hilarius Fragmenta 9 (Echtheit der Fragmente umstritten, das innerchristliche Tohuwabohu ist aber vielfach überliefert). Das Geschehen ist bei Theodoret heillos entstellt.

„Stinkendes Schwein". Kaiser Julian

Es folgt Kaiser Julian (reg. 361-363), der sich von den soldatischen Haudegen im Purpurmantel[256] wohltuend unterscheidet. Seine Regierungszeit ist vom Versuch der Revitalisierung der griechisch-römischen Philosophie und der heidnischen Kulte geprägt. Inwieweit der Kaiser von der uralten römischen Idee der Instrumentalisierung der Religion für staatsdienliche Zwecke („Staatskult") beherrscht ist, vermag man nicht mit hinreichender Sicherheit zu sagen. Aber es spricht manches dafür, dass der gebildete Julian, der beide Seiten, die christliche wie antik-heidnische, gut kennt, unter Infragestellung der sittlichen Eignung der christlichen Lehre der heidnischen Kultur den Vorzug gibt. Jedenfalls gibt es keinerlei Aufruhr, als der Kaiser die Götter wechselt. Dem Volk scheint es mittlerweile gleich zu sein, wer auf dem höchsten Thron im Pantheon, dem Heim aller Götter, sitzt.

Die Gelassenheit des Volkes korrespondiert mit der maßvollen Art Julians, Christen aus einflussreichen Positionen zu drängen. Als der Kaiser am 17. Juni 362 christlichen Lehrern faktisch untersagt, an öffentlichen Schulen zu unterrichten,[257] gehen Christen und heidnische (!) Intellektuelle auf die Barikaden. Der römische Historiker Ammianus Marcellinus fordert Toleranz gegenüber Heiden *und* Christen, da nur dieses zum inneren Frieden im Reich führe. Er nennt das Rhetorenedikt „unvereinbar mit Julians Milde" und würde den Erlass am liebsten „mit ewigem Schweigen" bedecken.[258]

Julians Regierungszeit ist nur von kurzer Dauer. Er stirbt am 26. Juni 363 auf dem Feldzug gegen die Perser, nach Auffassung des geachteten und viel gefeierten griechischen Rhetorikers Libanios durch einen christlichen Meuchelmord, während christliche Schriftsteller ein Gottesurteil zitieren.[259] Julian wird von den heidnischen Autoren durchgängig positiv

256 Purpur war in der Antike dem Kaiser vorbehalten. Später wurde es innerhalb der katholischen Kirche zur Farbe der Amtstracht eines Kardinals („Kardinalspurpur"), die sich schließlich in Violett wandelte.

257 Codex Theodosianus 13,3,5 („Rhetorenedikt").

258 Ammianus Marcellinus 22,10,7; 25, 4,20.

259 Libanios, Reden 18/24; vgl. N.H. Baynes, The death of Julian the Apostate in a Christian legend, in: Journal of Roman Studies 27, 1937, S. 22ff; I. Hahn, Der ideologische Kampf um den Tod Julians des Abtrünnigen, in: Klio 38, 1960, S. 225ff.

gewürdigt. So spricht Eutropius von ihm als einem hervorragenden Mann, der das Reich vorzüglich verwaltet hätte, wenn er nur mehr Zeit gehabt hätte.[260] Auch die zeitgenössischen Historiker Ammianus Marcellinus und Zosimos loben, abgesehen vom Rhetorenedikt, Julian in höchsten Tönen.

Völlig anders dagegen das Bild, das christliche Autoren zeichnen. Gregor von Nazianz (um 330-395), Bischof und von der Kirche verehrter Kirchenlehrer, reagiert auf Julians eher sanftes Schulgesetz, das noch nicht einmal die Christen bei Namen nennt, missgelaunt und macht dem Kaiser „unter Tränen und Schmerzen“ in zwei ellenlangen Schriften heftigste Vorwürfe: Julian sei der schlimmste und gottloseste aller Menschen und trete in die Fußstapfen des Verfolgers Herodes, des Verräters Judas und des Christusmörders Pilatus. Die Herrschaft sei ihm von der „verdorbenen Volksmasse“ (!) geschenkt worden, im Übrigen sei er „gemeingefährlich“ und ein „Schwein, das sich im Schmutze wälzt“.[261]

Damit leitet Gregor von Nazianz die christlich-abschätzige Sichtweise ein, die bis in die heutige Zeit Bestand hat: Julian sei ein Verräter, der die Christen habe ausrotten wollen. Prudentius bezeichnet Julian als „treulos gegen Gott“, Theodoret findet das Epitheton „hässliches, stinkendes Schwein“ als angemessen und Hieronymus erkennt in dem Kaiser einen „wütenden Hund“, dessen früher Tod die verdiente Strafe für sein Heidentum gewesen sei. Julians Bilder und Inschriften werden später vernichtet und sein Name geschändet. Die Kirche wird dafür sorgen, dass der kultivierte und gebildete Julian der *damnatio memoriae* verfällt und mit dem Namen *Apostata*, der Abtrünnige, dauerhaft gebrandmarkt wird.

Mit dem Tode Julians geht der ganze christliche Religionszauber wieder von vorne los. Es folgen mehrere Kaiser mit unterschiedlichen religiösen Präferenzen, bis ein sechzehnjähriges Kind, Gratian, Kaiser des Westreiches (375-383) wird. Der Kindkaiser – „Beeile Dich, frommer Bischof, zu mir zu kommen“ – ist pubertäre Knetmasse in den Händen von Ambrosius, dem Bischof von Mailand, unter dessen Einfluss Gratian vom bisher religionsneutralen Herrscher zum fanatischen Trinitarier mutiert und die Insignien des obersten heidnischen Priesters, des *pontifex maximus*, ablehnt, die seit Augustus (gest. 14 n.Chr.) alle Kaiser, auch Konstantin I. und dessen Nachfolger, getragen haben.[262] Der von Ambrosius katholisch getrimmte Gratian kennt keine Skrupel und geht, wie die überlieferten Gesetze bele-

260 R. Klein (Hrsg.), Julian Apostata, 1978, S. 10ff.
261 Gregor von Nazianz, Reden 4 und 5, hier 4,11; 4,35;4,52; 4,68.
262 Zosimos, 4,36,5 (Gratian legt den Titel ab).

gen, mit allen Mitteln der Unterdrückung und Verbannung gegen Heiden und Häretiker im Westreich vor. Er wird im Jahre 383 von den eigenen Truppen erschlagen.

Theodosius, Cunctos Populos und die Staatskirche

„Der Sieg des Christentums über die heidnischen Religionen wurde nicht zuletzt durch den Anspruch seiner Vernünftigkeit ermöglicht“
(Kardinal Joseph Ratzinger, 2000)[263]

Parallel zur Gratian regiert in der Osthälfte des Reiches Kaiser Theodosius (reg. 379-395), der zu *dem* weltlichen Bauherrn der zukünftigen katholischen Staatskirche avancieren und zum Dank von der Kirche mit dem Titel „der Große“ geadelt wird. Theodosius wächst in einer frommen Familie Spaniens auf, wo „man über Religion nicht disputierte und nur mit heiligem Grauen von den Christuslästerern“ reden mochte.[264] Er ist intellektuell nicht fürstlich ausgestattet, ein unsteter Geselle, dessen Handeln von einer merkwürdigen Mischung aus Impulsivität und Zögern, herrischem Anspruch und weinerlicher Selbstgeißelung, drakonischen Strafgesetzen und pathologischer Frömmigkeit bestimmt wird. Nach einem Massaker an mehreren Tausend Bürgern von Thessaloniki[265] soll er am Weihnachtstage des Jahres 390 der Forderung des Mailänder Bischofs Ambrosius gefolgt sein, unter demütigenden Umständen Buße zu tun, um wieder „zum Tisch des Herrn“ zugelassen zu werden.[266] „Der Kaiser [...] saß jammernd in seinem Palast und vergoss Ströme von Tränen [...] Er raufte sich [...] die Haare aus, schlug an seine Stirne, benetzte den Boden mit seinen

263 J. Ratzinger, Der angezweifelte Wahrheitsanspruch, in: Frankfurter Allgemeine Zeitung vom 8.1.2000.

264 O. Seeck, Geschichte des Untergangs der antiken Welt, Bd. 5, S. 136.

265 Theodoret, Kirchengeschichte 5,17-18; Ambrosius, epistula 51,6f; Rufinus, Kirchengeschichte 11,18; Sozomenos, Kirchengeschichte 7,25; Augustinus, de civitate dei 5,26.

266 Ambrosius, epistula 51. Zum Gesamtkomplex vgl. R. Klein, Symmachus. Eine tragische Gestalt des ausgehenden Heidentums, 1971; H. Leppin, Theodosius der Große, 2003, S. 153-158.

Tränen."[267] Acht Monate soll das tränenreiche Spektakel gedauert haben, berichtet der Kirchenhistoriker Theodoret. Ein deftiger Schmarren, den uns Theodoret da auftischt, der von dem deutschen Althistoriker Adolf Lippold in seiner Theodosius-Biographie gläubig wiederholt wird: Vor dem ganzen Volke habe sich der Kaiser mehrfach zu Boden geworfen. Der irische Althistoriker Peter Brown stutzt die Posse auf historisch nachvollziehbares, wenngleich immer noch fragwürdiges Maß zurück: „Nach einer kurzen Buße, die vermutlich darin bestand, dass er auf eine kaiserliche Prozession in vollem Ornat verzichten mußte, versöhnte er sich deshalb mit Ambrosius."[268]

Die fromme Parabel vom büßenden Kaiser markiert einen dramatischen Wandel von der liberal-römischen Götterwelt zur christlichen „Ich-dulde-keine-anderen-Götter-neben-mir"-Herrschaft und von der kunterbunten, in Jahrhunderten bewährten, privaten Religionslandschaft in die obrigkeitsstaatliche. Der Umbruch beginnt am 28. Februar 380 mit einem kaiserlichen Donnerwetter. Im barschen Feldwebel-Ton verkündet Theodosius, nun müsse der gesamte Erdkreis christlich-trinitarisch denken: „Die diesem Gesetz folgen, sollen die Bezeichnung katholischer Christ beanspruchen, die anderen aber, nach unserem Urteil Unsinnige und Verrückte, sollen die schimpfliche Ehrenminderung der Häresie erleiden." Und wie beim Militär üblich, folgt dem Befehl die Androhung des Rohrstockes für den Fall des Ungehorsams: „Und sie sollen fürs erste durch ein göttliches Gericht, dann aber auch durch die Ahndung unseres richterlichen Einschreitens [...] bestraft werden". Kurz darauf folgt die Begründung: denn „wir wollen, dass Gott mit heiligen Gebeten geehrt, nicht mit abscheulichen Gesängen entweiht wird". *Cunctos populos* heißt dieser Erlass, „an alle Völker", der die christlich-trinitarische („katholische") Konfession zur Staatsreligion

267 Theodoret berichtet, nach einer Rede unter vier Augen (!) habe Ambrosius den Kaiser angewiesen: „Kehre also um [...] übernimm das Band [der Buße], mit dem auch Gott, der Herr aller Dinge, von oben her dich gebunden wissen will" (Kirchengeschichte 5,18). Die Reaktion des Kaisers, der gerade 7.000 Menschen umgebracht haben soll, ist nach Theodoret: „Diesen Worten fügte sich der Kaiser [...] und kehrte seufzend und weinend in seinen Palast zurück."

268 A. Lippold, Theodosius, ^{2}1980, S. 33-34; P. Brown, Macht und Rhetorik in der Spätantike, 1995, S. 146.

erhebt und allen häretischen, jüdischen und heidnischen Religionen den Kampf ansagt.[269]

Dieses Edikt aus heiterem Himmel, ein Ermächtigungsgesetz „kraft eigener Machtvollkommenheit", ohne „Votum einer Bischofssynode oder eines von Klerikern besetzten Beratergremiums" erlassen,[270] ist *das* Epochenereignis, *die* geistige Wende zum Mittelalter, ein Geschenk an die trinitarische Fraktion des Christentums, zugleich ein Generalangriff auf das freie Denken, auf die Wissenschaft, die weltanschauliche Freiheit und kulturelle Vielfalt im Reich. Wenn irgendetwas den Übergang der Antike in das Mittelalter kennzeichnet, dann ist es dieser 28. Februar 380. Von nun an wird, in Anlehnung an Nietzsches Spätwerk *Götzendämmerung*, „mit dem Hammer" missioniert[271] und die weltlichen Herrscher werden gemeinsam mit der frisch gebackenen Staatskirche eineinhalb Jahrtausende vollauf damit beschäftigt sein, die von Ketzern bedrohte Welt mit Hilfe von Erlassen, Zwangstaufen, Sachsenkriegen und Inquisition zu retten. Kaiser Julian (361-363) hatte es vorausgesehen, als er die alten Götter einsetzte, um die römisch-griechische Kultur gegen den christlichen Fundamentalismus zu verteidigen: Wegen der „Torheit der Galiläer" [Christen], so hatte er befürchtet, drohe die ganze Lebensordnung einzustürzen (Brief 49). Aber seine Warnung vor dem Untergang der antiken Kultur geht im frühen Tod des Kaisers und in der Nachfolgeregelung unter.

Mit rund sechzig weiteren Edikten bauen Theodosius und seine Nachfolger nun in rascher Folge die programmatische Grundsatzerklärung *Cunctos populos* zu einem mächtigen Werkzeugkasten aus, mit dessen Hilfe die christlichen Konkurrenten ausgeschaltet und alle Privilegien der heidnischen Priester samt der Sonderrechte ihrer Kulte abgeschafft werden.

---

269 Codex Theodosianus 16,1,2 (27.2.380); Sozomenos, Kirchengeschichte 7,4 (hier auch die Behauptung, der Erlass sei zunächst nur an die Bevölkerung von Konstantinopel gerichtet gewesen). 380 war ein Schaltjahr, daher ist der 28. Februar korrekt. Häufig wird 381 als Gründungsjahr der Staatskirche angesetzt (Konzil von Konstantinopel, vgl. Demandt, Geschichte der Spätantike, 2008, S. 102). Der Autor hält den Erlass *Cunctos Populos* von 380 für zutreffender.

270 P. Barcelo / G. Gottlieb, Das Glaubensedikt des Kaisers Theodosius, in: K.H. Dietz, Klassisches Altertum, Spätantike und frühes Christentum, 1993, S. 411. Ähnlich W. Enßlin, Die Religionspolitik des Kaisers Theodosius, 1953, S. 24; A. Lippold, Theodosius, ^{2}1980, S. 19; R. Klein, Theodosius, 1994, S. 90.

271 F. Nietzsche, Götzendämmerung oder wie man mit dem Hammer philosophirt, 1889.

Dreiundzwanzig Erlasse sind direkt gegen die nicht-trinitarischen Christen gerichtet, die damit als der gefährlichste Gegner theodosianischer Missionsanstrengungen geortet werden können. Weitere dreizehn Erlasse sind gegen die Heiden und sechs gegen die Juden gerichtet. Sieht man diese Erlasse als ein geschlossenes Paket mit *Cunctos populos* als Initialgesetz, dann wird klar, dass es sich – entgegen der Annahme des Historikers Karl Noethlichs – um einen einzigartigen Angriff auf die Gedankenfreiheit handelt, um eine historische Fanfare, die den Einzug einer unbarmherzigen Staatsreligion ankündigt.[272]

Mit diesem Paket beginnt der Glaubenszwang, verharmlosend als „Prinzip der Einheit und Allgemeinheit" umschrieben und die Kriminalisierung Andersgläubiger. Die Gotteskämpfer knöpfen sich all diejenigen vor, die nicht oder anders glauben wollen. Ein Gesetz vom 21. Januar 384 nennt Häretiker „Vertreter einer kriminellen Religion" (*criminosa religione*)[273] und zum Heidentum abgefallenen Christen wird rückwirkend die Testamentsfähigkeit, also die Möglichkeit zu vererben, entzogen. Es folgen ein Versammlungsverbot, die Strafandrohung für Mischehen zwischen Christen und Juden und das Besuchsverbot heidnischer Tempel. Im Jahre 392 wird die Häresie zu einem vom Staat zu verfolgenden Verbrechen erklärt, den heidnischen Priestern werden ihre letzten Privilegien entzogen und die Zerstörung der Tempel angeordnet. Grundstücke werden konfisziert, Berufs- und Lehrverbote verhängt und Häretiker und Heiden aus den Städten vetrieben, weil „die verpestende Anwesenheit von Kriminellen [die Städte] verunreinigt". Noch nicht einmal die Stadt Rom dürfen die Ungläubigen betrachten. Mit einem Edikt aus dem Jahre 425 verbietet Kaiser Valentinian III. allen Nicht-Katholiken den Anblick Roms, damit die Stadt nicht durch Frevler entweiht werde.[274] Selbst die seit Jahrhunderten freie Ausübung des häuslichen Gottesdienstes wird reglementiert: Wer zu Hause den falschen Gott anruft, muss mit strenger Strafe rechnen.

272 So auch gesehen von W. Enßlin, Die Religionspolitik des Kaisers Theodosius, 1953.

273 Codex Theodosianus 16,5,13. Überblick über alle Erlasse bei K.L. Noethlichs, Die gesetzgeberischen Maßnahmen, 1971, S. 193-196. Vgl. auch *Constitutiones Sirmondianae*, eine Sammlung von 16 kirchenrechtlichen Edikten aus den Jahren 333-425.

274 Codex Theodosianus 3,7,2 (De nuptiis „Mischehen"); 16,5,62 (Rom); 16,7,1; 16,10,9-16; 16,11; Constitutiones Sirmondianae 6.

Man mag die Erlasse „aus der Zeit“ heraus entschuldigen, ein beliebtes Verfahren, um Verbrechen gegen die Menschenwürde ein entschuldigendes Mäntelchen umzuhängen, ein Verfahren, das – konsequent angewendet – *jedes* Verbrechen gegen die Menschlichkeit im milden Licht erscheinen lässt. Aber der Versuch einer Entschuldung trägt im Falle Theodosius nicht weit. Denn niemals hat magisch-religiöses Denken zu solchen Auswüchsen geführt, dass Beschuldigte noch nicht einmal die Stadt Rom betrachten durften.[275] Solche drakonischen Religionsgesetze sind in der großen weiten Welt des römischen Reiches unbekannt gewesen. Beschönigende Äußerungen von Ambrosius, Bischof von Mailand, Theodosius sei „mit zarter Rücksicht“ vorgegangen,[276] sind daher völlig haltlos und werden durch die Edikte selbst widerlegt. Es bleibt dabei: Auch unter Berücksichtigung des gesellschaftlichen Hintergrundes sind Theodosius, sein Erlasspaket und die Zustimmung der Bischöfe *der* Sündenfall in der Geschichte des Christentums und *der* Einbruch in die Denk- und Gestaltungsfreiheit der Menschheit.

Einhundert Jahre später versucht Kaiser Justinian (reg. 527-565), ein theokratischer Despot in vollendeter Reinheit, ein nach eigenem Verständnis Auserwählter Gottes, vor dem sich die Untertanen in den Staub werfen und die Spitzen seiner Purpurstiefel küssen, die heidnische und häretische Prozessakte endgültig zu schließen. Er überzieht das Land mit katholischen Kirchen, unter denen die heutige Hagia Sophia mit ihrer einzigartigen Kuppel den strahlenden Glanz des christlichen Kaiserhauses verkünden soll. Zehntausend Arbeiter werkeln an dem Gotteshaus und schaffen innerhalb von fünf Jahren ein beeindruckendes Symbol byzantinischen Caesaropapismus. Am 27. Dezember 537 wird die Kirche eingeweiht. Mehr als fünfhundert Kleriker, versorgt mit einem riesigen Patrimonium, finden in der Kirche Anstellung und provozieren die naheliegende Frage, wie und auf wessen Kosten das alles finanziert worden ist.

Parallel zum Kirchenbau widmet sich Justinian „der Vernichtung aller nichtkatholischen Elemente“.[277] Er ordnet die Verfolgung nichtchristlicher

275 Manchen Römer plagte die Vorstellung, Magie könne sich mit Hilfe eines Fluchtstoffes (*contagium*) verbreiten. Aber solche Magie-Vorstellungen haben sich nie im Gesetzbuch niedergeschlagen.

276 Ambrosius, de obitu Theodosii oratio, 13 („Mit so zarter Rücksicht ging ... der Kaiser vor, dass er sich die Leute mehr durch Gottesfurcht als durch Menschenfurcht verpflichten wollte“).

277 H. v. Schubert, Geschichte der christlichen Kirche, 1976, S. 104.

Grammatiker, Rhetoren, Ärzte und Juristen an und lässt im Jahre 529 die letzte Philosophenschule in Athen schließen. Justinian führt die Zwangstaufe aller noch verbliebenen Heiden ein, „kleine Kinder sind ohne weiteres zu taufen, ältere ebenso wie alle Erwachsenen [...] haben sich mit Gesinde zu den Kirchen zu verfügen", empfangen dort Taufunterricht und dürfen „in echter Reue" dem Wahn entsagen.[278] Getaufte Christen, die heimlich heidnische Rituale praktizieren, werden mit dem Tod bestraft. Die Nichtbeachtung des katholischen Reglements wird mit dem Verlust von Eigentum und Bürgerrecht geahndet, das Festhalten am häretischen oder heidnischen Glauben und der Wechsel der Religion nach der Taufe mit der Todesstrafe.[279] 562 werden heidnische Bücher öffentlich verbrannt.[280]

Später wird Karl „der Große" das mühevolle Bekehrungswerk zum Abschluss bringen: Er zähmt die sächsischen Heiden „mit dem blitzenden Schwert", wandelt sie „von reißenden Wölfen in zarte Lämmer",[281] zwingt den Sachsenführer Widukind im Jahre 785 zur Taufe und erfüllt damit das dem Papst gegebene Versprechen, das Christentum zu verbreiten. Allerdings werden rund 4.500 sächsische Geiseln die großartige Zähmung und die Christianisierung des Restes ihres Volkes nicht mehr erleben. Sie werden, obwohl als Kriegsgefangene bereits entwaffnet, dahingeschlachtet („Bluttag von Verden"). Der damalige Chronist und Karl-Biograph Einhard, Abt verschiedener Klöster, entschuldigt Karls Jihad: Die Sachsen hätten alle Gesetze, menschliche und göttliche, gebrochen.[282]

So also wird aus diffusen christlichen Konfessionen mit unterschiedlichsten Vorstellungen über Gott und die Welt und mit Hilfe der Befehlsgewalt römischer Kaiser *Kirche*. Mit Kaiser Theodosius und seinem

278 H. v. Schubert, Geschichte der christlichen Kirche, S. 105; dort auch Quellen.

279 Codex Justinianus 1,11,10.

280 J. Geffcken, Der Ausgang des griechisch-römischen Heidentums, 1920, S. 189; W. Speyer, Büchervernichtung und Zensur des Geistes bei Heiden, Juden und Christen, 1981, S. 136.

281 De Conversione Saxonum Carmen, Berlin 1880, ND 1985 (K. Hauck), S. 63. Es handelt sich um ein Festgedicht anlässlich des Reichstages in Paderborn im Jahre 777. Hauptthema ist die Missionierung der Sachsen. Daher der Titel „Das Lied der Sachsenbekehrung". Zur Taufe Widukinds vgl. Annales Regni Francorum, 785.

282 Einhardi Vita Karoli Magni / Das Leben Karls des Großen, in: Scriptores rerum Germanicarum 25, ND 1965. Die Zahl 4.500 ist archäologisch nicht belegt.

Staatskirchen-Erlass beginnt der „siegreiche Vormarsch" der nunmehr „katholischen" Kirche und mit Justinian und Karl dem Großen wird das große Werk vollendet: Die „alleinseligmachende" Kiche wird allmächtig. Nur die staatliche Macht, nur der Wille des Kaisers beendet den verzehrenden innerchristlichen Kampf des Christentums, verschafft *einer* christlichen Konfession den Sieg. Am Horizont aber ziehen drohend die dunklen Wolken der Inquisition herauf. Alleinseligmachung und Allmacht haben den Menschen noch nie gut getan.

Die Antwort auf diese historisch-analytische Darstellung der Entwicklungsgeschichte der christlichen Kirche ist vorhersehbar: Die Kirche sei von Gott eingesetzt und nicht vom römischen Kaiser. Im Übrigen werde die Entwicklung der christlichen Kirche schwarzgemalt. Lassen wir den Aspekt, „von Gott eingesetzt" beiseite, fragen uns nur *en passant*, warum Gott wenig vorher die Juden als „auserwähltes Volk" einsetzt und warum sein Sohn dem jüdischen Glauben anhängt, bevor wir uns dem Vorwurf der schwarzmalerischen Einseitigkeit widmen. Nun, Einseitigkeit kann der Analyse nur dann vorgeworfen werden, wenn man den Untaten des Denkverbotes und der Zwangstaufe eine vergleichbare Liste guter Taten entgegen stellen könnte, die den Verletzungen der Menschenrechte qualitativ und quantitativ entspräche. Aber wie sollte das gelingen? Wie sollten fast 1.700 Jahre Verfolgung Andersdenkender, die im Jahre 380 ihren Anfang nimmt, kompensiert werden? Wie sollte die Vernichtung ganzer Kulturen vom antiken Rom bis zum enthaupteten Aztekenkult (1520) gegen das unbestritten gute Wollen Tausender und gegen die Suppenküchen der Caritas und Diakonie aufgewogen werden? Wie sollten tausend Jahre physische und verbale Gewaltbereitschaft, Kreuzzüge, Inquisition, Hexenverbrennung und Indices verbotener Bücher gegen irgend etwas verrechnet werden? Es gibt Vergleiche, die verbieten sich, weil alle Vergleichsmaßstäbe gesprengt, alle Zeitdimensionen unvorstellbar werden. 1.700 Jahre staatlich verordneter, kirchlich geforderter Glaubenstotalitarismus ist ein solcher Vergleich. 1.700 Jahre! Wissen wir eigentlich noch, wovon wir sprechen?

Dennoch werden bis heute die massenhaft betriebenen Verstöße gegen die Menschlichkeit mit überheblicher Geste fortgewischt, letztlich, im Jahre 2011, durch den katholischen Theologieprofessor und Kirchenhistoriker Harm Klueting: „Man komme mir nicht mit Religionskriegen, Schwertmission, Judenmassaker, Ketzerverfolgung oder Hexenverbrennung. Das alles ist mir als Historiker bestens vertraut. [...] Aber das sind antichristliche Verunstaltungen des Christlichen."[283] So einfach entledigt sich ein Theologe der Vergangenheit: Eine im Wesen „reine" Kirche muss bedauerlicherweise eine Unmenge antichristlicher Elemente in ihren Reihen beherbergen. Dieses anstößige, geradezu unanständige Geschichtsverständnis, dieses Fortwischen antijüdischer, antihäretischer, antiketzerischer Pogromreden frühchristlicher „Kirchenväter", dieses arrogante Verstecken von biblischen Gewaltaufrufen wird allerdings von vielen nicht geteilt. Vor allem nicht von den Betroffenen. Der angesehene jüdische Schriftsteller Elie Wiesel, Überlebender des Holocaust, Inhaber des Friedensnobelpreises, zieht eine Leidenslinie von frühen „antichristlichen Elementen" nach Auschwitz: Der nachdenkliche Christ wisse, dass in Auschwitz nicht das jüdische Volk gestorben sei, sondern das klassische Christentum. Und er fügt hinzu: Das Leiden des klassischen Christus habe das Leiden in der Welt nicht verringert, sondern vergrößert.[284]

Juden lehnen deshalb ein Junktim „christlich-jüdisch" und den Begriff einer jüdisch-christlichen Wertegemeinschaft seit jeher ab, seit der Zeit, als der Tanach, die heilige Schrift der Juden, zum „alten" Testament und zur Ankündigungsplattform einer neuen, „einzig wahren" Religion degradiert worden ist.

Cunctos Populos lediglich ein „programmatischer" Text?

Der katholische Kirchenhistoriker Gerhard Rauschen glaubt, in *Cunctos Populos* einen eher „programmatischen Text" erkennen zu können. Programmatisch? Natürlich ist der Erlass das. Aber mindert das seine Bedeu-

283 H. Klueting, Das christliche Gegenmodell, Frankfurter Allgemeine Zeitung, 21.1.2011, S. 36.

284 Zitat nach: www.theology.de/downloads/holocausttheologie.doc (Zugriff 20.2.2011). Elie Wiesel sprach am 27. Januar 2000 vor dem deutschen Bundestag. Die Wurzeln des christlichen Antisemitismus reichen weit zurück. Mit Chrysostomos, *Homiliae adversus Iudaeos* und Augustinus, *Tractatus adversus Iudaeos* verfestigt sich der Judenhass zu einem Bestandteil christlichen Weltsicht. Luther übernimmt den Judenhass fast unbesehen und verstärkt ihn. Papst Leo XII. verbannte noch im 19. Jahrhundert die römischen Juden ins Ghetto. Wie mag Elie Wiesel empfinden, dass zehn Jahre nach seiner Rede der ranghöchste Vertreter des Katholizismus an gleicher Stelle spricht?

tung als Markstein für eine neue Welt bisher nicht erlebter religiöser Intoleranz? Das *Kommunistische Manifest* und Hitlers *Mein Kampf* sind auch programmatische Texte gewesen. Sind sie schon deshalb weniger bedeutend, weil sie „Programme" sind?

Ähnlich arglos klingt die Analyse des Theologen Jörg Ernesti, ehemals Student der Päpstlichen Universität Gregoriana: „Es stellt eine Überschätzung der Tragweite von 'Cunctos populos' dar, wenn behauptet wird, das orthodoxe Christentum werde [...] zur Staatsreligion erklärt und die katholische Kirche endgültig zur Staatskirche erhoben", man solle die Tragweite des Ediktes nicht überbewerten, „der Kirchenfrieden sei wiederhergestellt worden".[285] Aber das klingt denn doch etwas zu harmlos, wenn man den Erlass im Gesamtzusammenhang mit den folgenden Angriffen auf Heiden, Juden und Häretiker sieht. Wenn eine Weltanschauung ein ganzes Strafgesetzbuch aufbietet, um sich durchzusetzen, dann ist es wohl eher gerechtfertigt, von religiösem Diktat statt von Ethik zu sprechen. Außerdem ist die von Ernesti verwendete Terminologie „Kirchenfrieden *wieder*herstellen" historisch falsch: Erstens hat es seit dem ersten Jahrhundert nie einen „Kirchenfrieden" unter den bis aufs Messer zerstrittenen christlichen Konfessionen gegegeben. Und zweitens ist dieser von Theodosius verordnete „Friede" der Friede auf einem Friedhof: Hier ruht die Religions- und Gedankenfreiheit.

An der Schönfärberei beteiligt sich auch der Althistoriker Hartmut Leppin, der über die Kanonade anti-heidnischer, anti-jüdischer und anti-häretischer Erlasse urteilt: Zwar seien „gravierende materielle Nachteile" für die Häretiker und Ketzer zu diagnostizieren, dennoch sei die theodosianische Aufräumarbeit „moderate Kirchenpolitik" gewesen.[286] Diese Verharmlo-

285 J. Ernesti, Princeps christianus, 1998, S. 23-24, 29. Ernesti zitiert aus Libanios, Rede 30, 52f. (um 385) „jeder glaube an den Gott, der von mir verehrt wird, und nehme teil am Kult, den man für ihn vollzieht", um zu belegen, dass Theodosius das Christentum um das Jahr 386 noch nicht zum für alle Untertanen verpflichtenden Bekenntnis oder gar zur Staatsreligion gemacht habe (S. 415). Dem steht der Wortlaut von *Cunctos populos* und begleitender Gesetze (Codex Theodosianus 16,10,7 „Konfiskation des Vermögens", 381; 16,5,8 „Verbot, Kirchen zu bauen", 381; 16,5,9 „Androhung der Todesstrafe", 382; 16,10,9 „Opferverbot", 383; 16,5,13 „Ausweisung der Priester", 384 und weitere) gegenüber. Im Grunde ist es auch unerheblich, ob das Christentum 380 oder 390 endgültig zur ausschließlichen „Staatsreligion" erhoben wird. Es bleibt die Schande des verordneten Zwangsglaubens.

286 H. Leppin, Theodosius der Große, 2003, S. 73/85.

sung eines religiösen Brachialaktes mit beängstigenden Folgen nicht nur für die abendländische Kultur und für das geistige Klima der folgenden Jahrtausende aus dem Munde eines Historikers ist ebenso irritierend wie die des irischen Althistoriker Peter Brown: Die Sorge um die Armen habe der Kirche zum Erfolg verholfen, ein „mystisches Band" habe Bischöfe und die Armen der Stadt verbunden.[287]

Bleiben wir einen Augenblick bei dem „mystischen" Band, das Kirche und Arme verbunden habe. Der irische Historiker ist nicht der einzige, der christlich-kirchlichen Texten auf den Leim geht und die Sorge um die Armen als das Geheimnis christlichen Erfolges verkauft. Aber es handelt sich dabei um eine grobe Entstellung historischer Fakten. Denn sehr wohl gibt es in der Antike eine soziale Fürsorge: In den germanischen Stämmen baut die Sippe wirkungsvolle Dämme gegen Verarmung auf und in den römischen Städten werden Arme, Gebrechliche und Kranke in *hospitales* versorgt. Zu dieser Zeit hat noch niemand im Christentum daran gedacht, die *hospitales* durch christliche „Hospizien" abzulösen. Legendär ist auch die antike kostenlose oder subventionierte Lebensmittelversorgung des städtischen Proletariates (*annona*),[288] die die Stadt Rom mit mehreren Hundertausend Sozialhilfeempfängern[289] mehrmals an den Rand des Ruins führt. Sie ist Jahrhunderte lang vom *praefectus annonae* organisiert worden und wird ab dem 5./6. Jahrhundert aus Gründen der Zweckmäßigkeit der Kirche übertragen. Auch hier ist also die Fortführung einer Tradition zu beobachten, bei der sich die Kirche nicht zu übernehmen braucht: Sie bekommt die staatlichen Naturalspenden, liefert sie aus und vermarktet sich mit dem Epitheton „Religion der Armen". Kein schlechtes Geschäft.

Auch haben die Armen der Antike freien Eintritt zu Thermen, Zirkusspielen und Theatern. Sie nehmen an religiösen Festen und öffentlichen Veranstaltungen teil, besitzen vielfach Bürgerrechte und sind in Volksversammlungen und vor Gericht stimmberechtigt. Sachgeschenke, öffentliche Speisungen und großzügige Geldverteilungen zu besonderen Anlässen ergänzen die Sozialleistungen (*panem et circenses*). So spendiert der Ädil Agrippa 33 v.Chr. den Bürgern von Rom ein Jahr kostenlosen Eintritt in die 170 öffentlichen Bäder der Stadt.[290] So lässt Kaiser Domitian dreimal je

287 P. Brown, Macht und Rhetorik in der Spätantike, 1995, S. 123.
288 Codex Theodosianus 14,24 (Karthago).
289 Cassius Dio 43,21 („Caesar spendet ihnen Getreide und Öl jenseits der regulären Menge", außerdem 400 Sesterzen und den Soldaten 20.000).
290 F. Kolb, Rom. Die Geschichte der Stadt in der Antike, 2002, S. 568.

dreihundert Sesterzen pro Person an das Volk ausschütten und Aemilia Pudentilla, Gutsbesitzerin in Nordafrika und typische Vertreterin der lokalen Elite, verteilt anlässlich der Hochzeit ihres Sohnes 50.000 Sesterzen, umgerechnet das Jahreseinkommen von fünfzig Durchschnittsfamilien, an das Volk.[291] Und das ist keineswegs ein Einzelfall. Kaiser Julian (reg. 361-363) scheint die Linderung der materiellen Not besonders am Herzen zu liegen: „An den materiellen Gütern", schreibt er, „muss man alle Menschen teilhaben lassen, großzügiger allerdings die Anständigen, die Unbemittelten und Armen, doch jedenfalls so, dass wir ihrer Not abhelfen."[292] Stiftungen öffentlicher Gebäude (Thermen, Bibliotheken, Foren, Arenen) runden das „Sozialprogramm" ab. Für die Begüterten werden die Almosen und Hilfeleistungen schließlich zu solch einer Last, dass Kaiser Theodosius im Jahre 384 ein Gesetz erlässt, das die Üppigkeit der Geschenke einschränken soll.[293]

Kurzum: Armenfürsorge ist als „Roman way of life" seit Jahrhunderten Brauch im Imperium Romanum und keineswegs eine Erfindung des Christentums. Für den Staat ist sie eine Schutzmaßnahme, um den *Plebs* ruhig zu halten, für Philosophie und Aristokratie soziale Verpflichtung und für letztere zugleich Hoffnung, durch Stiftungen angesehen zu werden. Von „Nächstenliebe" wird in dieser Zeit nicht gesprochen. Soziale Verantwortung reicht, auch „Mitgefühl" im Sinne David Humes (*sympathy*), um Wohltaten sprudeln zu lassen.

Damit soll der Gedanke, dem Gegenüber Gutes tun zu wollen, nicht als zweitrangig beiseite geschoben werden. Im Gegenteil. Die Umsetzung dieser auch von Aristoteles und Seneca hofierten Idee[294] ist unverzichtbar für das gesellschaftliche Zusammenleben. Nervend ist allerdings der in-

291 Sueton, Domitian 5; Apuleius, apologia 87-101. Der Sesterz (HS) war bis zur Münzreform von Kaiser Diokletian (um 300 n.Chr.) Buchwährung für öffentliche Ausgaben bzw. bargeldlose Geschäfte. Damals kostete ein Sklave auf dem Sklavenmarkt etwa 2.000 Sesterzen. Vgl. auch Sueton, Augustus 42 („Getreide zu Spottpreis").

292 Julian, Brief 48; ähnlich auch in den Briefen 39 und 47. Vermutungen, Julian sei in dieser Hinsicht bereits „christianisiert", sind reine Spekulation von Kirchenhistorikern. Helfen ist in allen gesellschaftlichen Gruppen der Welt selbstverständlich. Selbst in der Tierwelt kann man es beobachten.

293 Codex Theodosianus 16, 9,1.

294 Seneca: „wodurch sind wir sicher, wenn nicht durch den Austausch von Wohltaten und dadurch, dass wir uns wechselweise gute Dienste leisten? Ahmen wir die Natur nach und geben wir, auch wenn vieles vergeblich gegeben

flationäre und monopolisierende Gebrauch durch die christlichen Kirchen. Denn in den weitaus meisten Fällen werden deren „gute Taten“ in Deutschland reichlich entlohnt.[295] Außerhalb der Milliardenunternehmen Caritas und Diakonie wird ohne propagandistischen Klamauk und ohne Entgelt vermutlich mehr „Gutes“ getan, als in allen karitativen Organisationen zusammen. Man denke nur an die zahllosen Ehrenamtlichen in Vereinen, im Tier- und Naturschutz oder in der Denkmalpflege oder an die Hunderttausenden, die still und aufopferungsvoll pflegebedürftige Eltern in den Tod begleiten. Einfach so und nicht, weil „Gott es will“. Von der Tatsache, dass die Hälfte des Bundeshaushaltes für soziale Aufgaben reserviert ist, einmal ganz abgesehen.

Es ist also einfach falsch, wenn der französische Althistoriker Paul Veyne behauptet, die römische Oberschicht habc „dcn Mitbürgern Bauwerke und Vergnügungen“ gestiftet, statt „den Armen Almosen zu geben“.[296] Peter Brown, der sich gerade noch mit der Theorie in den Ring gewagt hat, die Sorge um die Armen hätte den Aufschwung des Christentums besorgt, widerlegt sich schließlich selbst, wenn er konstatiert: „Verglichen mit dem ‘Nil von Geschenken’, der von einem Aristokraten erwartet wurde, blieben die Summen, die [von den Bischöfen] verteilt wurden, außerordentlich gering.“[297] Im Übrigen kann man sich angesichts der Härte der innerchristlichen Auseinandersetzungen kaum vorstellen, dass ein Trinitarier einen Arianer mit Lebensmitteln über Wasser gehalten hätte. Und einen Heiden schon gar nicht.

wird“. An anderer Stelle: „Das höchste Gut [ist] ein ruhiges Handeln, reich an Menschenliebe und Rücksicht für die, mit denen man lebt.“ (De beneficiis)

295 C. Frerk, Violettbuch Kirchenfinanzen. Wie der Staat die Kirchen finanziert, 2010, S. 215ff. Von den Aufwendungen für Caritas und Diakonie (45 Mrd. Euro) werden nur 1,8 % von den Kirchen selbst beigesteuert.

296 P. Veyne, Brot und Spiele. Gesellschaftliche Macht und politische Herrschaft in der Antike, 1990.

297 P. Brown, Macht und Rhetorik in der Spätantike, 1995, S. 127.

10 Auf dem Weg zum Fundamentalismus

Dem Staatskirchen-Erlass *Cunctos populos* aus dem Jahre 380 folgt im Jahre 381 das 1. Konzil von Konstantinopel. Einhundertfünfzig Bischöfe[298] disputieren, argumentieren, streiten und untersuchen, dass es eine Freude ist. Unter Aufsicht des Kaisers bestätigen sie das Glaubensbekenntnis von Nicäa (325) und integrieren den bereits von Theodosius in *Cunctos populos* erwähnten Heiligen Geist als dritte Kraft in die bisher noch unvollkommene Trinität.[299] Im Dekret, das der Kaiser anschließend erlässt, verkündet er: „So glauben wir, gemäß der Lehre der Apostel und des Evangeliums, an die alleinige Göttlichkeit des Vaters, des Sohnes und des Heiligen Geistes unter Annahme gleicher Hoheit und liebevoller Dreieinigkeit. Alle, die diesem Glauben anhängen, sollen nach unserem Befehle den Namen allgemeine [katholische] Christen tragen." Der Historiker Ernst Kornemann kommentiert das Ende religiöser Freiheit: „Das Jahr 381 ist somit das Geburtsjahr der christlichen Staatskirche. In Wahrheit ist nun erst der absolute neu-römische Herrscher fertig geworden, der nicht nur über die Leiber und die Güter seiner Untertanen, sondern auch über ihre Seelen und ihr Gewissen herrscht."[300]

Und so wird die bisher noch amputierte Dreifaltigkeit endgültig zur vollkommenen: Ein mal Eins gleich Drei, Vater, Sohn und Heiliger Geist als *eine* göttliche Entität, der Spagat zwischen alttestamentarischem Ein-

298 Sozomenos, Kirchengeschichte 7,7.

299 Cunctos populos: „eine Gottheit des Vaters, Sohnes und Heiligen Geistes in gleicher Majestät und heiliger Dreifaltigkeit". Woher Theodosius diese Formel hat, ist nicht aufklärbar. Man bedenke: Konstantin nötigt im Jahre 325 (Nicäa) den Bischöfen die Formel von der Wesenseinheit Jesu auf (vgl. R. Bergmeier, Kaiser Konstantin und die wilden Jahre des Christentums, 2010, S. 173-179) und 55 Jahre später bindet Theodosius den Heiligen Geist in die Trinität ein, ohne dass eine vorhergehende Abstimmung mit den Bischöfen erkennbar ist.

300 E. Kornemann, Aus der Geburtsstunde eines Gottes, 1943, S. 61, Anm. 1.

ziggott und dem neutestamentarischen Gott ist scheinbar geschafft. Eine traumhafte Ménage-à-trois, von Juden und Moslems süffisant als verdeckter Polytheismus kommentiert, mit einem „Gottessohn", der kein Sohn sein darf, da er „von Anbeginn" existiert, eher also ein Bruder des „Vaters". Das aber auch wieder nicht, da der Sohn vom göttlichen Vater gezeugt (Katholischer Katechismus 254) und dennoch wesensgleich ist. Die Wissenschaft spricht in solchen Fällen von „Klon". Es beginnt eine furchtbare Wortklauberei um Wesen und Substanzen, ein geheimnisumwabertes Wortgeklimper, das der Theologe Hans Küng mit der schönsten aller Formulierung krönt, Gott sei „die Transzendenz in der Immanenz, die Jenseitigkeit in der Diesseitigkeit, die absolute-relative, diesseitig-jenseitige, transzendent-immanente, allesumgreifende-allesdurchwaltende wirklichste Wirklichkeit im Herzen der Dinge". Nicht minder beeindruckt Küngs Kollege Winfried Härle mit seinem „metaphysischen Kauderwelsch" (David Hume): „Die immanente Trinität ist insofern als ökonomische Trinität zu denken, als die ökonomische Trinität verstanden wird als die innere Differenzierung der Wirklichkeit Gottes, die deren Einheit nicht preisgibt, sondern sie unter drei Aspekten oder als drei Facetten zu denken erlaubt."[301] Kurzum, die Trinität ist ein Mysterium, das das intellektuelle Fassungsvermögen des braven Kirchgängers aus Castrop-Rauxel zweifellos überschreitet, Gelehrsamkeit erfordert und deshalb im Mittelalter auch nur Kirchenfürsten durchschaubar ist.

Es folgen weitere Synoden und Besprechungen, die jedoch noch nicht zur gewünschten vollkommenen Einheit der Kirche führen. Theodosius beruft daher im Jahre 383 erneut ein Konzil ein. Er weist die anwesenden Bischöfe aller Konfessionen an, ihm ihre Glaubensbekenntnisse schriftlich zu überreichen. Der Kaiser prüft die Papiere, bittet Gott um Beistand, zerreißt alle ihm nicht genehmen Bekenntnisse mit Ausnahme des trinitarischen Bekenntnisses und verkündet kraft göttlicher Erleuchtung seine Entschei-

301 H. Küng, Existiert Gott? 1978, S. 193/216, ND 2002. W. Härle, Dogmatik, 1995, S. 405. Das unverständliche Trinitäts-Deutsch wird meist zum „Mysterium" erhoben, denn der menschliche Verstand sei nicht fähig, das Wesen Gottes zu erfassen. Allerdings scheinen die Konzilsväter von 325, 381 und 451 wie auch Kaiser Theodosius höheren Verstandes gewesen zu sein, denn sie haben ja die Trinität als „wahr" erkannt und dogmatisiert.

dung.[302] Die Bischöfe nicken alles ab. Sie sind ja seit dem 28. Februar 380 quasi im Staatsdienst.

Mit diesen drei Konzilen von 325, 381 und 383 ist die Jahrhunderte währende Geburt einer Kirche noch nicht beendet. Denn die Zweifel wachsen, dass Jesus als Teil göttlicher Trinität am römischen Kreuz gehangen hat. Ein Gott am Kreuz? Nur, weil sein Vater die drei Worte nicht aussprechen mag: „Ich verzeihe Euch"? Oder hing gar die gesamte Trinität am Kreuz, weil diese doch „ewig", wesensgleich und nicht teilbar ist? Das alles ist rational nicht mehr erklärbar, riecht nach Widerspruch. Ein Mensch muss her, quasi ein Platzhalter für dreißig Jahre Göttlichkeit auf Erden. Und wieder geht der Streit von vorne los, streitet man um Kunstworte: Wesen, Natur, Substanz (*usia, physis, hypostasis*), alles durchaus nicht scharf abgegrenzt, von verschiedenen Schulen unterschiedlich gebraucht, von den Lateinern nicht minder unklar interpretiert. Im Jahre 451, mehr als vierhundert Jahre nach dem Tode des Religionsgründers, wird die Lösung gefunden: Jesus erhält zwei Naturen, wahrer Gott, auf Erden wahrer Mensch. Damit scheidet Jesus für dreißig Jahre aus der gerade postulierten „*ewigen* Wesenseinheit" der Trinität aus, weil Gottvater und Heiliger Geist ihre einzige, sprich rein-göttliche Natur behalten, während der wesensgleiche „Gottessohn" für dreißig Jahre zwei Naturen annimmt. Die Logik schlägt Purzelbäume und Augustinus verbringt Nächte damit herauszufinden, wie es sich mit der Dreifaltigkeit und der Wesenseinheit bei der Geburt Jesu verhalten habe, denn auch bei diesem Akt hätte ja eigentlich die ganze „ewig wesenseinheitliche" Gottheit geboren werden müssen.

Das Ergebnis seines Nachdenkens ist derart verworren, dass es sich lohnt, die betreffende Stelle kurz zu zitieren: „Wenn also etwas von jemandem abstammen kann, ohne darum auch schon dessen Sohn zu sein, und wenn andererseits nicht jeder, der jemandes Sohn heißt, nun auch schon von dem geboren sein muß, dessen Sohn er genannt wird, so weist uns gewiß die Art und Weise, wie Christus vom Heiligen Geist geboren worden ist, ohne dessen Sohn zu sein, während er von Maria geboren und nun auch wirklich ihr Sohn ist, auf die Gnade Gottes hin, der zufolge der Mensch [in Christus] ohne jegliches vorhergehende Verdienst im ersten Augenblick, wo sein Wesen zu sein anfing, mit Gott, dem Worte, zu einer solchen persönlichen Einheit verbunden werden sollte, daß der, welcher ein Sohn eines

302 Sokrates, Kirchengeschichte 5,10 („Er schloss sich ein, betete zu Gott, die Wahrheit zu erkennen"); Sozomenos berichtet von einer Entscheidung des Kaisers ohne „göttliche Erleuchtung" (Kirchengeschichte 7,12).

Menschen [Maria] war, nun auch Sohn Gottes, und der, welcher ein Sohn Gottes war, auch Sohn eines Menschen sein sollte.“[303]

Selbst ein Philosoph dürfte Probleme haben, der augustinischen Logik und den Verwirbelungen dunkler Sätze und Gedanken zu folgen. Aber ums geduldige Überzeugen geht es schon längst nicht mehr. Theodosius II. erklärt im Jahre 432 rundheraus: „Die Gesetze, die früher erlassen worden sind, dienen dazu, alle Heiden zu unterdrücken.“[304]

---

303 Augustinus, Enchiridion de fide spe et caritate / Büchlein über Glaube, Hoffnung und Liebe, 1960, Kap. 12.

304 Codex Theodosianus 16,19,22.

11 Bilanz: Vom heiteren Elysium ins graue Jammertal

Es sind zwei grundlegende Voraussetzungen, die die Schaffung der griechischen Hochkultur, des Fundamentes römischer Kultur, ermöglichen: Erstens die Offenheit im Umgang mit anderen Völkern und Ideen. Unbelastet von religiösen Barrieren nutzt die griechische Antike Phönizien, Ägypten und Babylonien als Quellen kultureller und wissenschaftlicher Errungenschaften, absorbiert deren Kenntnisse und Fertigkeiten, verarbeitet die Importe zu einer Hochkultur und teilt sie dem römischen Reich mit, das Übernommenes bewahrt und anreichert. Es gehört zu den Stärken der griechischen Kultur, dass sie andere Kulturen und Weltanschauungen nicht ächtet, sondern als Triebkraft wissenschaftlicher Forschung und kultureller Innovation nutzt.

Eine zweite Voraussetzung für das Blühen der griechischen Antike ist das Fehlen eines starken Berufspriestertums, das sich in ideologischer Verblendung der Verstandeskultur hätte entgegenstemmen können. Jeder ist frei, zu denken, was beliebt, und den eigenen oder keinen Gott anzubeten, ohne Gefahr zu laufen, dafür bestraft zu werden. „Jeder hat seinen eigenen Brauch, jeder seinen eigenen Glauben", mit diesem noblen Plädoyer appelliert der römische Senator Symmachus unter dem Kronendach antiker Toleranz im Jahre 384 n.Chr. beim Mailänder Kaiserhof für eine umfassende Denk- und Religionsfreiheit,[305] mit der in der Vergangenheit Kräfte der Neugestaltung freigesetzt worden sind und die in Verbindung mit der Offenheit nach außen zu dieser artenreichen griechisch-römischen Kultur- und Wissenschaftslandschaft geführt hat.

Beide Voraussetzungen werden am 28. Februar 380 liquidiert: An diesem Tag vermählen sich Staat und Kirche in einer Hochzeit ohne Betei-

305 Symmachus, 3. Relatio 8. So etwas wie das Todesurteil gegen Sokrates wegen Gotteslästerung (Asebie) ist auch für die späteren Phasen der griechischen Antike eher die große Ausnahme.

ligung der Öffentlichkeit. Die Braut, eine alternde Jungfer von fast vierhundert Jahren, Schwester des von Kaiser Konstantins Söhnen umjubelten Arianismus, ist vom römischen Kaiser Theodosius ausgesucht worden, der auch entgegen aller Gewohnheiten lange Zeit Brautführer bleiben wird. Die Partie wird nicht im Himmel besiegelt, sondern in den Kontoren der kaiserlichen Verwaltung. Sie leitet einen Paradigmenwechsel ein, der die halbe Welt mehr als 1.500 Jahre in Atem halten wird und dessen metaphysische Ausformung und inhumane Radikalität in der Menschheitsgeschichte wohl einmalig sind.

Die Leser werden dem Historiker verzeihen, wenn er der angeblichen Göttlichkeit dieses Paradigmenwechsels skeptisch gegenübersteht. Schließlich hat ja Gott schon die Juden auserwählt, in seinem Sinne tätig zu sein und in der Geschichte der Religionen wimmelt es von Scharlatanen, die auf der Flamme der Offenbarung ihr dampfendes Süppchen kochen. So gewarnt, wendet der Historiker seinen Blick also auf die damaligen gesellschaftlichen Verhältnisse und wundert sich über die Verwegenheit der wenigen Christen, eingegrenzt vom strikten jüdischen Monotheismus auf der einen Seite und vom antiken Polytheismus und den philosophischen Anfragen nach dem Sinn des Lebens auf der anderen, einen derart riskanten Schritt einer Neufindung des „Alten" Testamentes als Ankündigungsplattform eines „Neuen" zu wagen.

Dieser Schritt, jüdische Traditionen in ein „Neues" Testament umzuschreiben und fortan für eigene Zwecke zu nutzen, reicht natürlich nicht aus, um die angestrebte eigene Identität zu erringen, die nur über scharfe Kontrastierung zu Juden, Heiden und Häretikern zu gewinnen ist. Und da diese konkurrierenden Religionen alle üblichen Gottes-Positionen, vom Monotheismus über den Henotheismus bis hin zum Polytheismus, bereits mehrfach besetzt haben, kann das Christentum nur über extravagante Aussagen Identität und Profil gewinnen. Wer also zu begreifen versucht, wie denkende Menschen wider alle Vernunft eine bis ins Detail ausgefeilte Lehre über transzendentale Geschehnisse jenseits aller Galaxien entwickeln können, in der Himmel und Hölle, Engel und Teufel implementiert, personell organisiert und topographisch strukuriert werden,[306] der muss sich die mit Weltanschauungen und Religionen gesättigte Kulturlandschaft

306 Der *limbus patrum* ist der Höllen-Vorort für die Seelen der vor Jesus verstorbenen Gerechten. Der *limbus puerorum* ist der Ort für die Seelen der ungetauften Kinder. Die Höllen-Topografie wurde erst im 20. Jahrhundert infrage gestellt.

des zweiten und dritten nachchristlichen Jahrhunderts und den daraus entstehenden Konkurrenzdruck vor Augen halten. Nur mit einer allgemeinen Schau ins Jenseitige ist in diesem üppigen Religionsurwald kein Blumentopf zu gewinnen. Und ein *Prophet* Jesus aus irgendeinem unbedeutenden Zwergstaat, der großen Kultursprachen nicht mächtig, unberührt von dem, was in Jahrtausenden Wissenschaft, Kunst und Technik geleistet haben, wäre kaum aufgefallen. Ein *Gott*, so radikalisieren die christlichen Autoren des vierten Jahrhunderts das eigentlich harmlose Geschehen einer Kreuzigung durch römische Legionäre, ein Gottessohn muss am Kreuz hängen. Das hat bisher noch keine Religion zu sagen gewagt.[307]

Und damit beginnt ein theaterreifes Bühnenstück über Wesenseinheit, Naturen, Erbsünde und über die unendliche Schuldhaftigkeit von Sündern, das Augustinus und die Seinen in den schwärzesten Farben der Eschatologie ausmalen. Grimmig verweisen Kirchenautoren auf das Sinnlose allen Irdischens, entschlossen verdammen sie alle Lust. Das Diesseits sei ein Sündenpfuhl, nichtig die Bildung und Wissenschaft. Unerhört grausame, gleichwohl „gerechte" Strafen habe jeder zu erwarten und die Priester wüssten, wie man sich verhalten müsse, um das Schlimmste abzuwehren. Der Mensch sei ein armseliger Sünder. Die christliche Hoffnung müsse sich nunmehr auf ein Reich richten, das nicht von dieser Welt sei und dessen baldiges Kommen durch Krieg und Hungersnot, Seuchen und Erdbeben angekündigt werde. In Kürze werde ein Zeichen am Himmel erscheinen und „ein Drache, groß und feuerrot, mit sieben Köpfen und zehn Hörnern und mit sieben Diademen auf seinen Köpfen" werde mit seinem „Schwanz ... ein Drittel der Sterne vom Himmel" fegen und sie auf die Erde werfen.[308] Das Ende sei nahe. Gott schütze den Kaiser, denn dieser sei auserwählt und Garant der Kirche. Die Kirche aber sei Sitz der einzigen Wahrheit.

Propheten verkünden die dramatische Nachricht. Einer von ihnen ist Johannes, der nach eigenem Bekunden auf der Insel Patmos eine große Stimme wie eine Posaune hört, die ihm inmitten von sieben Leuchtern und sieben Sternen die „Offenbarung" übermittelt. Und die ist nicht besonders lustig: Gott „hasst". Er bekriegt die Nikoleiten, schlägt die Kinder einer Hure tot, speit einen „Lauwarmen" aus und „straft und züchtigt, die er liebt". Es fällt Hagel und Feuer vermischt mit Blut auf die Erde, ein Drittel

307 Im Verlaufe der Jahrhunderte werden die Aussagen zum Jenseitigen immer verwegener und münden schließlich in der leiblichen Himmelfahrt des Menschen Maria und in der Unfehlbarkeitserklärung des Papstes.

308 Johannes-Offenbarung 12, 3-4; vgl. Cyprian, de mortal 2.

der Bäume verbrennt, ein Drittel des Wassers wird zu einem Meer von Blut, Heuschrecken haben Frauenhaare, Löwenzähne und Skorpionschwänze, zweihundert Millionen Pferde metzeln ein Drittel der Menschheit nieder, eine Frau steht auf dem Mond und ist mit der Sonne bekleidet usw. usw. In zweiundzwanzig Kapiteln zeichnet Johannes eine blutrünstige Apokalypse mit furchterregenden Gestalten, Not, Angst, Blut, Posaunen, kosmischen Jagden von Engeln, einem Michael und Drachen und viel, viel Getöse und Geschrei. Am Ende einer tausendjährigen Zeit, in der Elend auf Elend folgt, eine Katastrophe die andere ablöst, Tragödien mit Trauerspielen wetteifern, Unheil und Verderben heranziehen, am Ende dieses infernalischen Fiaskos erscheint das neue Jerusalem, „aus lauter Gold", die Stadtmauer mit Edelsteinen geschmückt. Das Paradies ist gekommen.

Diese poetisch ansprechende Fabel aus dem zweiten nachchristlichen Jahrhundert,[309] Teil des Neuen Testamentes und damit „wahres Wort Gottes", halb ekstatische Mystik, halb Spitzfindigkeit ohne jegliches Gewicht an Vernunft oder Welterfahrung, repräsentiert das unter Juden weit verbreitete Untergangsszenarium, das von den judenchristlichen Gemeinden aufgegriffen und von der späteren christlichen Kirche bis tief in das Mittelalter hinein gepflegt wird. Man muss diese unwirkliche Kulisse kennen, wenn man die Dimensionen des tiefgreifenden Wandels von einer vernunftsorientierten Antike zur irrationalen, jenseitsfixierten Eschatologie des christlichen Mittelalters verstehen und die schwerwiegenden Folgen für die Entwicklung der abendländischen Gesellschaft erfassen will. Denn solche Prophezeiungen werden bitterernst genommen. So haben sich die frommen Essener, „4.000 Menschen", wie der römische Historiker Josephus zu berichten weiß,[310] in Erwartung des nahen Endes schon einmal vorsichtshalber zurückgezogen und leben in Höhlen am Rande des Toten Meeres, einen Katzensprung von Jerusalem entfernt.[311]

309 Auf die Frage der Entstehung der Johannes-Offenbarung und den Werdegang wird hier nicht eingegangen.

310 Flavius Josephus, Jüdische Altertümer, 18. Buch, 1. Kap.

311 Die Erwartung, in Kürze werde das irdische Reich aufgelöst, schließt im Grunde einen Gott auf Erden, der die Menschen durch seinen Tod erlöst, aus. Denn das irdische Leiden und Sterben Gottes macht einfach keinen Sinn, wenn das „Jüngste Gericht" unmittelbar bevorsteht. Daher darf auch aus diesem Grunde davon ausgegangen werden, dass die frühen Christen in Jesus keinen Gott, sondern einen Propheten gesehen haben.

Das so generierte, sehr jüdische Endzeit-Gemälde wird von christlichen Führern, sei es aus Überzeugung, sei es um sich von der jüdischen Konkurrenz ideologisch abzugrenzen, zu einem wahrhaft katastrophalen Weltbild ausgemalt, das von einer grundsätzlichen Verdorbenheit des Menschen und dessen Unfähigkeit, sie zu heilen, geprägt ist. Eine kafkaeske, gespensterhafte Erbsünden-Theorie,[312] detaillierte Beschreibungen angeblicher Höllenstrafen, die Verdammung ungetaufter Kleinstkinder in die Vorhölle und eine „Gnadenlehre", die in Wahrheit keine ist, weil nahezu alle von der Teufelsforke aufgespießt werden,[313] machen die einzigartige, zutiefst barbarische Inhumanität dieser neuen Lehre beispielhaft sichtbar. Da kommt es schon nicht mehr darauf an, dass die Sexuallehre, die den Koitus an Freitagen, vor der Kommunion und während der Fastenzeit als Todsünde verbietet und die Prädestinationslehre, die das ganze griesgrämige Diesseits als sinnlosen Verschiebebahnhof zwischen Himmel, Hölle und Fegefeuer erscheinen lässt, den Sinn göttlichen Schaffens grundsätzlich in Frage stellen. Die Kirche weiß es besser, Gott hat den Menschen, seine Vernunft und Sexualität aus einer unüberlegten Laune heraus geschaffen, er ersäuft Mann und Maus in einer riesigen Flut und schickt die Nachkommen als *massa damnata* übellaunig in die Hölle. Bonjour tristesse.

Ein politisch sinnvolles Wirken ist in einer solchen, dem Untergang geweihten, verdorbenen Welt natürlich sinnlos. Einige Kirchenväter empfehlen daher, im Interesse des eigenen Heils das Staatsleben zu fliehen, am besten durch Rückzug hinter Mauern oder in die ägyptische Wüste. „Nichts ist uns fremder als die Politik", verkündet Tertullian,[314] während sich ein Teil der Christen aufmacht, durch ein gesuchtes Martyrium das vorzeitige

312 Die Evolutionstheorie lässt eine zeitliche und räumliche Datierung des „Sündenfalls" als Quelle der „Erbsünde" nicht mehr zu. War bereits der *homo erectus* sündig? Wurde bereits der Vormensch im Übergangsstadium von Tier zu Mensch aus dem Paradies vertrieben? Mit Darwin ist nicht nur die biblische Schöpfungsgeschichte hinfällig, sondern – weitaus schwerwiegender – auch die Theorie von der Sündhaftigkeit des Menschen als Folge eines Sündenfalls. Damit auch der „Erlösungstod", das Kerndogma christlicher Lehre. Das brisante Thema „Evolution und Sündenfall" wird heute totgeschwiegen.

313 Lukas 13,23-30: „Nur wenige werden durch die enge Pforte eingelassen", Matthäus 7,14: „Die Pforte ist eng, der Weg schmal, der zum [ewigen] Leben führt. Nur wenige werden ihn finden."

314 Tertullian, Apologeticum 38. Ähnlich Clemens von Alexandria, Welche Reiche werden gerettet werden?; Ambrosius, Flucht vor der Welt; Augustinus, Gottesstaat.

Ende dieses dekadenten Daseins herbeizuführen. Ebenso töricht scheint jegliches Bildungsbemühen zu sein und eine optimistische Geschichtsbetrachtung ist völlig fehl am Platz. Intensive Beschäftigung mit dem Ende der Zeiten wird nunmehr für Jahrhunderte zur wichtigsten Triebfeder und ist *der* Schlüssel zum Verständnis des christlichen Verhaltens in der Spätantike und im frühen Mittelalter.

Damit landet fast alles, was einst gedacht worden ist, auf dem Müll der Geschichte und vieles, was in tausend Jahren geschaffen worden ist, verliert sich in Versprechungen auf eine bessere jenseitige Welt. Das klassisch-antike Anliegen, Bildung in einer freien geistigen Atmosphäre zu vollziehen, ästhetische Erziehung durch das Erleben von Schönheit zu vermitteln, irdische Harmonie durch Vollkommenheit (*areté*) anzustreben, gilt nun nicht mehr. Paulus, Tertullian, Laktanz, Origines, Eusebius, Clemens, Hieronymus, Cyprian, sie alle lehren die gleiche Botschaft: Bildung sei unnütz, halte lediglich von der religiösen Einkehr ab und dürfe, wenn überhaupt, nur zur Interpretation der wahren christlichen Botschaft genutzt werden. In vielen Texten damaliger Kirchenführer erkennen wir einen zerstörerischen Fundamentalismus, der sich in der Antipathie gegen die antike Geisteswelt äußert, die als feindlich und verderblich eingestuft wird. „Bildung", bemerkt der Mainzer Archäologe German Hafner, „hat in ihr [der Kirche] keinen Platz, an ihre Stelle [der Bildung] ist der Glaube getreten", der Versuch, den Menschen die Freiheit zu geben, selbst über sich zu entscheiden und Probleme durch logisches Denken zu lösen, habe sich nicht durchsetzen können.[315]

Und so stürmt das Christentum mit dem Lärm aller Fundamentalisten und einer Mischung aus Fanatismus, Berechnung, Verständnislosigkeit gegenüber heidnischer Lebensart, sektiererischem Hochmut und dumpfem Groll gegen konkurrierende Religionen in das fünfte Jahrhundert hinein. Und wie es Fundamentalisten eigen ist, werden in Kürze Köpfe rollen, zunächst die heidnischer Statuen. Als im Jahre 2001 islamisch-afghanische Taliban-Fundamentalisten die tausendjährigen Buddha-Statuen in die Luft sprengen, wird die Presse diese Form der Ketzerverfolgung Kulturbarbarei nennen.

315 G. Hafner, Cassiodor, ein Leben für kommende Zeiten, 2002, S. 48.

Teil Fünf

Folgen des Paradigmenwechsels

Das Gotteskonstrukt, in das sich die Bischöfe nach und nach im vierten und fünften Jahrhundert verirren, ist dermaßen widersprüchlich, dass *credo, quia absurdum est*, ich glaube, weil es unvernünftig ist, zum kecken Wahlspruch erhoben werden muss. Bei Lichte betrachtet, ist es ein Verzweiflungsspruch, der erlaubt, jeglichem Unsinn eine höhere Weihe zu verleihen. Und so verwildert das philosophische Denken über Metaphysik zu einer ungezügelte Jenseitsschau, die jeglichen Respekt vor dem nicht Erkennbaren verliert. Wenn schon Augustinus und seine Epigonen die himmlische Ordnung der Engel erkennen,[316] dann darf man es den Dorfpfarrern nicht verübeln, wenn diese donnernde Predigten über Kochtöpfe und Würmer in der Hölle halten.

Feinde, die diesem Anspruch exklusiver und verstörender Jenseitsschau gefährlich werden können, sind zunächst einmal die religiösen Konkurrenten, Heiden, Juden und Häretiker, wobei das Judentum, als Mutter der Christen, eigentlich der härteste Gegner hätte sein müssen. Aber die römischen Besatzungstruppen dezimieren die Juden ab 70 n.Chr. in mehreren

316 Dionysius Areopagita legt um 470 seine Forschungen zur himmlischen Hierarchie vor (De caelesti hierarchia). In Kapitel 6/10 ordnet er die himmlischen Wesen in erste, zweite und dritte Ordnung ein. („Die oberste Ordnung der Engel wird unmittelbar von Gott auf eine uns mehr entrückte und lichtvolle Weise gereinigt, erleuchtet und vollendet. Von dieser obersten Trias wird dann die zweite, von der zweiten die dritte Trias, von dieser endlich unsere Hierarchie zum Urprinzip aller Ordnung emporgeführt", 10,1). Nur am Rande sei vermerkt, dass die gesamten Jenseitsvorstellungen, gleich ob Himmel, Engel, Teufel oder Hölle, einschließlich der Höllenstrafen von Augustinus, dem göttlichen Gebot „Du sollst dir keine Darstellung von irgendetwas am Himmel droben, auf der Erde oder unter der Erde machen" (Exodus 20,4), widersprechen. Würde die Kirche dieses alttestamentarische Grundgebot ernst nehmen, entglitte ihr das gesamte Sündenstrafen- und Höllen-Drohpotential.

Vernichtungskriegen, so dass das bisherige jüdisch-christliche Religionskonglomerat freie Fahrt zur Entwicklung einer partiell neuen Ideologie bekommt. Ähnlich verfahren die römischen Kaiser der zweiten Hälfte des vierten Jahrhunderts mit Häretikern und Heiden. Gratian und Theodosius widmen sich ihnen fünfzehn Jahre lang mit Hingabe und verbannen sie in die gesellschaftliche Wüste. Juden, Heiden und Häretiker spielen damit keine nennenswerte Rolle mehr.

Gleichermaßen gefährlich sind die Denkenden. Denn ihnen muss auffallen, dass die christlichen Bischöfe über Dinge reden, über die sie per definitionem nicht reden können: über das Unendliche. Dererlei Kritik trifft jede Religion an besonders verwundbarer Stelle und es ist daher verständlich, dass die christliche Kirche mit ausgeprägter Akribie danach trachtet, kritisch Denkenden das Wasser der rationalen Erkenntnis abzugraben. Die Intellektuellen müssen, so das Diktum, glauben lernen, auch wenn es unvernünftig ist. Das aber geht nur über den Entzug ihrer Werkzeuge, der Schulen und Akademien, der Bildung und der Wissenschaftlichkeit.

12 Bildung: Klosterschulen statt Volksschulen

Im Mittelpunkt christlich-kirchlichen Argwohns stehen die öffentlichen Schulen, denen von Anfang an unterstellt wird, Hort heidnischen Glaubens zu sein. Tertullian (um 150-230) meint, weder ein Elementarlehrer noch ein Lehrer an höheren Schulen könne Christ sein, denn „der Grund zum Glauben an den Teufel werde mit den Anfängen des Unterrichts“ gelegt.[317] Sein christlicher Kollege Origines betont, der wunderbare Charakter der christlichen Religion werde nicht durch gelehrte Vorträge, sondern durch die Art bewiesen, in der diese durch einfache Männer ohne Bildung verbreitet werde.[318] Athanasius, Bischof von Alexandria, verkündet im vierten Jahrhundert, der heilige Antonius sei ein Bauernjunge gewesen, der keine Ahnung vom Griechischen gehabt und allein Gottes Schule durchlaufen habe. „Antonius wurde berühmt nicht durch seine Schriften noch durch weltliche Weisheit oder durch irgendeine Kunst, sondern allein durch seine Frömmigkeit“ und folgert daraus: „Wessen Verstand gesund ist, der braucht keine Wissenschaft.“[319] Und Gregor, Bischof von Tours, (540-594) bekennt mit bemerkenswertem Freimut, dass ihm die nötige grammatikalische Bildung fehle, und entschuldigt sich, der göttliche Erlöser habe nicht Redner, sondern Fischer und ungebildete Menschen ausgewählt.[320]

Zahlreiche Zeugnisse belegen, dass antike Bildung den meisten führenden Christen anrüchig und gefährlich ist, weil sie von Gott wegführe. Bildung kann in ihren Augen sogar als Ausweis heimlichen Heidentums gefährlich sein.[321] Dennoch müssen die Bischöfe die heidnische Schule

317 Tertullian, de idololatria 10.

318 Origines, Contra Celsum 7,60 („Deshalb bedienen sie sich einer Redeweise, die der großen Masse der Menschen verständlich“).

319 Athanasius, Leben des heiligen Antonius, 1;73;93.

320 Gregor, de miraculis S. Martini „non oratores, sed piscatores, nec philosophos, sed rusticos“.

321 H. Schlange-Schöningen, Kaisertum und Bildungswesen, 1995, S. 45f. und S. 145f.

bis in die Mitte des fünften Jahrhunderts akzeptieren. Denn es gibt keine christliche Schultradition, keine eigene Philosophie und auch keine für den Lehrbetrieb geeignete, „klassische" Literatur, an der Sprachstil und Grammatik hätten trainiert werden können, trotz der großen Worte, die Schriften des Alten und Neuen Testamentes seien den klassischen Texten überlegen und Sprache und Stil der Bibel überrage alle anderen Werke turmhoch.[322] Hat auch die gesamte römische Gesellschaft inzwischen ein christliches Kleid anziehen müssen, so wird ihr Geist dennoch weiterhin in Schulanstalten erzogen, die noch nicht durch die christliche Reformation hindurchgegangen sind. Noch immer sehen die christlichen Kirchenführer keine Möglichkeit, dem antiken Bildungskanon eigene christliche Schulen entgegenzusetzen. Noch immer erheben sich über den Elementarschulen die Grammatiker- und Rhetorenschulen und übermitteln Bildung anhand der heidnischen Klassiker. Noch immer erhalten einige Bischöfe der damaligen Zeit zunächst die klassisch-heidnische Ausbildung, bevor sie dann – aus welchen Gründen auch immer – zum Christentum konvertieren und dort in Bischofsränge aufsteigen.[323] Dann aber nutzen sie das Erlernte, um es zu verleumden.

Das ist natürlich nicht das geistige Milieu, in dem Bildungseinrichtungen mit dem Anspruch, den freien Geist zu schulen, gedeihen können. Folglich zeigen weder die christianisierten Kaiser, noch die christlichen Bischöfe irgendein Interesse, das antike dreistufige Schulsystem fortzuführen oder ein mit dem antiken Schulsystem vergleichbares, öffentliches, frei zugängiges Bildungssystem aufzubauen. William V. Harris, Professor für Geschichte an der Columbia University, stellt klar: Die Kirchenväter hätten keinerlei Interesse an einer Volksbildung oder Bildung der Armen gehabt, weder die Kirche noch die politischen Einrichtungen hätten irgendeine Hilfe zur elementaren Schulerziehung gegeben. Der Anspruch moderner Apologeten, die Christen hätten ein Interesse gezeigt, den Armen zur Erziehung zu verhelfen, sei völlig falsch („entirely spurious") und Harnacks Behauptung, die vorkonstantinische Kirche sei „der große Elementarlehrer

322 Didascalia apostolorum, 2 (3. Jahrhhundert); Augustinus, Bekenntnisse 6,5,8. Die Katechetenschule in Alexandria, gegründet um 180, ist nicht mit den heidnischen „Volksschulen" vergleichbar.

323 P. Meinhardt zitiert als „Konvertiten": Gregor von Nazianz, Basilius von Caesarea, Ambrosius von Mailand, Paulinus von Nola, Hilarius von Poitiers (Das lateinische Christentum, 2007, S. 286).

der Griechen und Römer“ gewesen, verfüge über keinerlei Grundlage.[324] Noch nicht einmal „in jener Zeit, als sie der staatlichen Unterstützung sicher war“, schreibt der Kirchenhistoriker Peter Stockmeier[325] – also ab dem fünften Jahrhundert –, hätte die christliche Kirche sich um den Erhalt oder die Etablierung öffentlicher Schulen für das Volk bemüht. Im Rausch einer bildungsfeindlichen Jenseits-Euphorie meinen die christlichen Führer, das Volk brauche keine Schulung in Philosophie, Recht und Rhetorik. Lesen und Schreiben seien nicht vonnöten. Das sei Gottes Wille, denn Gott habe Fischer und Segelmacher erwählt, den Einfältigen, Illiteraten und Ungebildeten sei das Himmelreich. Statt jahrelangem Pauken reiche die Taufe und der Katechumenen-Unterricht.

Damit ist das Schicksal der „Volks“-Schulen besiegelt. Bereits um 500 n.Chr. sind weite Teile der Bevölkerung völlig ohne Unterricht, die Sprache verwildert und „steigende Barbarei muß die nächste Folge sein“, ergänzt der Kirchenhistoriker Hans von Schubert.[326] Um 550 n.Chr., bilanziert Peter Watson, „waren nur noch [Schulen in] Konstantinopel und Alexandria übrig“.[327] Nach rund einhundert Jahren Christentum zieht das Gespenst des volksweiten Analphabetismus in Mitteleuropa ein.

Parallel zum Niedergang des öffentlichen Schulwesens werden in den Klöstern Schulen eröffnet, die jedoch im Regelfall nur einem ausgesuchten Personenkreis zugängig sind. Bildung wird von nun an ein Privileg der Kleriker. Kinder, die von ihren Eltern in „Kindesoblation“, eine Art Opfer der Kinder für Gott nach dem alttestamentarischen Vorbild Samuels,[328] den Klöstern übergeben werden und Kinder, die dem mit der Kirche verbundenen Adel entstammen und bei deren Aufnahme häufig das Erbteil an das Kloster übertragen wird, dürfen ebenfalls in den Klosterschulen lernen.[329] Der Lehrstoff der kirchlichen Schulen orientiert sich an deren Zielen: Glaubensunterrichtung, Liturgie einschließlich der Tauf-, Exorzismus- und Bestattungsriten, Bibel- und Schriftenkenntnis und die Befähigung, diese zu unterrichten, wenigstens vorzulesen. Kenntnisse in Arithmetik, Geometrie und Astronomie sind nur insoweit erforderlich, wie sie zur Aufstellung des christlichen Kalenders oder für andere kirchliche Zwecke unerlässlich

324 W. Harris, Ancient Literacy, 1989, S. 311-313, 331.
325 Vgl. dazu P. Stockmeier, Glaube und Paideia, 1967, Kap. III.
326 H. v. Schubert, Geschichte der christlichen Kirche, 1976, S. 69.
327 P. Watson, Ideen, 2008, S. 405.
328 Altes Testament, 1 Samuel 1,21-28.
329 H. Marrou, Geschichte der Erziehung im klassischen Altertum, 1977, S. 619.

sind. Die Konfessionsschulen mutieren damit zu „Koranschulen“, die vor allem das Ziel haben, zukünftige Geistliche und kirchennahe Zöglinge aus Fürstenhäusern in weltanschaulich engsten Bahnen auszubilden.[330]

Diese schmalspurige, auf einen Kreis Ausgewählter beschränkte kirchliche Ausbildung kann auch nicht im entferntesten das Schließen der öffentlichen Schulen kompensieren, da das Lehrangebot rigide auf christlich-kirchliche Belange kanalisiert ist und einer in sich geschlossenen christlich-kirchlichen Bildung dient. Weltliche Bildung ist nur als Stütze der kirchlichen Unterweisung gefragt und hat gegenüber der geistlichen Indoktrination eine dienende Stellung einzunehmen. Diese Richtlinie gilt auch für die ab dem achten Jahrhundert in größeren Klöstern gegründeten externen Schulen, die außerhalb der Klostermauern parallel zu den internen eingerichtet werden und der christlich-kirchlichen Schulung von Nichtklerikern dienen.

Die katastrophalen Folgen bleiben nicht aus: Neunzig Prozent der Bevölkerung lernen nie Lesen, Schreiben und Rechnen. Aus überlieferten Urkunden wissen wir, dass von eintausend Unterschriften aus den frühmittelalterlichen Jahrhunderten nur 93 von Nicht-Klerikern stammen. Da diese wiederum fast ausschließlich gehobenen Kreisen entstammen, folgert der britische Historiker und Archäologe Bryan Ward-Perkins, dass „Lese- und Schreibkenntnisse ein sehr seltenes Phänomen unter den Laien“ gewesen sind.[331] Und es bedarf keiner näheren Erklärung, dass im Gefolge dieser Schulpolitik die Wissenschaften ausbluten. „Wehe unseren Tagen“, ruft derselbe Gregor von Tours, der seine eigene Unbildung eingesteht, „weil das Studium der Wissenschaften bei uns unterging“.[332]

---

330 Später folgt die Unterrichtung in den Fertigkeiten, einen Brief oder eine Urkunde im Stile antiker Rhetorikformeln zu schreiben. Vgl. H. v. Schubert, Geschichte der christlichen Kirche, 1976, S. 712.

331 B. Ward-Perkins, Der Untergang des Römischen Reiches, 2007, S. 174. Unklar ist, wie Johannes Fried zu dem Urteil kommt, die Kloster- und Stiftschulen der Karolingerzeit und die Domschulen hätten „keineswegs nur für den eigenen Bedarf unterrichtet“ (Wissenskulturen, 2008, S. 20). Abgesehen von Einzelfällen haben sie tatsächlich bis ins 13. Jahrhundert dem kirchlichen Nachwuchs und Zöglingen aus den Herrscherhäusern gedient. Auch die „höfische Dichtung“ (ab 1180) wird ausschließlich vom Adel getragen (vgl. H. Grundmann, Litteratus – illitteratus, 1958, S. 15).

332 Gregor, Historia Francorum (Fränkische Geschichte), praefatio: „Vae diebus nostris, quia periit studium litterarum a nobis“.

Regelmäßig wiederkehrende Behauptungen, das Christentum habe mit Hilfe der Dom-, Presbyter- und Klosterschulen die antike Bildung inkorporiert, „die Pflege der sogenannten höheren Wissenschaften [sei] aus den Rhetorenschulen in die kirchlichen Anstalten verpflanzt" worden[333] und „Presbyter- oder Pfarrerschulen [hätten] die Funktionen der alten Elementarschulen, [...] Rhetoren- und Grammatikerschulen allmählich an sich ziehen" können,[334] entbehren jeder Grundlage. Denn nicht nur das Lehrprogramm ist hochgradig einseitig ausgerichtet, sondern es wird auch ein völlig anderes Menschenbild als das der Antike zugrundegelegt. Während das Lehrprogramm höherer antiker Bildungseinrichtungen an einer breiten Literaturkenntnis, der Erörterung grundlegender philosophischer Fragen zur Abrundung des eigenen Urteils sowie an der öffentlichen Vertretung der erarbeiteten Positionen mit Hilfe einer ausgefeilten Rhetorik orientiert gewesen ist, suchen die frühmittelalterlichen kirchlichen Bildungsanstalten ausschließlich das Rüstzeug für die Exegese der Bibel und der Schriften der Kirchenväter zu vermitteln.

Die ohnehin schon dramatischen Auswirkungen dieses kirchlichen Schulmonopols werden durch ein Sprachenmonopol wesentlich verstärkt. Es gelingt der westlichen Kirche unter Hinweis auf die lateinische *Vulgata* und die Quellen der Kirchenväter Latein als die eigentliche Lehr- und Amtssprache zu etablieren. Diese Ausgrenzung der Bürger von der Sprache der Wissenschaft, der Liturgie, des Rechts und der Verwaltung führt in der Praxis dazu, dass das Volk nicht mehr in der Lage ist, Gesuche zu verfassen, Erlasse zu lesen oder Gehörtes zu überprüfen. Damit erwirbt die Kirche das totale Wissens- und Meinungmonopol, das radikaler als jegliches Meinungsmonopol der Diktaturen der letzten zweitausend Jahre ist und schwer wiegende wirtschaftliche Folgen für das gesamte Mittelalter haben wird. Ein Volk, das weder lesen noch schreiben kann, das selbst einfachen abstrakten Rechenoperationen nicht mehr zu folgen vermag, kann unmöglich Grundlagenforschung betreiben, Innovationen in Produkte umsetzen und Handelspartner für andere Nationen sein.

Mit Hilfe dieses Schul-, Sprachen- und Bildungsmonopols beherrscht die Kirche das gesamte mittelalterliche Leben. „Man muß sich bemühen", schreibt der belgische Mittelalterforscher Henri Pirenne, „die Tragweite dieser Tatsache zu begreifen; sie ist ungeheuer gewesen. Ein neuer We-

333 E. Patzelt, Die Karolingische Renaissance, 1921/1965, S. 46.
334 H.v. Schubert, Geschichte der christlichen Kirche im Frühmittealter, 1976, S. 70-71.

senszug des Mittelalters erscheint: eine Priesterkaste, die den Staat ihrem Einfluß unterwirft.“[335]

Da das Volk nicht mehr lesen kann, sind Indices für verbotene Bücher im Grunde entbehrlich. Ebenso ist das Verbot, die lateinische Bibel in die Volkssprache zu übersetzen, überflüssig, da das Volk weder Latein noch das Volksidiom lesen kann und sich mit Bilderbibel und Wand- und Fenstermalereien in den Kirchen begnügen muss. Beide Einschränkungen, Bücher- und Übersetzungsverbot, sind folglich erst ab der Renaissance vonnöten, nachdem kommunale Schulen und Universitäten ihre Tore geöffnet haben. Nun muss die Kirche um ihr Deutungsmonopol kämpfen. Nun ist es an der Zeit, mit belesenen Abweichlern strenger ins Gericht zu gehen. Eine neue Institution zur Überwachung der rechten Interpretation wird eingerichtet: die Inquisition, deren Scheiterhaufen Bücher und Menschen verschlingen werden, während „die Glocken dabei geläutet und Kyrie Eleison gesungen“ wurde (Heinrich Heine, Ein Wintermärchen, 4). Und so endet der Versuch des Briten William Tyndale, die Bibel in England zum Verständnis des Volkes ins Englische zu übersetzen, 1535 auf dem Scheiterhaufen. Luther und seiner deutschen Bibelübersetzung wäre es um ein Haar ebenso ergangen.

Angesichts dieses niederschmetternden Szenarios ist es schleierhaft, wie der angesehene Schweizer Altphilologe Olof Gigon zu dem Ergebnis kommen kann, das Christentum habe zu keiner Zeit „die Struktur der antiken Schule, ihr Lehrprogramm und ihre Lehrmethoden ernstlich infrage gestellt“. Der Unterricht sei „aus der Hand der Altgläubigen reibungslos in diejenige christlicher Lehrer übergegangen“. An anderer Stelle behauptet Gigon gar, es sei eine „beachtliche Tatsache, daß wir keinen einzigen antiken Autor nennen können, dessen Werke nachweisbar darum untergegangen wären, weil sie von Christen [...] als untragbar empfunden worden wären“.[336] Die überlieferten Daten und Fakten, die Kommentare antiker Kirchenführer und moderner Forscher laufen dieser haltlosen These derart zuwider, dass sie unmöglich dem Wissenschaftler verborgen geblieben sein können. Es sei denn, sein Blick wäre durch eine wissenschaftsfremde, vorurteilsgesättigte Weltsicht beeinträchtigt.

335 H. Pirenne, Geburt des Abendlandes, 1941, S. 270.
336 O. Gigon, Die antike Kultur und das Christentum, 1966, S. 16/71.

13 Bücher: Bibel statt Vergil

Wer nicht lesen und schreiben kann, braucht auch keine Bücher. Wer die Bibel kennt, benötigt keinen Cicero. So wird, parallel zur Schließung der öffentlichen Schulen, die antike Literaturlandschaft weitgehend ausgeräumt. Die Neuproduktion säkularer Werke kommt fast völlig zum Erliegen und der öffentliche und private Kopierdienst stellt seine Arbeit durchgehend ein, jedenfalls soweit die klassische Literatur betroffen ist. Ein „Trümmerfeld" sei das ins Mittelalter überlieferte antike Schrifttum, meint der Altphilologe Georg Wissowa, eine „beispiellose Lücke" habe sich aufgetan, ergänzt der Gräzist Hartmut Erbse, das Mittelalter sei vom literarischen Leben des Altertums getrennt worden und German Hafner, Mainzer Archäologe und Experte der antiken Kunst, vergleicht den überlieferten Bestand mit den Ruinen des *Forum Romanum*, die nur eine blasse Wiedergabe der ursprünglichen Pracht seien.[337] Schätzungen rechnen, dass lediglich ein bis zwei Bücher des dritten und vierten Jahrhunderts von tausend Werken, also 0,1 Prozent, das sechste und siebte Jahrhundert erreichen.

In der Forschung wird schon lange vermutet, dass weder Germanen noch dekadente Römer, sondern christliche Kirchenführer der ideologische Hauptfeind der klassischen Buchbildung und letztlich verantwortlich für dieses „Trümmerfeld" gewesen sind. Eine frühe christliche Gemeindeordnung aus dem dritten Jahrhundert, die *Didascalia*, unterstreicht: Man müsse sich der heidnischen Bücher vollkommen enthalten, sie seien des Teufels. Was habe der Christ mit diesen Irrtümern zu tun, wo er doch das Wort Gottes besitze, die Bibel genüge für die Bedürfnisse der Bildung; alle jene fremden Schriften müsse man als Werke des Teufels von sich weisen.[338] Heidnische Bücher dürften noch nicht einmal berührt werden. „Lügenpro-

---

337 G. Wissowa, Bestehen und Vergehen in der römischen Literatur, 1908, S. 4; G. Hafner, Cassiodor, ein Leben für kommende Zeiten, 2002, S. 97.

338 „Ab omnibus igitur alienis et diabolicis scripturis fortiter te abstine" (Didascalia apostulorum 1,6).

phet“ nennt das Pamphlet Aristoteles, und die Schriften Platons würden lediglich die Sinne vernebeln.[339]

Die *Apostolischen Konstitutionen*, ein Handbuch für Geistliche aus dem vierten Jahrhundert, werfen heidnische und teuflische Bücher in einen Topf (Buch 1,6), man benötige sie nicht, denn die Bibel biete alles, was man brauche.

In einer Bestimmung des vierten Konzils von Karthago (398) heißt es, der Bischof solle keine heidnischen Bücher lesen.[340] Zeitgleich klärt der christliche Patriarch Theophilos, der sich im Zusammenhang mit der Zerstörung der berühmten Serapeion-Bibliothek Alexandrias einen Namen gemacht hat, das Kirchenvolk über die Wertlosigkeit antiker und neuplatonischer Schriften auf: Niemand dürfe die heidnischen Klassiker und die Schriften des „Ketzers“ Origenes „lesen oder besitzen“. Bischof Hieronymus, der im 4. Buch Moses die Geheimnisse der gesamten Arithmetik entdeckt und im Traum von einem imaginären Richter angeklagt wird, er sei ein Ciceronianer und kein Christ, unterstützt seinen geistlichen Kollegen und schwört unter Tränen allen weltlichen Büchern ab: „O Herr, wenn ich je wieder weltliche Bücher vornehme und sie lese, so will ich dich verleugnet haben“ und verlangt schleunigst die Reinigung des Schulunterrichtes von jeglicher heidnischen Lektüre.[341] Würdig schließt sich der „heilige“ Augustinus dem Treiben an und klagt sich im gängigen Sünderstil an, es sei schamloses Getändel und Sünde gewesen, in seiner Jugendzeit die antiken Dichter gelesen zu haben, aber „als ich Nichtiges lernte, nahmst du mich in deine Zucht und hast mir verziehen, da ich an diesem Tande sündhaftes Wohlgefallen empfand“.[342]

Der spanische Bischof Isidor von Sevilla (560-636), ein hochgelobter Vielschreiber, Verfasser der *Etymologie*, eines zwanzigbändigen Riesenwerkes von Exzerpten, untersagt das Studium der antiken Literatur gänzlich. Die Schriften der Heiden blähten sich lediglich mit äußerer Redekunst auf, während die biblischen Schriften über innere Weisheit verfügten.[343]

339 Didascalia apostulorum 3,2-18.

340 Mansi, Sacrorum Conciliorum collectio 3, 1759, S. 952, Nr. 16: „ut episcopus gentilium libros non legat, haereticorum autem pro necessitate et tempore“.

341 Hieronymus, Brief 22; 70 (Briefe an Eustochium und Magnus); auch P. Reinelt, Christliche Erziehungslehre in Zitaten, 1909, S. 356ff.

342 Augustinus, Bekenntnisse 1,15-17; dazu H.I. Marrou, Geschichte der Erziehung, 1977, S. 583-584.

343 Isidor, Sententiarum 3,13, nach W. Speyer, Büchervernichtung, 1981, S. 126.

Drastisch formuliert der Bischof seinen Horror vor den Schriften antiker Philosophen: Epikur und die Epikureer seien Schweinephilosophen. Sie paarten sich wie Hunde an allen Orten und auf allen Plätzen.[344] Und da der gesittete Bürger vor „Schweinephilosophen" und „Hunden" geschützt werden muss, wird den Christen fürsorglich verboten, „die Erfindungen der Dichter zu lesen. [...]: Denn nicht nur durch Weihrauch opfern wir den Dämonen, sondern auch durch freiwillige Aufnahme deren Worte."[345]

Frühmittelalterliche Klosterbibliotheken. Retter in der Not?

Angesichts der überlieferten Zitate, der feindlichen Grundhaltung vieler christlicher Bischöfe zur antiken Bildung und des nachweisbaren Beginns des Zusammenbruchs der antiken Bibliotheken und Bücherbestände in der zweiten Hälfte des vierten Jahrhunderts kann kaum ernsthaft bezweifelt werden, dass sich das Christentum des vierten und fünften Jahrhunderts nach Kräften bemüht, die antik-heidnischen Bücherbestände und die öffentlichen Bibliotheken aus ideologischen Gründen zu dezimieren.[346] Dennoch wird, ohne das korrespondierende schulfeindliche Umfeld zu registrieren, ohne vergleichende Analysen der Bestandszahlen und ohne erkennbare Berücksichtigung der Quellentexte, in blumigen Sentenzen

---

344 Isidor, etymologiae 8,6,14-15 („ut canes in vicis vel plateis"). Hieronymus spricht von „pecudes philosophorum". Der Begriff geht auf Horaz zurück: „Epicuri de grege porcum – Ein Schwein aus der Herde des Epikur" (Brief 1,4,16).

345 Isidor, Sententiarum 3,13,1 (nach Speyer, Büchervernichtung, 1981).

346 Das Register der *Naturalis historiae* (Plinius) nennt rund 500 Autoren, von deren Werken kaum etwas überliefert ist. A. F. West, Professor an der Princeton University, Chicago: „Werke von Ennius, Cato, Varro, Sallust, Livius, Petronius, Sueton, Hadrian, und vielleicht Julius Caesar und der ältere Plinius, sind unter ihnen" (Lost parts of Latin Literature, 1905, S. 380). Der Altphilologe H. Gerstinger: „Verloren ist z.B. der größte Teil des vorsokratischen philosophischen Schrifttums, fast die gesamte archaische Lyrik, [...] von den rund 90 Dramen des Aischylos, den 123 des Sophokles und den 92 des Euripides haben nur [...] 33 den Weg zu uns gefunden", das Prosaschrifttum der hellenistischen Zeit sei fast zur Gänze verschwunden und aus der republikanischen Zeit fehle „ungeheuer vieles" (Literaturwerke, 1948, S. 11).

schwadroniert, Klosterbibliotheken hätten eine Brücke gebildet, über die sich die angeschlagene Literatur in das Mittelalter habe retten können. Die Klöster seien der wahre Hort der antiken Literatur geworden.

So erklärt der Bonner Altphilologe Ernst Bickel, das Klosterleben des ausgehenden Altertums habe in wachsendem Maße die römische Literatur in ihre „Obhut" genommen.[347] Der Erlanger Ordinarius für lateinische Philologie Paul Klopsch vertritt noch im Jahre 2003 die Auffassung, „der Sieg des Christentums [habe] auf die Erhaltung der heidnischen Literatur nicht so einschneidende Wirkungen ausgeübt, wie man [...] vermuten könnte".[348] Klopsch führt wunderlicherweise die Kirchenmänner Laktanz, Hieronymus und Augustinus, die sich in Rhetorikschulen hätten ausbilden lassen, als Zeugen an. Was natürlich nicht überraschen kann, da die Erwähnten in ihrer Jugend eine antik-klassische Schulausbildung als Voraussetzung für ihre steile Karriere erhalten haben und sich erst später dem antiken Weltbild entgegenstellen.

Der österreichische Byzantiniker Otto Mazal jubelt, eine „Sternstunde" sei der Umzug der Literatur hinter Klostermauern gewesen. Man könne „die Rolle der christlichen Spätantike für die Entstehung des mittelalterlichen Europa nicht hoch genug schätzen", es sei „durch das christlich-kirchliche Erbe zu eigenen Kräften gebracht worden".[349] Und so verwundert es nicht weiter, dass das Kapitel „Buchkultur" seines Frühmittelalter-Werkes auf fast sechzig Seiten ausschließlich die Entwicklung der Bibel behandelt. Eine andere Buchkultur gibt es offenbar in der christlich-mittelalterlichen Epoche nicht. Im gewissen Sinne hat Mazal ja auch recht.

Der Jubelchor wird von zwei Historikern gekrönt. Hermann Aubin erkennt, das Christentum habe praktisch den gesamten Staat, nebst Zivilisation und Kultur, ins Mittelalter gerettet: „Von der hohen Überlieferung der Staatspraxis und der Rechtsordnung oder dem reichen Besitz an Wissenschaft, Dichtung und Kunstformen [hat] die Kirche eine Fülle von Teilstücken antiken Lebens auf ihre Schultern" genommen.[350] Friedrich Prinz

347 E. Bickel, Geschichte der römischen Literatur, 1937, S. 12.

348 P. Klopsch, Überlieferung der lateinischen Literatur, 2003, S. 67/84.

349 O. Mazal, Frühmittelalter, 2003, Bd. 3/1, S. 228/229; Bd. 1, S. 9.

350 H. Aubin, Vom Absterben antiken Lebens, in: P.E. Hübinger, Kulturbruch oder Kontinuität, 1968, S. 211. L. Buzas meint, die Literatur habe sich in das „schützende Exil" der Klöster zurückgezogen (Bibliotheksgeschichte, 1975, S. 2). Engels/Hofmann glauben, dass „die Bistümer die intellektuelle Bildung in ihre Verantwortung" übernommen hätten und „die Kirche sich genötigt

schließt sich einem Kollegen weitgehend an und urteilt in einem Vortrag an der Katholischen Akademie in Bayern: „Es gehört zu den erstaunlichsten Paradoxien der Weltgeschichte, daß gerade Kirche und Mönchtum [...] die wichtigsten Übermittler [...] wurden. War es der lebendige ästhetische Reiz derselben, der ihr [Bücher] Überleben in Klosterbibliotheken ermöglichte oder war es die nun mehr freiere Geisteshaltung des Mittelalters gegenüber einer vergangenen Kulturtradition, die das siegreiche Christentum nicht mehr als bedrohlich bekämpfen mußte? Auf jeden Fall kam es zu einer geradezu lustvollen Übernahme des sehr weltlichen, antiken Erbes, das man einst als teuflische Gegenwelt auszutilgen versucht hatte."[351]

Aber das ist reine Schönfärberei vor katholischem Publikum, fern aller belegbaren Fakten und Zahlen, bestenfalls und mit Vorbehalt belegbar für die Zeit nach 1200, als die im Westen weitgehend beseitigten antiken Texte aus byzantinischen und arabischen Quellen nach Mitteleuropa strömen. Schon alleine der von Prinz zitierte Antagonismus zwischen einer als „teuflische Gegenwelt" diffamierten Literatur und einem angeblich neu entdeckten „lebendigen ästhetischen Reiz" muss Misstrauen wecken, zumal der Index verbotener Bücher von Jahr zu Jahr wächst. Im Übrigen widerlegt sich Prinz selbst, wenn er an anderer Stelle schätzt, dass „90 Prozent der frühmittelalterlichen Handschriften, die in Europa verbreitet, abgeschrieben, kommentiert und weitergegeben wurden, kirchlichen Inhalts waren".[352] Bei einem durchschnittlichen Bücherbestand einer frühmittelalterlichen Klosterbibliothek von rund 300 Titeln wären damit dreißig Bücher nichtkirchlichen Inhaltes und diese wenigen Werke beschäftigen sich vor allem mit Ackerbau und Viehzucht und nicht mit Euripides oder Cicero.

---

sah", die Schulbildung zu übernehmen (Spätantike, 1997, S. 603-606). O. Gigon spricht von der „Entschlossenheit und Liberalität, mit der das Christentum sich bereitgefunden hat, den Bestand der antiken, vorchristlichen Literatur unter seinen Schutz zu nehmen" (Antike Kultur und Christentum, 1966, S. 181; das Buch ist ein vorurteilsüberladener, unwissenschaftlicher Hochgesang auf die Überlegenheit des Christentums) und Kappelmacher-Schuster glaubt erkennen zu können: „Als mit dem Einfall der germanischen Völkerstämme [...] die gesamte überlieferte Literatur der Vernichtung anheimgegeben schien, da breitete das Christentum seine Hände schützend über die Schätze der Welt" (in: O. Walzel, Handbuch der Literaturwissenschaft, S. 439).

351 F. Prinz, Europas geistige Anfänge, Zeit-Online (Zeit.de/reden/Gesellschaft/200229_prinz/seite 3, Zugriff 10.10.2011)..

352 F. Prinz, Von Konstantin zu Karl dem Großen, 2000, S. 496.

Lösen wir uns von solchen Geschichte verformenden Meinungen und vergleichen einmal die Bestände antiker und frühmittelalterlicher Bibliotheken. Während die zahlreichen öffentlichen Bibliotheken des vierten Jahrhunderts noch einen nach Hundertausenden zählenden Bücherbestand aufweisen, je Bibliothek wohlgemerkt, verfügt die Klosterbibliothek Vivarium (Cassiodor) aus dem ausgehenden sechsten Jahrhundert nur noch über etwa einhundert „Heilige Schriften" und rund fünfzig Profanschriften.[353] Die im Jahre 724 gegründete Reichenauer Klosterbibliothek, die zur damaligen Zeit als eine der umfangreichsten des lateinsprachigen Abendlandes gilt, verfügt nach einem Bestandsverzeichnis des Jahres 822 über gerade einmal rund 450 Bücher,[354] davon nur wenige Exemplare wissenschaftlichen oder technischen Inhalts. Bei letzteren handelt es sich um einige Gesetzestexte, Grammatiken von Donatus und Alkuin, eine mathematische Schrift von Boethius, Plinius' *Naturgeschichte* und wenige poetische Werke von Juvenius und Seduleus. Griechische Tragödien, Cicero oder gar einen antiken Philosophen suchen wir vergebens. Und für die Klosterbibliothek Fulda stellt der Altphilologe Franz Brunhölzl fest, könne man keinen einzigen antiken Autor für die Zeit vor 800 nachweisen.[355]

Anhand der Bibliothekskataloge kann also nachgewiesen werden, dass nahezu die gesamte antike Literatur verworfen worden ist. Lediglich ein geringer Anteil in einer Größe von weniger als einem Prozent hat Chancen zu überleben, vorausgesetzt, die ausgewählten Klassiker dienen dem Klerus. So wird Platon von Augustinus wegen seiner Ideenlehre und weil bei ihm alles ein wenig vage und mystisch bleibt, gelobt: „stellen wir [ihn] über die anderen und geben zu, dass sie [Platon u.a.] uns am nächsten stehen".[356] Auch Platons Kollege Aristoteles ist der Religion von Nutzen. Bei ihm ist alles klar und deutlich. Er gibt dem Denken Halt und Struktur und ist ein Vorbild für Empiriker, die überall Gottes Walten erkennen. Noch mehr lässt

353 Katalog von A. Franz, Cassiodorius, Breslau 1872, zit. nach: Cassiodor, hrsg. von W. Bürsgens, 2003, Bd. 2, S. 488ff. Bekannte Namen der antiken Literatur tauchen selten und mit wenigen Werken auf.

354 Reginbert-Bibliothekskatalog (Reginbert war 28 Jahre lang Bibliothekar in Reichenau und starb 846). Vgl. A. Holder, Die Reichenauer Handschriften, Bd. 3: Register – Grundstock der Bibliothek – Die alten Kataloge, Leipzig 1918, ND 1973. Holder nennt 415 Bücher, H. v. Schubert 450 (1921, S. 722).

355 F. Brunhölzl, Geschichte der lateinischen Literatur des Mittelalters, 1975, Bd. 1.

356 Augustinus, Gottesstaat 8,9

sich der römische Philosoph Seneca für Beweiszwecke und zur Exegese heiliger Schriften instrumentalisieren. Seneca hat ein ganzes Buch *Über die Wohltaten* geschrieben und sich als Wohltäter der Menschen bekannt: „Wodurch sind wir sicher, wenn nicht durch den Austausch von Wohltaten und dadurch, dass wir uns wechselweise gute Dienste leisten?“ An anderer Stelle macht sich Seneca Gedanken *Vom glückseligen Leben* und erkennt, das höchste Gut sei „ein ruhiges Handeln, reich an Menschenliebe und Rücksicht für die, mit denen man lebt“. Die Lehren des Heiden Seneca sind also ein idealer Steinbruch, um die christliche Morallehre mit Argumenten, Worten und Metaphern zu unterstützen, so dass im vierten Jahrhundert sogar ein angeblicher Briefwechsel Senecas mit Paulus zirkuliert. Und auch Ambrosius setzt sich unter dem Titel *De officiis* mit dem gleichnamigen Werk Ciceros auseinander und übernimmt dessen Kardinaltugenden und die sich daraus ergebenden Pflichten zur Entfaltung der christlichen Morallehre, ohne allerdings zu vergessen, die Wahrheitsfindung des Heiden Cicero und dessen heidnische Ethik schlechthin zu verwerfen.[357]

Selektierte Bestände

Kennzeichen frühmittelalterlicher Klosterbibliotheken ist also die Selektion. Es geht um gezielte Auswahl von Texten, die christlichen Anforderungen dienlich sind. Bischof Basilius von Caesarea (330-379) rät daher, die antiken Autoren als Stichwortgeber für christliche Argumentationen zu nutzen und empfiehlt in seiner Schrift *Ad adolescentes*, Mahnwort an die Jugend, über den nützlichen Gebrauch der heidnischen Literatur: Es gehe darum, die antiken Autoren wie eine Biene beim Honigsammeln zu nutzen: „Wollen wir klug sein, dann eignen wir auch aus jenen Schriften nur das uns Passende [...] an, übergehen aber das andere.“[358] Kyrill (um 380-444), ein fanatischer Eiferer, berüchtigt für seine undurchsichtige Rolle anlässlich der Ermordung der letzten Mathematikerin und Philosophin Hypathia,

357 M. Becker, Die Kardinaltugenden bei Cicero und Ambrosius: De officiis, 1994.

358 Basilius, Ad adolescentes de legendis libris gentilium 3. Der Philologe W. Jäger nennt die Schrift die „Magna Charta aller christlichen höheren Bildung“ (Das frühe Christentum und die griechische Bildung, 1963, S. 60; Interpretationen von R. Klein, 1999, S. 617-637; K. Döring, Vom Nutzen der heidnischen Literatur für eine christliche Erziehung, 2003, S. 551-567).

ergänzt das Bienen-Gleichnis: „Wenn wir schon die griechischen Schriften benaschen – um Julians Worte zu gebrauchen – obwohl wir viel Frevel in ihnen finden, so bewundern wir doch wirklich inniger die heiligen und göttlichen Sermonen.“[359] Und Augustinus lehnt in seiner Lehrschrift *De doctrina christiana*, von dem französischen Kirchenhistoriker Henri I. Marrou als „charte fondamentale de la culture chrétienne“ bezeichnet,[360] zwar die antik-heidnische Bildung als irreführend und schädlich für die Seele ab, aber, so meint er, sie biete auch gute und brauchbare Erkenntnisse für eine wahre christliche Bildung. Man müsse eben die Spreu vom Weizen trennen. Später wird Augustinus bedauern, in früheren Jahren dem Studium der antiken Wissenschaften so viel Raum eingeräumt zu haben (*Retractationes*).

Die Strategie, die antiken Autoren nach ihrer Nützlichkeit zu selektieren, ist nicht gänzlich unumstritten. Es gibt schüchterne Versuche, das antike Schriftgut wenigstens teilweise zu retten. So formuliert Cassiodor, *magister officiorum* der Gotenkönige, eine Art Kombination von Außen- und Innenministerium, um 562 n.Chr. eine als liberal einzustufende Leitlinie für das von ihm in einem entlegenen Winkel Italiens, an der ionischen Küste Kalabriens, gegründete Kloster Vivarium: „Damit aber denen, die keine weltlichen Studien genossen haben, nicht etwas fehle, glaubte ich [...] sowohl an die Künste als auch an die weltlichen Wissenschaften erinnern zu müssen. So sollte den schlichten Männern auch die Kenntnis der weltlichen Wissenschaften hilfreich sein, die [...] bekanntlich aus der Heiligen Schrift hervorgegangen sind.“[361]

Nach Cassiodor umfasst der Katalog für die Grundausstattung der Klosterbibliothek Vivarium die heiligen Schriften, gefolgt von theologischen Werken und der klassischen Literatur der damaligen Wissenschaften, den „Sieben freien Künste“ (*artes liberales*).[362] Das hört sich allumfassend an, ist aber mit Blick auf den schmalen Bestand der Klosterbibliothek von

359 Kyrill v. Alexandria, Gegen Julian, 7. Laktanz weist in einer blumigen Umschreibung auf die Bedeutung der Dichter hin (Divinae institutiones 3-4;13).

360 H. I. Marrou, Augustinus und das Ende der antiken Bildung, 1938.

361 Cassiodor, Institutiones 1,21. Die Vorstellung, dass die griechischen Schriften ihre Wurzeln letztlich in den Werken Moses’ hätten, ist in den ersten frühchristlichen Jahrhunderten entstanden (Justin meint, die griechische Philosophie sei aus dem AT entwachsen).

362 Buch 2 der *Institutiones* bespricht Grammatik, Rhetorik, Dialektik, Arithmetik, Musik, Geometrie und Astronomie.

wenigen hundert Codices herzlich wenig. Aber in diesen Zeiten braucht es nicht geringen Mutes, wenigstens Restbestände antiker Literatur zu sichern, da in den Augen strenger Frommer alles, was zum weltlichen Studium gehört, überflüssig, ja schädlich, kurzum „Afterweisheit" ist, mit der man sich nicht beflecken dürfe. Vermutlich deshalb schreibt auch derselbe Cassiodor an anderer Stelle: „Welch glückliches Unterfangen, welch löblicher Eifer [...] gegen des Teufels Einflüsterungen mit Schreibrohr und Tinte zu kämpfen."[363] Und auch seine biblischen Zahlenspekulationen zu Beginn der *artes liberales* (Buch 2) deuten darauf hin, dass er seiner Literaturfreude ein religiöses Mäntelchen umhängen muss, um die ausgewählten Klassiker wenigstens in Form kurzer Beschreibungen ohne Konflikte mit der kirchlichen Realität erwähnen zu können.

Cassiodors Mut wird nicht belohnt, seine Liberalität und sein Kloster werden nicht überleben. Möglich, aber nicht nachweisbar ist, dass Papst Gregor I., ein Feind der alten Bildung, das Kloster Ende des sechsten Jahrhunderts auflöst.[364] Denn Gregor schätzt die antike Kultur ebenso wenig wie die Schriften heidnischer Autoren: Sie seien absolut unwichtig und verabscheuungswürdige Produkte ungläubiger Schreiberlinge. Liberales Denken und dogmatisches Wahrheitsbewusstsein des Papsttums passen in dieser Zeit eben nicht zusammen.

Isidor von Sevilla (560-636), Autor einer bis weit in das Mittelalter hoch angesehenen Bibel-Exegese – „Noah baute im 500. Lebensjahr die Arche" (Chron. 1,5) – scheint der zweite Leuchtturm im Meer christlichen Literatur-Unverständnisses zu sein. In seiner enzyklopädischen *Etymologiae* versucht er, das Wissen der Zeit in Schlagworten zusammenzustellen. Aber ein solches für den internen Klostergebrauch geschaffenes Kompendium, meist aus zweiter oder dritter Hand zitiert und mit absonderlichen Wortdeutungen durchsetzt, ist natürlich kein Beleg für eine aufgeschlossene Haltung, insbesondere dann nicht, wenn der Autor die antiken Werke

363 Cassiodor, Institutiones 1,30,1. Cassiodor lobt die Kopisten, die „mit flinkem Rohr des Himmels Worte schreiben und des Teufels Bosheiten vernichten". Dies kann als Hinweis verstanden werden, dass die Kopisten nicht nur brav abschreiben, sondern im gleichen Zuge Unpassendes löschen. Es kann daher nicht genug davor gewarnt werden, Kirchengeschichten und Texte kirchlicher Autoren zur Grundlage historischer Betrachtungen zu machen. Dies geschieht im Falle Kaiser Konstantins I. (reg. 306-337) im erheblichen Umfang und hat die deutsche Nachkriegs-Konstantinforschung vergiftet.

364 Letztmalig wird das Vivarium in einem Schreiben Papst Gregors des Jahres 598 erwähnt (Brief 8,32).

nicht nur katalogisiert, sondern deren Wert an ihrer Nähe zu christlichen Positionen, also an Unsterblichkeit, Auferstehung des Fleisches und am Trinitätsdogma, misst. Dennoch darf man Isidor als eine Größe in einer geistig verarmenden Welt bewerten. Seine sparsamen, lexikalischen Stichworte sind Erinnerungen, die auf die verstümmelten Bildungsinhalte der Antike hinweisen. Das Spolienhafte gibt Kunde von einer weitgehend versunkenen geistigen Epoche, die durch das schmale Fenster isidorisch-etymologischen Sammlerfleißes im Blickfeld späterer Zeiten bleibt.

Jedenfalls endet mit Cassiodor und Isidor der Versuch, antike Wissenschaftlichkeit und Christentum in einer christlichen *universitas litterarum* zu vereinen. Es werden zwei Zeugen benannt, der eine in Italien, der andere in Spanien ansässig, der erste aus dem sechsten Jahrhundert, der zweite aus dem siebten, um den Anspruch zu rechtfertigen, es sei unzulässig, von einer „dunklen Epoche“ zu sprechen, vielmehr hätten die antiken Bücher „Zuflucht in den Klöstern“ gefunden, das Klosterleben habe die römische Literatur in ihre „Obhut“ genommen.[365] Zwei Zeitzeugen, keineswegs anerkannte Text-Autoren, eher Enzyklopädisten, werden aufgeboten, um die christliche Kirche vom Vorwurf des vorsätzlichen Bücher-Vandalismus freizusprechen. Zwei Autoren, durchaus mit Aversionen gegen die klassische Bildung, gegen Waschkörbe voller diskriminierender Schmähungen der antiken Klassiker.

Aber selbst das Wenige ist noch umstritten. Vor allem asketisch orientierte, häufig den unteren Bildungsschichten entstammende Mönche rituell, formell und faktisch als Pariagesellschaft von der sozialen Umwelt geschieden, widersetzen sich dem Studium der antiken Literatur, dem „Hort heidnischen Unglaubens“ und gefährlicher Mythologien. Viele Klöster sind ja in Distanz zur öffentlichen Kirche gegründet worden, weil letztere nach Auffassung der Mönche die Heilslehre nicht radikal genug vertrete. In einigen christlichen Kreisen, schreibt der britische Kulturhistoriker Peter Watson, „erregte schon das schiere Vorhandensein von Büchern (Traktaten) tiefstes Misstrauen – da sie mit Falschaussagen angefüllt sein konnten, die womöglich von finsteren Kräften eingeflüstert worden waren“.[366] Noch im 15. Jahrhundert gibt der Dominikaner Savonarola (1452-1498) dieser literaturfeindlichen Grundhaltung Ausdruck: Er besteht darauf, dass höchstens einige ausgewählte Köpfe sich mit den weltlichen Wissenschaf-

365 E. Bickel, Geschichte der römischen Literatur, 1937, S. 12; O. Mazal, Frühmittelalter, Bd. 3/1, 2003, S. 228.

366 P. Watson, Ideen, 2008, S. 403.

ten beschäftigen dürften, um die Ketzer zu widerlegen, alle übrigen aber sich nach dem ersten Studium der Grammatik sofort den heiligen Schriften zuwenden sollten. Das Volk solle sich im Übrigen mit der mündlichen Verkündung der „geoffenbarten Wahrheiten" von der Kanzel herab begnügen.[367] Ein wohlfeiler Ratschlag, da ja ohnehin kaum einer lesen und schreiben kann und unliebsame Bücher sich auf einem Index verbotener Bücher wiederfinden.

Statt Klassiker ein Meer der Kirchenliteratur

Den Bücherverdammungen und Verbotslisten steht eine ungeheure Masse kirchlicher Literatur gegenüber. Wenn der bereits mehrmals zitierte Historiker Friedrich Prinz schätzt, dass 90 Prozent der frühmittelalterlichen Handschriften kirchlichen Inhalts gewesen seien,[368] dann sind die verbleibenden zehn Prozent nicht-kirchlicher Literatur nicht etwa geisteswissenschaftlichen oder säkular-poetischen Themen vorbehalten, sondern weisen ein weites Allerwelts-Spektrum auf. Sie behandeln medizinische, agrar- und bautechnische, militärwissenschaftliche, historische und philosophische Themen, aber kaum Werke antiker Klassiker.

Stattdessen überfluten sich Klerus und Klöster gegenseitig mit einer unüberblickbaren Anzahl redundanter theologischer Kommentare und Briefesammlungen der „Kirchenväter", reichlich garniert mit schaurigen Berichten über die Leiden von Krämerseelen, die für ihre Opfer himmlischen Lohn erwarten: Märtyrer, deren breitgetretene Tragödien wie Familiensilber im Hausstand der Kirche gehütet werden und die, bei Lichte betrachtet, sich nur unwesentlich von den islamischen Glaubenskämpfern unterscheiden, die ihr Leben für die Religion hinzugeben bereit sind. Der Altphilologe Paul Klopsch wundert sich: „Überhaupt wird jeder, der zum ersten Male einen mittelalterlichen Bibliothekskatalog zur Hand nimmt, erstaunt sein über das erdrückende Übergewicht [der christlichen] Literatur, angefangen bei Bibeln und Messtexten bis hin zu den Hauptwerken der

367 „Hören sollt ihr, aber nicht einsehen" (Jesaia 6,9); vgl. auch R. Klein, Roma versa peraevum, 1999, S. 634, Fußnote 37 mit Quellennachweis.
368 F. Prinz, Von Konstantin zu Karl dem Großen, 2000, S. 496.

großen Kirchenlehrer Augustinus, Hieronymus, Gregor dem Großen und den Heiligenviten."[369]

Die groteske Überproduktion christlich-kirchlicher Werke wird uns anhand einer Textsammlung aus dem 19. Jahrhundert vor Augen geführt: Abbé Jacques Paul Migne gibt zwischen 1844 und 1866 eine Sammlung der Texte der „Kirchenväter" heraus, *Patrologiae cursus completus*, fast vierhundert großvolumige Bände, die eine ganze Bücherwand füllen können, mehr als einhunderttausend Seiten lateinischer und griechischer Texte, eine beeindruckende editorische und verlegerische Fleißarbeit, wie sie wohl nur im 19. Jahrhundert letztmalig möglich gewesen ist. Stellt man diesem religiösen Textgebirge die wenigen Meter überlieferter Klassiker aus tausend Jahren Antike gegenüber, die *alle* philosophische, pragmatische und wissenschaftliche Gebiete der damaligen Zeit abdecken, dann wird sichtbar, welches Literaturdrama sich im fünften bis siebten Jahrhundert im christlich-kirchlichen Abendland abgespielt hat.

Es ist deshalb reichlich unverständlich, dass Historiker immer noch die wirklichkeitsfremde Hypothese aufstellen, ausgerechnet die christlichen Institutionen, die sich durch eine unnachsichtige Verurteilung der paganen Literatur und spätestens ab dem sechsten Jahrhundert (Justinian) durch jakobinischen Gesinnungseifer einen Namen gemacht haben, hätten sich als Gralshüter der paganen Literatur ausgezeichnet und der antiken Literatur „Zuflucht", „schützendes Exil" und „Obhut" gewährt.[370] Diese Hypothese widerspricht nicht nur den massenhaft überlieferten Äußerungen damaliger Kirchenführer und den nachweisbaren Zerstörungen durch Verbrennen

369 P. Klopsch, „Überlieferung", in: Der Neue Pauly 15,3, 2003, Sp. 720.

370 H. Brandt: Von „überragender Bedeutung für die Vermittlung, Weitergabe und Weiterleben der antiken Kultur [ist] die christliche Kirche gewesen" (Das Ende der Antike, 2001, S. 106). A. Demandt erkennt im berüchtigten *Hexenhammer* des Jahres 1487 „ein Erbe der Antike" (!), der Bruch des Christentums mit der Antike sei „Voraussetzung für den Aufstieg Europas" gewesen (Spätantike, 2008, S. XIX; 487; 505). P.E. Hübinger: „Die leitenden Werte des Christentums aber und seine [...] Kulturleistung [...] für die Tradierung des antiken Erbes werden heute kaum noch bestritten" (Spätantike und frühes Mittelalter, 1959, S. 23). P. Stockmeier: „Imponierendes Bild der Geschlossenheit" von Glauben und griechischer Paideia (Glaube und Paideia, 1967, S. 432-452). C. Markschies: Die Christen hätten sich „mit dem Verzicht auf den Glauben einer unmittelbar bevorstehenden Wiederkehr des Herrn" zunehmend den Wissenschaften geöffnet (Zwischen den Welten wandern, 1997, S. 39).

und Überschreiben alter Texte (Palimpsestieren), sondern auch den alsbald aufgelegten Verbotslisten der Kirche, die im sechsten Jahrhundert mit dem *Decretum Gelasianum* geboren werden. In dieser Pogrom-Liste werden in einem ersten Schritt sechzig Werke als „apokryph" verdammt und etwa vierzig antike Autoren verfemt. An der Spitze der verdammten Schriften stehen natürlich die Beschlüsse der Arianersynode von Ariminum (359), deren Verdammung *ex tunc et nunc et in aeternum* bekannt gegeben wird. Das Dekret ist Vorläufer des berüchtigten *Index librorum prohibitorum*, der in seiner 32. Ausgabe im Jahre 1966 rund viertausend Titel umfasst, u.a. Kants *Kritik der reinen Vernunft*, das 1827 vom Vatikan auf das Verzeichnis verbotener Bücher gesetzt wird, aber auch Descartes, Montesquieu, Voltaire, Rousseau, David Hume, Spinoza, John Locke, Casanova, Sade, Madame de Staël, Stendhal, Balzac, Victor Hugo, Gustav Flaubert, Alexander Dumas, Emile Zola, Heinrich Heine, Ranke, Schopenhauer, Nietzsche, Goethe und Jean Paul Sartre finden sich auf dieser Liste wieder, die einer geistigen Ruhmeshalle gleicht.

14 Philosophen: Blinde und Wahnsinnige

Unter den vielen Feinden, deren sich die spätere „katholische" Kirche erwehren muss, sind zwei ganz besonders übler Art: Häretiker und Philosophen. Die Häretiker, eigentlich christliche Brüder, in den Augen der Konservativen jedoch Ehebrecher, werden im gesamten vierten Jahrhundert als die gefährlichsten Feinde der christlich-trinitarischen Konfession angesehen. Tertullian (gest. um 220) grenzt seine Lehre von häretischen Unwahrheiten radikal ab und beschimpft seinen innerchristlichen Gegner Marcion: Ein „Unverschämter, Heuchler, Fälscher, Giftspeier, Verrückter, Strauchdieb, Antichrist" sei er, und nichts sei „barbarischer und kläglicher, als dass Marcion hier geboren wurde, abscheulicher [...] wankelmütiger [...] unmenschlicher [...], aggressiver als eine Amazone, dunkler als eine Wolke, kälter als der Winter, zerbrechlicher als Eis, falscher als die Donau, schroffer als der Kaukasus, lästiger als die barbarischen Tiere, die dort leben, ist Marcion. Gibt es einen Biber so verschnitten wie diesen Mann, der die Ehe abschaffte?"[371]

Arius, seit dem Konzil von Nicäa (325) erfolgreicher Gegenspieler der Trinitarier,[372] wird nach allen Regeln der Schlammschlacht in Misskredit gebracht. Die Schubladen, in die gegriffen werden, sind die untersten. Der streitbare Bischof von Alexandria, Athanasius, beschreibt die Arianer als „Betrüger", „gottlose Possenreißer" mit weibischem Charakter, die eine „übelriechende Torheit" verbreiten.[373] Die Arianer, so meint er, seien „voller Niedertracht und Ruchlosigkeit, „ohne Anstand und Würde [...], sie wälzen sich wie Schweine und Hunde in ihrem eigenen Auswurf und

---

371 Tertullian, adversus Marcionem, Zusammenfassung, „Biber" in 1,1.

372 Zum Erfolg der Arianer vgl. R. Bergmeier, Kaiser Konstantin und die wilden Jahre des Christentums, 2010, Kapitel 1.

373 Athanasius, orationes contra Arianos 1. Die 1. Rede ist eine über 64 Kapitel gehende, nicht enden wollende Exegese über die Dreifaltigkeit. Die Schmähungen sind über den gesamten Text verteilt.

Kot".[374] Theodoret, Kirchenhistoriker des fünften Jahrhunderts, folgt dem großen Athanasius und kennzeichnet christliche Häretiker als „Aussatz". Er wirft ihnen vor, „die ausgestreute böse Saat genährt und großgezogen [zu haben]. Die Bithynier Eusebius und Theogonius [...] und einige andere aus Thracien, die nur durch ihre Schlechtigkeit berühmt geworden sind, haben dem Samen des Unkrautes [...] fortwährend Feuchtigkeit und Wärme zugeführt."[375]

Gleichermaßen erfreuen sich die Philosophen, Sachwalter der Vernunft und Konkurrenten der Kirche in Fragen der Wahrheit, besonderer Aufmerksamkeit der gar nicht mehr so jungen Kirche. Sie sind derart gefährlich, dass die *Apostolischen Konstitutionen* (4. Jahrhundert) ihnen ein ganzes Buch „Über die falsche Weisheit der Philosophen" und weitere Kapitel „Über die Dummheit" derselben widmet.[376] Schon Paulus, genialer Erfinder der ruinösen Erbsünde,[377] erklärt Jesus zum Feind der Philosophie: Die „Weisheit dieser Welt" ist eine „Torheit vor Gott", „vernichten will ich die Weisheit der Weisen und den Verstand der Klugen verwerfen".[378] Sein Zeitgenosse Matthäus unterstützt Paulus in dessen Abneigung gegen allzu viel Intelligenz: Selig seien die Armen im Geiste, denn das Himmelreich gehöre ihnen.[379] Das sind starke Worte, eigentlich theologischer Unsinn, denn wenn der Mensch ein Ebenbild Gottes ist, dann müsste im Umkehrschluss gefolgert werden, dass der im „Himmelreich" residierende Schöpfungsgott ebenfalls „arm im Geiste" ist. Das ist natürlich auszuschließen. Aber die Frage bleibt dennoch, warum Gott angeblich den Fischer dem Philosophen vorzieht, warum er überhaupt den freien und wachen Geist in den Menschen implementiert, wenn er anschließend den „Verstand der Klugen" verwirft?

Und da das alles wenig Sinn ergibt, könnte der Historiker geneigt sein anzunehmen, die weniger beschlagenen Apostel und Jünger hätten sich mit solcher Argumentation gegenüber den überlegenen, weltgewandten, römischen Rhetorikern und zweisprachig Gebildeten des Imperium Romanum einen Nischenplatz der Anerkennung erwerben wollen, die Abneigung der

374 Athanasius, orationes contra Arianos 2,1.

375 Theodoret, Kirchengeschichte 5,7.

376 Apostolische Konstitutionen, Buch 3; Buch 7, Kap. 40.

377 Paulus, Römerbrief 5,12 „Durch einen einzigen Menschen kam die Sünde in die Welt und durch die Sünde der Tod".

378 1 Kor 1,19; 3,19.

379 Matthäus 5,3.

frühen christlichen Kirche gegenüber den Geistesgrößen der Philosophie sei also nicht nur als unverzichtbare Abgrenzung zur überlegenen antikheidnischen Kultur zu verstehen, sondern auch tiefenpsychologisch erklärbar. Aber das können wir nicht belegen und da Paulus eine Ikone ist – besonders die Protestanten lieben den Jerusalem-Flüchtling – wird wohl alles seine Richtigkeit haben: Gott mag die Lehre der Weisheit nicht und ihre Freunde, die Philosophen, noch weniger.

Während Paulus und Matthäus noch gemäßigt, eher trotzig-fromm gegen die „Weisheit der Welt" argumentieren, schleudert einhundert Jahre später Tertullian der Philosophie eine schroffe Anklage ins Gesicht: Verfälscher der Wahrheit seien die Philosophen, „dreiste Deuter der Natur Gottes". Philosophie sei der Quell aller Ketzerei, aus dem antiken Kulturraum kämen nur unersprießliche Untersuchungen und krebsartig fortschreitende Reden. „Wenn wir glauben, so wünschen wir über das Glauben hinaus weiter nichts mehr." Untersuchungen zum Glauben selbst, mahnt Tertullian, seien allerdings nur soweit gestattet, als sie ohne Verletzung der Glaubensregel geschähen.[380]

Tertullian arbeitet noch sieben Gegensätze heraus, warum Christen und Philosophen gegensätzliche Wesen, ja Feinde, sein müssten, macht Platon madig und nennt dessen Philosophie „eine Gewürzkiste aller Häresien", stellt das Christentum „hoch über die Philosophie",[381] trumpft in völliger Umkehr der Logik mit einem absonderlichen *credo quia absurdum* auf, gerade weil es wider der Vernunft ist, glaube ich,[382] und steigert seine Invektiven schließlich zum großen Finale: „Was hat also Athen mit Jerusalem zu schaffen, was die Akademie mit der Kirche, was die Häretiker mit den Christen? Unsere Lehre stammt aus der Säulenhalle Salomos."[383] Damit steht für Tertullian fest, dass die Philosophie vom Teufel ist und die Philosophen Erzväter der Ketzer sind. Seine Lieblingsgläubigen, so könnte man meinen, seien *simplices, imprudentes et idiotae*; so nennt Tertullian die Zuhörer, die seinen Predigten kaum zu folgen vermögen.[384]

380 Tertullian, De praescriptione haereticorum 7/12.

381 Tertullian, Apologeticum 46.

382 Tertullian, De carne Christi 5: „Gestorben ist Gottes Sohn; es ist ganz glaubhaft, weil es ungereimt ist. Und begraben, ist er auferstanden: es ist gewiss, weil es unmöglich ist."

383 Tertullian, De praescriptione haereticorum 7.

384 Tertullian, Adversus Praxean 3 („Die einfachen Menschen, um nicht zu sagen, die Dummen [...] bilden die Mehrheit der Gläubigen"). Tertullian an anderer

Weitere einhundert Jahre später überhäuft der Kirchenhistoriker Laktanz (gest. um 325) in seinen Werken die Philosophie mit polemischen Schmähungen. In seinen „Göttlichen Unterweisungen“ kippt er ganze Kübel von Injurien über die antike Philosophie aus. Blind und wahnsinnig seien alle Philosophen, bettlägerige Kranke, weil sie das höchste Gut der Menschen, den christlichen Gott, nicht zu erkennen vermögen. Kaum ein Philosoph hätte in seinem Leben etwas Lobenswertes getan.[385] Gleichermaßen derb geht Hieronymus (gest. 420), obwohl klassisch hochgebildet, mit der Philosophie ins Gericht: Platons Lehren seien töricht und die Gedankengänge des Aristoteles unnütz. „Was hat Horaz mit dem Psalter zu tun?“, fragt er anklagend, „was Vergil mit dem Evangelium, Cicero mit dem Apostel?“ Beim jüngsten Endgericht werde der dumme Platon, *stultus Plato cum suis discipulis*, verspielt haben. Celsus, Porphyrius und Kaiser Julian seien *rabidi adversus Christum canes*, reißende Hunde.[386] Schon der Gedanke, sich mit der heidnischen Philosophie einzulassen, lässt Hieronymus, der im staubtrockenen Wüstenexil durch Abtötung aller Sinnlichkeit wiedergeboren zu werden sucht, sich wie vor dem Leibhaftigen bekreuzigen und ängstigen, von Gott angeklagt zu werden, ein „Ciceroner“ zu sein.[387]

Da mag Ambrosius, in der zweiten Hälfte des vierten Jahrhunderts Bischof von Mailand, nicht nachstehen und erklärt in seiner Trauerrede anlässlich des Todes von Kaiser Theodosius (395) die gesamte Philosophie pauschal zum „Irrwahn“.[388] Und schließlich bringt der apostolische Legat Leo, Abt von St. Bonifaz, die Sache mit den Philosophen auf den Punkt: „Der Stellvertreter Petri und seine Schüler wollen [...] weder Plato noch Vergil noch Terenz, noch das übrige Philosophenvieh haben [...] Denn Petrus wußte von dergleichen nichts, und doch wurde er zum Pförtner des Himmels bestellt. [...] Es steht geschrieben: ‘Die Einfältigen der Welt erwählten Gott, um die Mächtigen zu beschämen.’ Und vom Weltbeginn an hat Gott

Stelle: „anima simplex et rudis et impolita et idiotica“ sei der „anima in scholis formata, bibliothecis exercitata, academiis et porticibus Atticis pasta“, also den „in Schulen Gebildeten, in Bibliotheken Bewanderten, in den Akademien und attischen Säulenhallen geistig Gespeisten“ vorzuziehen (De testimonio animae).

385 Laktanz, Divinae institutiones, 3 „Von der falschen Weisheit der Philosophen“, Kap. 8, 9 und15.

386 Hieronymus, Briefe 14,14 und 22,29; Brief 50,5,5; 14,11,1; De viris illustribus, praef.

387 Hieronymus, Brief 22,30.

388 Ambrosius, de obitu Theodosii oratio 51.

nicht die Philosophen und Redner, sondern die Illiteraten und Ungebildeten erwählt.“[389] Isidor von Sevilla schließt die Philosophenschelte mit einem besonders geistvollen Kommentar vorläufig ab: Epikur und die Epikuräer seien *philosophi porcum*, Schweinephilosophen, und die Kyniker paarten sich *ut canes in vicis et plateis*, wie Hunde in aller Öffentlichkeit.[390]

Augustinus. Der letzte antike Philosoph?

Geboren 354, nach einer wechselvollen und wenig frommen Jugend zum Bischof von Hippo (Nordafrika) ernannt, scheint der „heilige“ Augustinus das Gegenteil der „Illiteraten und Ungebildeten“ zu sein. Der katholische Theologe Hans Küng meint, Augustinus sei ein „bedeutender lateinischer Philosoph“ gewesen. Franz Schupp ergänzt, Pascal, Descartes, Spinoza und Leibniz seien ohne Augustinus nicht zu verstehen und der Altphilologe Johannes Geffcken stellt Augustinus gar an die Seite Platons und Aristoteles: Er sei „der letzte ganz große Philosoph des Altertums [gewesen] und zugleich einer neuen Weltanschauung Schöpfer“.[391] Letzterem kann man mit Einschränkung zustimmen, Augustinus schafft in der Tat eine verblüffend neue Sicht in die Geheimnisse transzendenter Welten.

Nach einer wechselvollen Biographie und im unschlüssigen Taumel zwischen klassisch-griechischer Philosophie, Manichäismus und Stoizismus, nach einer Zeit der Reifung von der philosophischen Betrachtung der Dinge zur katholischen Theologie, setzt sich in Augustinus die seine Alterswerke dominierende Erkenntnis durch: „Der Glaube geht der Erkenntnis voraus“,[392] was gar nicht so weit von Tertullians „credo quia absurdum“ entfernt ist. Augustinus meint natürlich nicht jeden Voodoo-Glauben, sondern den aus seiner Sicht einzig richtigen, den christlich-trinitarischen Glauben.

---

389 Zit. nach G. Hafner, Cassiodor, ein Leben für kommende Zeiten, 2002, S. 82.

390 Isidor, Etymologiae 8,6.

391 H. Küng, Das Christentum, München 1994, S. 342. F. Schupp, Geschichte der Philosophie im Überblick, Teil 2, 2005, S. 57. J. Geffcken, Ausgang des griechisch-römischen Heidentums, 1920, S. 3. Lesenswerte Einführung in das Thema „Augustin“ bei: K. Flasch, Augustin, Stuttgart [3]2003.

392 „Fides præcedit intellectum“ (vgl. Briefe 120/122), basierend auf dem alttestamentarischen „Nisi crediteritis, non intelligetis“ (Jesaja 7,9).

Mit diesen tertullianischen und augustinischen Postulaten, die den Glauben gegen jegliche Verstandeskritik zu immunisieren versuchen und die jedem US-Prediger die unsinnigsten Schlussfolgerungen zu ziehen erlauben, wird die christliche Theologie vom vielleicht bedeutendsten Prinzip der Philosophie, vom wichtigsten Grundsatz friedlichen Zusammenlebens der Menschen, getrennt, Erkenntnisse aus empirischen Erfahrungen und logischen Rückschlüssen gewinnen zu wollen und Hypothesen nur dann als vorläufige Wahrheit anzuerkennen, wenn sie schlüssig belegt sind. Dieser wissenschaftliche Grundsatz schließt nicht den individuellen Glauben jenseits der Erkenntnisse aus, verweist Glaubenshypothesen aber in einen Bereich, der in Politik und Wissenschaft nichts zu suchen hat.

Augustinus setzt sich über solche Erfahrungen hinweg und öffnet mit dem Lehrsatz „Glaube geht der Erkenntnis voraus" der Willkür Tür und Tor. Er erwirbt sozusagen die Befähigung, tiefe Einsichten in göttliches Wollen zu gewinnen und ebenso profunde Einblicke in die dunkle Infrastruktur der Welten jenseits aller Galaxien nehmen zu können. Jedenfalls verlässt Augustinus mit diesem Leitsatz das philosophische, von Rationalität beherrschte Terrain und begibt sich mit seiner Autobiographie *Bekenntnisse* in die Unterwelt der spekulativen Dogmatik.

Diese *Bekenntnisse* sind ein burleskes Werk, in dem Augustinus in einer larmoyanten Mischung aus Gebet, Mutter-Sohn-Reflexion, Selbstbeweinung, Eigenbezichtigung, stupend-tiefsinniger und affektiv aufgeladener Frömmigkeit ein persönliches Glaubensbekenntnis zelebriert, das inhaltlich auf weiten Strecken infantile Züge aufweist. Lediglich dem elften Buch seiner *Bekenntnisse*, in dem er sich mit der Frage nach der Zeit in Gegenwart, Vergangenheit und Zukunft beschäftigt, mag man zögerlich das Attribut „philosophisch" zuordnen.[393] „Zögerlich", weil Augustinus die Wahrheit, oder besser, was er dafür hält, bereits kennt. Beseelt von der

393 M. Heidegger räumt diesem Buch höchsten philosophischen Rang ein (Des hl. Augustinus Betrachtungen über die Zeit, Rede vom 26.10.1930). Heidegger lehnt allerdings den Gott der Theologen, den er als „alten Papa mit weißem Bart, der Dinge anfertigt", glossiert, ebenso ab, wie er den Atheismus des „rechnenden Denkens" verwirft (vgl. H. Danner, Das Göttliche und der Gott bei Heidegger, 1972). Aus der schier unüberblickbaren Anzahl von Augustin-Zeit-Deutungen seien nur erwähnt: C. A. Corti, Zeitproblematik bei Martin Heidegger und Augustinus, 2006 und K. Flasch, Was ist Zeit?, ²2004. Flasch ist einer der wenigen, der Augustin nicht frömmelnd begegnet, sondern in sein historisches Umfeld erklärend hineinstellt. Zuletzt: Aurelius Augustinus, hrsg. von Norbert Fischer, 2009.

biblischen Botschaft sind Gott, Ewigkeit, Schöpfung der Welt, Moses, Adam und Eva geschichtliche Tatsachen und auf dieser schmalen Basis argumentiert er auch: Zeit und Raum können nach seiner Auffassung nicht ewig sein, weil ja nur Gott ewig ist (11,1-2); „Welt" wird nicht definiert, denn die Bibel spricht nur von „Erde"; eine evolutionäre Entwicklung der Welt ist unmöglich, weil Gott alles vor sechstausend Jahren entschieden hat (11,5-7); vor der Schöpfung hat Gott nichts gemacht, denn da gab es ja noch keine Zeit (11,14).

Zur Diskussion dieser für ihn unumstößlichen Tatsachen verwendet Augustinus Werkzeuge aus dem philosophischen Methoden-Repertoire, nutzt insbesondere für den Bereich der Ontologie neuplatonische Begriffe, erweitert die Begrifflichkeit ins Phantastische, übermalt reine Glaubensbekenntnisse mit scheinbar Rationalem und bleibt damit in Gänze der spekulativ-mystischen Behauptungsebene verhaftet. Die übrigen Kapitel der *Bekenntnisse* bemühen sich erst gar nicht, dem eigentlichen Ziel der Philosophie, der vorurteilsfreien Suche nach der Wahrheit, nahezukommen. Zumal Augustin seine Gedanken mit unterwürfigen Gebeten und Bibelauszügen unterlegt und sich damit auch stilistisch von den klassischen Philosophien entfernt. Einwände, damals sei nicht zwischen Glauben, Theologie und Philosophie unterschieden worden, sind unerheblich. Sie zeigen lediglich, in welchem Umfang im fünften Jahrhundert Philosophie bereits unter die Herrschaft der Gotteslehre gestellt worden ist und ihren eigentlichen Charakter verloren hat.

Dieser Einwand zur augustinischen „Philosophie" gilt im besonderen Maße auch für das *Handbüchlein über Glaube, Hoffnung und Liebe*, einem spekulativen, die gesamte Kirchenlehre prädestinierenden Palaver über Glaube, Liebe, Hoffnung, Schuld und Sühne. Unter Umgehung sämtlicher Einwände hinsichtlich der Nichterkennbarkeit des Unendlichen schwafelt Augustinus über die Architektur des Himmels, über Fegefeuer und Hölle, Auferstehung und Qualen: „Während der Zeit zwischen dem Tode des Menschen und seiner letzten Auferstehung befinden sich die Seelen an verborgenen Aufenthaltsorten, [...] je nachdem was sie sich während ihres Lebens im Fleische verdient haben."[394] Augustinus unterscheidet vier Klassen, die *valde boni*, die sehr Guten, die schon bei Gott sind, die *non valde boni*, die nicht ganz so Guten, die im Vorhof Gottes verweilen müssen,

394 Augustinus, Enchiridion de fide spe et caritate, Handbüchlein über Glaube, Hoffnung und Liebe, 1960, Kap. 29 „Fegefeuer, Himmel und Hölle". Das Büchlein ist ein Spätwerk Augustins (um 421).

die *non valde mali*, die nicht ganz so Bösen, und endlich die *valde mali*, die ganz Bösen, die ewig in der Hölle schmoren. Letztere dürfen aber ein wenig hoffen, denn hin und wieder lindert Gott „in seiner Barmherzigkeit" die Qualen „zeitweise oder unterbricht sie".

Nicht weniger bekannt wird Augustinus durch seinen *Gottesstaat*, einen dicken Brocken von zweiundzwanzig Bänden, eine himmlisch-irdische Staatslehre sozusagen, von Platons *Staat* unendlich weit entfernt, mit einem strengen göttlichen Verfassungsrichter und viel, viel sündigem Volk. Das Werk ist als Antwort auf das Jahr 410 zu verstehen, in dem die Goten Rom plündern. Viele, die dem alten Staatskult noch nachtrauern, führen diese Katastrophe auf den Abfall von den alten Göttern zurück und argumentieren, so lange Jupiter verehrt worden sei, habe Rom den Barbaren standgehalten. Augustinus antwortet mit dem *Gottesstaat* und versucht zu belegen, dass Rom bereits während der Herrschaft der antiken Götter viel Leid erlitten habe. Das Christentum habe daher keine Schuld an der Besetzung Roms.

Ausgehend von der neuplatonischen Trennung in zwei Welten setzt uns Augustinus mit dem *Gottesstaat* ein Werk vor – eine „wunderbare Apologie", wie uns der Altphilologe Johannes Geffcken versichert: „voll von heiligstem Empfinden"[395] –, das sich bei näherer Betrachtung als ein Katalog kruder Meinungen entpuppt. Das Buch entwirft ein zutiefst pessimistisches Bild vom Leben, das mehr einem Sterben gleicht als dem Leben. Thematisch und chronologisch wild hin- und herspringend zwischen römischer Geschichte, schändlichen Schauspielen, Sittenverderbnis, Beschimpfung der antiken Philosophen und Zitaten aus dem Alten Testament, verblüfft Augustinus die Leser mit einem Bacchanal fabelhafter Einsichten in das Jenseits, von denen sicherlich seine Betrachtungen über Adam und Eva, deren Ursünde, die daraus abzuleitende Sündhaftigkeit der Menschen und die Übertragung der Erbsünde durch die Sexualität die weitreichendste Bedeutung haben.

Letztere ist selbstredend abzulehnen, es sei denn, sie dient der Erzeugung von Nachwuchs, weil sie als eine sündige sexuelle Erregung offensichtlich dem Tierischen zuzuordnen sei. Dies äußere sich darin, dass die Zeugung nicht ohne ein gewisses Maß an tierischer Bewegung erfolge. Da die Sünde Adams durch die Libido übertragen werde, die die Zeugung begleite, sei die Libido der Grund für die Übertragung der Ursünde. Folglich

395 J. Geffcken, Der Ausgang des griechisch-römischen Heidentums, 1920, S. 182.

sei Sex mit Lust verwerflich. Lediglich unter zwei Voraussetzungen toleriere Gott die Geschlechtlichkeit als fahrlässige Sünde: Der Geschlechtsakt müsse erstens innerhalb der Ehe und zweitens ohne Lust und mit der Absicht der Zeugung erfolgen. Sexualität und Ehe seien überhaupt vor Gott nur zu rechtfertigen, wenn beide mit dem festen Streben nach Kindern verbunden seien. Am nächsten bei Gott seien jedoch die Männer und Frauen, die den sexuellen Trieb erfolgreich bekämpften und sich dem anderen Geschlecht verweigerten. Triumphierend verkündet Augustinus schließlich: „Wer möchte nunmehr noch leugnen, dass [geschlechtlicher Verkehr] an sich Sünde ist?“[396]

Augustinus weiß auch zu berichten, wie es nach dem Tode zugeht: Es gebe zwei Auferstehungen, eine der Seelen und eine der Körper. Männer würden nach der körperlichen Auferstehung am „Jüngsten Tag“ einen männlichen Körper erhalten, Frauen einen weiblichen. Kinder würden als Erwachsene auferstehen. Frauen behielten nach der Auferstehung zwar ihre Geschlechtlichkeit bei, das sei aber kein Problem, denn „die weibliche Geschlechtlichkeit“ sei fortan „über Beilager und Geburt“ erhaben (Gottesstaat 22,17). Geschnittene Haare und Nägel würden dem Auferstehenden nicht verloren gehen, es sei denn sie wirkten entstellend (22,19). Struwwelpeter, so erkennt Augustinus, haben im himmlischen Reich nichts verloren. Nebenher sichtet er die menschlichen Laster, ordnet sie in einer Stufenfolge, analysiert die Bedeutung des siebten Tages für Gott, widmet sich den „aetherischen und durchsichtigen“ Engeln (Dreiundachtzig Fragen 47), die Gott von Angesicht zu Angesicht schauen können und spendet den Menschen Trost, „Gnadenlehre“ genannt.

Dieser Blick hinter die Kulissen göttlicher Arbeit ist eine einzige deprimierende Kriegserklärung an den Menschen. Der Mensch kommt mit einer nicht tilgbaren Sündhaftigkeit auf die Welt, vermehrt sich „in tierischer Bewegung“, baut damit sein Sündenkonto weiter aus (es sei denn, er ist frigid oder hat keine Lust beim Sex) und wird nach dem Tode seines Körpers im Regelfall von Gott zu teuflischen Strafen verdammt. Gott denkt sich fürchterliche Brutalitäten für die „Masse der Menschen“ aus (*massa damnata*), verurteilt sie zu mörderischen Temperaturen im Höllengrill, die ewig zu ertragen seien, weil das „Fleisch“ des Körpers nicht verbrenne (Gottesstaat 21). Die Menschheit besitzt, für sich betrachtet, keinen sittlichen Wert, ist formbares Material, sündhafte Elendsmasse (*massa peccati*), mit der Gott machen kann, was er will. Von der Zeugung an mit einer übergro-

396 Augustinus, Enchiridion, Kap. 21.

ßen Schuld beladen, ist der Mensch ein „Sündenklumpen“ und nichts mehr wert. Er lebt in der „Wüste des Lebens“, wird als Sünder von Gott gehasst und verdient nur noch die Todesstrafe (Simplicianum 16). Am „Jüngsten Tag“ stehen die Leiber auf, nehmen vollendete Schönheit an und werden, von wenigen Auserwählten abgesehen, abschließend zu ewigen Feuerqualen verdammt. Einen Ausweg gibt es nicht, denn Gott lässt sich nicht in die Karten schauen, wen er als „Gerechten“ auserwählt.

Natürlich wird in den Werken Augustins, immerhin ist er seit 391 nordafrikanischer Bischof, der Vorrang der christlich-trinitarischen Kirche begründet. Denn diese, so vertraut er uns im *Handbüchlein* an, vertritt als „zweifacher Tempel Gottes“ den dreifachen Gott.[397] Und zwar seit Anbeginn des Universums, wie wir aus dem katholischen Katechismus des Jahres 1993 erfahren dürfen: Gott, so sagt der Katechismus, der unter Leitung des Papstes Benedikt XVI. erarbeitet wurde, habe die heilige katholische Kirche „schon seit dem Ursprung der Welt vorausgestaltet“.[398] Das ist stark! Seit dem Ursprung der *Welt*! Irgendwann vor Billionen Jahren hat Gott also die katholische Kirche und ihre Lehre entworfen. Lange vor dem Alten Testament, das ja auch göttliches Wort ist, lange vor dem Einschlag eines riesigen Meteoriten vor 65 Millionen Jahren, der nahezu das gesamte Leben auf Erden auslöschte. Die „Vorausgestaltung“ der heiligen römischen Kirche sei auch nicht in tastender, unschlüssiger göttlicher Planung erfolgt, „mal schauen, was aus dem Andromeda-Nebel wird“, nein fix und fertig ist sie gewesen, „vorausgestaltet“ eben, mit Papst, Bischöfen und Frauen in dienenden Berufen. Und erst jetzt leitet Gott das universale Schöpfungsgeschäft ein. Das ist von Gott klug bedacht, auch wenn man sich fragen muss, warum er Milliarden um Milliarden von Gestirnen schafft, wenn es ohnehin nur auf die katholische Kirche in Rom ankommt? Die Protestanten spielen übrigens im vorkosmischen Plan Gottes keine richtige Rolle. Sie können „nicht gerettet werden“, da sie „um die katholische Kirche und ihre

397 Augustinus, Enchiridion, Kap. 15.

398 Katholischer Katechismus, Ziffer 759-760. „Sie war schon seit dem Anfang der Welt vorausbedeutet“; geht letztlich auf die Ideenlehre Platons zurück, inkorporiert von Augustinus als „Urgedanken im Verstande Gottes“ (Dreiundachtzig Fragen, 46). Augustinus verlegt also die Ideenwelt Platons in den christlichen Gott hinein.

von Gott durch Christus gestiftete Heilsnotwendigkeit wissen, in sie aber nicht eintreten".[399]

Diese gottgegebene universitäre Autorität gibt der Kirche und dem mit ihr kooperierenden Staat auch das Recht, Menschen anderen Glaubens zum Katholizismus zu zwingen. Ja, es sei geradezu ein Liebesgebot, meint Augustinus, die Irrenden notfalls unter Furcht und Schmerzen – *ita plures sunt, quos corrigit timor* – zur Verehrung des christlichen Gottes zu bewegen.[400] Leider muss die Zwangsbekehrung aus Nächstenliebe, wie wir im Laufe der Geschichte erfahren werden, vielfach angewendet werden und damit die Bischöfe bei diesem kräftezehrenden Bekehrungsritual nicht verunsichert werden, wird ihnen der Besitz der Wahrheit ausdrücklich bestätigt: Die Wahrheit werde in der Erleuchtung des Geistes durch Gott zuteil. Der göttliche Geist (*mundus intelligibilis*) strahle diese Ideen und Regeln direkt in den menschlichen Geist ein. Natürlich nicht in jeden Menschen, also nicht in den Geist von Agnostikern, Atheisten, Kommunisten, Häretikern, Kritikastern und seit dem Jahre 1 n.Chr. leider auch nicht mehr in die Köpfe der Juden. Letztere tragen ohnehin ein unentschuldbares Übermaß an Schuld mit sich herum, so dass der „heilige" Augustinus sie in seiner Kampfschrift *Gegen die Juden* als „Mörder", aufgerührter Schmutz, triefäugige Schar, Wahnsinnige und Wölfe zu denunzieren gezwungen ist. Das wahre Gesicht der Juden sei Judas Ischariot, der Gott für Silber verkauft habe. Juden könnten niemals die heiligen Schriften verstehen und seien schuldig am Tod Jesu.[401]

Warum Augustinus den Ehrentitel „größter Philosoph" erhält,[402] bleibt völlig undurchsichtig. Der Bischof bekennt sich zwar zum wissenschaftlichen Stil – „wir wollen sachlich verhandeln, mit Gründen und Beweisstellen aus der Heiligen Schrift"[403] –, aber seine Jenseits-Phantasien und der quellenunkritische Bezug auf die „Heiligen Schriften" lässt die unüberbrückbare Distanz zum wissenschaftlichen Denken erkennen. Sein Lehrsatz „Der Glaube geht der Erkenntnis voraus" öffnet den irrsinnigsten Spekulationen alle Scheunentore und Augustinus nutzt den so gewonnenen

399 2. Vatikanisches Konzil, Dogmatische Konstitution „Lumen gentium", 1964, 14.

400 Augustinus, Brief 185.

401 Augustinus, Tractatus adversus Iudaeos; In Ioannis evangelium tractatus 17,15; 30,2; 50,14; 19,2.

402 M. Grabmann, „Augustinus", in: Lexikon für Theologie und Kirche 1, 1930, Sp. 828.

403 Augustinus, Brief 23,7 (392).

Freiraum auch weidlich aus. Seine Thesen sind *Hypothesen* ohne jegliche, auch nur annähernd wissenschaftliche Belegführung. Wenn Philosophie die Suche nach der Wahrheit ist und philosophische Werkzeuge und Begriffe lediglich Mittel zur Erreichung des Zieles sind, dann ist Augustinus bestenfalls Handwerker. Er fragt nicht nach der Ratio, stellt die Logik auf den Kopf und *weiß*, was er *glaubt*. Augustinus missbraucht die philosophische Metaphysik, wandelt sie in Theologie um und legt den Grundstein für das, was Schopenhauer als „Scholastik" attackieren wird: Die simple, durch kein vernünftiges Argument begründbare Umdeutung des Begriffes „Welt" in den Begriff „Gott".

Mit Philosophie hat das alles ebenso wenig zu tun, wie der wolkige Unsinn von Papst Gregor I., der die augustinische Sicht in das ferne himmlische Geschehen damit erklärt, dass es einigen Seelen zuweilen gestattet sei, den Körper zu verlassen und unter Führung eines Engels das Jenseits zu besuchen, um anschließend wieder in den irdischen Körper zurückzukehren und den übrigen Erdenbewohnern von der anderen Welt zu erzählen.

Augustins misanthropische Lehre kann auch nicht „aus der Zeit heraus" erklärt werden. Seine Ausführungen zur individuellen Schuld bleiben in ihrer inhumanen Pauschalierung weit hinter dem zurück, was wir aus dem Rechtsbuch der damaligen Zeit, dem *Codex Theodosianus* kennen. Er mag Anteilnahme am irdischen Schicksal des Einzelnen genommen haben, aber was er als „Erlösung" anbietet, erschlägt alle zeitgenössischen Beschreibungen über das Leben nach dem Tode. Während der römische Philosoph Seneca (gest. 64) sich in einem Trostbrief an Marcia bemüht, der Hinterbliebenen seine Anteilnahme am Tode ihres Mannes zu zeigen: „Bedenke, dass der Gestorbene von keinem Uebel berührt wird; dass das, was die Unterwelt furchtbar macht, Erdichtung ist; dass den Toten keine Finsterniss droht, kein Kerker, keine Feuerströme, kein Fluss der Vergessenheit, keine Richterstühle und Angeklagten [...] Das haben [nur] die Dichter gefabelt und uns durch leere Schreckbilder beunruhigt. Der Tod ist die Befreiung und das Ende von allen Uebel, über ihn gehen unsere Leiden nicht hinaus",[404] malt Augustinus die dramatischen Ereignisse, die auf den Verstorbenen warten, in einer Hölle aus Feuern und Würmern in allen Einzelheiten aus.

Dort also Trost und Mitgefühl, hier Angst und Schrecken. Ohne zuverlässige Gewissheit, getrieben von gläubiger, dennoch reiner Spekulati-

404 Seneca, ad Marciam de consolatione 19; ähnlich sein Trostbrief an seine Mutter Helvia.

on, schüchtert Augustinus die Zeitgenossen mit seinen Wahnvorstellungen ein und treibt die Menschen in eine finstere Epoche hinein. Wenn seine Jenseitsspekulationen nur deshalb unantastbar sind, weil sie über Jahrhunderte als sakrosankter Kern christlicher Glaubenslehre verkauft worden sind, dann dürfen wir mit gleichem augustinischen Anspruch auf Wahrheit behaupten, der Mond werde von einer Teekanne umkreist.[405] Das scheint nicht weniger wahrscheinlich als die Annahme einer Hölle mit ewigem Feuer, genährt von einer teuflischen Schar gefallener Engel. Der britische Philosoph Bertrand Russell weiß, wohin das führen wird. Wenn man sich vergegenwärtigt, schreibt Russell, „dass die Kirche vornehmlich solche Vorurteile an die bekehrten Heiden weitergab, ist es nicht weiter verwunderlich, dass die nun folgende Zeit fast alle anderen historischen Epochen an Grausamkeit und Aberglauben übertraf".[406]

Augustinus ist eine vermutlich psychisch kranke, tragische Figur, zugleich *die* prägende Gestalt einer aus dem Ruder laufenden Religion. Er markiert *in persona* eine epochale Wende in der Geschichte des Denkens und der Kultur. Seine Lehre ist ein kolossaler, halluzinatorischer Fiebertraum und seine Fata Morgana ist nicht weniger extravagant, weil sie religiös genannt wird. Dass solche Wahnvorstellungen ungebremst zum Mittelpunkt der christlichen Lehre werden durften, dass diese Lehre fast zweitausend Jahre die Herzen der Menschen vergiften und die Sinne der Fürsten vernebeln durfte, ist Schuld der christlichen Kirche, die aus diesem Katastrophen-Szenarium gewaltige Vorteile ziehen wird.

Augustinus stirbt am 28. August 430 und niemand wird sich wundern, dass dem Tod ein Zustand religiöser Verdüsterung vorangeht. Zehn Tage lang habe er Bußpsalmen gelesen und ständig geweint, weiß sein Zeitgenosse und Biograph Possidius ergriffen zu berichten.[407] So endet das Leben eines frommen Bischofs in Tränen.

405 R. Dawkins führt diesen Vergleich im Rahmen seiner Theorie über die Wahrscheinlichkeit Gottes ein (Der Gotteswahn, Berlin [5]2007).

406 B. Russell, Philosophie des Abendlandes, Wien/Köln [10]2001, S. 378. Entrüstet werden die Vertreter des „Zentrums für Augustin-Forschung", fast alle sind Theologen, ein „An-Institut" der Würzburger Universität, aufschreien, wenn Augustinus Wirrnis und Überdrehung unterstellt wird. Diesem „Zentrum" ist mit Schreiben des Bayerischen Staatsministeriums für Wissenschaft, Forschung und Kunst vom 6.4.2006 die Stellung einer wissenschaftlichen Einrichtung an der Würzburger Universität zugesprochen worden.

407 Possidius, Vita augustini, 31.

Das Ende der Philosophie. Ein Resümee

Mit Augustinus stirbt die Philosophie im lateinsprachigen Westreich. Boethius (um 485-526), römischer Gelehrter, Platon- und Aristoteles-Kommentator, soll das Banner der Philosophie noch in das sechste Jahrhundert getragen haben. Er wird für christliche Zwecke vereinnahmt, obwohl es keinerlei Hinweise gibt, dass Boethius christlich, geschweige trinitarisch gedacht hat. So müssen grausame Winkelzüge seine Christlichkeit belegen: Boethius habe „nebenchristliche Sittlichkeit" beschrieben, in ihm „wohne Verschiedenes, doch auch im Geiste dieses antiken Christen beieinander", schreibt der Theologe Hans von Schubert, während sein katholischer Kollege Otto Bardenhewer ein „entschieden christliches Kolorit" in Boethius' Büchern findet, die „ethische Reinheit, Sicherheit und Wärme" eines „tiefgläubigen Christen" verrate.[408] Aber Boethius scheint sich im christlich-kirchlichen Umfeld nicht heimisch zu fühlen. Sein *Trost der Philosophie*, nach 520 im theodorischen Gefängnis geschrieben, angenehm frei von Aberglauben, Besessenheit und Selbstgerechtigkeit, kehrt zum Platonismus zurück. Seine These, dass jedes Wissen durch die Eigenarten des Erkennenden bestimmt sei (vgl. David Hume), weist den Anspruch der Religionen auf erkannte (offenbarte) Wahrheit zurück. Der Versuch, Boethius als Leuchturm christlicher Aufgeschlossenheit zu vereinnahmen, scheitert an seinem Spätwerk: Sein *Trost* ist ganz und gar aus heidnischen Quellen her zu interpretieren.

Fast gleichzeitig mit Boethius' Tod wird die berühmte Akademie in Athen, eine Gründung Platons und Lehrstätte des Aristoteles, im Jahre 529, dem Gründungsjahr des Klosters Monte Cassino, geschlossen. Sie sei eine Brutstätte heidnischer Philosophie, lässt der christliche Kaiser Justinian (reg. 527-565) ausrichten. Die an der Akademie lehrenden Philosophen Damaskios, Diogenes, Hermeias, Eulalios, Isidoros, Priskian und Simplikius gehen ins Exil an den Hof des Perserkönigs.[409] Damit gilt von nun an die Leitlinie der *Apostolischen Konstitution* vom Ende des vierten Jahrhunderts, Philosophien könnten kaum etwas zur wahren Weisheit beitra-

408 H.v. Schubert, Geschichte der christlichen Kirche im Frühmittelalter, 1976, S. 73; O. Bardenhewer, Patrologie, ³1910, S. 543.

409 Vgl. E. Watts, Where to Live the Philosophical Life in the Sixth Century? Damascius, Simplicius, and the Return from Persia, in: Greek, Roman, and Byzantine Studies 45, 2005, S. 285-315.

gen, denn letztere sei nur mit Hilfe der Religion zu finden.[410] Fortan ist die Philosophie der Seele beraubt und wird als *ancilla theologiae*, Magd der Gotteslehre, missbraucht. Sie darf der Theologie Methoden leihen, Vokabeln und Kommentare liefern, wird aber nie, ohne sich selbst aufgeben zu wollen, mit einer Welt die Ehe eingehen wollen, die stolz den Trauspruch *credo quia absurdum est* in die Ehe einbringen will.

Es verwundert daher nicht, dass sich die Philosophie seit zwei Jahrtausenden schwer tut, eine dauerhafte und tragfähige Brücke zur *christlich-kirchlichen Theologie* zu bauen. Wenn Immanuel Kant, Hagestolz aus Königsberg, Schöpfer des Kerngedankens der Aufklärung „Habe Mut, Dich deines eigenen Verstandes zu bedienen“, Gott in seiner Philosophie ein Plätzchen einräumt, nachdem er ihn in einer in „grauem Packpapierstil“ (Heine) verfassten *Kritik der reinen Vernunft* als reine Spekulation nach Strich und Faden auseinandergenommen und die Reste zermalmt hat, dann hat dieser Gott mit dem anthropomorphen, christlichen Gott wenig gemein. Eher treibt Kant gutmütiges Mitleid, wenn er Gott einen Platz in der hinteren Reihe seiner Philosophie einrichtet, „weil der gute Lampe“, sein langjähriger Diener und ausgemusterter Soldat, über die Entzauberung Gottes so schrecklich traurig sei, wie Heinrich Heine süffisant anmerkt: „Der alte Lampe muss einen Gott haben, sonst kann der arme Mensch nicht glücklich sein – der Mensch soll aber auf der Welt glücklich sein – das sagt die praktische Vernunft – meinetwegen – so mag auch die praktische Vernunft die Existenz Gottes verbürgen.“[411]

Die angebliche Brücke zur Philosophie ist stets von der Theologie her zu bauen versucht worden.[412] Mit zweifelhaftem Ergebnis allerdings. Denn mit Glockenläuten, Kyrie eleison-Singen und metaphysisch aufgeputztem „Eiapopeia vom Himmel“ (Heine) kann man bei den Freunden der Weisheit keinen Blumentopf gewinnen. Zumal die Theologie regelmäßig das oberste Prinzip philosophischen Bemühens außer Kraft setzt: die ergebnisoffene Suche nach der Wahrheit. Immer wenn es an die letzten Fragen geht, hört das Philosophieren auf, dann wird ohne jegliche Belegführung der christ-

410 Apostolische Konstitution, Buch 3, Kap. 27.

411 H. Heine, Zur Geschichte der Religion und Philosophie in Deutschland, 1834, Drittes Buch.

412 Thomas von Aquin (1225-1274) hielt – unter Hinweis auf die prävalente theologische Einsicht – die Einheit von Glauben und Wissen für möglich. Dieser Denkansatz ging jedoch, wie auch die Option einer „doppelten Wahrheit“, von einer alles Denken dominierenden kirchlichen „Wahrheit“ aus.

liche Gott und die Einzigartikeit der Kirche als wahr vorausgesetzt, dann wird selektiert, exegiert und interpretiert, dass die Schwarte kracht. Dann werden zwar intimste Jenseitsfragen mit Hilfe von „dreiundachtzig Thesen“ beantwortet, gar über die „Bedürfnislosigkeit Gottes“ parliert,[413] aber heillos verknäulte logische und theologische Widersprüche wegmanipuliert, wie im Falle der Theodizee, der Frage, wie es kommt, dass eine Macht, die als zugleich allmächtig und gütig hingestellt wird, „eine derartig irrationale Welt des unverdienten Leidens, des ungestraften Unrechts und der unverbesserlichen Dummheit“ hat erschaffen können (Max Weber). Dann wird Gott zwar als der letzte und oberste Einheitsgrund alles Weltlichen definiert (Anselm von Canterbury), aber das Böse flugs ins *mysterium iniquitatis*, in die Unbeantwortbarkeit verlagert,[414] um die Güte Gottes nicht antasten zu müssen. Dann wird die ehrwürdige Ontologie, die Lehre des Seins, aus der irdischen Verankerung herausgelöst und zur Phrase verdreht: In höchster und eigentlicher Weise komme das Sein nur dem christlichen Gott zu, denn nur er sei Sein. Dann verwandeln sich Materie und Form, Raum und Zeit in wunderlichste Behauptungslogik: Die höchste Form sei der christliche Gott als Verursacher (*Causa efficiens*) und Endzweck (*Causa finalis*) der Welt. Dann wird die Erkenntnistheorie zurechtgeschustert: Als letzte und erste Ursache der Dinge erkenne der menschliche Geist Gott, in dessen Geist die ewigen Ideen, die Vorbilder für die Formen der Dinge seien. Wenn aber, so fragt der schottische Historiker und Philosoph David Hume irritiert, in Gott alles als ewige Idee vorbedacht ist, warum hebt er dann regelmäßig diese auf, um mit Hilfe von Wundern die Naturgesetzmäßigkeiten zu widerrufen?

So wird die Beschäftigung der Theologie mit Philosophie zu einem bigotten Scheingefecht theologischer Alleswisser um philosophische Phrasen herum, in dessen Verlauf die Vernunft und die Wissenschaften auf der Strecke bleiben oder mühsam sich durch die Jahrhunderte hindurchschleppen. So verkümmert die antike Philosophie zur katholischen Metaphysik, die in Wahrheit mit der vergewaltigten Philosophie herzlich wenig zu tun hat.

413 Augustinus, Dreiundachtzig Fragen, 22.

414 Augustinus, Gottesstaat, 12,6 („Sucht man nun nach der Wirkursache des bösen Willens, so stößt man auf nichts“). Die Herkunft des „Bösen“ (*Mysterium Iniquitatis*) ist ein schwieriges Kapitel. Und weil es so schwierig ist, wird es zum „*Geheimnis* der Koexistenz von Gut und Böse“ erklärt.

15 Kunst: Der sündige Büßer braucht keine Erhebung durch Kunst

Dass das Christentum mit den antiken Skulpturen auf Kriegsfuß steht, gilt als gesichert. Christliche Autoren warnen schon früh vor der Gefahr, die von heidnischen Statuen ausgehe. Der frühchristliche Apologet Marcus Minucius Felix kritisiert heidnische Skulpturen: „Käme es jemandem in den Sinn zu bedenken, mit welchen Marterinstrumenten und mit welchen Werkzeugen jedes Götterbild hergestellt wird, er würde sich schämen, einen Stoff zu fürchten, den ein Handwerker [...] misshandelt hat, um einen Gott zustande zu bringen [...] Wie richtig beurteilen die stummen Tiere aus ihrem natürlichen Instinkt heraus eure Götter! Mäuse, Schwalben und Geier wissen wohl, dass jene nichts spüren können. Sie treten sie mit Füßen, sie setzen sich auf sie; verjagtet ihr sie nicht, würden sie sogar im Munde eures Gottes ihr Nest bauen."[415]

Damit will Minucius Felix die Unzulänglichkeit heidnischer Gottesvorstellung vor Augen führen, die die Anbetung einer aus irdischen Materialien und von „schmutzigen Handwerkern" hergestellten Statue erlaubt. Gleichzeitig wird die naturalistisch-menschennahe Darstellung als Blasphemie angeprangert.

Sein Zeitgenosse Bischof Tertullian verurteilt Ende des zweiten Jahrhunderts Bildhauer und Maler. Diese seien vom Teufel besessen und wenn sie zum Christentum übertreten wollten, müssten sie den Beruf wechseln. In Anlehnung an das Alte Testament, kein Abbild Gottes zu machen,[416] meint Tertullian, der sündige Büßer brauche keine irdische Erhebung durch Kunst. Mit seinen Streitschriften *De spectaculis* und *Apologeticum* trägt der einflussreiche und stilbildende Bischof maßgeblich zum Verschwinden des Theaterspiels bei: „Unsere Zunge, unser Auge, unser Ohr hat keine Beziehung zum Wahnsinn des Zirkus, zur Schamlosigkeit des Theaters, zu

415 Minucius Felix, Octavius 24,7; 79- 81.

416 2 Moses 20,4 („kein Bildnis"); 34,17 („keine gegossenen Götter").

den Grässlichkeiten der Arena, zu den Eitelkeiten der Fechthalle." Wer als Christ Schauspiele besuche, begebe sich in die Gesellschaft der Dämonen, denn diese beherrschten die Spielstätten. Theater korrumpiere die Sitten.[417] Dagegen klingt die Mahnung seines geistlichen Bruders, Bischof Clemens von Alexandria, in seiner *Mahnrede an die Heiden*, die „trügerische Kunst" zu meiden, noch recht harmlos.[418]

Die kommenden Jahrhunderte vertiefen die ablehnende Haltung, die im frühen fünften Jahrhundert durch den „heiligen" Augustinus die abschließende Weihe der Unantastbarkeit erhält. Augustinus verkündet, Kunst sei höchstens eine Leiter zu den unsichtbaren Wirklichkeiten der Ewigkeit, sei Lüge des Sinnlichen, Phantom unserer Träume: „Auch ich ging ehedem als junger Mann zu den gotteslästerlichen Schaustücken und Spielen, sah die Besessenen, hörte die Musikanten, ergötzte mich an den schändlichen Spielen."[419] Diese anstößigen Verirrungen seien nun vorbei, hören wir von dem afrikanischen Bischof, dessen neue literarische Spielwiese die Exegese heiliger Schriften und Erörterungen zur Sünde und zur Sexualität sind.

Salvian von Massilia (gest. um 480), der in seinen Werken den Wechsel der römischen Herrschaft zur fränkischen aus der christlich-theologischen Perspektive beschreibt und in vier Büchern *Ad ecclesiam* alle Christen aufruft, ihren Besitz der Kirche zu vermachen, verstärkt Augustins ablehnende Grundhaltung: „Und weil es zu lange wäre, jetzt von all diesem zu sprechen, von den Amphitheatern, den Gesängen, den Spielen, den Aufzügen, den Athleten, Seiltanzern, den Pantomimen und übrigen Wunderdingen, die zu nennen man überdrüssig ist, weil es schon Ekel erregt, solche Schlechtigkeit auch nur zu kennen: weil das zu weit führen würde, spreche ich jetzt von der Unsittlichkeit in Zirkus und Theater. Was dort geschieht, ist nämlich so schmutzig, dass man es nicht nur nicht nennen, sondern nicht einmal daran denken kann, ohne sich zu beflecken. Denn [...] in den Theatern bleibt nichts frei von Schuld, weil die Herzen durch böse Lust, die Ohren durch Reden, die Augen durch das Gesehene beschmutzt werden. Das ist alles so schändlich, dass man ohne Verletzung des Schamgefühls es nicht darlegen, nicht aussprechen kann."[420]

417 Tertullian, Apologeticum 38 und 6.

418 Zit. nach J. Deckers, Die frühchristliche und byzantinische Kunst, 2007, S. 16-17.

419 Augustinus, Gottesstaat 2,4.

420 Salvianus von Massilia, Von der Weltregierung Gottes / De gubernatione Dei, 6,3.

Damit sind die christlichen Weichen gegen Theater und Schauspiele, gegen alles, „was Augen und Ohren beschmutzen“ könnte, gestellt. Griechische Tragödien, die fünfhundert Jahre lang nahezu täglich Tausende von Besuchern in die Amphitheater gezogen haben, Gesangswettkämpfe, Instrumentalmusik, Rezitationsvorträge und Zirkusvorstellungen, das alles verschwindet in wenigen Jahrzehnten von der abendländischen Bühne. Und da Musen und Sport häufig parallel betrieben werden, wird die Olympiade, ein Austragungsort *par excellence* sportlicher und dichterischer Wettbewerbe, ebenfalls verboten. 293-mal hatten sich Athleten und Künstler auf dem heiligen Hain von Olympia auf der Halbinsel Peloponnes friedlich versammelt. Tausend Jahre lang hatten die Völker Streit und Kriege hinten angestellt und Frieden gewahrt, um die Besten in Sport und Kunst zu ermitteln. *Spondorphoroi* reisten lange vor dem Ereignis in alle griechischen Städte und verkündeten den „Olympischen Frieden“. Kein Krieg, keine Naturkatastrophe hatte der ehrwürdigen Tradition etwas anhaben können. Im Jahre 393 ist es vorbei. Musen, Sport, Athletik und Gymnastik verlieren ihre angestammte Heimat.

Bildhauerei und Mosaiken

Parallel zum Tod der Theater, Zirkus- und Sportveranstaltungen beobachten wir einen tief greifenden Wandel in der Relief- und Skulpturendarstellung. Zunächst wird die handwerkliche Seite der antiken Bildhauerei nicht angetastet, weil es eine spezifisch „christliche“ Kunst in den ersten vier Jahrhunderten nicht gibt. Auf der Suche nach einer ausdrucksstarken symbolhaften Darstellung ihrer Lehre ist die Kirche daher gezwungen, aus der Fülle des klassischen Angebotes heidnische Formen zu übernehmen und mit teilweise veränderten Inhalten zu füllen.[421]

421 Vgl. P. Veyne, Die Kunst der Spätantike, 2009, S. 10ff. Entgegen weit verbreiteter Ansicht (vgl. die Konstantinforschung, Milvische Brücke, Silbermedaillon Ticinum etc.) sind das „Kreuz“ und das „Christogramm“ bis in die erste Hälfte des 4. Jahrhunderts keine christlichen Symbole. Clemens von Alexandria (gest. um 215) empfiehlt als Siegelbilder: Taube, Fisch, Schiff mit geschwellten Segeln, Lyra, Anker, Fischer (Paidagogos 3,59,2). Diese Bilder sind alle keine christlichen Neuschöpfungen, sondern dem Vorrat heidnischer Symbolik entnommen. Zur Kreuz- und Christogramm-Symbolik vgl. R.

So stammen die sorgfältig ausgearbeiteten Sarkophage mit christlichen Merkmalen des vierten Jahrhunderts alle aus den Werkstätten heidnischer Bildhauer und geben damit Zeugnis von spätantiker Handwerkskunst. Auch die im vierten Jahrhundert häufig anzutreffende Form „Christus als Lehrer der wahren Philosophie" ist weitgehend identisch mit den antiken Apollo-, Orpheus- oder Philosophenbildern (Paidagogos-Erzieher). Der Bart macht das Christusbild den altvertrauten Philosophenbildnissen noch ähnlicher. Apostel, die Christus begleiten, sind wie antike Gelehrte mit griechischem Mantel und Untergewand sowie einer Buchrolle in den Händen dargestellt. Auch das Bild des „guten Hirten", das seit der Spätantike in christlichen Kreisen besonders beliebt ist (Joh 10,12; Lk 15,4-7), ist eine Schöpfung der Antike.[422] Antike Götter sind häufig und zumindest zeitweise als Hirten tätig, und um deutlich zu machen, welche Aufgaben ihnen zufallen, erhalten sie Beinamen, wie Hermes der „Lammträger" oder Apollo, „Wächter der Herde".[423]

Ähnliches gilt für die Katakombenkunst, die ebenfalls nicht ursprünglich christlich ist. Denn Katakomben stellen in der Antike eine weit verbreitete Bestattungsform dar, die von den Christen übernommen wird.[424] Erst im weiteren Verlauf werden Katakomben zu Versammlungsstätten umgewidmet, die als christliche „Verstecke" völlig ungeeignet sind, da die Zugänge weithin sichtbar und jedermann bekannt sind. Die Wandmalereien in Katakomben sind also häufig nicht nach „heidnisch" oder „christlich" zu unterscheiden. Es verwundert daher nicht, dass die dekorative Malerei in den Katakomben technisch den Fresken gleicht, wie sie uns aus Pompeji erhalten sind.

Und natürlich nutzten die christlichen Auftraggeber bis weit in das fünfte Jahrhundert hinein auch das imposante Können byzantinischer

Borgmeier, Kaiser Konstantin und die wilden Jahre des Christentums, 2010, S. 119-137.

422 Vgl. die griechische Statue des Hermes-Kriophoros (um 510 v.Chr.), der in manchen Gebieten als „Träger der Schafe" und Patron der Hirten verehrt wurde. In der altgriechischen Kunst waren auch „Tierträger" mit Kalb gebräuchlich.

423 Barbro S. Frizell, Arkadien und Wirklichkeit, 2009, S. 86 ff. Zur Lamm-Allegorie vgl. N. Himmelmann, Über Hirtengenre in der antiken Kunst, 1980.

424 Den Namen erhalten Katakomben durch eine Talsenke bei der ersten unterirdischen Grabanlage an der Via Appia, die *coemetium ad catacombas* = Friedhof an der Talsenke (S. Partsch, Frühchristliche und byzantinische Kunst, 2004, S. 163).

Abb. 6: Apsismosaik, St. Pudenziana, Rom, um 410 n.Chr.

oder ehemals heidnischer Werkstätten, um ihre Kirchen mit Mosaiken zu schmücken.

Mosaiken wie die in der Apsis von St. Pudenziana, einer römischen Kirche aus der ersten Hälfte des fünften Jahrhunderts, die durch Umwandlung einer Therme (*Titulus Pudentis*) in eine christliche Kirche entstanden ist, sind nur unter Inanspruchnahme der alten Werkstätten realisierbar. Damit ist, ähnlich wie in der Reliefkunst oder bei der Übernahme heidnischer Symbole, Rituale und Gedenktage, dem christlich-heidnischen Synkretismus Tür und Tor geöffnet: Im Pudenziana-Mosaik trägt Christus das Gewand eines Philosophen, während zwei Frauen Kränze über die Köpfe von Petrus und Paulus halten. Wir erinnern uns an thematisch gleiche Viktoria-Darstellungen auf spätantiken Münzen.

Ist der Mangel an christlicher Originalität in den ersten Jahrhunderten möglicherweise noch Konsequenz fehlender christlicher Künstler, so wird diese Armut mit der Radikalisierung der Jenseitsideologie ab der „theodosianischen Wende“ Programm: Die christliche Kunst wächst aus einer spätantiken, vielschichtigen Stil- und Formenlandschaft als eigenständige Kunstform heraus und pflegt ab dem fünften Jahrhundert einen künstlerisch minimalistischen Kurs. Die Figuren verlieren Individualität, Dynamik und atmosphärische Dichte, stehen isoliert vor einem reduzierten Hintergrund und lassen in der linearen Behandlung der Falten und Gewänder jegliches rundplastische Gefühl vermissen. Die Skulpturen werden typenhaft, lassen häufig das Gespür für Proportionen missen und gehen schließlich in Flachreliefs über.[425] Steinheilige beherrschen die Szenerie.

Augustinus abwertender Anmerkung folgend, antik-klassische Bildner und Liebhaber deren Bilder seien nur auf geringere Dinge bedacht und weniger um höchste Weisheit bemüht,[426] wird der Wandel zum kargen Kunststil gerne einer neuen „Innerlichkeit" zugeschrieben, die die christlichen Künstler und Auftraggeber beherrscht habe, sozusagen ein frühmittelalterlicher Reduktionismus, der den opulenten antiken Körperstil abgelöst habe. Die italienische Kunstexpertin Maria Andaloro beschreibt das so: Das christliche Bildnis verfolge einen didaktischen Zweck und beziehe daraus seine Rechtfertigung, denn „durch das Ereignis der Menschwerdung [ist] eine unüberwindbare Hürde zwischen antikem und christlichem Bildnis" entstanden.[427] Hinter diese Erklärung darf man getrost mehrere Fragezeichen setzen. Denn erstens wird in der christlichen Sarkophagtechnik des vierten und fünften Jahrhunderts durchaus „opulent" gestaltet und zweitens gibt es kaum expressionistischere Körper-Darstellungen als die des (späteren) leidenden Christus.[428] Es mag ja sein, dass die frühmittelalterliche christliche Kunst die Form der theologischen Deutung unterwirft. Aber im Ergebnis führt dieser „biblische" Weg zu einer weitgehend auf ikonographische Darstellungen reduzierten Minimalkunst und nachfolgend zu einer

425 Vgl. W. Müller-Wiener in: B. Brenk, Spätantike und frühes Christentum, S. 145f.

426 Augustinus, Dreiundachtzig Fragen, 78. Zum „neuen" Stil vgl. die ausgewogene Darstellung bei F.W. Deichmann, Einführung in die christliche Archäologie, 1983, S. 205-209.

427 M. Andaloro u.a., Römisches Mittelalter. Kunst und Kultur in Rom, 2002, S. 52.

428 Der „leidende Kreuzchristus" ist im 4./5. Jahrhundert noch völlig unbekannt. In einer Zeit, in der die Kreuzigung zur schmählichen Bestrafung Krimineller angewendet wird, hat natürlich niemand daran gedacht, mit einem solchen Symbol den „Gottessohn" zu verherrlichen. Die ganz Kreuzes- und Grausamkeits-Euphorie um Christus herum ist Produkt späterer Jahrhunderte, „Seht, was Ihr mir angetan habt, Ihr Sünder"!

Erschöpfung kreativer Formgestalter. So spricht also vieles dafür, dass die im Vergleich zur Antike künstlerisch mageren Jahre zwischen 400 und 1000 eher einem Mix aus Missachtung vorhergehender heidnischer Kunststile, ideologischer Voreingenommenheit und rigoroser Begrenzung auf *ein* Thema zuzuschreiben sind.

Als reiche es nicht, dass Bilder, Mosaiken und Halbreliefs thematisch weitgehend auf rein religiöse Themen begrenzt werden, wird die künstlerische Breite innerhalb dieser Grenzen noch weiter eingeschränkt: Die mit Augustinus ins Verworrene übersteigerte Anti-Sexualität lässt nackte Körper, ein Hauptthema der griechischen Kunst, nicht mehr zu. Als Folge gilt die systematische Missachtung des Körpers als ein Merkmal der Tugend, werden Mönche und Einsiedler wegen ihres schonungslosen Kampfes gegen sexuelle Versuchung gepriesen, wird Selbstkastration als moralischer Akt gewürdigt. Damit ist klar, dass die Darstellung erotischer Szenen im Stile eines pompejischen Freigeistes und die Abbildung des menschlichen nackten Körpers für die folgenden Jahrhunderte tabu sind, es sei denn, es wird der leidende Körper Christi präsentiert. Sein nackter Körper ist Träger des Mysteriums, er darf in abstoßend-wollüstiger Begeisterung für den geschundenen Körper, unter Verletzung jeglicher Intimität öffentlich ausgestellt werden: verkrümmt im Schmerz, Dornenkrone, voller Blut und mit Spuren der Folterung. Keine Mutter würde die öffentliche Abbildung ihres im Krieg fragmentierten Sohnes zulassen, aber die christliche Kirche ist fasziniert von solchen die Intimität verletzenden Körperskulpturen des Leidens und des Schmerzes.[429]

Wir kennen diese merkwürdige Wollust aus den Märtyrerschilderungen des Kirchenhistorikers Eusebius, der in seiner Freude über ein weiteres geschundenes christliches Opfer jedes Detail des angeblichen Martyriums sorgfältig ausmalt. Solche Abbildungen sind der Antike völlig fremd gewe-

429 Die christliche Mythologie badet seit dem 4. Jahrhundert in grausamen Szenendarstellungen (Eusebius, Kirchengeschichte 8,9,14; de martyribus palaestinae 13: „eine fast unzählbare Menge von Märtyrern in jeder Provinz"; Laktanz, de mortibus persecutorum; diverse Märtyrerakten). An die 100.000 Sklaven und mehr dürften das Schicksal der Kreuzigung erlitten haben; alleine zweitausend anlässlich der Eroberung der Stadt Tyros durch Alexander d.Gr. im Jahre 332 v.Chr. und sechstausend Sklaven im Jahre 71 n.Chr. an der Via Appia anlässlich des Spartacus-Aufstandes. Die Pietät hat den damaligen Künstlern verboten, die Torturen der malträtierten Kreaturen darzustellen. Aber die christliche Kirche fördert ab dem frühen Mittelalter die Darstellung grausamer Jesus-Szenerien nach Kräften.

Abb. 7: Augustus von Prima Porta, Marmor, um 20 v.Chr.

sen. Gleich ob Herrscher, gefallener Feind, Sportler, Musiker, Diana, Gott oder Mensch, die Antike war bestrebt, Mensch und Gott in jeder Lage würdevoll darzustellen. In diesem Sinne repräsentiert die Marmorstatue des Augustus von Prima Porta eine humane Grundhaltung zum Menschen, die nie wieder erreicht wird.

Diese Erhabenheit und die Durchmodellierung des Körpers finden wir nicht nur in der Herrscherdarstellung, sondern gleichermaßen beim „Sterbenden Gallier" oder in den Figuren der Laokoon-Gruppe. Die Körper der mittelalterlichen Steinheiligen bestehen dagegen im Wesentlichen nur noch aus Gewändern mit aufgesetztem Einheitskopf. Erna Patzelt kommentiert: „Das Wesen der antiken Plastik bleibt dieser Zeit fremd", stumpf und gleichgültig sei die frühmittelalterliche Kunst gegen Körper und Form.[430] Und der Mittelalterforscher Johannes Fried, der in seinem Werk aus dem Jahre 2009 eigentlich antritt, das Mittelalter als Epoche der „Wissenskultur" zu verteidigen, der das Mittelalter so über den grünen Klee lobt, dass wir dem Autor und seinem Sujet ein gesondertes Kapitel („Finsteres Mittelalter? Bloß das nicht?") widmen, meint: „Die Kunst erstarrt im Formalismus der Ikonen."[431]

Bildersturm

Kunstwissenschaftler führen gerne als Beleg für eine neue christliche Kunst die Ikonen-Malerei an, angeblich eine Schöpfung der Christen. Der Kunstgeschichtler Johannes Deckers weist jedoch nach, dass gemalte Götterbilder, auch mit Nimbus, dem goldenen Lichtschimmer, der seit jeher die antiken Lichtgottheiten und apotheosierten Caesaren umspült hat, bereits in Ägypten zur öffentlichen Verehrung ägyptischer Götter üblich gewesen sind, so dass von einer „neuen" christlichen Kunst nicht gesprochen werden kann.[432] Dennoch ist nicht zu bestreiten, dass die Apsis- und Ikonenmalerei mit dem Aufwachsen des Christentums neue Impulse bekommt.

430 E. Patzelt, Die karolingische Renaissance, 1921/1965, S. 108.

431 J. Fried, Das Mittelalter, 2008, S. 14. Das Zitat ist dem Kapitel „Boethius und der Aufstieg Europas" entnommen. Fried zitiert eine Menge kultureller und wissenschaftlicher Abstürze beim Wechsel von der Antike zum Mittelalter, die nicht erkennen lassen, wieso damit ein „Aufstieg" Europas begonnen haben soll. Wir kommen darauf zurück.

432 J. Deckers, Die frühchristliche und byzantinische Kunst, 2007, S. 45.

Auch in der Ikonenmalerei gilt das Gebot der Körperlosigkeit: Keine Ausarbeitung der Körper; bis auf Ausnahmen weitgehend stereotype, idealisierende, spannungsarme Gesichtsmodellierung. Der Typus ist wichtig, der Archetyp, nicht der Charakter. Dennoch ist die Bildmalerei in den christlichen Gemeinden des vierten Jahrhunderts – unter Berufung auf das Bilderverbot im Alten Testament – hoch umstritten und wird wenig später in einen handfesten „Bilderstreit" eskalieren. In diesem Streit scheinen zunächst die Bilderfeinde, die jede religiöse Kunst schroff ablehnen und in jedem religiösen Kunstwerk ein verbotenes Kultbild erblicken, das aus den Kirchen zu entfernen sei, vorzuherrschen. Sie können sich auf die Synode von Elvira in Spanien berufen, die im Jahre 306 beschlossen hatte, es solle keine Bilder in der Kirche geben, „damit nicht, was verehrt und angebetet wird, auf Wänden gemalt erscheint" (Kanon 36). Um 380 wird das Verbot auf die Künstler selbst ausgedehnt. Die *Apostolischen Konstitutionen*, ein dickbändiges Handbuch für Geistliche, stellen fest, Maler und Schauspieler, die in einem Atemzug mit Dirnen und Bordellbesitzern erwähnt werden, müssten zunächst ihren Beruf aufgeben, um in die Kirche aufgenommen zu werden. Da im gleichen Jahr der Zwangskatholizismus eingeführt wird und es außerhalb der Staatskirche *de facto* zunehmend weniger Gelegenheit gibt, sich künstlerisch zu betätigen, droht das Verdikt der *Apostolischen Konstitutionen* das Ende der Bildmalerei einzuläuten.

Auf der anderen Seite sehen die Bilderfreunde Bilder als ideale Medien zur Darstellung des christlichen Glaubens für die einfachen Menschen an. Papst Gregor I. (um 540-604) schreibt dazu in einem Brief an Serenus von Marseille: „[Die Bilder] dienen der Unterweisung der unwissenden (aber gutwilligen) Geister [...] Die Malerei wird in den Kirchen geduldet, [...], damit die des Lesens unkundig sind, vielleicht an den Wänden sehen, was sie in den Schriften nicht lesen können."[433] Wenig später wird wieder alles in Frage gestellt: Karl der Große, dessen Hof es am mystischen Glanz der byzantinischen Herrscher und an der intellektuellen Tradition des Kaiserhofes in Konstantinopel mangelt, der lange Zeit noch nicht einmal eine feste Residenz besitzt und sich schließlich in einer kleinen Stadt in der Nähe des Rheins niederlässt, beobachtet mit Argusaugen die kaiserliche Vorherrschaft in Byzanz und dessen Dominanz in Fragen der ökumenischen Konzile.

Dieser Karl, dessen Beamtenschaft sich hauptsächlich aus den Reihen der Geistlichkeit rekrutiert, lässt sich Ende des achten Jahrhunderts in den

433 Zit. nach K. Bering, Kunst des frühen Mittelalters, ^{2}2008, S. 299.

die Christen tief zerreißenden Bilderstreit hineinziehen. In den *Karolinischen Büchern*, einer Serie von vier giftig-polemischen Büchern, in denen der fränkische Herrscher die geistig-religiöse-politische Führungsmacht Byzanz angreift, lässt er zu der Frage Stellung nehmen, welche Bedeutung der Kunst für den christlichen Glauben zukomme. Die Denkschrift kommt zwar nicht zu einem eindeutigen Ergebnis, dennoch wird die Kunst aus der rein sakralen Bindung gelöst und Teile als *ars mundana*, als weltliche Kunst, interpretiert. Auf der anderen Seite erkennen die karolinischen Autoren, Bilder beständen aus „unreiner Materie", sie würden verbrennen oder zerfallen und hinderten nur an der Anbetung Gottes.[434]

So geht der Streit um Bilder unschlüssig hin und her und beide Seiten finden über Jahrhunderte nicht zusammen. Nie geht es dabei um die Kunst an sich, nie darf sie in Konkurrenz zum „Wort Gottes" auftreten. Stets ist Bild- und Skulpturenkunst dem „Worte" nachgeordnet und darf daher nur untermalen. Der Gedanke, dass Kunst eine andere ästhetische Dimension als Religion hat und einen eigenen Kosmos bildet, wird im christlichen Mittelalter nicht ernsthaft erörtert. Kunst ist, analog zu allen anderen Disziplinen, ein rein theologisches Hilfsmittel.

Die frühmittelalterliche Kunst in modernen Kunstführern

Die thematische Monotonie und kirchliche Ausrichtung des neuen Kunstschaffens spiegelt sich in den modernen Kunstführern wider. John Beckwith beginnt seinen Kunstführer *Die Kunst des frühen Mittelalters* überhaupt erst mit der Palastkapelle Karls des Großen. Die Jahre zwischen 400 und 800 haben künstlerisch offenbar wenig Berichtenswertes zu bieten. Ansonsten ist der Führer auf rund 270 Seiten nahezu ausschließlich mit Abbildungen von Kirchen, Klöstern, Heiligen und mit der Wiedergabe biblischer Szenen gefüllt.[435] Ein ähnliches Bild bietet der Kunstführer des Kunstgeschichtlers und Experten für mittelalterliche Architektur Xavier Barral I Altet, der in seinem Werk *Frühes Mittelalter* antritt, die spätantiken Anteile der „Weltarchitektur von der Spätantike bis zum Jahre 1000" vor-

434 Libri Carolini 4,8; 3,24.
435 J. Beckwith, Die Kunst des frühen Mittelalters, 1967.

zustellen. Das Buch spricht auf 250 Seiten fast ausschließlich über Basiliken.[436]

André Corbez gibt offen zu: „Kirchen, Kirchen und nochmals Kirchen", fände man in seinem Architekturführer über das frühe Mittelalter, schreibt er, weil „aus jener Zeit nichts anderes erhalten blieb".[437] Bruno Reudenbach, Ordinarius der Universität Hamburg für Kunstgeschichte, widmet in seinem Werk *Die Kunst des Mittelalters* bestenfalls zwei Seiten von 130 der nicht-kirchlichen Kunst.[438] Die übrigen 128 Seiten werden von der Darstellung christlich-kirchlicher Kunst beherrscht. Und wie schon sein Kollege John Beckwith weiß er über die ersten Jahrhunderte des Mittelalters nichts zu berichten. Obwohl das einführende Kapitel „Untergang, Übergang und Anfang" sich anbieten würde, wagt Reudenbach nicht den bitteren Vergleich der thematisch kanalisierten und handwerklich minimalisierten frühmittelalterlich-christlichen Kunst mit der breit aufgestellten, ausdrucksstarken pagan-antiken. Nicht viel anders stellt Kunibert Bering die Kunst des frühen Mittelalters dar.[439] Profankunst und -architektur haben in seinem Buch Mühe, sich auf wenigen Seiten Gehör zu verschaffen. Und auch der großformatige Kunstführer *Römisches Mittelalter. Kunst und Kultur in Rom* versteht sich als ein Führer durch die sakrale Kunst, unterlegt mit vielen erhabenen Sprüchen.[440]

Die Kunsthistoriker belegen damit exemplarisch, was auch für Laien unschwer zu erkennen ist: Kunst ist im frühen Mittelalter nur in abgemagerter Form, in den engen Grenzen der christlich-kirchlichen Religion und unter Beachtung ihrer rigiden Moralvorstellungen, möglich. Selbst dort, wo weltliche Herrscher Kunst in Auftrag geben, sind die Motive in den meisten Fällen religiös prädestiniert. Wenn von mittelalterlichen „Bildprogrammen" gesprochen wird, dann in Form der Hofkapellen- und Basilikamalerei, wenn Bildmotive erläutert werden, dann solche vom „thronenden Christus" und von „Apostelfürsten". Stilabweichungen in Früh-, Mittel- oder Spätform, in karolingisch, ottonisch oder salisch sind eher geeignet, Varianten des stets gleichen Themas zu beschreiben als Vielfalt in der Kunst

436 X. Altet, Frühes Mittelalter, 1997.

437 A. Corbez, Frühes Mittelalter. Weltkulturen und Baukunst, 1971, S. 12.

438 B. Reudenbach, Die Kunst des Mittelalters, 2008.

439 K. Bering, Die Kunst des frühen Mittelalters, ^{2}2008.

440 M. Andaloro u.a., Römisches Mittelalter. Kunst und Kultur in Rom von der Spätantike bis Giotto, 2002.

zu belegen. Die Thematik künstlerischen Schaffens ist, abgesehen von wenigen Herrscher-Darstellungen, rigoros auf kirchliche Aussagen begrenzt.

Dieser Verlust an thematischer Breite und künstlerischer Vielfalt, begleitet von einer Normierung der Kunst in Richtung starrer Ikonen- und Heiligenkunst, geht in den gängigen Kunstbeschreibungen meist unter, die nur selten die frühmittelalterliche Kunst an der Formenvielfalt und Ausdrucksstärke der antiken Kunstszene messen. In der Begeisterung über eine im 10. Jahrhundert editierte fromme Buchmalerei schwindet das kritische Bewusstsein für die Kanalisierung der Kunst dahin. Stattdessen übernehmen Fachfremde die Aufgabe, den Einbruch schöpferischer Fähigkeiten mit fragwürdigen Begründungen zu entschuldigen. So glaubt Friedrich Gerke, ehemals Professor der Theologie und christlichen Archäologie an der Gutenberg-Universität Mainz, das Christentum habe „ein neues Kunstwollen [bewiesen], das bereit ist, [...] alle bisher gültigen Kunstgesetze außer Kraft zu setzen“,[441] und, so fährt er fort, die europäische Kunstgeschichte beginne „nach übereinstimmender Meinung aller Kunsthistoriker von Rang mit der Schlacht am Pons Milvius“ (312 n.Chr.). Abgesehen von dem historischen Unsinn, die aristokratischen Geldgeber hätten sich am 28. Oktober 312 für eine neue, natürlich christliche, Kunst, entschieden, abgesehen davon, dass es im vierten Jahrhundert keine neue „christliche“ Kunst in Sicht ist, fällt Gerke durch seine unbedenkliche Übertreibung auf: Man bedenke: *Alle* gültigen Kunstgesetze seien außer Kraft gesetzt worden! Die europäische Kunstgeschichte beginne im Jahre 312 n.Chr.! Gerke klammert damit die griechisch-römische Kunstgeschichte aus der europäischen völlig aus, was nur vor dem Hintergrund seines theologischen Bildungsganges erklärbar ist.[442]

441 F. Gerke, Die christlichen Sarkophage der vorkonstantinischen Zeit, ND 1978, S. 226.

442 F. Gerke, Spätantike und frühes Christentum, 1967, S. 8. Gerke studierte in Berlin Theologie und promovierte zu dem Thema „Die Stellung des ersten Clemens-Briefes innerhalb der Entwicklung der altchristlichen Gemeindeverfassung und des Kirchenrechts“. Die Einseitigkeiten und Verdrehungen, mit denen Gerke jegliches Geschehen in ein christliches verwandelt, sind nervend. Nach seiner Auffassung leitet das „Schicksalsjahr 313“ (Mailänder Toleranzedikt) für die „reichsrömische Kunstgeschichte eine neue Epoche“ ein, die als *ars christiana* vom christlichen Kaiser und kaiserlichen Christus geprägt sei (S. 51). Abwegig, einseitig und unhistorisch sind seine weiteren Urteile: Seit 313 führten „die Helme und Schilde der Soldaten das Monogramm Christi“ (S. 53); die Münzen kennzeichneten den Kaiser als *vicarius Christi*; zur Zeit

Skulpturen seien aus Angst, Götzenbilder zu generieren, nicht geschaffen worden, schreibt der Historiker Joseph Vogt, die plastische Figur habe daher keinen Platz im christlich-kultischen Raum gehabt, und fährt dann schwärmerisch ob der staunenswerten Schlichtheit frühchristlicher Kunst fort: Eine „sublimierte Kunst [hat] den Menschen in die Welt des Heiligen einführen" wollen, „wie der Glaubensbote, so wendet sich [der christliche Künstler] an alle, um die reine Menschlichkeit, die durch die Erscheinung des Logos aufgegangen ist, im Bild der dramatischen Begebenheiten der Heilsgeschichte lebendig zu gestalten".[443] Dieser mystische Kommentar eines Althistorikers suggeriert unterschwellig, die sakrale Kunst des frühen Mittelalters sei der antiken überlegen, weil sie „das dramatische Geschehen der Heilsgeschichte lebendig" gestaltet habe. Als hätte es nicht genügend lebendige Dramatik in antiken Skulturen gegeben, die sich nicht in ausdrucksarmen Halbreliefs, sondern in noch heute bewunderten dramatischen Bewegungsinszenierungen und Feinstziselierungen äußert. Der künstlerische Unterschied zwischen Antike und Frühmittelalter ist nicht der einer angeblich durch ein Heilsgeschehen erst richtig zur Wirkung gebrachten „sublimen Kunst", sondern der von gestalterischen Freiheiten und künstlerisch-handwerklichen Fertigkeiten.

Der Archäologe Eberhard Sauer kommt daher, gar nicht überraschend, zu dem Ergebnis: „Auf der Grundlage des literarischen und archäologischen Befundes kann es keinen Zweifel geben, dass die Christianisierung des Römischen Reiches und des frühmittelalterlichen Europas mit der Zerstörung von Kunstwerken einher ging in einer Größenordnung, die man in der Geschichte der Menschheit nie zuvor sah."[444]

Konstantins seien die Goldmünzen mit christlichen Emblemen und Symbolen geziert worden (S. 73) usw. Gerke stellt die Zeit Konstantins geradezu auf den Kopf.

443 J. Vogt, Die Spätantike, 1983, S. 547.

444 E. Sauer, The Archaeology of Religious Hatred, 2003, S. 157 (deutsch nach de.wikipedia.org/wiki/Bucherverluste_in_der_Spatantike, Zugriff 20.10.2011)

16 Bilanz

Zwei Feinde seien es gewesen, schreibt der Archäologe Andreas Rumpf,[445] die die antike Kultur bedroht hätten: die Barbareneinfälle und das Christentum. Rumpf, bis zu seiner Emeritierung im Jahre 1960 als Professor der klassischen Archäologie in Köln tätig, ist einer der seltenen deutschen Wissenschaftler, der das Christentum überhaupt als Mit- oder Hauptschuldigen für den Untergang der antiken Kultur benennt und damit deutscherseits die Linie des Briten Edward Gibbon und des Schweizers Jacob Burckhardt fortsetzt, die den Niedergang des Imperium Romanum mit dem Einfall der „Barbaren" und der Ausbreitung des Christrentums erklären.[446]

Gewiss trägt die katholische Kirche nicht die alleinige Schuld am Untergang der antiken Kultur. Zweifelsohne haben diejenigen nicht völlig Unrecht, die in allen geschichtlichen Geschehnissen Multikausalität beobachten wollen, so auch im Falle des Unterganges der antiken Kultur. Kriege mögen ihren Anteil am folgenschweren Zusammenbruch antiker Kultur beigetragen haben und fraglos ist Italien durch die Auseinandersetzungen Kaiser Justinians mit den Goten wirtschaftlich zerrüttet worden, aber Justinian ist auch Exponent eines fundamentalistischen Christentums, das nun ganz und gar nicht auf heidnisch-kulturelle Befindlichkeiten Rücksicht nehmen will.

Gewiss greift ab dem fünften Jahrhundert der Missbrauch um sich, altehrwürdige öffentliche Gebäude als Kalkgrube und bequemen Steinbruch zu nutzen, so dass kaiserliche Edikte der Schändung Einhalt zu gebieten

445 A. Rumpf, Archäologie I, 1953, S. 22.

446 E. Gibbon, Verfall und Untergang des Römischen Reiches, 1776-1788; J. Burckhardt, Die Zeit Constantins des Großen, 1853. Max Weber argumentiert dagegen sozioökonomisch (Die sozialen Gründe für den Untergang der antiken Kultur, 1896). Auf die sprachlich brillante, in der Analyse jedoch nicht überzeugende Arbeit von Oswald Spengler (Der Untergang des Abendlandes) wird hier nicht näher eingegangen (Thomas Mann: „Hyänenhaftes Prophetentum", 1922).

suchen: „Deshalb befehlen wir [...], dass alle Gebäude, welche von den Alten zum öffentlichen Nutzen und Schmuck errichtet worden sind, von niemand zerstört oder angetastet werden dürfen“. Aber dem Raubbau geht immer auch ein geistiger Wandel voraus, der die Vergangenheit diskriminiert und Überliefertes als minderwertig charakterisiert.

Gewiss wird die römische Bildungswelt von der „Wanderung der Völker“ beeinflusst. Aber wenn der französische Historiker Henri I. Marrou in einen weithin hörbaren Schmerzensschrei ausbricht: „Die Germanen haben die antike Schule zerstört“ und der Frankfurter Historiker Johannes Fried die französische Germanenschelte ergänzt: Die Germanen seien „fürs erste ungeeignet zur Fortführung der hochentwickelten Zivilisation und verfeinerter Lebensformen der römischen Welt gewesen“[447], so halten diese Urteile einer gründlichen Nachforschung nicht stand. Denn die Immigranten haben auf allen Ebenen auch staatserhaltend gewirkt, wie wir am Paradebeispiel des Theoderich, am angeblich von „wilden Barbaren“ mehrmals durchzogenen, dennoch kulturell blühenden Gallien und am munteren Vandalenreich in Nordafrika gesehen haben.

Wir bezweifeln auch nicht eine wie auch immer geartete „Kontinuität“ beim Übergang der Antike in das Mittelalter, ein Begriff, der uns solange wenig hilft, wie nicht bewiesen wird, dass sich dahinter mehr verbirgt als lediglich ein Fortführen von Nebensächlichem. Mancher Tempel sieht noch späte Besucher und mancher Altar trägt noch das Opferfeuer. Manche Kunst schleppt sich, abgemagert oder verfremdet, in das frühe Mittelalter hinein. Porträtstatuen gibt es auch im sechsten Jahrhundert noch und Cassiodor berichtet von dem Bemühen, in Rom Elephantendenkmäler mit Hilfe von Eisenklammern für die Nachwelt zu erhalten.[448] Aber das alles sind lediglich Reminiszenzen an eine vergangene Kultur, nicht mehr als Nachrufe auf eine durch Irrationalität geschändete Epoche der Vernunft und Diesseitspragmatik.

Vor allem aber gibt es keine „Kontinuität“ in der grundlegenden Frage nach dem Menschen- und Weltbild, das auf christlich-kirchlicher Seite von bedenklich inhumanen Zügen geprägt ist: Weltentwertung, Diesseitsflucht, Verfluchung Andersdenkender, Drohung mit Höllentänzen und infernalischen Strafen, auch für Kleinstkinder, würdelose Selbsterniedrigung, Sexualneurosen, Klassendenken, Angst, Gehorsam, auch gegenüber archai-

447 H.I. Marrou, Erziehung im klassischen Altertum, 1977, S. 623; J. Fried, Mittelalter, 2008, S. 18.

448 Cassiodor, Variae 10,30.

schen Regeln. „Liebe Deinen Nächsten" steht zwar auf dem Papier, aber die neue christliche Morallehre wird ganz wesentlich von einer feindlichen Haltung gegen Juden, Häretiker und andere „Ungläubige" bestimmt.

Das frühe Mittelalter lebt eben nicht in einer „nachantiken Kultur"[449] einfach weiter, da der *Geist* der antiken Kultur durch die neue Zeit misshandelt wird, der noch im Jahre 360 in den Worten des römischen Kaisers Konstantius durchschimmert: „Bildung ist die höchste aller Tugenden."[450] Diesem Geist der Antike stehen die Worte Papst Gregors I. (590-604) als Formel aus einer anderen Welt unversöhnlich gegenüber: Es sei unmöglich, dass sich christlicher Glauben und pagane Bildung in einer Person vereinen.[451]

Wir suchen also nach einer *Hauptursache*, nach einer *Ideologie*, einem Geflecht utopischer Ideen als treibender Kraft des Untergangs der antiken Kultur. Denn da müssen ganz andere Kräfte gewirkt haben als Immigrantenzüge von 50.000 Neusiedlern, wenn es gelingen soll, einen ganzen Kontinent von einer Hochkultur in die trüben Tiefen der Illiteralität zu führen und diesen Notstand auch noch tausend Jahre aufrechtzuerhalten. Das schaffen nur Ideologien, seien es politische, fundamentalistische oder religiöse. Die „Roten Khmer", Maos Kulturrevolutionäre, der kommunistisch-stalinistische Einheitsgedanke, der Nationalsozialismus oder der fundamentalistische Islamismus, das sind solche ideologischen Kräfte, die ganze Nationen auf einen kulturellen Tiefstand zu führen vermögen.

Kurzum, wir klagen „unter Außerachtlassung aller professoralen Umständlichkeit, Rücksicht und Vorsicht"[452] die katholische Kirche samt ihrer gänzlich spekulativen Sünden- und Jenseits-Ideologie und der Vermessenheit ihrer Führer, die einzig gültige Wahrheit glauben erkennen zu können, als Hauptursache für den Untergang der antiken Kultur an. Wir werfen der katholische Kirche vor, wieder und wieder das *ceterum censeo tolerantiam delendam esse* – „im Übrigen soll jede Toleranz zerstört werden" – von der Kanzel herab gepredigt und damit den Keim des Hasses in das Mittelalter versenkt zu haben. Wir bezichtigen das katholische Christentum, gemeinsam mit den Herrschenden, mit Theodosius, Justinian und Karl dem Großen, unter Anwendung von Gewalt freie Bürger in die demütigende Rolle

449 K. Vössing, Schule und Bildung in Nordfrika, 1997, S. 251.

450 „Litteratura quae omnium virtutum maxima est" (Codex Theodosianus 14,1,1).

451 Gregor, Brief 5,53a.

452 K. Barth, Zwischen den Zeiten, 8. Jg., 1930, S. 1.

unmündiger Glaubenssklaven („Herde“, „Kinder“) gezwungen und diesen Zustand mehr als tausend Jahre aufrechterhalten zu haben. Und es muss wie Hohn klingen, wenn Augustinus den Kulturgeschändeten nahelegt, dankbar für die Zerstörung zu sein, weil sie auf diese Weise zur Erkenntnis des „wahren und lebendigen Gottes“ gelangt seien.[453] Aber immerhin: Augustinus bestreitet nicht die Absicht der Kirche, die diesseitige Kultur zugunsten einer Jenseitseuphorie aufzuheben.

Und was da alles untergeht! Die Caracalla-Therme beispielsweise, in den Jahren 212 bis 216 n.Chr. unter Kaiser Caracalla erbaut und unter seinen Nachfolgekaisern erweitert. Das Hauptgebäude der Anlage misst 220 mal 114 Meter, liegt inmitten von Gärten und wird von einer fünfunddreißig Meter weiten Kuppel gekrönt. Neben den Schwimmbecken im Hauptgebäude beherbergt die Anlage Schwitz-, Umkleide-, Gymnastik- und Versammlungsräume, Bibliotheken und diverse Dienstleistungsbetriebe. Wasserversorgung, Entwässerung und das Heizsystem der Anlage gelten als technisch ausgeklügelt. Im Untergeschoss arbeiten mehr als einhundert Sklaven an dreißig Holzöfen, um Heißluft über Tonrohre in sämtliche Räume zu leiten. Man schätzt, dass täglich etwa 6.000 bis 8.000 Badegäste die Therme besuchen, so dass Seneca bereits 150 Jahre zuvor über den Lärm von Getränke-, Wurst- und Gebäckverkäufern mäkelt, die ihre Waren anpreisen: „Der mannigfaltigste Lärm umrauscht mich hier von allen Seiten: Ich wohne gerade über dem Bad. Nun stelle Dir alle die verschiedenen Töne vor, die einen dazu bringen können, dass man seinen eigenen Ohren grollt. Wenn die Stärkeren sich üben und ihre mit Blei beschwerten Hände schwingen, wenn sie sich abarbeiten, oder Arbeitende nachahmen, so vernehme ich ein Geächze und, so oft sie den angehaltenen Atem ausstoßen, dessen heftiges Zischen. Wenn es sich fügt, dass ein plumper Masseur sein Wesen treibt, der sich begnügt, auf die ganz gemeine Weise zu Werk zu gehen, so höre ich das Klatschen der Hand auf den nackten Schultern [...] Denke Dir ferner das viele Gezänke und Geschrei, wenn ein Dieb erwischt wird, den Singsang der Badenden, die sich mit ihrer Stimme gefallen, das gewaltige Geplätscher des gepeitschten Wassers, so oft einer in das Wasser springt. Außer diesen Tönen, die doch wenigstens natürlich sind, stelle Dir die feine und schrille Stimme vor, die ein Haarzupfer herauspresst, um sich bemerkbarer zu machen; der schweigt nicht eher, als bis er etwas zu zupfen hat, wo er denn den anderen für sich schreien lässt. Vollends das Ausrufen

453 Augustinus, Brief 93, 26: „et tamen ex eis multi correcti et ad deum vivum verumque conversi sunt et quotidie convertuntur“.

Abb. 8: Caracalla-Therme, um 215 n.Chr., Stich 1879.

der Kuchenbäcker, der Wurst- und Leckereienhändler, und all der Krämer und Garköche, die ihre Ware, jeder mit seiner eigentümlichen auffallenden Modulation, feilbieten."[454]

Der misstrauischen Kirche aber sind die Thermen als Tempel der Freude ein Dorn im Auge: Die Hölle selbst liege unter den Quellen, meinen die kirchlichen Heilsbringer, „ihr heißes Wasser sei dasselbe, das in der Unterwelt die Toten strafe".[455]

Die Caracalla-Therme selbst ist bis in das fünfte Jahrhundert hinein noch voll funktionsfähig. Im sechsten Jahrhundert wird der Therme im Rahmen einer Belagerung durch die Goten die Wasserzufuhr abgeschnitten, aber das dürfte kaum Anlass gewesen sein, die prachtvolle Badeanstalt aufzugeben. Die eigentliche Ursache für den Verfall dürften fehlende Mittel für Erhaltungs-Investitionen gewesen sein. Dies nicht, weil das Geld zur Instandhaltung fehlt, sondern weil der öffentliche Sektor (Foren, Thermen, Theater, Schulen, Bibliotheken, Straßen) finanziell austrocknet und stattdessen beträchtliche Mittel in kirchliche Bauten und bischöfliche Kassen fließen. Das kirchliche Vermögen (*Patrimonium Petri*) wächst so rasch, dass Kyrill, Patriarch von Alexandria, um 430 seine Gewährsleute am kaiserlichen Hof anweisen kann, die Hofbeamten mit mehreren hundert Pfund Gold zu bestechen[456] und der Bischof von Rom, Gregor I. (um 540-604), dessen Erbe in den Bau von sechs Klöstern fließt, den Langobarden 594 n.Chr. Bestechungsgelder zukommen lassen kann, um Rom vor Plünderungen zu schützen. Eine lobenswerte Tat, die aber auch den Reichtum der Kirche zeigt.

Neue Kirche, neue Werte?

Man könnte argumentieren, der Tod der Theater und Thermen sei angesichts der aufkommenden christlichen Werte, die der abendländischen Moral ihr Gesicht gegeben hätten, als bedauerliches, wenngleich zweitrangiges Phänomen zu bewerten, denn die Menschenrechte und der Begriff von der Würde des Menschen seien ganz wesentlich vom christlichen Lehrsatz

454 Seneca, Brief 56.

455 H. Wulfram, zit. nach Frankfurter Allgemeine Zeitung vom 20.4.2011, S. N3.

456 Zit. nach Peter Brown, Macht und Rhetorik in der Spätantike, 1995, S. 28.

der Gott-Mensch-Ebenbildlichkeit (1 Moses 1,27) geprägt worden und ohne Christentum hätte der Mensch sich schwer getan, sich seiner spezifischen Würde bewusst zu werden. Aber dass das Christentum Urheber der Menschenrechte und Menschenwürde sei, ist ein breit gestreutes Märchen. Denn natürlich leben Athener und Römer in Würde. Natürlich genießen sie grundlegende Rechte und Gesetze, die in der Idee von der individuellen Würde und in der Gewissheit, das Leben selbstbestimmt gestalten zu können, wurzeln und in verschiedenen Philosophenschulen zu dem ausformuliert werden, was wir heute Ethik nennen.

Oberste Maxime dieser weit vor dem Christentum formulierten Ethik, die sich mit dem verantwortbaren menschlichen Handeln befasst, ist die Forderung, mit sich selbst und der Natur in Einklang zu leben. Daraus ergibt sich der Glaube an ein absolut gültiges Weltgesetz, das alle Bürger von Geburt an gleich setzt und ihnen gewisse Naturrechte im Rahmen des alles dominierenden Kosmos zuspricht, aber auch Pflichten auferlegt: Lebe tugendhaft, führe ein tätiges Leben, bescheide Dich, diene der Gemeinschaft, ehre die Götter.[457]

Auf diesem fruchtbringenden Boden wächst auch der Begriff der *humanitas*. Erstmals um 90 v.Chr. in der anonymen Schrift *Rhetorica ad Herennium* diskutiert, verknüpft Cicero (106-43 v.Chr.) die *humanitas* mit der griechischen *paideia*: Humanität sei dem Menschen nicht angeboren, erst durch Erziehung werde die Jugend zur *humanitas* geformt und gebildet.[458] Zur *humanitas*, schreibt Cicero, gehöre neben Gerechtigkeit auch liebenswertes Miteinander, Muße, Freude an einer gepflegten Sprache sowie vor allem eine schwerelose und verbindende Geistigkeit. Der rücksichtslose Mensch, der sich für andere Menschen nicht interessiere, sei nicht human. Dem Großmeister Cicero folgen die Tugendlehrer Vergil, Horaz, Livius, Seneca und Tacitus. Horaz fordert von seinen Lesern: „Wage, weise zu sein“, ein Spruch, den Immanuel Kant leicht abgewandelt zum Leitspruch der Aufklärung machen wird, während Tacitus den Römern in seiner *Germania* die gesittete Lebensweise der Germanen vorhält. Als Höhepunkt der

457 Die Pythagoras zugeschriebenen „Goldenen Verse“ enthalten Regeln, wie mit Eltern, Freunden und Mitmenschen umzugehen sei. Die Verse fordern zur Selbstbeherrschung und Selbstachtung auf, ermahnen zu tugendhaftem Reden und Handeln und zeigen, dass durch eifriges Bemühen die Selbsterkenntnis wächst und eine Befreiung von Leid erfolgen kann.

458 „Ad humanitatem informari“, Cicero, Pro Archia 3; vgl. auch: Ad Quintus 1,1,18-29 (Glück durch humanitas) und Gellius, Noctes Atticae 13,17.

Tugendlehre gilt die Philosophie der Stoa, die die Liebe zu allen Menschen und Völkern fordert und damit die christliche „Nächstenliebe" vorwegnimmt. Kaiser Marc Aurel (121-180 n.Chr.) ist ein später und würdiger Vertreter der Stoa.

Der Haupteinwand, die Antike sei Schöpfer allgemein gültiger Menschenrechte gewesen, ist der Hinweis auf die Sklavenhaltergesellschaft, die Sklaven als frei verfügbare Sache einstuft. Der Einwand ist berechtigt, betrifft aber die heidnische Antike ebenso wie das Christentum. Denn der Gedanke, dass Sklaven als Wesen minderen Rechtes außerhalb der bürgerlichen Gemeinschaft leben, ist in der antiken Gesellschaft ebenso präsent wie in den christlichen Gemeinden, deren Positionierung in dieser Frage weitgehend parallel zur gesellschaftlichen Entwicklung verläuft. Den antiken Gebräuchen entsprechend handeln Juden mit Sklaven (3 Moses 25,44) und sehen darin auch keinen Verstoß gegen das Gesetz der Ebenbildlichkeit. Auch das Neue Testament liefert keine unmittelbaren Argumente gegen die Sklaverei. Paulus hat zwar die Aufnahme von Sklaven in die christlichen Gemeinden betrieben, aber von den christlichen Eignern keine Freilassung ihrer Sklaven gefordert (Philemon-Brief).[459] Spätere Kirchenlehrer lehnen die Sklaverei ebenfalls nicht ab, im Gegenteil: Augustinus sucht nach einer theologischen Rechtfertigung und findet sie: Sklaverei sei eine Folge des Sündenfalls. Konträre Stimmen wie die von Gregor von Nyssa (Homilia 4,1) ändern nichts daran, dass sich die Kirchenväter nicht als Kronzeugen gegen die Sklaverei eignen. Dies gilt auch für die mittelalterlichen Kirchenrechtler, die das antike Völkerrecht lediglich dahingehend eingrenzen, dass Christen keine Christen versklaven sollen. Im Übrigen ist die mittelalterliche Kirche Betreiber und Nutznießer des Frondienstes – wie die weltlichen Herren.

Dass Sklaven anständig behandelt werden sollen, ist auch kein originär christliches Gedankengut. Der römische Philosoph Seneca (um 1-65 n.Chr.) schreibt seinem Freund Lucilius: „Gerne habe ich von denen erfahren, die von hier kommen, dass du mit deinen Sklaven freundlich umgehst. Das zeugt von deiner Klugheit und von deiner Bildung. Sie sind Menschen" und, so ergänzt Seneca an anderer Stelle, sie haben „dieselben Anfänge,

459 Paulus fordert seinen Glaubensbruder Philemon auf, dass er seinen davongelaufenen Sklaven Onesimus freundlich aufnehmen soll, da dieser Christ sei. Nach vorherrschender Meinung respektiert das frühe Christentum die Gesellschaftsordnung, daher verlangt Paulus von Philemon nicht, den Sklavenstand Onesimus' aufzuheben.

denselben Ursprung; niemand ist vornehmer als ein anderer, außer wenn er sich durch eine aufrechte und aufgrund guter Charaktereigenschaften bessere Gesinnung auszeichnet" (*De beneficiis*).

Auch wenn man heute den mannigfaltigen Tugendlehren der Antike nicht in allen Teilen folgen mag, so kann nicht daran gezweifelt werden, dass das in der Antike geformte Bild von „Humanität" eine wichtige Grundlage für die weiteren Auseinandersetzungen über die „Idee des Guten" bildet und die antike Tugend-Forschung apriorische Werteforschung gewesen ist.

Eine zweite Quelle für unser heutiges Verständnis von Menschenrechten und Menschenwürde bildet das Judentum. Mit dem Gebot „Du sollst deinen Nächsten lieben wie dich selbst" (3 Mose 19,18) liefert das Judentum dem Christentum die Vorlage für den überladenen Begriff von der „Religion der Nächstenliebe". „Überladen" deshalb, weil im Namen dieser „Liebes"-Religion eine nicht greifbare Anzahl von Menschen ihrer Gesinnung wegen verfolgt und getötet worden sind. Der Grund wird erst nach Erschließung des Gesamtzusammenhanges deutlich: Auf die Frage eines Schriftgelehrten nach dem wichtigsten Gebot, soll Jesus angeblich geantwortet haben: „Das vornehmste von allen Geboten ist das: Der Herr, unser Gott, ist ein einiger Gott; und Du sollst den Herrn, deinen Gott, lieben mit ganzem Herzen und ganzer Seele, mit all deinen Gedanken und all deiner Kraft. Als zweites kommt hinzu: Du sollst deinen Nächsten lieben wie dich selbst. Kein anderes Gebot ist größer als diese beiden" (Markus 12,29).

Die christliche Kirche hat diese erstrangige, auf Gottes- und Nächstenliebe begrenzte Forderung mit dem Missionsgebot („Gehet hin in alle Welt", Matthäus 28,19) verbunden und das Konglomerat zur unglückseligen obersten Maxime erhoben: „Du *musst* Gott lieben" oder in den Worten Paulus: „Wer den Herrn nicht liebt, sei verflucht" (1 Korinther 16,22). Ohnehin wird in der ganzen Liebes- und Friedensdiskussion gerne das Bibelzitat „Ich bin nicht gekommen, um Frieden zu bringen, sondern das Schwert" unterschlagen.

Es täte also dem gesellschaftlichen Frieden und der historischen Wahrheit gut, wenn sich die christliche Religion in dieser Beziehung etwas zurücknehmen würde. Denn alle Kulturen dürften den Wert der „Nächstenliebe", wenn auch unter verschiedenen Namen, hervorheben, ohne sich deshalb ständig an die Brust zu klopfen. Bereits die Philosophie Zarathustras (vor 500 v.u.Z.) basiert auf den drei Grundsätzen „Gut Denken, gut Reden und gut Handeln" und auf Zarathustras Credo „Ich bin Zarathustra, wahrhaftiger Gegner der Lügner, und ich werde sie bis zu meiner letzten

Kraft bekämpfen. Aber mit meiner ganzen Kraft werde ich den Aufrechten und Rechtschaffenen beistehen" (43/8. Strophe). Wenige Jahrhunderte später lässt Sophokles um 450 v.Chr. seine Antigone rezitieren: „Nicht mitzuhassen, mitzulieben bin ich geschaffen." Aristoteles erkennt um 330 v.Chr. im achten Buch seiner *Nikomachischen Ethik*, das Wesen der Freundschaft sei, mehr Liebe zu geben als zu nehmen. Der römische Philosoph Seneca schreibt ein ganzes Buch über die Wohltaten, *De beneficiis*, und erkennt in seinem Werk *Vom glückseligen Leben*, das höchste Gut sei „ein ruhiges Handeln, reich an Menschenliebe und Rücksicht für die, mit denen man lebt". Keiner ist bisher auf den Gedanken gekommen, die Lehren Zarathustras, Sophokles' oder Senecas mit dem Epitheton „Philosophie der Liebe" zu versehen, obwohl ihnen dieses Markenzeichen wahrlich zuständе.

Die weitere Entwicklung der Menschenrechte hat mit der Kirche nur am Rande zu tun. Jahrhundertelang leben die Menschen im Schatten der Zwangsmissionierung. Jahrhundertelang werden den Juden und Heiden, den Ketzern und Häretikern, den „Wilden" und Schwarzen die Menschenrechte abgesprochen. Die Reste einer jüdischen und frühchristlichen Liebes-Ethik werden schließlich auf den Folterbänken geopfert, die Papst Innozenz III. im Vorgriff auf die „heilige Inquisition" im 13. Jahrhundert einführt, womit die „Liebes-Ethik" à la Katholizismus ihre perfide Vollendung erlebt.

Dann setzt sich die Aufklärung an die Spitze der neuen Menschenrechtsbewegung. Ihre Denker müssen vielfach gegen die Kirche argumentieren,[460] und ihre politischen Werke heißen Petition of Rights (1628); Habeas Corpus (1679); Bill of Rights (1689); Virginia Bill of Rights; Unabhängigkeitserklärung der Vereinigten Staaten („unveräußerlichen Rechte auf Leben, Freiheit und das Streben nach Glück", 1776); Erklärung der Menschen- und Bürgerrechte (1789); Déclaration des droits de la femme et de la citoyenne (1791). Sie ergänzen die philosophischen Schriften von Hume bis Kant, die sich als Texte der Befreiung verstehen und in der Losung gegen das Kartell aus Kirche und Staat kulminieren „Liberté, Égalité, Fraternité".

Die monopolisierende, gebetsmühlenartig wiederholte Behauptung, die Idee von der Gottesebenbildlichkeit des Menschen (1 Moses 1,27) habe die

460 Pico della Mirandola (1463-1494), der weit beachtete Schriften über die Würde und das Wesen des Menschen, seine Stellung in der Welt und die Willensfreiheit als charakteristisches Merkmal des Menschen verfasst, entgeht nur durch Flucht der Inquisition. Papst Innozenz VIII. verurteilt am 4. August 1487 die Thesen und ordnet die Verbrennung sämtlicher Exemplare an.

Menschenrechte begründet und es sei ein Verdienst des Christentums, die Formel von der Menschenwürde gefördert zu haben, ist also nachweisbar falsch. Die wahren Gründer und Förderer der Idee von der Menschenwürde und den Menschenrechten sind Griechen, Römer, Juden und die Heroen der Aufklärung. In Wahrheit ist die Redensart von einer durch die christliche Lehre generierten „Menschenwürde" voll bitterer Ironie. Denn was die Lehre von der Erbsünde anthropologisch bedeutet, liegt auf der Hand: Sie ist menschenverachtend. Der Mensch ist verderbt, ein Wurm und Opfer seiner Sinne. Gott macht mit ihm, was er will. Würde ist Eitelkeit, der Mensch solle stattdessen zu Staube kriechen und sich blind in sein jenseitiges Schicksal ergeben. Selbst der Gottessohn wird entwürdigt. Halbnackt, gegeißelt und mit Dornen gekrönt wird er seit Jahrhunderten den Menschen zur Schau gestellt.

Das Ende einer großen Geisteskultur

Tertullians „Wunschchrist" ist derjenige, der sich mit dem Glauben begnügt und sein Heil nicht von der *exercitatio scripturarum* erwartet, die oft schädlich und überflüssig sei. Schließlich sei „es besser, unwissend zu sein, um nicht kennen zu lernen, was man nicht soll".[461] Paulus, ehemaliger Christenverfolger, geläutert in einer „Offenbarung", weiß, wie mit den Wissenschaften umzugehen ist: Die Weisheit dieser Welt sei Torheit, denn es stehe geschrieben „ich will zunichte machen die Weisheit der Weisen und den Verstand der Verständigen will ich verwerfen".[462]

Der christliche Apologet Tatian lehnt in einer um 176 n.Chr. geschriebenen zügellosen *Rede an die Hellenen* die gesamte griechische Bildung als unnütz und unmoralisch ab. Die antiken Philosophen seien Lärmer, keine Lehrer, Geschwätz und Rabengekrächze kennzeichne ihre Reden. Die Akademien seien „Schwalbenzwitscherschulen" und die Arzneikunde käme aus einer „Schwindlerwerkstatt". Die Kirchenführer wettern gegen das „Philosophenvieh", gegen „trächtige Säue" und „Schweinephilosophen". „Hunde" seien sie, „die zu ihren Auswürfen zurückkehren", Unverschämte, Andersdenkende, Heuchler, Dummköpfe, Mörder, Fälscher, Giftspeier, Betrüger, gottlose Possenreißer, Verrückte und Strauchdiebe.

461 Tertullian, De praescriptione haereticorum 14,3.

462 Paulus, 1 Korinther 1,19-20.

Die Philologin Ilona Opelt füllt ein ganzes Buch mit polemischen Zitaten aus frühchristlichen Quellen, die die Aversion der neuen Religion gegen jegliche antike Bildung belegen.[463] Heinrich Richter, ein Historiker des 19. Jahrhunderts, kommentiert den barbarischen Straßenjargon: „Das war die Sprache eines fast irrsinnigen Glaubensfanatismus."[464]

Einen schlechten Ruf haben auch die Mathematiker und Astronomen. Weil sie die Bahnen von Planeten und andere Himmelsereignisse vorherberechnen, werden sie mit Wahrsagern und Astrologen in einen Topf geworfen. Schon der Kirchenhistoriker Eusebius (um 320) attackiert in seiner *Kirchengeschichte* die „Ketzer", die sich mit der Arithmetik und Geometrie statt mit Gottes Heiligen Schriften beschäftigen: „Unter Verachtung der heiligen Schriften Gottes beschäftigen sie sich mit Geometrie; denn sie sind Erdenmenschen, reden irdisch und kennen den nicht, der von oben kommt."[465] Auf dem Konzil von Laodiciae (364) wird allen Kirchenoberen und Priestern streng verboten, sich solchen „Künsten" zu widmen: „Diejenigen, die der Priesterschaft angehören, sollen keine Magier, Zauberer, Mathematiker oder Astrologen sein."[466] Und Augustinus, Bischof von Hippo, wendet in seinem *Gottesstaat* ein ganzes Kapitel auf, um den Nachweis zu führen, „dass die Mathematiker eine gegenstandslose Wissenschaft betreiben".[467]

Chrysostomos, seit 398 Erzbischof von Konstantinopel, lehnt rundweg alle naturwissenschaftlichen Forschungen ab: „Du sollst das Geschehene nur bewundern, frage hingegen nicht nach dem Wie". Naturgesetze seien ein Werk der Dämonen. Nur der Wille Gottes bewege die Dinge.[468] Nebenher schreibt Chrysostomos noch acht feindselige *Homilien gegen die Juden* – „Ich jedenfalls hasse die Synagoge am meisten und wende mich von ihr ab" – und begründet damit seinen mittelalterlichen Ruf als „Vater des Antisemitismus".[469]

---

463 I. Opelt, Die Polemik in der christlichen lateinischen Literatur, 1980.

464 H. Richter, Das weströmische Reich (375-388), 1865, S. 528.

465 Eusebius, Kirchengeschichte 5,28.

466 Synodus Laodiciae, Kanon 36.

467 Augustinus, Gottesstaat 5,5.

468 Chrysostomos, Homilie 12,1: „Wir wollen all diese Zeit auf die Anhörung der göttlichen Gesetze verwenden und sie nicht mit unzeitigen und nutzlosen Geschäften vergeuden, damit wir uns nicht wieder selbst in die Not eines solchen Sturmes versetzen."

469 G. Stemberger, Wiener Professor für Judaistik (!), nennt diese Auswuchse „häßliche Flecken" und entschuldigt die „Flecken" mit der damaligen „At-

Mit der Ermordung der neuplatonischen Philosophin und Mathematikerin Hypathia durch einen aufgebrachten Mönch-Pöbel im Jahre 415 endet die mathematische und naturwissenschaftliche Forschung und das Nachdenken über Hypothesen und Formeln, über Kegelschnitte, Ellipsen, Hyperbeln und Parabeln, über Hebelgesetze, spezifisches Gewicht und Kreisberechnung mit Hilfe der Zahl Pi, über die Zusammensetzung der Materie in Form unteilbarer Körper (Atome) und über die Kugelgestalt der Erde und ihre Rotation. Nicht länger fallen das von Aristarchos begründete heliozentrische System und die Berechnungen des Hipparchos zur Umlaufbahn der Planeten und zum Sonnenjahr ins Gewicht. Die christliche Kirche verwirft alles: Die Erde sei eine Scheibe und stehe im Zentrum des Universums, denn Gott habe ja seinen Sohn auf die *Erde* geschickt und nicht auf irgendeinen fernen Planeten in der Peripherie des Alls. Folglich *muss* die Erde der Mittelpunkt des Universums sein. Die systematische Erforschung naturwissenschaftlicher Phänomene wird als überflüssig betrachtet, da alle Naturereignisse, vom Erdbeben bis zum Blitzschlag, Gottes Wirken zugeschrieben werden. Naturereignisse seien Folgen seiner Pflicht, die Menschen zu strafen oder zu loben. Mit Geschichte brauche sich der Christ nicht zu beschäftigen, da das ganze verlogene, viele Jahrtausende umfassende Geschichtsschrifttum durch die Heiligen Schriften widerlegt sei, die einen Zeitraum von weniger als sechstausend Jahren Menschheitsgeschichte berechnet hätten.[470] Selbst die Medizin wird abgelehnt, da die Kraft der Heiligen besser helfe als „illa philosophia Hippocratis et Galeni".[471] Von Baukunst, Staatslehre und Landwirtschaft brauche der Christ nichts zu wissen, es sei denn, um die betreffenden Stellen der Heiligen Schrift besser zu verstehen.

Am verheerendsten aber wirkt sich die Austrocknung und Schließung der öffentlichen Schulen aus. Im sechsten Jahrhunderts sind alle öffentlichen Schulen und Akademien geschlossen. Eine ganze Region von den Pyrenäen bis zum Bosporus, von Friesland bis Sizilien verlernt das Le-

traktion des Judentums auf viele Christen" (Anfänge christlicher Judenfeindschaft, in: H.R. Seeliger [Hrsg.], Kriminalisierung des Christentums? Karlheinz Deschners Kirchengeschichte auf dem Prüfstand, 1993, S. 123ff). Warum auch immer ein Professor für Judaistik sich in ein christlich-kirchliches Scherbengericht über einen Kirchenkritiker hat hineinziehen lassen, bleibt ziemlich schleierhaft.

470 Augustinus, de civitate dei 12,10.

471 Ennodius, Opuscula 5 (512 n.Chr.), lehnt sich an Augustinus' *Bekenntnisse* an.

sen und Schreiben. Während im Imperium Romanum Aristokratie, kuriale Staatsbedienstete, städtische Bürger, gebildete Sklaven – den epigraphischen und archäologischen Befunden nach deutlich mehr als die Hälfte der Bevölkerung – lesen und schreiben können, wartet das Mittelalter mit mehr als neunzig Prozent Analphabeten auf. Und selbst diese Zahl spiegelt nicht die wahren Verhältnisse wider: Rechnet man die in Klosterschulen ausgebildeten Kleriker heraus, dann dürfte das Volk zu rund 95 Prozent lese- und schreibdumm gewesen sein.

Damit sinkt die Wissenschaft auf breiter Front auf einen archaischen Status ab. Nahezu alle Kenntnisse der beweisführenden Mathematik der Griechen gehen für das nächste Jahrtausend verloren und die geometrischen Kenntnisse des Frühmittelalters enden kurz hinter der Definition einfacher geometrischer Objekte wie Dreieck und Quadrat. Von nun an dienen die mathematischen Disziplinen vor allem „der Berechnung des Ostertermins, der Festsetzung des Kalenders, der Ostung der Kirchenbauten und ähnlichen Gegebenheiten".[472] „Überall [treten] gravierende Defizite hervor, wo es um Rechenoperationen oder um besonders komplexe Wissenschaftsbereiche geht", schreibt Friedrich Prinz, mit Recht spreche daher Jacques Fontaine vom Untergang des mathematischen Geistes.[473]

In einer blitzsauberen Analyse entschuldigt Sebastian Fetscher 1993 die Wissenschaftsfeindlichkeit der Kirche: Eine „auf nicht-wissenschaftliche und historisch festgelegte Mythologeme gegründete religiöse Institution [kann] gar nicht anders, als jene objektivierenden Beschäftigungen mit der Welt zu unterdrücken, die ihre Dogmen gefährden".[474] Dem ist eigentlich wenig hinzuzufügen, außer dass Fetscher diese Argumenation nutzt, um die Kirche vom berechtigten Vorwurf der Bildungs- und Wissenschaftsfeindlichkeit unter Hinweis auf höhere Objektivitäten reinzuwaschen.

Der heidnischen Kunst geht es nicht besser. Viele Skulpturen werden mit abgeschlagenen Köpfen der Nachwelt übergeben, der Erlasslage und den in die Bruchflächen gehauenen Kreuzen nach vermutlich meist zwischen 400 und 450 von Christen demoliert. 408 wird durch ein reichsweites Gesetz die Zerstörung aller bis dahin verbliebenen heidnischen Kunstwerke angeordnet: „Wenn irgendwelche Bildnisse noch in Tempeln oder Schreinen stehen, und wenn sie heute oder jemals zuvor Verehrung von Heiden

472 O. Mazal, Frühmittelalter, Bd. 3/1, 2003, S. 274.
473 F. Prinz, Europas geistige Anfänge, 2002.
474 R. Seeliger (Hrsg.), Kriminalisierung des Christentums?, 1993, S. 39.

irgendwo erhielten, so sollen sie herunter gerissen werden."[475] Damit ist ein großer Teil der antiken Skulpturen zum Untergang verurteilt.[476] Antike Großstatuen und Tempel haben meist nur dann eine Chance zu überleben, wenn sie, mit Hilfe von Weihwasser und Gebeten gereinigt, christlich umgedeutet werden können. So die berühmte Bronzestatue Marc Aurels, die als ein Standbild des „christlichen" Konstantins gedeutet wird, und so das Pantheon in Rom, das 609 dem Papst Bonifacius IV. geschenkt und von ihm zur Kirche St. Maria ad Martyros geweiht wird; so auch Profanbauten wie die Porta Nigra und die Palastaula in Trier, die in Basiliken umgewidmet werden.[477]

Parallel zur Vernichtung der Skulpturen geht es den Schauspielen an den Kragen. Der „heilige" Augustinus denunziert zunächst die gesamte Wissenschaft als „nichtigste Windbeutelei"[478] und wettert dann gegen die Theater: „Schaustellungen von Schändlichkeiten und Freistätten der Nichtswürdigkeit" seien sie, „Fäulnis und Pest der Seelen", „Verruchtheit" und „Unzucht", „wollüstiger Aberwitz". Sechs Kapitel widmet der „Heilige" in seinem mit Verleumdungen reichlich ausgestatteten *Gottesstaat*[479] dem Theater und er ist erfolgreich: Die christliche Kirche schafft es, dass die großen Tragödien von Aischylos, Sophokles und Euripides und alle Komödien von den Bühnen verschwinden. Statt *Ödipus* und *Antigone* sind nunmehr Jesus und Maria Magdalena Gipfelpunkte der Dramatik; statt Kreon, König von Theben, hören die Menschen die Geschichte von den „Heiligen drei Könige aus dem Morgenland".

Musik ist gleichermaßen verpönt, Zymbeln und Flöten gelten als anstößige Instrumente und Hieronymus empfiehlt im Jahre 401 christlichen Frauen, sich „im lieblichen Psalmengesang" unterrichten zu lassen

475 Codex Theodosianus 16,10,19.

476 G. Duby, Skulptur. Von der Antike bis zum Mittelalter, 1999, S. 249.

477 Gelegentlich wird darauf hingewiesen, dass antike Bauten im Frühmittelalter als Steinbrüche verwendet werden (A. Rumpf, Archäologie, 1953, Bd. 1, S. 27). Das sei ein wichtiger Grund für den Verlust antiker Bauten. Das ist sicherlich richtig. Aber der höchst nachlässige Umgang mit der antiken Baukultur ist ja gerade ein Zeichen für kulturelle Verwahrlosung. Zum Vergleich: Als Kaiser Tiberius die bisher öffentlich aufgestellte Skulptur des Apoxyomenos (Lysipp) in seine Privatgemächer verpflanzen will, geht das kunstinteressierte Volk auf die Barrikaden (Plinius, Naturalis historia 34,62).

478 Augustinus, Gottesstaat 9,20. In *De doctrina christiana* (Buch 4) urteilt Augustinus differenzierter, lehnt jedoch letztlich die klassische Bildung ab.

479 Augustinus, Gottesstaat 1,32; 2,4-8 passim.

Abb. 9: Campus Martius in Rom mit seinen Theatern. Das halbrunde Stadion in der unteren Bildhälfte ist das Odeon des Domitian,

und „taub gegen Musikinstrumente" zu sein.[480] Während Rom im vierten Jahrhundert noch über mehrere Konzertbühnen[481] (*Odeon*) und achtundzwanzig öffentliche Bibliotheken verfügt, weist Köln im Mittelalter nicht *eine* nicht-kirchliche Einrichtung auf, die der freien Kunst, der Literatur oder dem Konzert gewidmet ist. Später werden die Verbote von Musikinstrumenten gelockert, Orgel und Flöte erlaubt, aber nur zum ehrfürchtigen Lobe Gottes.

Statt Bildung und Kunst empfehlen die Bischöfe den Gläubigen nunmehr die *docta ignorantia*, die gelehrte Unwissenheit, die Caesarius, Erzbischof von Arles, aus der Bibel begründet: „So wissen wir bestens, dass unser Herr keine Gebildeten und Rhetoren, sondern Fischer ohne Bildung und Schafhirten, Arme und Unwissende zur Verkündung des Wortes des Herrn erwählte."[482] Ennodius (um 473-521), Bischof von Pavia, erklärt voller Abscheu: „Ich würde erröten, einem Manne der Kirche eine weltliche Bildung zu geben."[483]

Da die heidnischen Gottheiten lächerlich seien, verbrecherisch und unzüchtig, müsse das Heidentum zur größeren Ehre Gottes mit Stumpf und Stiel ausgerottet werden, erklärt Firmicus Maternus,[484] Spätkonvertit wie Augustinus. Und so vergreifen sich der alexandrinische Ortsbischof und eine Horde ihm ergebener Mönche im Jahre 391 am *Serapis-Tempel* in Alexandria. Dieses einzigartige Denkmal religiöser Toleranz und wissenschaftlichen Forschungsdranges, das prächtigste Heiligtum in ganz Ägypten, umfasst einen ganzen Komplex von Gebäuden und Tempeln, in denen Osiris, Anubis, Zeus und Asklepios verehrt werden. Über Jahrhunderte ist das Serapeion ein eindrucksvolles Symbol religiöser Duldsamkeit und Ein-

480 Hieronymus, Brief 107 (Brief an die Tochter der Laeta). Als Gesellschafterinnen sollten Frauen nicht hübsch und gepflegt, sondern blass und ungepflegt sein, wenn man nachts Hunger habe, solle man beten und Psalmen singen. In Brief 108 (Paula nach dem Tod ihres Mannes) setzt Hieronymus die Belehrung fort und zeigt auf, wie ehrsam doppeltes Fasten sei. Vgl. J.N. Brunner, Der hl. Hieronymus und die Mädchenerziehung auf Grund seiner Briefe an Laeta und Gaudentius, 1910/ND 1970.

481 Das *Odeon* des Kaisers Domitian in Rom bot 11.000 Zuhörern Platz (Sueton, Domitian 5).

482 Caesarius, sermo 1,20.

483 Ennodius, Brief 9,9.

484 Firmicus Maternus, De errore profanarum religionum (um 350 n.Chr.). Das üble Pamphlet ruft den Kaiser auf, sich nicht zu scheuen, selbst ganze Städte zu vernichten (Kap. 29).

heit ägyptischer, babylonischer und griechischer Kultur. Seine Bibliothek umfasst etwa 45.000 Bände und wird häufig mit der „Großen Bibliothek" des *Museion*, der Königin der Bibliotheken mit rund 500.000 bis 700.000 Bänden, verwechselt, die unter nicht mehr sicher aufklärbaren Umständen ihre Pforten schließt.[485] Dieses einzigartige Weltwunder an spätantiker Gelehrsamkeit überlebt den christlichen Pogrom nicht.

Der christliche Kirchenschriftsteller Theodoret würdigt die Vernichtung eines der erhabensten und schönsten Denkmäler heidnischer Kultur: Der Ortsbischof habe, so schreibt er, „Alexandria vom Irrwahn des Götzendienstes befreit", überall zu Wasser und zu Lande seien die Tempel der Dämonen zerstört worden.[486] „Wahrlich", so fährt der Kirchenmann an anderer Stelle fort, „ ihre Tempel sind so vollständig zerstört, dass man sich nicht einmal ihre frühere Stätte vorstellen kann, während das Baumaterial nunmehr den Märtyrerschreinen gewidmet ist. [...] Statt unzüchtige Bräuche zu pflegen, singen wir nun keusche Lobeshymnen [...] Warum sprechen wir noch von den Philosophen, Kaisern und Generälen, da doch die Märtyrer im Gedächtnis der Menschen die Nachfolger derer wurden, die man Götter nannte."[487]

485 Zahlreiche antike Autoren haben sich mit dem Untergang der „Großen Bibliothek" beschäftigt (Ammianus Marcellinus, Cassius Dio, Gellius, Lucanus, Orosius, Plutarch, Seneca, Strabo, Sueton, Tzetzes). Die Theorien von der Zerstörung durch Caesar (47 v.Chr.) und Aurelian (270 n.Chr.) sind nicht nur wegen der Widersprüche angreifbar, sondern auch weil Alexandria noch im 4. Jahrhundert als wissenschaftliches Zentrum der Antike gilt und seinen Ruf sowie seine Gelehrten sicherlich längst verloren hätte, wenn der Bücherbestand 47 v.Chr./ 270 n.Chr. auf das Niveau einer Hausbibliothek herabgesunken wäre. Im Übrigen spricht für die Existenz der Museion-Bibliothek bis in die zweite Hälfte des 4. Jahrhunderts, dass der renommierte Mathematiker Theon kaum ohne eine umfangreiche wissenschaftliche Büchersammlung in Alexandria geblieben wäre. Jedenfalls beschreibt um 415 n.Chr. Orosius, er habe „zerstörte Bücherschränke" gesehen, die „angeblich von unseren Zeitgenossen ausgeplündert wurden". Dies kann als ein Hinweis gedeutet werden, dass auch diese Bibliothek als nicht-christliches Kulturgut zerstört oder geschlossen worden ist. Beweise für diese Theorie gibt es nicht. Aber sie passt in diese Sturm- und Drangzeit.

486 Theodoret, Kirchengeschichte 5,23.

487 Theodoret, Heilmittel gegen die hellenistischen Krankheiten 8,68f. (de.wikipedia.org/wiki/Bücherverluste_in_der_Spätantike, Zugriff 20.10.2011). Weitere Beispiele bei Chrysostomos, Brief 126/221 (Tempelzerstörung und Zerstörung des Heidentums in Phönikien); Eusebius, Vita Constantini 3,54;

Auch anderswo, in den arabischen Städten Petra und Areopolis, in dem palästinensischen Küstenort Raphia, in dem phönizischen Heliopolis und in den syrischen Städten Apamea und Aulon berichtet die Überlieferung von Verwüstungen.[488] Das bekannte *Marneion*, eine unter Kaiser Hadrian erneuerte Tempelanlage von Gaza, wird samt Bildern und „Zauberbüchern" verwüstet.[489] Und in Gallien reißt Martin von Tours in seiner Bischofsstadt Cäsarodunum eigenhändig sämtliche Tempel nieder. Nahezu gleichzeitig triumphiert Johannes Chrysostomos, seit 397 Erzbischof von Konstantinopel, in seiner Kampfschrift *Gegen die Heiden*: „Obwohl daher diese teuflische Farce [Heidentum] noch nicht vollständig vom Erdboden ausradiert wurde, so ist das bereits Geschehene ausreichend, euch hinsichtlich der Zukunft zu überzeugen. Der größere Teil ist in sehr kurzer Zeit zerstört worden. Fortan wird niemand über die Überreste streiten wollen. Wenn eine Stadt erobert, ihre Mauern geschleift, ihre öffentlichen Gebäude, Theater und Promenaden verbrannt und alle Menschen in der Blüte ihres Lebens niedergemacht sind, so wird auch niemand bestreiten, dass der Sieger, der über den größeren Teil die Oberhand gewann, nicht auch noch die Überreste erobern kann."[490]

Allen voran schreiten ägyptische Mönche und inszenieren ein wildes, erbarmungsloses Zerstörungswerk. Meist bildungsfern und fanatisch religiös,[491] leben sie in verschiedenen Kommunen mit bis zu 2.000 Diesseits-Flüchtigen im Nil-Delta und am Rande der libyschen Wüste, ca. fünfzig Kilometer von Alexandria entfernt, zum Teil auch nichtstuend in den Städten, um in der staubigen Einöde gegen den alten Adam in sich und „ge-

---

Sokrates, Kirchengeschichte 1,3;18; Sozomenos, Kirchengeschichte 2,55; 5,10. Vgl. auch J. Hahn, Gewalt und religiöser Konflikt, 2004.

488 V. Schultze, Geschichte des Untergangs des griechisch-römischen Heidentums, ND 1985, S. 268-269.

489 Marcus Diaconus, Vita Porphyrii. Schildert das unerfreuliche Auftreten der Christen mit großer Unbefangenheit.

490 Chrysostomos, An den hl. Babylas und gegen die Heiden 11,13-15 (nach Anonym, http://412096.forumromanum.com/member/forum/entry_ubb.user_412096.4.1104366684.1104366684.1.ganze_dillemma_mediaevistikgeschichte_und_chronologie.html. vom 8.7.2008, Zugriff 3/2011).

491 Bildungsvorstellungen der Mönche bei: P. Gemeinhardt, Das lateinische Christentum, 2007, S. 254-275. Bissige Kommentierung durch H. Dannenbauer, Die Entstehung Europas, 1959, S. 149-178. Die Mönchsregel des Pachomius fordert zwar die Fähigkeit zum Lesen, aber nur zur *lectio divina*, zum Lesen der Heiligen Schrift (Regula Pachomii 140).

gen die Verderbnis von Fleisch und Sinn"[492] zu kämpfen und furchtlos den Krieg des Herrn gegen Satanas und seine Gesellen zu führen. So gestählt stehen sie dem alexandrinischen Bischof Theophilos und dem späteren Bischof Kyrill als „schlagfertige Leibgarde" (Seeck) und bedingungslose Eingreiftruppe zur Duchsetzung kirchenpolitischer Ansprüche zur Verfügung.[493] „Diese Schwarzröcke, die mehr als die Elephanten fressen", so schildert der wohl berühmteste spätantike Rhetor Libanios ihr Treiben, „und eine große Menge Alkohol fordern, stürmen zu den Tempeln, mit Holz beladen oder mit Steinen und Schwertern bewaffnet. [...] Dann, als ob es herrenloses Gut wäre, reißen sie die Dächer nieder, stürzen die Mauern um, zerschlagen die Götterbilder, zertrümmern die Altäre. [...] Es gilt als schimpflich, nicht möglichst viel Übles getan zu haben. Wie Bergströme überschwemmen sie das Land und ruinieren zusammen mit den Tempeln das Land."[494]

„Nutzlose Esser" nennt der britische Spätantike-Spezialist A.H.M. Jones die Mönche, denen er eine Mitschuld am Untergang des römischen Reiches zuweist, weil sie als unproduktive Bürger die Ressourcen des Landes extensiv nutzen, nur um sich ihren spirituellen Verpflichtungen zu widmen.[495] Der heidnische Dichter Rutulius Claudius Namatianus tituliert sie *lucifugi viri*, lichtscheue Männer.[496]

Die letzten Helden im Kampf gegen die antike Kultur. Kaiser Justinian und Papst Gregor I.

Kaiser Justinian (reg. 527-565) setzt im sechsten Jahrhundert der Unterdrückung von Geist, Religionsfreiheit und Bildung die Krone auf. Er vertreibt die Philosophen der alten wissenschaftlichen Akademie in Athen, verkündet ein Lehrverbot für Nichtchristen, ordnet die Verfolgung nichtchristlicher Grammatiker, Rhetoren, Ärzte und Juristen an und lässt heidnische

492 Benedikt (um 480-547), Regeln, 1.

493 Libanios, Reden 30,8; Ambrosius, Brief 41,27; Rufinus 2,26; 2,28; Eunapius, Vitae sophistarum 6,11.

494 Libanios, Pro Templis 3-8 (um 390).

495 A.H.M. Jones, The Later Roman Empire, 1964.

496 Claudius R. Namatianus, De reditu suo 1, 439-442 (nach: E. Doblhofer, Heidelberg ^{2}1977).

Bücher öffentlich verbrennen.[497] Justinian führt die zwangsweise Kindstaufe ein, bedroht die Nichtbeachtung der Erlasse mit dem Verlust von Eigentum und Bürgerrecht und bestraft das Festhalten am „hellenischen" Glauben mit der Todesstrafe.[498] Eine allgegenwärtige Geheimpolizei dient dazu, jeden Abweichler von der „wahren" Lehre aufzuspüren, zu verhören, zur Taufe zu zwingen und bei Weigerung zu verbrennen oder zu ersäufen.

Kurz nach dem Tode Justinians im Jahre 565 wird Gregor I. zum Papst gewählt (590-604). Die Papst-Biographen sind fast ganz aus dem Häuschen, wenn es um Gregors Verdienste um die Welt geht.[499] Dabei ist der „große" Papst, der sich in zur Schau getragener Demut selbst den Titel „Knecht der Knechte Gottes" verleiht, keineswegs ein Vorbild an Heiligkeit. Gregor hat keinerlei Bedenken, gegen Heiden Zwangsmaßnahmen anzuordnen, Widerstrebenden Prügel, Folter, Kerker oder den Einsatz der Steuerschraube anzudrohen[500] und reine Fürsorge des „Hirten" um das Seelenheil seiner Schafe dürfte Gregor veranlasst haben, die Gutsherren im Jahre 599 anzuweisen, die Heiden Sardiniens durch Folter und Beugehaft zum Übertritt zum Christentum zu zwingen.[501]

Es sei unmöglich, erklärt der Papst, dass sich christlicher Glauben und pagane Bildung in einer Person vereinen und untersagt den Bischöfen, „die Worte des göttlichen Orakels [der Bibel] den Regeln des [Grammatikers] Donatus zu unterwerfen".[502] Gregor lobt demonstrativ den Gründer von Monte Cassino, Benedikt von Nursia, wegen seiner ausgeprägten Unbil-

497 W. Speyer, Büchervernichtung und Zensur des Geistes bei Heiden, Juden und Christen, 1981, S. 136.

498 Codex Justinianus 1,11,10.

499 T. Mommsen, J. Haller (Das Papsttum, 1934/1965) und K. Deschner (Kriminalgeschichte des Christentums) halten wenig von einer Verehrung Gregors als Glaubens- und Sittenbewahrer. H. Fuhrmann zeichnet dagegen ein konservativ-freundliches Bild von Gregor I., dem „Musterpapst in mönchischer Demut" (Die Päpste, 2004). Er ignoriert Mommsen, kümmert sich nicht um die gut belegten Einwände Hallers und serviert Kritiker wie Deschner arrogant ab. Statt Argumente gegenüberzustellen, tafelt Fuhrmann den Lesern viele Bilder sowie nichtssagende und unkritische Meinungen auf.

500 J. Haller, Das Papsttum. Idee und Wirklichkeit, 5 Bde., ND 1965, Bd. 1, S. 283.

501 Gregor, Brief 4,26; 9,65.

502 Gregor, Brief 5,53 a (Begleitbrief zu den „Moralia"). Donatus war im Mittelalter *die* Grammatik-Autorität.

dung: Er habe die literarischen Studien verachtet und sich zurückgezogen, „wissentlich unwissend und aus Weisheit ungelehrt".[503]

Gregors Schriften zeigen repräsentativ die Verachtung der lateinisch-katholischen Kirche gegenüber den Schriftstellern der Antike, wie auch gegenüber Bildung im klassischen Sinne überhaupt: „Ich beachte nicht Wortstellung und Rhythmus und den Kasus der Präpositionen; denn ich halte es für ganz und gar unwürdig, dass ich die Worte des himmlischen Orakels unter die Regeln des Donatus beugen soll."[504] Ansonsten wird Gregor, wie nahezu jeder Kirchenführer der damaligen Zeit, hoch gelobt. Die Einfachheit seines Stils sei, so vernimmt man, nicht Ausdruck des verminderten Bildungs- und Literaturverständnisses, sondern bewusste Entscheidung für einen demütigen Stil, der die Wahrheit des Evangeliums in den Mittelpunkt stelle und der kunstvollen Form als Ausdruck der Weltweisheit misstraue. Diesen „demütigen Stil" kann man an seiner Auslegung des Buches Hiob, *Moralia in Iob,* beispielhaft bewundern, eine wilde ausschweifende Allegorese in fünfunddreißig Büchern, in denen auch noch der letzte Ochse eine heilsbedeutsame Erklärung bekommt, ein Werk ungehemmter aberwitziger Wortspielerei, die sich fromm und tiefsinnig gibt und dennoch lediglich den tiefen Absturz in die Niederungen böser Zauberliteratur dokumentiert.

Da kommt es auch nicht mehr darauf an, dass Gregor an anderer Stelle von einer Nonne berichtet, die aus Versehen den auf einem Salatblatt hockenden Teufel verschluckt, weil sie es unterlassen habe, vor dem Essen das Kreuz darüber zu schlagen. Die Sache geht natürlich gut aus: „Mit großer Entrüstung befahl ihm der Mann Gottes, er solle weichen und nicht länger in der Dienerin des allmächtigen Gottes verweilen. [Der Teufel] entwich sofort und konnte ihr nichts mehr anhaben."[505]

Gregor überliefert uns noch manch schöne Wundergeschichte, u. a. wie der „heilige" Benedikt einen Knaben übers Wasser wandeln lässt oder wie der „Urfeind" der heiligen Männer, der Teufel, einen Stein so schwer

503 Gregor, Dialog 2, Prolog. Das Benediktinertum wird zu Unrecht als Kulturinsel im Sturm der Völkerwanderung gepriesen. Abgesehen davon, dass das Kloster Monte Cassino mit dem Langobardeneinfall für zwei Jahrhunderte aufgegeben wird, enthält auch die *regula Benedicti* keine besondere Aufforderung zur Geistesarbeit. Der Frankfurter Mittelalterforscher Johannes Fried bezweifelt, dass Benedikt von Nursia jemals gelebt hat. Die ganze Benedikt-Legende sei „ein Implantat im kollektiven Gedächtnis" (Die Zeit, 15.4.2010, Nr. 16).

504 Gregor, Brief 5,53 a.

505 Gregor, Dialog 1,4.

macht, dass niemand ihn heben kann. „In dieser Verlegenheit schickte man zu dem Manne Gottes [Benedikt], er möge kommen und durch sein Gebet den bösen Feind vertreiben, damit sie den Stein heben könnten. Er kam sogleich, betete und gab den Segen, und so schnell konnte man den Stein jetzt heben, wie wenn er nie ein Gewicht gehabt hätte.“[506]

Es würde zu weit führen, über all die wunderbaren Geschichten zu berichten, die der „heilige“ Gregor und sein Glaubensbruder Benedikt erlebt haben und so belassen wir es bei der Feststellung, dass Gregors gesammelte Werke Zeitdokumente sind. Allerdings andere, als die Theologen sich gerne gegenseitig versichern. Seine Bücher sind, bei Lichte betrachtet, eine Sammlung vernunftwidriger Irrationalitäten, eine bitterernste Abrechnung mit allen, die anders denken, eine erschreckende Dokumentation des Geisteszustandes führender Kleriker Ende des sechsten Jahrhunderts, ein Menetekel, was an Teufels-, Dämonen- und Hexengeschichten noch kommen wird, eine lehrreiche Einführung, warum eine von Satansangst, Dämonen und Strafen zutiefst verunsicherte Epoche den Namen „finster“ erhalten wird.

Mit Gregor I. wird Ende des sechsten Jahrhunderts eine tausendjährige Epoche eingeläutet, in der die Religion auf die tiefste Stufe des Mirakelglaubens sinkt, ein Heiligen- und Reliquienkult jeden „vernünftigen“ Glauben verschlingt,[507] Gottes Gnade buchstäblich wiegbar wird, gegen Bares erworben werden kann und das sittlich-religiöse Niveau auf die erbärmliche Stufe von Vorteilnahme, Hass und Verfolgung sinkt. Die neue Religion zeigt jetzt, was sie von Anfang an war: Eine jüdisch-christliche Bewegung, die mit allen monotheistischen Religionen die geistige Enge provinzieller Kleinräume teilt und durch die Gitter religiöser Burkas die absolute Wahrheit zu kennen vermeint. Eine uferlose Spekulation mit guten und bösen Hauptdarstellern, in der um jedes Komma mit bürokratischer Frömmigkeit ein Kampf bis aufs Messer geführt wird, so lieblos und militant, wie die Welt keinen zweiten erlebt hat. Eine Religion, die die Grenze zur Groteske vielfach überschreitet und in der die unsinnigsten Reliquien herangeschafft und verehrt werden: Holzstücke, Stoffteile, tränende Madonnen, ein Esel-

506 Gregor, Dialog 2,9.

507 Gregor, Über die Wunder des heiligen Martin, 1,11. In den vier Büchern wird der „heilige“ Martin als idealer Repräsentant Christi und in dieser Rolle als überragender Wundertäter vorgestellt.

schwanz, gar die Vorhaut eines Menschen.[508] Eine Religion, in der niemand mehr zwischen Glauben und Aberglauben zu unterscheiden vermag, wenn es denn überhaupt einen Unterschied zwischen beidem gibt.

Kaiser Justinian und Papst Gregor I. läuten das Ende einer großen Geisteskultur ein. Gemeinsam vernichten sie eine der tragenden Säulen des alten Imperium Romanum: Toleranz gegenüber unterschiedlichen Denkarten, ohne die sich der Mittelmeerraum als gemeinsamer Kultur- und Wirtschaftsraum nicht hätte bilden können. Mit ihnen sinkt das geistige Leben auf einen Tiefstand, erkennt der Philologe Nigel Wilson und fährt an anderer Stelle fort: „The period from roughly 550 to 750 was one of almost unrelieved gloom [ununterbrochene Düsternis] for the Latin classics on the continent."[509] Herbert Bloch, Altphilologe an der Harvard University, resümiert: „Es gab keinen folgenschwereren Zusammenbruch in der Geschichte der Menschheit als denjenigen, der durch das Ende der antiken Welt und den letzten Kampf zwischen Heidentum und Christentum bezeichnet wird."[510] Schlimmer als die Germanisierung für die römische Kultur, meint Karl Büchner, sei der endgültige Sieg des Christentums gewesen.[511]

Die Zeit des vollen und schönen Menschentums ist zu Ende. Von nun an legt sich ein Glaube, dem Individualität, Geistesfreiheit, Toleranz, Wei-

---

508 Giordano Bruno beschreibt in *Candelaio* (1582) die Verehrung des „gebenedeiten Eselschwanzes" (das Tier soll Jesus zum Ölberg getragen haben) in der Kirche Santa Maria di Castello / Genua. Die Vorhaut des beschnittenen Jesu wurde im hohen Mittelalter an zahlreichen Stellen verehrt (vgl. Roger Peyrefitte, Les Clés de Saint Pierre, 1957, dt. 1970).

509 N. Wilson, Griechische Philologie in Byzanz, in: H.G. Nesselrath (Hrsg.), 1997, S. 104; L.D. Reynolds / N.G. Wilson, Oxford ^{3}1991, S. 85.

510 H. Bloch, The Pagan Revival in the West at the End of the Fourth Century, 1963, S. 193: „There has been no more momentous breakdown in the history of mankind than the one which marks the end of the ancient world and the final conflict between paganism and Christianity, a conflict which culminates and comes to a dramatic conclusion at the end of the fourth century." (deutsch nach de.wikipedia.org/wiki/Bücherverluste_in_der_Spätantike, Zugriff 10/2011)

511 K. Büchner, Überlieferungsgeschichte der lateinischen Literatur des Altertums, in: H. Hunger, Geschichte der Textüberlieferung, 1961, S. 362. Das Urteil kann schwerlich als überzogen eingestuft werden, wenn wir in die weitere Literaturgeschichte des Christentums schauen, die durch staatliche Eingriffe in die Gedankenfreiheit der Bürger gekennzeichnet ist (vgl. dazu *Pugio fidei – Dolch des Glaubens* des Dominikaners Raimundus Martini [ca. 1220-1285] und den *Index auctorum et librorum prohibitorum*).

te, Reflexion und kritische Distanz fehlen, wie Mehltau über das geistige Erbe der Griechen und Römer und erstickt mit einem Furcht einflößenden Jenseits-Vokabular Innovation und Kreativität, die Fundamente von Wissenschaft, Wirtschaft und Kultur. Gebote, Verbote und Erlasse ertränken den freien Geist: „Sollen alle Feinde des heiligen Gesetzes wissen, dass sie mit Proskription und Tod zu bestrafen sind, wenn sie in ihrer zu verfluchenden Verwerflichkeit weiterhin versuchen, sich zu versammeln", heißt es in einem Erlass des Jahres 410.[512]

Der italienische Dominikaner und Philosoph Giordano Bruno, Mitglied eines Ordens, der Gehorsam gegenüber den Vorderen als eine der wichtigsten Tugenden verlangt, wird zum bekanntesten Opfer dieser Drohung. Bruno klagt lediglich die Unendlichkeit des Universums ein, die Natur selbst sei Ursache der Schöpfung, alles sei beseelt, es gebe keine Vernichtung, nur Wandlung. Das ist zu viel. Denn der Schöpfungsgott, so die Kirche, habe ja das Universum *geschaffen*, das folglich nicht ewig und nicht unendlich sein könne. Solche Ideen hätten in der Antike auf jedem Forum ohne Folgen debattiert werden können. Und so wird Bruno in den von Papst Pius V. im Jahre 1569 „als ewiges Zeugnis der katholischen Religion"[513] erbauten vatikanischen Kerker geworfen und sieben lange Jahre erniedrigt und gefoltert. Am 17. Februar 1600 wird die blutleere Hülle mit gebrochenen Gliedern den Schergen zum Tod durch Verbrennen bei lebendigem Leib übergeben. Dem Verurteilten werden die Kleider vom Leib gerissen und er wird nackt an den Pfahl gebunden, der aus dem Scheiterhaufen ragt. Ein Knebel soll verhindern, dass er Gott ein letztes Mal lästern kann. In Anwesenheit von Papst Clemens VIII. und fünfzig Kardinälen, die sich wegen des Jubeljahres 1600 in Rom versammelt haben, zündet ein Gerichtsdiener die Scheiter an.

Sein Philosophen-Kollege Pomponio de Algerio hatte weniger „Glück". Er wurde am 19. August 1556 auf Weisung von Papst Paul IV. auf der Piazza Novano in Rom in einem Kessel mit Öl und Pech zu Tode gekocht.[514]

512 Codex Theodosianus 16,5,51 (410). Mit diesem Erlass wird die im Jahre 408/409 gewährte Kultfreiheit für die Donatisten aufgehoben. Der Protest der Bischöfe Florentius, Possidius, Praesidius und Benenatus (Regesten Konzil von Karthago 107, 410 n.Chr.) war damit erfolgreich.

513 Pius V. zit. nach: A. Verrecchia, Giordano Bruno, Lahnstein 2009, S. 314.

514 G. de Blasiis, Processo e supplizio di Pomponio de Algerio Nolano, in: Archivio storico per le province napoletane XIII, 1888.

Teil Sechs

Aufbruch ins Mittelalter

Als die muslimischen Araber im siebten Jahrhundert zur Eroberung des Nahen und Mittleren Ostens und der wirtschaftlich wichtigen Provinzen Ägypten und Syrien ansetzen, werden sie wie Befreier begrüßt. Den dortigen Monophysiten (Jesus hat nur eine Natur) steckt noch das Konzil von Chalkedon (451) in den Knochen, das ihre Religion als ketzerisch verurteilt, „vielleicht das schwerste Unglück für das Reich".[515] Der syrische Patriarch Michael I. (1166-1199) schreibt in seiner Chronik, die islamische Eroberung sei als willkommene Befreiung von der Zwangsherrschaft der oströmischen Kirche („böse und blasphemische Griechen") empfunden worden.[516]

Die arabischen Siege sind leicht errungen, die Schlachten unbedeutend. In einem märchenhaft schnellen Siegeslauf durchstürmen die Araber die Welt gleichzeitig nach Ost und West und schweißen ein Riesenreich zusammen, das fünfhundert Jahre durch Glauben und weitgehende Offenheit gegenüber Andersdenkenden zusammengehalten wird.[517] Die meisten Städte fallen mit einem intakten kulturellen Leben und mit großen Bibliotheken und Thermen unzerstört in die Hände der Eroberer, meist durch förmliche Kapitulationsverträge.[518] Mit den Soldaten ziehen arabische Gelehrte in

---

515 K. Krumbacher u.a., Geschichte der byzantinischen Litteratur von Justinian bis zum Ende des oströmischen Reiches (527-1453), ²1897, S. 919.

516 J.-B. Chabot, Chronique de Michel le Syrien, 4 Bde., Paris 1899-1910, ND Bruxelles 1963, Bd. 4, zit. nach Lange/Pinggéra (Hrsg.), Die altorientalischen Kirchen, 2010, S. 82.

517 Die Übernahmen erfolgen Schlag auf Schlag: 635 Damaskus; 638 Jerusalem und Antiochia; 640 Teile Persiens, Syrien und Ägypten; 642 Alexandria und die Cyrenaica; 643 Tripolis; danach Armenien und Zypern; 698 Karthago.

518 A. Müller, Der Islam im Morgen- und Abendland, Bd. 1, 1885-1887, S. 164; H. v. Schubert, Geschichte der christlichen Kirche im Frühmittelalter, 1921/1976, S. 227-228.

die Städte ein und nach der großen vorderasiatisch-ägyptisch-griechischen Kultursynthese unter Führung der Griechen beginnt ein zweites Mal ein Sturmlauf auf die Siegespalmen einer überragenden Menschheitskultur.

Rasch öffnen sich die neuen islamischen Herren der römisch-griechischen Kultur, besinnen sich auf gemeinsame griechisch-orientalische Wurzeln und fördern die systematische Beschäftigung mit der Sprache und Literatur des Altertums. Von einer radikalen Jenseitsorientierung unter weitgehender Vernachlässigung von Wissenschaft und Kunst wie im lateinischsprachigen Christentum kann keine Rede sein. Man kennt sich seit Jahrhunderten über alle Religionsgrenzen hinweg, lebt seinen Glauben und anerkennt die Leistungen des Nächsten. Unter dem Schutz des Staates arbeiten Christen, Juden und Muslime zusammen und bereichern Kunst, Architektur, Handwerk und Wissenschaften. Fremde Gelehrte und Wissenschaften werden integriert und entzünden neue Forschungsimpulse in Philosophie, Astronomie, Medizin, Naturwissenschaften und Mathematik. Das antike Wissenschaftszentrum Alexandria wird ein wichtiges arabisch-islamisches Übersetzungszentrum und durch eine „überraschend früh einsetzende umfassende Übersetzungstätigkeit zumeist griechischer antiker Texte aus allen Wissensgebieten“[519] kommt es zu einer zügigen und fruchtbaren Übernahme des antiken Erbes. Al-qudama'a, Vorfahren, nennen die Araber die alten Griechen.

Wie konnte ein solcher Sturmlauf gelingen? Wie konnte es geschehen, dass die Kernlande des Christentums bei der ersten sich bietenden Gelegenheit vom christlichen Glauben abfallen und innerhalb weniger Jahrzehnte der halbe Mittelmeerraum von den Pyrenäen bis zum Kaukasus muslimisch wird? Da wäre zunächst und vor allem das Christentum selbst als Ursache zu nennen. So tief kann das Christentum nicht begründet gewesen sein, so innig kann das Märtyrertum nicht gesucht worden sein, so weit können sich die Mönche nicht in die ägyptische Wüste zurückgezogen haben, wenn sich der gesamte urchristliche Raum in wenigen Jahren der neuen Religion ergibt. In sich zerstritten, genervt von der nicht enden wollenden Diskussion um das Wesen Gottes, seit dem fünften Jahrhundert unter ständig wachsendem Druck einer gottgefälligen Kaiserreligion, sind viele Bischöfe und Christen froh, dem christlichen Kaiser in Byzanz und seinen Religionsberatern Lebewohl sagen zu können. Und die Christen fahren nicht schlecht mit der raschen Anpassung: Nur während der ersten Jahre treten die Muslime den Christen gegenüber militant auf, danach

519 F. Prinz, Von Konstantin zu Karl dem Großen, 2000, S. 111.

bleiben Juden und Christen weitgehend unbehelligt. Glocken dürfen nicht geläutet, sondern nur angeschlagen werden, Kultgegenstände dürfen nicht offen über die Straße getragen, Waffen nicht geführt werden, aber gegen die Entrichtung einer Kopfsteuer können die Bewohner ihre kulturellen und wirtschaftlichen Gepflogenheiten weiterhin pflegen und bewahren. Verglichen mit den Strafexpeditionen Kaiser Justinians und den angedrohten Zwangsmaßnahmen geht es den Andersdenkenden im Muslimland gut.

17 „Von hier und heute geht eine neue Epoche aus“

Ist dieser Aufmarsch muslimisch-arabischer Truppen an den Grenzen des ehemaligen Imperium Romanum der eigentliche Beginn einer neuen Epoche? Greift der Historiker zu kurz, wenn er nur Griechenland und Italien ins Blickfeld nimmt, wenn er das Jahr 476, das Jahr der Eroberung Roms, zum Scheidejahr wählt, um die eher akademische Einteilung in eine antike und mittelalterliche Epoche zu begründen?

Über Epochengrenzen ist viel geschrieben worden und über die Frage, ob und wann eine Grenze zwischen Altertum und Mittelalter zu ziehen ist, noch mehr.[520] Alle Grenzziehungen, die angesichts der prozessoralen Weiterentwicklung der Geschichte natürlich nur didaktische Bedeutung haben, gehen unter dem Einfluss der lateinischen Christenheit von einer mitteleuropäischen Sicht aus, registrieren beispielsweise das maurische Spanien nur am Rande und führen regionale politische Ereignisse im römischen Kernland zur Begründung an: die „Völkerwanderung“ oder die Rom-Eroberung im Jahre 476. Wobei die Setzung des Jahres 476 als Epochengrenze willkürlich und historisch falsch ist. Denn in diesem Jahr geht lediglich ein *Herrscher* unter, dessen Herrschaftsraum als Reichsteil, *pars occidentis*, unter der soliden Führung römisch-gotischer Könige ebenso überlebt wie das römische Reich um den gesamtverantwortlichen Kaiser in Konstantinopel herum.

Verwunderlich ist, dass keine der in der Literatur diskutierten Theorien bedenkt, dass Epochen – wenn man sie schon mit Duftmarken kennzeichnen will – am nachhaltigsten durch *Ideologien* markiert und voneinander getrennt werden. So kennzeichnet beispielsweise der Eintritt des Islams im siebten Jahrhundert eine solche ideologische Trennung zweier Epochen. Mit Mohammed und seinen Nachfolgern tritt eine neue weltenformende

520 Diverse Meinungen in: P.E. Hübinger, Zur Frage der Periodengrenze zwischen Altertum und Mittelalter, 1969.

Ideologie in das universale Geschehen ein, die den Mittelmeerraum trennt und das Klein-Klein um die Eroberung Roms weit hinter sich lässt.

Mit gleicher Berechtigung kann auch der Eintritt des Christentums in das Weltgeschehen als Beginn einer Epoche definiert werden. Dieser kultur- und geistesgeschichtliche Beginn einer neuen Epoche ist allerdings nicht im Jahre 1 oder 100 zu suchen. Zu diesem Zeitpunkt sprechen nur Insider von „Christen“. Sie werden Anfang des zweiten Jahrhunderts vom römischen Historiker Plinius in nur wenigen Zeilen erwähnt und der jüdische Historiker Flavius Josephus, der wie kein anderer den Puls der Zeit fühlt, weiß von Christen rein gar nichts zu berichten.[521] Jesus und Maria, Apostel und Jünger, Heldenmut und Märtyrer, das sind christliche Phantasien und als solche für das kaiserliche Imperium der ersten Jahrhunderte ohne Gewicht.

Erst im vierten Jahrhundert beginnt sich die christliche Kirche als ideologisch bestimmende Kraft auf die Weltbühne zu schieben. Mit der Ernennung zur Staatskirche im Jahre 380 (*Cunctos populos*) bricht der von Samuel Huntington beschworene „Kampf der Kulturen“ aus, löst die Idee des Gottesstaates den Kulturstaat auf, werden Altertum und Mittelalter durch unversöhnlich gegensätzliche Weltanschauungen getrennt. Das Jahr 380 kann folglich als die eigentliche Epochengrenze zwischen Antike und Mittelalter markiert werden.

Schwieriger wird es, das Ende des Mittelalters zu definieren. Die Jahre 1492 oder 1517 haben ihre Berechtigung, wenn es darum geht, abendländische Geschichte in didaktisch und wissenschaftlich noch beherrschbare Abschnitte zu teilen. Aber die christlich-mittelalterliche Epoche der religiösen Bevormundung ist damit nicht abgeschlossen. Noch 1864 verordnet Papst Pius IX. in seinem *Syllabus der Irrtümer* ein Weltbild, in dem er die gesamte Wissenschaft, Kultur und Erziehung der Kontrolle der Kirche und damit einer uralten magisch-mythischen Denkweise unterwerfen will und Religionsfreiheit für andere Glaubensrichtungen rundweg ablehnt. Sein Nachfolger, Pius X., ergänzt 1907 den „großen“ Syllabus mit einem „kleinen“, dem Anti-Modernismus-Syllabus, in dem sich die katholische Kirche als Kontrastgesellschaft zur neuzeitlichen Welt definiert. Unter dem Beifall der Bischöfe nimmt Pius X. in diesem Dokument und einer begleitenden Enzyklika alle Phänomene modernen Denkens als Bedrohung wahr, von Demokratie und Liberalismus über idealistische und materialistische Richtungen der Philosophie bis zum Fortschrittsglauben der Zeit und zum

521 Plinius d. J., Briefe 10, 96f.; Flavius Josephus, Der Jüdische Krieg.

weltanschaulichen Pluralismus. Wissenschaftlicher Fortschritt, so Pius X., dürfe „nur im Lichte der katholischen Lehre und unter ihrer Führung“ angestrebt werden. In der Öffentlichkeit bricht ein Sturm der Empörung los, der vom Papst am 18. November 1907 mit einer weiteren Schrift beantwortet wird: Wer „sich zu der Kühnheit hinreißen“ lasse, Meinungen und Lehren in den erwähnten Dokumenten zu verwerfen, werde „der Exkommunikation verfallen“ sein.

Drei Jahre später, im Jahre 1910, führt Pius X. den sogenannten Antimodernisten-Eid ein, der alle katholischen Kleriker auf diese mittelalterliche Linie zwingen soll. Die Verfasser der Eidesformel, die Patres Billot und van Rossum empfehlen „mit aller Härte“ gegen Verweigerer vorzugehen. Man müsse sie wie „tote und verfaulte Glieder“ von der Kirche trennen. Der Eid wird zwar, parallel zur Aufhebung des Indexes verbotener Bücher, 1967 aufgehoben, aber 2008 schreibt der Leiter der am 24. Januar 2009 aus der Exkommunikation wieder entlassenen Priesterbruderschaft St. Pius X.,[522] Bischof Bernard Fellay, an den zuständigen Kardinal in Rom, Darío Castrillón Hoyos: „Wir sind bereit, mit unserem Blut den Antimodernisten-Eid zu unterzeichnen“.

So gesehen befinden wir uns immer noch im Mittelalter, in seinen Ausläufern vielleicht, aber geistesgeschichtlich noch nicht in einer neuen Epoche. Ein neuer Kulturraum rund um das Mittelmeer, jenseits religiöser Zwietracht, wird so nicht zu gewinnen sein.

Die religiöse Wende als Beginn des Mittelalters

Eigentlich braucht niemand diese Religion: Der Monotheismus ist uralt. Seit Echnaton vorgedacht, im Strom der Geschichte versickert, kehrt er in Israel als Basta-Religion wieder ans Tageslicht zurück: einzig wahrer Gott, einzig wahre Religion, alleinseligmachend, auserwähltes Volk. Das müsst ihr glauben, weil ich es glaube. Basta. Das ist nicht umwerfend bescheiden, das ist nicht neu. Und das Übrige auch nicht: Die göttliche Dreizahl finden wir schon in der altägyptischen Religion, alle Welt glaubt an ein Leben nach dem Tode, göttliche Gebote liegen seit mehr als fünfhundert Jahren vor, Aristoteles, Seneca und die Juden haben alles zur Nächstenliebe ge-

522 Radio Vatikan, 24.1.2009.

sagt, was zu sagen ist, und in Fragen der Werte kann keiner der griechischen Philosophie das Wasser reichen.

Wozu also eine neue Religion? Wozu noch ein Gott auf Erden, wo doch bereits die Kaiser „Gottessöhne" sind und nach dem Tode in der Quadriga des Sonnengottes zum Himmel aufsteigen?[523] Wozu eine neue Lehre? Eingeklemmt zwischen einer turmhoch überlegenen römisch-griechischen Kultur mit weit fortgeschrittener Wertediskussion auf der einen Seite und der noch älteren, ehrwürdigen jüdischen Bibel auf der anderen, steht die christliche Lehre als Klassen-Neuling von Beginn an unter Zugzwang. Sie muss ihren Platz noch finden. Daher *muss* das Christentum extravaganter und radikaler als alle anderen Religionen sein, *muss* die Mystifikation ins Unendliche steigern, *muss* die Juden enteignen, ihnen die Vergangenheit entwenden, *muss* die uralte Lehre zur Ankündigungsplattform ihrer neuen Religion degradieren, *muss* alle Andersdenkenden bekämpfen, um überhaupt Platz zwischen jüdischem Monotheismus, polytheistischer Duldsamkeit, senecaischen „Tue Gutes"-Gedanken und neuplatonischer Religionsphilosophie finden zu können. Denn dem Anspruch der antikhumanistischen Bildung, die Probleme des Lebens und das Geheimnis des Lebenszieles auf philosophisch-intelligente Weise lösen zu können, der Kraft der Argumente, der ästhetischen Bildung und rhetorischen Überlegenheit, kurzum dem ideellen Humanismus philosophischer Prägung hat die neue Heilslehre wenig entgegenzusetzen, das den Menschen die Notwendigkeit dieser Religion begreiflich machen könnte. Die neue Religion muss sich radikalisieren.

Und nichts zeichnet den radikalen Wandel von einer religiös und geisteswissenschaftlich toleranten, grenzüberschreitenden antiken Kultur zu einem palästinensisch-provinziellen, mittelalterlichen Dogmatismus eindrucksvoller als der Kampf zweier politischer Gegenspieler am Ende des vierten Jahrhunderts: Im Jahre 380 erlässt der christliche Kaiser Theodosius sein berüchtigtes Staatskirchendekret: „Die diesem Gesetz folgen, sollen die Bezeichnung katholischer Christ beanspruchen, die anderen aber, nach unserem Urteil Unsinnige und Verrückte, sollen die schimpfliche Ehrenminderung der Häresie erleiden." Vier Jahre später wendet sich der römisch-heidnische Stadtpräfekt Symmachus an den Kaiser mit der Bitte, einen Viktoria-Altar in der Kurie, dem Sitz des Senates, errichten zu dürfen. In einem einzigartigen Dokument religiöser Toleranz mahnt Symmachus: „Wir sehen die gleichen Sterne, der Himmel ist uns gemeinsam, das

523 So Konstantin I. auf der Konsekrationsmünze von 337.

gleiche Weltall schließt uns ein [...] Man kann nicht nur auf einem einzigen Weg zu einem so erhabenen Geheimnis finden.“[524]

Was diesen so gegensätzlichen Dokumenten ihre Wirkungskraft selbst noch in unseren Tagen verleiht, ist das Leitmotiv des Denkens: Hier der unmissverständliche Machtanspruch des Kirchenstaates, die religiöse Freiheit einschränken zu dürfen, dort die zum Tode verurteilte Lyrik einer noblen Gesinnung, die allen Religionen den gleichen Wahrheitsgehalt zubilligt. In Symmachus ringt noch einmal der antike, aristokratisch eingestellte Mensch und Denker um seine bisher hohe Weltgeltung, während neben ihm schon der mittelalterliche Gläubige sichtbar wird, der in eine andere jenseitige Welt blickt.

Man mag darüber lächeln, dass sich der römische Geistesadel am Ende des vierten Jahrhunderts immer noch in der Erbfolge der „Sitten der Väter“ und in den Fußstapfen von Cicero und Seneca sieht. Aber diese Klasse repräsentiert noch einmal und letztmalig die Spätantike als eine eigenständige historische Größe, als eine Epoche nie wieder erreichter politischer und kultureller Größe. Und je mehr man sich in diesen spätrömischen Adel hinein denkt, je mehr man die folgenden mittelalterlichen Jahrhunderte mit der Zeit zwischen Kaiser Augustus und Kaiser Julian vergleicht, um so mehr vergeht einem das Spotten. Denn die tausendjährige wissenschafts- und philosophiegesättigte Tradition, die dieser Bildungsadel vertritt, ist dem neuen lust- und bildungsfeindlichen Jenseits-Weltbild des Entweder-Oder in jeder Beziehung weit überlegen.

Das Zauberwort der neuen Religion heißt Weltflucht. Denn im Diesseits kann sie nicht mithalten. Gerade die größten und einflussreichsten Vertreter des spätantiken Christentums, Ambrosius, Hieronymus und Augustinus, sind von dem Gedanken durchdrungen, das wahre Christentum bestehe in Weltverneinung, Askese und Wüsteneinsamkeit. Sie *müssen* Bildung als eitles Diesseitiges diskriminieren, die antike Bildung zum ideologischen Feind erklären, der antiken Kultur des Glücks als dem Lebensziel der Menschheit die Flucht ins Jenseits entgegenstellen, Lust als hedonistische Äußerlichkeit verurteilen, von ewiger Schuld und göttlicher Sühne sprechen und geistige und körperliche Askese fordern, am besten in den Wüsten Ägyptens. Die neue Kirche *muss* mit unmenschlichen Höllenstrafen für den Fall des Ungehorsams drohen, um Raum für die grundlegend neue ideologische Botschaft zu schaffen: Gott richtet, seine Strafen sind ungeheuer und wo angeblich Trost und Erlösung gespendet werden soll,

524 Symmachus, 3. Relatio 10.

setzt in Wahrheit eine sinnlose, allem Guten abholde, wilde und brutale Verfolgungsjagd nach Sündern ein, genannt „Jüngstes Gericht“. Wie denn sonst sollte die Religion, die nicht auf einen weisen Zarathustra oder reifen Buddha gründet, sondern auf Fischer als Gründungsväter stolz ist, auf sich aufmerksam machen?

Und so inszenieren die Priester im bewussten Gegensatz zu allem, was den griechisch-römischen Kulturraum bisher geprägt hat, ein transzendentes Riesenschauspiel mit finsteren Ungeheuern, unerhörten Unmenschlichkeiten einer fernen Welt und allerlei Wunder-, Heiligen- und Märtyrergeschichten, voll Ungewöhnlichem, Vernunftwidrigem und Unwahrscheinlichem. Angst geht um und je mehr sich das Christentum festsetzt, um so furchtsamer werden die Menschen. Dämonen streifen umher, die liebliche Venus wird eine Tochter des Beelzebub und die keusche Diana muss nächtens in wilder Jagd durch die Wälder ziehen. Böswillige Teufel und ruchlose Hexen treiben ihr verderbliches Unwesen und Dämonen lassen sich auf allen Speisen nieder, die man zum Munde führt. Spukgestalten brennen darauf, sich des Körpers des unvorsichtigen Essers zu bemächtigen, weswegen es ratsam ist, ein Kreuz über jeden Bissen zu schlagen. Beim Niesen droht die Seele den Körper zu verlassen, weshalb man vorsichtshalber „Gott segne Dich“ sagen soll. Hexen müssen überführt, dem Gottesurteil anheimgestellt werden und die Beweisführung besteht meist darin, sie an Händen und Füßen zu fesseln und ins Wasser zu werfen. Gehen sie unter und ersaufen, dann sind sie unschuldig; bleiben sie aber schwimmend über Wasser, so erkennt man sie für schuldig und sie werden verbrannt. So ist die Logik jener Zeit, in der immer massenhafter archaische Instinkte sprießen, denen sich die Kirche ohne Hemmungen hingibt und die sie mit einer Legion von Heilssegen, Ablasssprüchen und dunklen Weihwassergebräuchen begleitet. So wird aus einer einstmals rationalen, sinnenfrohen antiken Welt ein in massenhysterischer Furchtsamkeit dahintreibendes düsteres Mitteleuropa.

In diesem von Horror und Erlösung geprägten Szenario bietet die christliche Kirche Hilfe an. Denn Gott spricht mit ihr. Nicht mit den Juden, was näher läge, da Jesus Jude gewesen ist und Gott Moses auserwählt hat, seine Gebote entgegenzunehmen? Nein, Gott spricht mit den christlichen Priestern. Sie wissen, was gut tut, denn sie sind auserwählt.

Das Makabre ist, dass die Unterstützung ausgerechnet von der Einrichtung angeboten wird, die die Gläubigen gerade zum Sünder krankgeredet hat. Die Kirche ist sozusagen die Feuerwehr Gottes, um einen Brand zu tilgen, den sie selbst gelegt hat. Sie vermittelt, spricht mit Gott und bietet an, in seinem Namen „Nachlässe“ zu gewähren, Rabatte also auf Sünden. Mit Hilfe der Beichte und zehn Vaterunsern kann man lässliche Sünden abwaschen. Schenkungen, Testamente und Stiftungen an die Klöster, später auch der Erwerb von Nachlassbriefchen, können dabei hilfreich sein, sich Gottes Lohn zu sichern. Die Formeln auf zahlreichen Schenkungsurkunden, *pro anima, pro remedio*, beweisen den Glauben an die Wirksamkeit solcher Donationen, bei denen heilige Einfalt der schenkenden Bauern mit weltlicher Schlauheit des Klerus einhergehen. Der Besitz von Reliquien lässt den Strom der Schenkungen deutlich anschwellen, weswegen der Handel mit ihnen im Mittelalter eine beträchtliche wirtschaftliche Bedeutung bekommt. Ein Kloster mit einer 1a-Reliquie kann sich der Spendenfreudigkeit der Gläubigen sicher sein.

Dieses System, des Lesens und Schreibens unkundige, von Schuld- und Angstgefühlen geplagte, der Amtssprache nicht mächtige, durch Abgaben und Frondienste drangsalierte Menschen[525] unter Vormundschaft zu halten, wird durch die Einführung der Beichte perfektioniert und bringt der Kirche eine ungeheure Steigerung der Priestermacht ein.[526] Nun erst wird der Priester zum vollkommenen Seelsorger seiner Pfarrei, zum Erzieher und zum Richter. Alle Sünden, *in opere et in cogitatione*, sind dem Priester zu bekennen, der gemeinsam mit Gott über die göttliche Absolution, *Jesus Christus te absolvat*, damit über ewiges Leben oder ewige Höllenqualen entscheidet.[527] Der Beichte folgt die Buße des reuigen Sünders und die damit verbundene, von der Kirche auferlegte Bestrafung. Es entwickelt

525 Ein Großteil der Landbevölkerung arbeitet als Unfreie oder Halbfreie (*Servi / Coloni*) sowohl auf weltlichen wie kirchlichen Gütern. Die Abgaben und Dienste sind genau festgelegt (Bier, Brot, Leinen, Honig, 50 Prozent der Arbeitszeit für den Fronherrn etc., vgl. Lex Alamannorum / Lex Baiuvariorum, 9. Jahrhundert). Die zu leistenden Frondienste (Fuhr-, Pflug-, Wach-, Schiffs- / Treideldienste) haben beträchtliche Ausmaße. Alleine in dem Dorf Eyersheim / Speyer sind zehn Höfe zum Frondienst nach Ermessen des kirchlichen oder weltlichen Grundherrn verpflichtet (vgl. K. Elmshäuser, Schiffe und Schiffstransporte in der frühmittelalterlichen Grundherrschaft, in: B. Karsten [Hrsg.], Tätigkeitsfelder und Erfahrungshorizonte, 2006, S. 251-252).

526 Umfangreiche zeitgenössische Darstellung zur Beichte / Sühne bei Regino von Prüm, gest. 915 (Das Sendhandbuch des Regino von Prüm, hrsg. von W. Hartmann, 2004).

527 Vgl. dazu Mt 18,18 „Was ihr auf Erden binden werdet, soll auch im Himmel gebunden sein, und was ihr auf Erden lösen werdet, soll auch im Himmel los sein.“

sich eine eigene Literatur von Bußbüchern (*Poenitentiala*), in denen die Amtskirche den Pfarrern Regeln für Bußstrafen an die Hand gibt. Damit ist ein perfektes Instrumentarium zur Disziplinierung der Menschen geschaffen, in dem der Priester die Rolle des Erziehers, Mittlers und Richters spielt, dem der Schlüssel zum Himmelreich anvertraut ist und hinter dem der gewaltige Himmelsherr die Zuchtrute schwingt, um die Lebendigen und Toten zu richten.

Und so wächst eine Klassengesellschaft heran mit Bischöfen, die auf einem Thron sitzen, mit Priestern, die mit „Hochwürden" angesprochen zu werden wünschen, und mit einer Masse von Sündern und Analphabeten, die das Bruttosozialprodukt erwirtschaften. Diese Gruppe aus Exzellenzen, Eminenzen und hochwürdigen Pfarrern verkapselt die immer wunderlicher werdende Lehre in einem elaborierten Code, kompliziert die Liturgie, sperrt die Gläubigen vom Altar aus und verbannt die *massa damnata* hinter Trenngitter, häufig ohne Sicht zum Altarraum. Der Gläubige brauche nicht den Altar zu sehen, lautet die Argumentation, das Hören der Kanzelworte reiche. Aber das ist nur die halbe Wahrheit. In Wirklichkeit werden die Gläubigen auch vom Hören ausgeschlossen, denn die Messe wird in Latein gelesen,[528] einer Sprache, die nur noch der Klerus und wenige Hofbeamte sprechen. Stattdessen erfährt das Volk über Votivtafeln und mit Hilfe der *biblia pauperum*, der Bilderbibel, was Gott will. Ansonsten darf der Gläubige die Haupt- und Seitenschiffe der Kirchen besetzen. „Büßer" dürfen sich jedoch lediglich in der Vorhalle aufhalten, Katechumenen und Teufelsbesessene, die den Exorzismus erwarten, verharren am Eingang zum Langhaus. Näher zum Altar befinden sich die Sitze der Adligen, der Vorleser und Vorsänger. Im Chor aber, hinter der meterhohen Schranke, unmittelbar am Altar ist das Revier der Geistlichkeit, hier dürfen nur Priester Platz nehmen.

So versinkt das frühe Mittelalter in einem Klassendenken von heilbringenden, fürbittenden, wohlhabenden und gebildeten Klerikern und gottgesandten Fürsten auf der einen Seite und verarmten, zum aufwendigen Frondienst für Herrn und Kirche verpflichteten, minderbemittelten und furchtsamen Bürgern auf der anderen.

528 Die Frankfurter Synode von 794 gestattet zwar die Verwendung der Volkssprache im Gottesdienst neben den „heiligen" Sprachen (Hebräisch, Latein, Griechisch), diese Erlaubnis ist aber nur in Bezug auf die Predigt wirksam (Admonitio generalis / Allgemeine Ermahnung aus dem Jahr 789).

Solche Klassenherrlichkeit ist nur mit Hilfe des Staates durchzuhalten. Dort aber, wo der Arm der Staatskirche nur unzulänglich hinreicht, fördert die kompromisslose Anmaßung, mit der die christlich-trinitarische Konfession, später „katholisch" genannt, auch im eigenen christlichen Lager auftritt, die religiöse und politische Auflösung des Imperiums in orthodox-christliche, häretische und lateinisch-christliche Territorien. Selbst die Entstehung des Islam dürfte auf das Konto der unverträglichen Staatskirche gehen. Mohammed hat vermutlich ursprünglich keine Abspaltung vom jüdisch-christlichen Erbe im Sinn gehabt, sondern eher eine arabische Variante des Christentums.[529] Erst die dogmatische Kompromisslosigkeit der christlich-byzantinischen Staatskirchenführer (Kaiser Justinian und Papst Gregor I.) hat den Weg zu einer eigenständigen islamischen Religion geebnet und zu der überraschend zügigen Zustimmung der christlichen Bevölkerung geführt, was den Verlust der gesamten West-, Ost- und Südküste des einstmals geschlossenen Mittelmeerraumes nach sich zieht.

Wenn es eines Beweises bedürfte, dass fundamentalistische Religionen spalten, dann liefert uns die katholische Kirche im Jahre 2000 einen schönen Beleg: Rund 1500 Jahre nach dem Zerfall des Mittelmeerraumes gibt der Leiter der vatikanischen Kongregation für die Glaubenslehre, Kardinal Ratzinger, nunmehr Papst Benedikt XVI., die Erklärung *Dominus Jesus* heraus. In dieser Streitschrift, die mit deutscher Gründlichkeit „Wahrheiten" definiert und blendend geeignet ist, das Trennende zwischen den Religionen zu betonen, diskriminiert Ratzinger alle nicht-katholischen Religionen als „innere Überzeugungen", die nicht an den „theologalen Glauben" der katholischen Kirche heranreichen. Und damit auch Verstockte die Heiligkeit der katholischen Kirche erkennen, legt Ratzinger noch nach: Alle

529 Wer den Gedanken äußert, der Prophet Mohammed stehe religiös „auf den Schultern" von Christen und Mekka sei damals christlich gewesen, weckt bei Muslimen heftige Widerspruchsreaktionen („Unsinnige Aussagen westlicher Koran-Experten", in: FAZ vom 30.7.2005). Tatsache ist, dass an den Konzilen zwischen 325 und 451 zahlreiche christliche Bischöfe aus dem arabischen Raum teilnahmen (Unterschriftslisten), Mekka um 600 n.Chr. wenigstens christlich unterlegt war und Mohammed keineswegs aus dem religiösen Nichts kam. Das Thema wird seitens der Muslime aggressiv-abwehrend angegangen, aber ein christlich-muslimischer Dialog, der diesen Namen verdient, kann solche Kernfragen nicht „unter der Decke" halten (vgl. Ohlig/Puin, Die dunklen Anfänge. Neue Forschungen zur Entstehung und frühen Geschichte des Islam, 2005; Christoph Luxenberg, Die syro-aramäische Lesart des Koran. Ein Beitrag zur Entschlüsselung der Koransprache, 2000).

Nichtchristen befänden sich im Vergleich mit der „Kirche der Heilsmittel" in einer „schwer defizitären Situation".[530]

In verschiedenen Feuilletons wurde die Ohrwatsche an die Protestanten nicht ohne Häme kommentiert und die „intellektuelle Schärfe und Prägnanz" Ratzingers bewundert. Die Ringparabel, so Kommentatoren, sei als „relativistisch" zurückgewiesen worden.[531] Aber es muss schon erschrecken, dass dieses beklemmende Dokument der Uneinsichtigkeit nicht auf energischen Widerstand gestoßen ist. Denn die geschmähte Ringparabel steht ja nicht für Beliebigkeit, sondern für die Einsicht, dass religiöse Wahrheiten nicht erkennbar sind. Angesichts der Kriege, die immer noch im Namen von Religionen geführt werden, ist die Ringparabel ein alternativloses Koexistenzmodell, dessen den gesellschaftlichen Frieden sichernder Überbau eine religionsneutrale Ethik ist, in deren Schutz sich individuelle „Glaubensgewissheiten" einrichten können.

Die wirtschaftliche Wende: Mittelalterliche Armut und ihre Gründe

Damit sind wir bei einem wichtigen Punkt angelangt, der in der historischen Forschung wenig Beachtung findet: die Umlenkung der Kapitalströme in kirchliche Latifundien, Sakralbauten und Klerikereinrichtungen zu Lasten der mittelalterlichen säkularen Daseinsvorsorge. 150 Jahre nach der Erhebung der trinitarischen Konfession zur Staatskirche zieht Kaiser Justinian bereits die Notbremse und bestimmt im Jahre 535, dass jede große Kirche nicht mehr als 60 Priester, 100 Diakone, 40 Diakonissen, 90 Subdiakone, 110 Lektoren und 25 Kantoren, also 425 Personen je Kirche haben dürfe.[532] Bischöfe und zahllose Klöster – Hans von Schubert weist alleine für die Diözese Tours siebzehn Klöster und für Rom dreitausend Nonnen nach[533] – fressen beträchtliche Summen des produktiven Kapitals auf. Jeder Mönch – „feudale Parasiten" nennt der Schweizer Professor für Geschichte und Theorie des Städtebaus André Corboz die damaligen welt-

530 Kongregation für die Glaubenslehre, Erklärung Dominus Jesus, 6.8.2000.

531 C. Geyer, Ringparabel, in: Frankfurter Allgemeine Zeitung, 6.9.2000, S. 49.

532 Corpus Juris Civilis Novella 3, Caput 1 „Numerus clericorum sanctissimae maioris ecclesiae".

533 H. v. Schubert, Geschichte der christlichen Kirche, S. 167, 192.

lichen und kirchlichen Herren[534] – muss durch die Landbevölkerung ernährt werden, denn Feldarbeit ist im Regelfall nicht Sache der Mönche, die sich ja der Klostergemeinschaft angeschlossen haben, um sich von der Außenwelt möglichst streng abzuschließen. In der Regel 48 Benedikts, *de opera manuum cotidiana*, wird folglich von „Handarbeit" im Sinne von im Kloster zu verrichtender Arbeit gesprochen und „Feldarbeit" lediglich unter Einschränkungen erwähnt: „Wenn die Brüder jedoch wegen der Ortsverhältnisse oder infolge ihrer Armut die Ernte selbst einbringen müssen, dürfen sie nicht verdrossen sein."[535] Benedikt geht also davon aus, dass die Feldarbeit im Regelfall nicht durch Mönche verrichtet wird. Da Feldarbeit zur damaligen Zeit aber die Erwerbsquelle Nummer 1 ist und die Klöster häufig mehrere Hundert Mönche als Stammbesatzung aufweisen, kann man leicht ausrechnen, welche materielle Belastung Klöster für die arbeitende Bevölkerung darstellen, zumal sie noch zu kostenlosen Fuhr- und Baudiensten herangezogen wird.

Die meisten Abteien sind als geistliche Großgrundbesitzer Gebieter über ein Geflecht von Immobilien, Menschen, Rechten, Leistungen und Abgaben, deren Zweck die Versorgung der Mönche ist. Das Kloster Lorsch verfügt um 900 n.Chr. nach dem überlieferten *Codex Laureshamensis* alleine in der Gemarkung Mainz über siebzehn Höfe, die zu unterschiedlichsten Geld-, Sach- und Dienstleistungen für das Kloster verpflichtet sind. Jeder der Höfe zahlt Zinsen, leistet Dreitagefron, Boten- und Fuhrdienste und

534 A. Corboz, Frühes Mittelalter, 1971, S. 45.

535 Regula Benedicti 48,1 und 7 sprechen von „Handarbeit"; Regel 41 dagegen von „Feldarbeit". Die Tätigkeit außerhalb des Klosters wird jedoch durch zahlreiche Regeln eingeschränkt (Psalmenregel nach Kap. 17, Lesung von der 4. bis 6. Stunden, gemeinsame Mahlzeiten etc.), die meist nur Arbeiten im Kloster oder in dessen Nähe zulassen. Dies entspricht auch dem ursprünglichen Wesen des Mönchtums, sich von der Außenwelt abzuschließen. Die „niederen Dienste" sind nicht beliebt und werden bereits im 8./9. Jahrhundert Knechten übertragen (H. v. Schubert weist auf das Kloster Corbies hin, das 822 bei 19 Klerikern über 83 Hilfskräfte verfügt, S. 626). Neben den „Knechten" gibt es zur Zeit Benedikts die Laienbrüder, die nicht am Chorgebet teilnehmen und die materiellen Arbeiten im Kloster verrichten. Die Benediktinerregel „Ora et labora" (Bete und arbeite) ist nicht in der *Regula Benedicti* enthalten. Ob sie im Frühmittelalter Leitlinie gewesen ist, bleibt unbekannt. „Laborare" hat viele Bedeutungen, u.a. leiden, sich anstrengen, in Not sein, sich abmühen. In diesem Sinne wäre sie in der Bedeutung „Bete und mühe Dich auf dem Weg zu Gott" zu interpretieren.

wird, wann immer es den weltlichen oder geistlichen Feudalherren gefällt, zum Schiffsdienst (Ruder-, Staken-, Treideldienst) eingeteilt.[536] Durch Jagd- und Fischmonopole begünstigt, von Steuern und Abgaben befreit, mit Schenkungen und Stiftungen reich gesegnet, seit dem achten Jahrhundert mit dem „Kirchenzehnt“ oder gar mit dem „Doppelzehnt“ belohnt,[537] wird die Kirche in Kürze zum größten privaten Grundbesitzer aller Zeiten, zumal Klöster und Bischöfe über weitere gut sprudelnde Einnahmequellen verfügen, die dem Zugriff des staatlichen Fiskus entzogen werden: Die Klöster verlangen von Eintrittswilligen meist die Übertragung des gesamten Besitzes[538] und werden darüber hinaus Nutznießer üppiger Spenden, die die verunsicherten Gläubigen den Kirchen zukommen lassen, um ihr ewiges Heil zu sichern. Jede weitere Ausmalung der surrealen Höllenstrafen fördert die Bereitschaft, den Kirchen zu spenden oder das Vermögen zu übertragen.

So wird die Kirche, deren Gründer einst in Sandalen und Leinen herumgelaufen und „Gebet den Armen“ gepredigt haben soll, zum übermächtigen Feudalherrn. Das Kloster Prüm (Raum Trier) verfügt beispielsweise in der Karolingerzeit über 2.500 Morgen Acker, Weinberge, Wiesen, Wälder zur Mast von 8.296 Schweinen, 120 Villen und 1530 Höfe.[539] Mit einem solchen Riesenbesitz, der zunächst und in der Masse zum Unterhalt einer Armee frommer Klerikern dient, ist natürlich leicht Armenfürsorge zu betreiben.[540] Zwar sichern die Klöster im Gegenzug vielfach Altersrenten zu, die aber im Regelfall die Übertragung des Erbteiles voraussetzen und in keinem Verhältnis zur Steigerung der Erträge stehen. Auch soll nicht in Abrede gestellt werden, dass die mittelalterlichen Klöster, gestützt auf ihren

536 Quellen und weitere Beispiele bei: B. Karsten (Hrsg.), Tätigkeitsfelder und Erfahrungshorizonte des ländlichen Menschen in der frühmittelalterlichen Grundherrschaft, 2006, S. 250f.

537 Papst Zacharias in einem Brief im Jahre 748: „Was aber die Zehnten der Gläubigen betrifft, die in den Kirchen dargebracht werden, so soll es nicht im Belieben des Gebers liegen, sie zu verteilen“ (Bonifatius, Briefe).

538 Das Eigentum konnte auch an Arme übertragen werden. Dieser Modus erhielt aber ebenso wenig allgemeine Gültigkeit, wie die theoretisch mögliche Übertragung an die Eltern.

539 Mittelrheinisches Urkundenbuch I, 142, zit. nach H.v. Schubert 1921/1976, S. 542.

540 An diesen Proportionen hat sich bis heute nicht viel geändert. C. Frerk weist nach, dass weniger als zehn Prozent des Kirchensteueraufkommens in soziale Dienste fließen (Violettbuch Kirchenfinanzen, 2010).

Reichtum, beachtliche Sozialleistungen erbringen und viele Menschen im Vertrauen auf die Bergpredigt[541] uneigennützig tätig sind. Aber nach einer pauschalen Regel sind lediglich 25 Prozent der Einküfte für Sozialdienste vorgesehen. Die Masse des Einkommens versickert in kirchlichen und klösterlichen Senken. Der Straßburger Münster, die Würzburger Bischofsresidenz oder die Barockbibliotheken zahlreicher Klöster sind ja nicht vom Himmel gefallen. Irgendwo musste das Geld ja herkommen.

Damit ist *ein* Grund für den wirtschaftlichen Verfall Mitteleuropas markiert. Ein anderer ist die durch den religiösen Fundamentalismus betriebene Abtrennung von anderen Kulturen und Wirtschaftsräumen. Ab 650 hört die Schifffahrt zwischen Italien und den südgallischen Häfen einerseits und dem arabisch-muslimischen Spanien, Nordafrika und Syrien auf der anderen Seite des Mittelmeeres auf. Ehemals ein Binnenmeer, das politische Grenzen und Schranken überwunden und dem Austausch von Gedanken, Religionen, Gütern und Wissen gedient hat, wird das Mittelmeer nunmehr ein Randmeer, dessen Nordufer die Grenzen Europas markiert. Die uralte Verbindung zwischen allen Ländern des Mittelmeerraumes geht fast völlig verloren, die Küstenstädte versinken in Bedeutungslosigkeit. Waren die südgallischen Häfen und Zollstationen Marseille, Toulon, Arles, Avignon und Lyon einmal Tore zur Welt, durch die syrische, jüdische, griechische und ägyptische Kaufleute strömten, balgten sich die Merowinger noch um Aquitanien, um durch die Zolleinnahmen ihren Reichtum zu mehren, ist hier fortan die Welt zu Ende.

Sarazenische Seeräuber sollen zur Reduzierung des Mittelmeerhandels beigetragen haben, aber das Seeräuberproblem ist uralt und hat die Mittelmeerländer stets begleitet, ohne die Wirtschaftskraft des Reiches zu erschüttern.[542] Außerdem beherrscht im sechsten und siebten Jahrhundert die oströmisch-byzantinische Flotte das Ostbecken des Mittelmeeres, so dass der Handel zwischen Süditalien, Syrien, dem wichtigen Endpunkt des asiatischen Fernhandels, Ägypten und dem oströmischen Reich trotz Piraten möglich gewesen wäre. Der belgische Historiker Henri Pirenne findet einen anderen Grund: Schuld an dem Zusammenbruch der seebedingten Einheit des Mittelmeerraumes habe der Islam gehabt, sein Einbruch in den Mittelmeeraum habe im siebten Jahrhundert den Seehandel zerstört. Dadurch sei die Geldwirtschaft in Gallien zum Erliegen gekommen, der

541 Markus kennt keine „Bergpredigt“. Sie ist eine Kompilation, die so nie gehalten worden ist.

542 Vgl. Pompejus Sieg über die Piraten, 67 v.Chr.

ökonomische Schwerpunkt habe sich nach Norden verlagert und den Aufstieg des Frankenreiches gefördert.[543] Diese „Pirenne-These" aus den 30er Jahren des 20. Jahrhunderts gilt mittlerweile aus verschiedenen Gründen als überholt, u.a. weil in einem Dekret des Kalifen Umar II. (717-720) die uneingeschränkte Nutzung des Meeres für den Handel bekräftigt, jede Behinderung der Handelsströme untersagt wird[544] und arabische, syrische und jüdische Händler im arabischen Wirtschaftsraum freie Hand haben. „Von einer Unterbrechung des Mittelmeerhandels durch die Streiter des Islam" schreibt Dietrich Claude, „kann keine Rede sein".[545]

Warum also bricht der Mittelmeerhandel weitgehend zusammen, wenn weder Araber noch Seeräuber als Hauptverantwortliche dingbar gemacht werden können? Warum verarmt die Nordküste des Mittelmeeres, während die Südküste blüht? Warum hört man nichts mehr von orientalischen Kaufleuten, die Datteln und Gewürze des Morgenlandes anbieten, von ägyptischen Getreide- und Ölimporten, von nordafrikanischen Tafelgeschirr- und Keramikeinfuhren,[546] vom blühenden Handel mit Sklaven? Warum dieses Wohlstandsgefälle zwischen den arabischen Regionen auf der einen Seite und den lateinisch-christlichen auf der anderen?

Spontan könnte man den politischen Zerfall des Reiches als Ursache für die Agonie der Wirtschaft benennen. Aber das politische Auseinanderbrechen des Reiches darf man hinsichtlich der binnen- und außenwirtschaftlichen Folgen nicht überbewerten. Denn noch bilden die oströmischen und weströmischen Teilreiche große zusammenhängende Wirtschaftsräume und keiner der Herrscher kann Interesse an einem Versiegen der Handels- und Steuereinnahmen haben. Außerdem blühen außerhalb des christlichen Europas, jenseits des Mittelmeeres, in der Levante, im benachbarten Ägypten, in Nordafrika und besonders in Spanien Wirtschaft und Kultur. Dieses

543 H. Pirenne, Mahomet et Charlemagne, 1937. P.E. Hübinger spricht noch 1959 von einer „die wirtschaftliche, politische und kulturelle Einheit [...] zerstörenden islamischen Flut" (1959, S. 32).

544 H.A.R. Gibb, The fiscal Rescript of Umar II., in: Arabica Bd. 2/1, 1955, S. 6. Vgl. auch D. Claude, Der Handel im westlichen Mittelmeer während des Frühmittelalters, 1985, S. 280f.

545 D. Claude, Der Handel im westlichen Mittelmeer während des Frühmittelalters, 1985, S. 303.

546 B. Ward-Perkins berichtet von archäologischen Funden in der Hafenstadt Luna (Norditalien); dort sei afrikanische Keramik des 3./4. Jahrhunderts „in Massen" gefunden worden, während Gefäß-Funde des 6. Jahrhunderts „mehr als selten" seien (Der Untergang des Römischen Reiches, 2007, S. 114).

neue muslimische Reich und das maurische Spanien der Kalifen und Taifen stehen fünfhundert Jahre lang als glänzendes Beispiel für die Blüte von Wirtschaft und Kultur, während die christliche Nordküste des Mittelmeerraumes wirtschaftlich und kulturell immer mehr verarmt.[547]

Auch die viel gescholtenen Barbaren taugen nicht, den wirtschaftlichen Niedergang des lateinsprachigen Westens zu erklären. Gewiss sind die germanischen Immigranten zunächst eine lokale Belastung der Wirtschaft, aber die Germanen sind auch integrationswillige und arbeitsfreudige Konsumenten, stellen Kaiser, Könige, Feldherrn, hohe Beamte, Gutsherren, Bauern, Arbeitskräfte und große Kontingente der Armee. Jeder Wirtschaftstheoretiker des 21. Jahrhunderts wird solche Immigranten als wirtschaftsfördernd einstufen.

Wenn aber weder politische Umstände, noch Immigranten und Wegelagerer, noch ein angeblicher Bevölkerungsrückgang oder Seuchen[548] entscheidende, langfristig wirkende Handels- und Wirtschaftshemmnisse gewesen sind, wenn unter vergleichbaren Bedingungen auf der einen Seite des Mittelmeeres die Wirtschaft boomt und auf der anderen kümmert, dann muss man sich mit den *Ideologien* der Staaten beschäftigen. Dann wird plötzlich klar, dass sich religiöser Fundamentalismus, gleich welcher Form, und offene Grenzen ausschließen, dass das Jahrhunderte blühende al-Andalus seine Stellung als führendes Wirtschafts- und Kulturreich verliert, weil islam-fundamentalistische Berber aus Nordafrika im 11. Jahrhundert und gleichermaßen christlich-fundamentalistische Reconquista-Kreuzzügler ab dem 13. Jahrhundert Spanien auf eine niedrige Kulturstufe zurückwerfen und das ganze Land schließlich im Einerlei einer grauen Einheitsreligion versinkt, aus dem es sich erst wieder erheben wird, als Kirche und Staat

547 Recherchen und Quellen bei B. Ward-Perkins, Der Untergang des Römischen Reiches, 2007, S. 133, 219. Im 6. Jahrhundert versiegt im lateinischen Westen weitgehend die reichsweit gültige Münzprägung, Ausdruck des Fernhandels. Stattdessen beobachten wir lokale Emissionen: Unter anderem in Marseille, dem Knotenpunkt des fränkischen Königreiches, und im päpstlichen Rom. Zum wirtschaftlichen Vergleich Ostrom / Westrom und zu den Münzfunden vgl. B. Ward-Perkins, Der Untergang des Römischen Reiches, 2007, S. 130, 216, 217.

548 Die letzte große Pest des Frühmittelalters trat 743 bis 746 im Mittelmeerraum auf. Danach verschwand die Pest für Jahrhunderte. Vgl. D. Claude, Der Handel im westlichen Mittelmeer während des Frühmittelalters, 1985, S. 288, passim, Zusammenfassung S. 299 ff.

sich zusammenschließen, um mit Hilfe kolonial-religiöser Raub- und Missionierungszüge überall in der Welt die Säckel zu füllen.

Wenn wir in solchen, von der Praxis bestätigten Kategorien denken, dann erkennen wir die überragende Bedeutung von Ideologien für das Wohl und Wehe der Länder und wundern uns nicht mehr, dass die kräftevernichtenden innerchristlichen Glaubenskriege, vom spätantiken Monophysiten-, Arianer- und Donatistenstreit über Justinians Feldzüge gegen die arianischen Vandalen und Ostgoten – der Erlanger Historiker Klaus Herbers schätzt, dass in den Kriegszügen des christlich-trinitarischen Kaisers Justinian gegen die arianischen Ostgoten (535-553) fast ein Drittel der italienischen Bevölkerung ums Leben gekommen ist – bis zu den dreißigjährigen Sachsenkriegen Karls des Großen, wirtschaftliche Hindernisse allerersten Ranges gewesen sind. Wie sollte denn das westliche Abendland blühen, wenn christliche Kaiser die eigene Bevölkerung derart dezimieren?

Wie sollte denn eine Region blühen, in der eine rigide Wissenschaftsfeindlichkeit dafür sorgt, dass das Land rund achthundert Jahre ohne Universitäten, Akademien, Bibliotheken, ohne öffentliche Schulen und ohne medizinische, technische oder agrarwissenschaftliche Forschung lebt[549] und folglich mit stetig sinkendem wissenschaftlichen und technischen Know how zu kämpfen hat?

Wie sollte denn ein christliches Mitteleuropa gedeihen, das einem Religionsgründer huldigt, der nach der Beschreibung der Evangelisten nie selbst gearbeitet, sondern sich von den Gaben begeisterter Frauen ernährt hat (Lukas 8,1-3), der nie die Freude und Ehre der Arbeit betont, sondern auf die Vögel hinweist, die weder säen noch ernten und doch Nahrung vom himmlischen Vater erhalten. Wie sollte denn ein solches Europa blühen, das eine Heerschar Analphabeten erzeugt? Wie sollte denn eine Kaufmannschaft im internationalen Warenverkehr überleben, die kaum lesen und schreiben kann? Wie sollte ein Handwerk in einem Land erfolgreich sein, das nicht in Bildung und Ausbildung investiert und bestenfalls Kesselflicker, Tuchweber und Küfer auszubilden vermag?

Wie sollte denn ein christliches Mitteleuropa, das geschäftstüchtige Juden und „häretische", später islamische Syrer verfolgt und damit die

549 Die Römer gingen sehr sorgfältig mit dem landwirtschaftlichen Boden um. Ein früher Ratgeber über die Führung eines landwirtschaftlichen Betriebes war Columella (*De Re Rustica*, Über die Landwirtschaft, hrsg. von K. Ahrens, Berlin 1972). Das Werk umfasst 13 Bände und stammt wahrscheinlich aus der ersten Hälfte des ersten nachchristlichen Jahrhunderts.

Handelsbeziehungen empfindlich stört, das durch Zwangsabgaben und Frondienste für Klöster und Grundherren, die die Hälfte des Einkommens auffressen, die Wirtschaftskraft der Bürger überfordert, das miserabel entlohnte Arbeitsdienste zum Bau von zehntausend immer höherer Kirchen einfordert, das die nur begrenzt verfügbaren Finanzmittel durch Versprechen, Donationen an die Kirche würden im Himmel gut angesehen, in kirchliche Kassen umlenkt, wie sollte denn eine solche Region prosperieren? Wie sollte denn ein christliches Mitteleuropa, das eine Heerschar wirtschaftlich meist unproduktiver Mönche und Kleriker zu ernähren hat, das von einer Allianz aus betfrommen Klerikalen und müßiggängerischen, aristokratischen Gutsherren ausgenutzt wird und das zudem mit der halben Welt in Feindschaft lebt, wie sollte denn ein solches Mitteleuropa seinen Bürgern Wohlstand sichern?

Wie sollte denn eine mittelalterliche, christliche Stadt Menschen anziehen, wenn die Kommunen weder Theater, Büchereien, Museen, Schulen, Schwimmbäder, Gymnasien oder Stadien anbieten? Warum sollten unter solchen Umständen die Menschen ein Bedürfnis haben, in einer Stadt ohne öffentliche Infrastruktur, mit stinkenden Abwässerkanälen und unter beengten Verhältnissen zu leben? Zumal wenn das gesamte Kulturleben auf den sonntäglichen Kirchgang reduziert wird? Wie sollte denn eine Stadt wie Esslingen, die im Jahre 1400 rund 7.000 Einwohner hat und zwei Klöster mit jeweils mehreren Hundert Mönchen, neunzehn Kirchen und Kapellen nebst Priestern unterhalten muss, wie sollte denn eine solche Kleinstadt, die neben dem Kirchenzehnten für jede Kirche einen Hof mit zwei Morgen Land, dazu einen Knecht und eine Magd je 120 Einwohner bereitstellen muss,[550] das Kapital ansammeln, um Schulen zu bauen oder dem Handwerk günstige Bedingungen einzuräumen? Die mitteleuropäischen, christlichen Städte sterben an ihrer fehlenden Attraktivität, am völlig unzureichenden Bildungs- und Kulturangebotes und am Mangel an Hygiene. Die aller städtischen Vorzüge entzogenen Kommunen sind nicht mehr konkurrenzfähig, sie können einfach nicht mehr mit Damaskus, Bagdad oder Cordoba mithalten. Der Virus des religiösen Fundamentalismus macht sie kaputt. Rom

550 „Was die niedrigeren Fälle angeht, so stimmen alle darin überein, dass einer jeden Kirche ein Haupthof und zwei Hufen Landes von den Einwohnern eines Gaues, die zu jener Kirche gehören, übertragen werde, und dass je 120 Einwohner sowohl Edelinge als auch Frilinge und Laten, einen Knecht und eine Magd für diese Kirche beisteuern sollen“, Capitulatio de partibus Saxoniae 15; Kirchenzehnt Kap. 17, 782 n.Chr.

ohne Theater, Schulen, Thermen, Bibliotheken und Kloaken wäre bereits in republikanischen Zeiten auf das Niveau einer Mittelstadt abgesunken und hätte seinen Hauptstadtanspruch an besser ausgestattete Städte abgeben müssen.

Wie sollte denn ein christliches Mitteleuropa, das nicht mehr der Kontrolle durch den Verstand unterliegt, das Irrationalitäten, Gefühlen und Instinkten freien Lauf lässt, das den Menschen einredet, alles irdische Handeln sei Tand und jeder, der anders denke, verdiene den Tod, wie sollte ein solches Land eine Garantie für Innovation und wirtschaftlichen Fortschritt sein? Der voluminöse *Kulturfahrplan* von Werner Stein weist für den Zeitraum von 400 bis 1200 auch nicht *eine* ingenieurtechnische oder wissenschaftliche Leistung aus, die mit den antiken oder arabischen Leistungen hätte mithalten können. Rudolf Wendorff meint „vom 4. bis fast zum 15. Jahrhundert" habe es im westeuropäischen Kulturbereich „keine nennenswerte rationale naturwissenschaftliche Forschung gegeben"[551] und Jacques Le Goff, Experte für die Geschichte des europäischen Mittelalters, kann „nur *einen* technischen Fortschritt" erkennen: den „Einsatz der Wassermühle zu handwerklichen bzw. industriellen Zwecken".

So führt also die grimmige, weltverneinende Jenseits-Ideologie, der Bildungsdenken, Schule und Ausbildung, säkulare Bücher und Wissenschaft ziemlich gleichgültig sind, die mit allen Nachbarn in Feindschaft lebt, weil sie sich im Besitz göttlicher Wahrheit wähnt, zu einer kulturellen wie wirtschaftlichen Verarmung Europas. Und das in einer Zeit, in der es prosperierende potentielle Wirtschaftspartner im Süden, Osten und Westen des Mittelmeerraumes gibt, in der Araber die Wissenschaft und Kunst der „Ungläubigen" übernehmen und fortführen, in der Städte wie das arabisch-spanische Cordoba über eine Bibliothek mit mehr als einer halben Million Büchern verfügt und die neu gegründete muslimische Stadt Bagdad schon nach hundert Jahren eine Million Einwohner zählt. In dieser Zeit bietet Mitteleuropa Bibelmalerei und Weinfässer an. In dieser Zeit freut sich die Klosterbibliothek Reichenau über fünfhundert Bücher und döst Paris mit wenigen tausend Bewohnern still vor sich hin.

551 R. Wendorff, Zeit und Kultur. Geschichte des Zeitbewußtseins in Europa, 1980.

18 Finsteres Mittelalter? Bloß das nicht?

Dennoch, trotz aller Daten und Fakten reitet der renommierte Frankfurter Historiker Johannes Fried eine furiose Attacke gegen alle Mittelalterkritiker und diktiert den Historikern ins Stammbuch: „Finsteres Mittelalter“? Bloß das nicht? Der Begriff sei ein Klischee, erklärt er. Wann sie denn begonnen habe, diese verschriene Epoche, und wann sie zu Ende gegangen sei. Er verschont auch Kant nicht mit Kritik und attestiert der anrüchigen Epoche viel Gutes: Reif sei sie gewesen, weise, neugierig, erfindungsreich, kunstsinnig, revolutionär im Vernunftsgebrauch, demütig, bescheiden, selbst „dem Teufel habe das Mittelalter die Stirn geboten“.[552] Letzteres, das darf schon jetzt in aller Bescheidenheit gegenüber dem Mittelalterexperten angemerkt werden, vieltausendmal mit Hilfe „reinigender“ Feuer, einiger Streckbänke und eines einträglichen Sündenablasshandels, der dem feinen Florentinerpapst Leo X. zum Bau der Peterskirche und zur Finanzierung seines ausschweifenden Lebens zugutekommt.

Fried führt respektable Kunstbeispiele des Mittelalters an und reiht in seinem Werk *Wissenskulturen* eine politische, gesellschaftliche, kulturelle und wissenschaftliche Großtat des Mittelalters an die andere, um zu belegen, dass das Mittelalter eine Zeit der Wissenskultur gewesen sei. Verblüfft nimmt der Leser zur Kenntnis, dass „das christlich-lateinische Mittelalter“ den Konflikt zwischen Glauben und Wissen „zugunsten der Wissenschaft“ gelöst habe, dem magischen Denken die Axt an die Wurzel gelegt worden sei und dem früheren Mittelalter nichts wichtiger gewesen sei als die Einübung des kategorialen Denkens.[553]

Ein wenig Judenverfolgung, so wird der eingeschücherte Leser vielleicht einwenden, ein wenig Religionskriege, Reconquista, Kreuzzüge, In-

552 J. Fried, Mittelalter, 2008, S. 558, passim und J. Fried/M. Stolleis (Hrsg.), Wissenskulturen, 2009, S. 12-42.

553 J. Fried, Die Formierung Europas 840-1046, 1993, S. 3 (Klischee); ders., Das Mittelalter, 2008, S. 536f.; J. Fried/M. Stolleis (Hrsg.), Wissenskulturen, 2009, S. 12-42, hier S. 16.

quisition, kulturelle Kanalisierung, Analphabetismus, Bücherverbrennung und Vernichtung freien Denkens hat es im Mittelalter schon gegeben, aber an diese phantasievollen Anstrengungen, „dem Teufel die Stirn" zu bieten, wollen wir an dieser Stelle besser nicht erinnern. Die Martyrien dieser Zeit sind ganz gewiss kein Hinweis auf eine „weise, demütige und bescheidene" Gesellschaft.

Bei Fried irritiert, wie sich der Wissenschaftler über zeitgenössische Quellen und Beurteilungen hinwegsetzt. Denn der Vater des Schlagwortes „Finsteres Mittelalter", Petrarca (1304-1374), einer der größten Dichter Italiens, der neben Dante und Boccaccio zu den „drei Kronen" des 14. Jahrhunderts gezählt wird,[554] erklärt sicherlich nicht ohne Grund die Jahre zwischen 500 und 1300 als eine Periode der *tenebrae*, der undurchdringlichen Dunkelheit, eine rückständige Un-Zeit. Um dieses Dunkel zu beenden, sei die Wiederbelebung des Schönen vonnöten, die Rückbesinnung auf das Zeitalter der Antike, auf eine Renaissance. Kant meldet sich vierhundert Jahre später auch zu Wort: Eine barbarische Epoche sei die Zeit gewesen, geprägt von müßiggängerischen Mönchen: „Während dieser Zeit ward die Religion zusamt den Wissenschaften und Sitten durch elende Fratzen entstellet [...] Die Klostergelübde machten aus einem großen Theil nutzbarer Menschen zahlreiche Gesellschaften emsiger Müßiggänger, deren grüblerische Lebensart sie geschickt machte, tausend Schulfratzen auszuhecken."[555] Offenbar deckt sich das Urteil Frieds nicht mit dem der zeitnäheren Zeugen der Aufklärung.

Bei diesem Konflikt um das „finstere Mittelalter" handelt es sich nicht um einen im Elfenbeinturm geführten wissenschaftlichen Diskurs. Vielmehr ist die umstrittene Formel vom „finsteren" Mittelalter von weltanschaulicher Bedeutung. Denn der Begriff deckt die postantike Periode ab, in der Kleriker die ideologische Führung des europäischen Abendlan-

554 H. Erbse, Überlieferungsgeschichte der griechischen klassischen und hellenistischen Literatur, in: H. Hunger, Geschichte der Textüberlieferung, 1961, S. 243. Den Begriff „dunkle Jahrhunderte" kennen wir bereits aus der vorklassischen griechischen Epoche, die wegen fehlender schriftlicher Überlieferungen so benannt wird. H. Gerstinger wendet ihn auf das 7./8. Jahrhundert an (Literaturwerke, 1948, S. 29). Die Entstehung des Begriffes „Finsteres Mittelalter" untersuchen u.a. L. Varga (Das Schlagwort vom „Finsteren Mittelalter", 1932) und K. Arnold (Das finstere Mittelalter, in: Saeculum 32, 1981, S. 287-300). Zum Forschungsstand: F. Fried, Die Formierung Europas, 1993, S. 109.

555 Zit. nach G. Reimer, Kants Handschriftlicher Nachlaß, 1942, Bd. 20, S. 177.

des übernehmen, Herrscher zum „Gang nach Canossa“ zwingen und das Christentum nahezu jede Phase des täglichen Lebens bestimmt. Trifft der Finsternis-Terminus zu, dann stände dieser dunklen Phase abendländisch-christlicher Menschheitsgeschichte die „lichte“ Antike als weithin sichtbarer, heidnischer Kontrapunkt gegenüber. Dem Mittelalter also zu unterstellen, es sei im Vergleich mit der Antike „finster“ gewesen, würde die damals übermächtige christliche Kirche vor einem Weltpublikum als einen Hauptverantwortlichen für den zivilisatorischen wie kulturellen Niedergang der abendländischen Gesellschaft bloßstellen. Das kann und das darf nicht sein.

Also wird, unter emsiger Beteiligung katholischer Theologen[556] und mit Hilfe wohlwollender *interpretationes christianae* die Gültigkeit des Begriffes „finsteres Mittelalter“ bestritten und die angebliche Kontinuität von der Antike zum Mittelalter betont: Das europäische Mittelalter habe durch die Rezeption antiker Lehren und Erfahrungen den Grundstein für die moderne Wissenschaft gelegt. Dies werde von den zahlreichen Universitätsgründungen in der hochmittelalterlichen Phase[557] belegt. Und es könne nicht geleugnet werden, dass die Renaissance einen bewunderswerten künstlerischen und intellektuellen Aufschwung gebracht habe. Die Apologeten sprechen also nicht von der Zeit zwischen 400 und 1200, sondern vom nachfolgenden Hochmittelalter. Das aber steht hier nicht zur Debatte und ist im Übrigen durch kirchenfremde äußere Einwirkungen entscheidend geprägt, wie wir in Teil Sieben dieses Buches noch erfahren werden.

Folgt man dieser im Grunde in der Forschung nicht bestrittenen Teilung des Mittelalters in eine frühe und hohe Periode, lässt man die nicht weiterführende Diskussion um geschichtliche Kontinuität beiseite, die deshalb nichts einbringt, weil *immer* irgendeine Kontinuität belegt werden kann, konzentriert man sich auf die *Hauptmerkmale* der Epochen, dann wird klar, dass sich das frühe Mittelalter an der Grenzlinie zur Antike ganz wesentlich vom hohen Mittelalter unterscheidet. Über diese frühe Epoche, zwischen 400 und 1200 n.Chr., in der das Christentum zur allmächtigen Staatskirche aufwächst, in der die antike Kultur und Zivilisation versinkt, neue Germanenreiche ihre Position untereinander und zum oströmischen Kaiser defi-

556 Zuletzt „Renovatio et reformatio: Wider das Bild vom finsteren Mittelalter“, hrsg. von den drei katholischen Theologen L. Hödl, M. Gerwing und G. Ruppert (1998).

557 Die mittelalterlichen „Universitäten“ entstehen fließend aus Domschulen und Fakultäten. Eine „freie“ Lehre im heutigen Sinne gibt es erst sehr viel später.

nieren und der Islam das halbe ehemalige Imperium Romanum erobert, über diese Schicksalszeit europäischer Geschichte, die im Hinblick auf die Tiefwurzeln abendländischer Kultur und Werte nach einer interdisziplinären und interkonfessionellen Betrachtung geradezu schreit, wird *christlich* eingefärbte Historie geschrieben, dass die Schwarte kracht. Denn es gilt, die Überlegenheit der neuen Religion zu beweisen.[558]

Es beginnt bereits bei der Definition des Begriffes „geistige Einheit Europas“, die Fried als „Frucht einer Begegnung der Barbaren des Nordens und Ostens mit der übernationalen mittelmeerisch-christlichen Kultur der Antike“ charakterisiert.[559] Er gebraucht diese Definition im Zusammenhang mit einer Erörterung zur „abendländische Kultur“ und es wird nicht so recht klar, was der Frankfurter Historiker eigentlich unter „geistiger Einheit“ versteht und ob er „Einheit“ *per se* als kulturfördernd erachtet. Diesem Drang, „Einheitlichkeit“ als ein der Kultur bekömmliches Merkmal zu definieren, folgt auch der Kirchenhistoriker Hans von Schubert in seinem belegstarken, für einen Forscher auf der Grenze zwischen Spätantike und frühem Mittelalter unverzichtbaren Handbuch *Geschichte der christlichen Kirche im Frühmittelalter*. Schubert meint eine Schwäche der ausgehenden Antike darin zu sehen, dass „die Bildung selbst in ihre einzelnen Stücke auseinanderfiel“ und stellt diesem nicht weiter belegten, bedauernswerten Verfall die offenbar überlegene mittelalterlicher Praxis gegenüber, die „Lehrgebiete durch die einheitliche Gruppierung um das eine Zentrum der christlichen Glaubenswahrheit, letztlich um die Bibel“ herum neu zu ordnen. Durch diese Zentralisierung rund um die Bibel habe alles „ungemein“ gewonnen.[560] Schubert tritt der Antike noch ein wenig gegen das Schienbein, spricht von der „toten, vergangenen Welt“, von den „schädlichen Einflüssen der alten Bildung“, freut sich, dass „die ganze weltliche Wissenschaft an das christliche Zentrum“ herangezogen worden ist und begeistert sich an der mittelalterlichen „Einheitskultur“.

558 Der Historiker O. Borst folgt Frieds Euphorie nur begrenzt, wenn er schreibt: „Das mittelalterliche Normalgesicht verrät frühes Altern [...] Der Hinweis, dass man in einer hinfälligen und alternden Welt lebt, findet sich immer wieder in der mittelalterlichen Literaturdichtung [...] Man lebt vom Tode her“ (Alltagsleben im Mittelalter, 1983, S. 595, 596).

559 J. Fried, Die Formierung Europas, 1993, S. 16.

560 H. v. Schubert, Geschichte der christlichen Kirche im Frühmittelalter, 1921/1976, S. 706.

Es irritiert schon, mit welcher Selbstgewissheit behauptet wird, Einheitlichkeit sei der Kultur förderlich, wo doch gerade die Hochkultur des klassischen Griechenlands durch die Vielfalt der Strömungen auffällt, das völkerumfassende Imperium Romanum vermutlich ohne religiöse Pluralität nicht hätte überleben können, das moderne Europa seine kulturelle Spitzenstellung sicherlich dem Wettbewerb der Kulturen zu verdanken hat und die Einheitskulturen der Nationalsozialistischen Partei Deutschlands und der Sozialistischen Einheitspartei seliger DDR-Zeiten kaum der kulturellen Höherentwicklung der Menschheit gedient haben. Und noch mehr irritiert die Chuzpe, mit der über die drakonischen Zwangsmaßnahmen der Kaiser Theodosius, Justinian und Karl der Große zur Schaffung eines einheitlich christlichen Staates hinweggegangen wird.

„Karolingische Renaissance"

Als „Dicke Berta" beim Kampf um das „gute" Mittelalter schaffen Mittelalter-Apologeten Karl den Großen heran. Dieser Karl soll um 800 das frühe Mittelalter kulturell in Schwung gebracht haben. Eine „karolingische Renaissance" sei es gewesen, wird überschwenglich und in Verkennung, was Renaissance in Wahrheit gewesen ist, kundgetan. Tatsächlich hat Karls Programm mit Kultur an sich wenig zutun. Denn mit „Kultur" oder „Bildung" beschäftigen sich die von ihm verfügten Erlasse rund um die *admonitio generalis / Allgemeine Ermahnung* (789) herum nur im engen religiösen Sinn.[561] Karl macht sich Sorgen um die Seelen seiner Volksschäfchen, beklagt die Unwissenheit und das Analphabetentum des fränkischen Klerus und bemüht sich, dessen Bildungsdefizite zu verringern. Seine Erlasse stellen die korrekte Handhabung der lateinischen Sprache als gottgefällig dar, bezweifeln die Wirksamkeit sprachlich fehlerhafter Gebete und weisen auf die Notwendigkeit vertiefter grammatischer Kenntnisse für die Bibelauslegung hin. Es handelt sich also um eine Art religionspolitisches Programm für Kleriker mit dem Charakter einer Reichspredigt, um das „Volk Gottes" zu „den Weideplätzen des ewigen Lebens" zu führen. Dieses habe regelmäßig am sonntäglichen Gottesdienst teilzunehmen und zur Beichte zu gehen. Später werden weitere Anordnungen hinzukommen, um sicherzugehen,

561 Epistula de litteris colendis / Über die Pflege der Wissenschaften (um 785); Admonitio generalis/ Allgemeine Ermahnung (um 789).

dass das gesamte Volk bestimmte kirchliche Formeln auswendig beherrscht. Im Übrigen treibt Karl die Sorge um, sprachlich fehlerhafte Gebete könnten der Geistlichkeit schaden und Gott missfallen.

Die Reform ist also nichts anderes als ein missionarischer Sturmangriff auf die bürgerliche Denk- und Religionsfreiheit, von Max Büdinger „Volkserziehung" genannt. Bischöfe und Äbte werden in die Pflicht genommen, in die Herzen der Schutzbefohlenen die Bibel einzupflanzen. Karl verfügt bei Androhung leiblicher Strafen und Nahrungsentzug bis zur „Läuterung", dass jeder Einzelne ohne Unterschied kirchliche Grundformeln auswendig kennt und droht Frauen bei Nichtwissen des Vaterunsers die Peitsche an (*feminae vero aut flagellis aut jejuniis constrigantur*).[562] Ganz in diesem Stil, der alles in allem im krassen Widerspruch zum antiken und damaligen islamischen Gebaren in Religionssachen steht, wird mit Beginn der Sachsenkriege auf dem Reichstag von Quierzy die allgemeine Missionierung der Sachsen beschlossen, die 782 durch die *Capitulatio de partibus Saxoniae* verschärft wird, die den Glauben an Hexerei und die Verweigerung der Taufe mit der Todesstrafe bedroht.[563] Wenn sich Bildung durch Weite und Tiefe der Gedanken auszeichnet, dann ist die rigide Katholisierung im Stile Karls eine Manifestation der Unbildung.

Karl mag das Frankenreich vergrößert haben, aber Reiche vergrößert haben Napoleon, Stalin oder Hitler auch, ohne als Bildungsapostel gefeiert zu werden. Weit weniger als den Kaisern Theodosius und Justinian oder seinem ostgotischen Vorgänger Theoderich ist Karl dabei an einer Sicherung des römisch-griechischen Erbes um der Kultur willen gelegen. Das antike Erbe interessiert ihn nur, soweit es dem Flankenschutz der Missionierung dient. Alle Psalter, Evangelikare, Fresken und Bibelhandschriften verfolgen kein anderes Ziel, als das Universum von einem rein christlich-kirchlichen Standpunkt aus zu betrachten. „Die Ziele der karolingischen Reform waren vor allem kirchliche: ein gesicherter Text der Heiligen Schriften, die echte römische Liturgie und christliche Lebensformen in Welt und Kloster."[564]

562 M. Büdinger, Von den Anfängen des Schulzwanges, 1865, passim, hier auch Quellennachweise für die Zitate. Büdinger war damals Rektor der Hochschule Zürich.

563 „Sterben soll, wer Heide bleiben will und unter den Sachsen sich verbirgt, um nicht getauft zu werden oder es verschmäht, zur Taufe zu gehen", Capitulatio de partibus Saxoniae 8.

564 K. Springsfeld, Alkuins Einfluß auf die Komputistik, 2002, S. 23.

Entsprechend karg sind die Ergebnisse seiner Reform: Eine gut trainierte Kirchenführung, aber weiterhin keine Großplastiken oder Bauwerke, die auch nur annähernd an die Architektur der antiken Thermen, Kaiserpaläste und Bibliotheken heranreichen könnte, kümmerliche Bibliotheken mit fast unbeschränkter Herrschaft der kirchlichen Literatur, Analphabeten wohin man schaut, keine Universitäten oder philosophischen Akademien, keinerlei wissenschaftliche Ergebnisse und keine medizinische Forschung. Max Büdinger konstatiert daher völlig zu Recht: „Das Mass von Kenntnissen aber, zu welchem man die Geistlichen bringen wollte, war gegenüber den Forderungen [...] wie sie im Alterthume [...] verstanden worden sind, ein in hohem Grade dürftiges.“[565]

Johannes Fried lobt dennoch – in schönster Tradition des 19. Jahrhunderts[566] – Karls Bildungsreform. Sein „Bildungshunger“ habe das „antike lateinische Wissenschaftsprogramm der ‘freien Künste’ und die Handbücher zu den ‘mechanischen Künsten’, die einzigartige Schönheit der römischen Dichtkunst gerettet“, schreibt der Frankfurter Mittelalterforscher.[567] Karls Hof, so fährt er fort, sei ein „Bildungs- und Wissenszentrum“ gewesen, wie es ein solches „bis dahin nirgends [!] gegeben“ habe.

Das sind starke Worte. Ein Kaiser, weitgehend ohne feste Residenz, der mit einer fahrenden Hofschule durch die Lande zieht, ständig auf der Suche nach neuen Untertanen und Heiden, die es gleichzuschalten und einzuverleiben gilt, der angeblich mit Schrifttäfelchen unter dem Kopfkissen einschläft, um wenigstens einige Worte schreiben zu können, bestenfalls also mit geringen Lese- und Schreibkenntnissen ausgestattet ist, ein Halb-Analphabet also als Stifter eines bisher „nirgends“ beobachteten „Bildungs- und Wissenszentrums“! Das immer noch virulente Wissenschaftszentrum Alexandria also nur eine Schimäre? Die Akademie Athens eine Fata Morgana? Roms Bibliotheken mit Hunderttausenden von Büchern ein Wahn? Das gelehrte Bagdad ein Traum? Stattdessen ein neues, ganz und gar einmaliges „Bildungs- und Wissenszentrum“ des christlichen Kaisers Karl, der gerade die Sachsen zwangsgetauft hat und dabei über 4.500 Leichen geschritten ist? Das kann Fried unmöglich gemeint haben.

Um nicht missverstanden zu werden und sich dem Vorwurf auszusetzen, die „karolingische Renaissance“ böswillig kleinreden zu wollen: Die

565 M. Büdinger, Von den Anfängen des Schulzwanges, 1865, S. 7.

566 Zur Euphorie des 19. Jahrhunderts über Karls „kosmopolitische“ Bedeutung vgl. E. Patzelt, Die Karolingische Renaissance, 1924/1965, S. 10ff.

567 J. Fried, Das Mittelalter, 2008, S. 68.

Baulust dieser Zeit ist beeindruckend, aber es werden fast ausschließlich Kloster- und Kirchenbauten relativ einfacher Machart errichtet, meist der alten römischen Basilikaform folgend, die für sich betrachtet bemerkenswert, aber im Vergleich mit der römischen und griechischen Architektur kümmerlich sind. Der literarische Zirkel um Alkuin, Leiter der Hofschule und Hauslehrer Karls, und Einhard, Biograph Karls (*Vita Caroli Magni*), ist für die damalige Zeit bemerkenswert bildungsbemüht, aber es ist eine Bildung *sui generis*, eine Viertelbildung, die nur *eine* Stil- und Denkrichtung gestattet und keinen Vergleich mit der antiken Literaturbildung aushält. Alkuin mag belesen gewesen sein, aber sein Gespür für Mathematik erschöpft sich in der Fähigkeit, das Verständnis für biblische Zahlenangaben zu fördern, seine Einstellung zur Philosophie ist banal-religiös: Weisheit und Wahrheit seien mit dem Streben identisch, Gott zu ehren und zu lieben, und sein Naturverständnis ist oberflächlich: Es gilt nur, die Weisheit Gottes in der Natur zu erkennen.[568]

Sicherlich hat die neue Schreibschrift, die ästhetisch ansprechenden karolingischen Minuskeln, künstlerisches Format, aber das Volk beherrscht weder Lesen noch Schreiben. Auch darf man konstatieren, dass Verwaltung und Gerichtswesen verbessert und im Bereich der Kleinkunst (Bilderhandschriften, Elfenbeinschnitzereien, Goldschmiedearbeiten) manches Überlieferungswürdige geschaffen worden ist. Aber das wenige, strikt weltanschaulich Kanalisierte hält keinen Vergleich mit dem breit aufgestellten, unvergleichlich anspruchsvolleren, bereits in vorchristlicher Zeit erreichten Bildungsniveau aus. Ein Blick in einen beliebigen Auktionskatalog „Antike Kunst" offenbart eine ungeheure Fülle feinster Gold- und Gemmenarbeiten, deren Niveau erst wieder im Hochmittelalter erreicht wird.[569] Bis dahin verschwinden Körper hinter diagrammatisch geordneten Gewändern, sind Köpfe und Fußstellung nicht selten disproportional und anatomisch unstimmig, ist das Verhältnis von Körper und Raum eher zufällig, wirkt die Tierwelt kindhaft vereinfacht,[570] die tausendfach wiederholte Frontal- und Sitzdarstellung steif und aufgesetzt.[571] Ein künstlerischer Vergleich mit dem dramatischen Bildaufbau und der spannungsgeladenen

568 Alkuin Briefe 65/148 (Monumenta Germaniae historica, epistulae 4, S. 18-481).

569 Vgl. Auktionskatalog 189 vom 23.6.2010 „Kunst der Antike".

570 Godescalc-Evangelistar, Aachen um 781.

571 Goldene Mutter Gottes, Essen, um 1000.

Linienführung der antiken „Laokoon-Gruppe“, des „Sterbenden Galliers“ oder des „Diskuswerfers“ erübrigt sich.

Die „karolingische Renaissance“ ist keine. Sie trägt den Stempel der Intoleranz und der Gewalt auf der Stirne und ist mitnichten eine „Wiedergeburt“. Nichts läge der Zeit Karls des Großen ferner, kommentiert die Grazer Historikerin Erna Patzelt, die „karolingische Renaissance“, als die „Entdeckung der Persönlichkeit“, sich als eine in der Kulturentwicklung bewusst zur Geltung bringende schöpferische Kraft zu verstehen. Die karolingische Epoche trage keines der Merkmale, die den Begriff der Renaissance nach dem allgemeinen Sprachgebrauch bestimme.[572] „Eine geistige Hebung des Volkes“, meint Karl Lambrecht, habe es unter Karl dem Großen nie gegeben.[573] Das Volk ist sprach- und schriftlos in das achte Jahrhundert hineingegangen und kommt sprach- und schriftlos heraus. Es dürfte dieser Mangel an breiter Verankerung, das Fehlen an Tiefe, geistiger Weite und Originalität gewesen sein, dass die „karolingische Renaissance“ nicht weit trägt.

Karl wird nicht heiliggesprochen – aber sein Grab wird im 13. Jahrhundert ein viel besuchter Wallfahrtsort, das dem Stift der Aachener Marienkirche einträgliche Einnahmen sichert. Nach Konstantin (reg. 306-337), dem angeblichen Förderer des Christentums, und Theodosius (reg. 379-395), dem Stifter der christlich-trinitarischen Staatskirche, wird auch Karl ein „Großer“.

Finsteres Mittelalter: Umwertung aller Werte. Polarisierung aller Themen

Und so geht es wenige Jahrzehnte nach der karolingischen Reform im alten Stil munter weiter. Während sich die schmale Oberschicht führender Kleriker geistig-sakral bildet, nähert sich die Entbildung und Analpabetisierung der Bevölkerung dem großen Finale. Selbst Könige und Fürsten sind inzwischen für ihre Regierungsgeschäfte auf die Dienste von Geistlichen angewiesen.

572 E. Patzelt, Die karolingische Renaissance, 1923/1965, S. 164/165.

573 K. Lambrecht, Deutsche Geschichte, Bd. 2, 1892, „Die karolingische Renaissance“.

Es sind Jahrhunderte der Umwertung aller Werte. Alles, was einst teuer, liebenswert und süß war, wird als Teufelei verschrien. Jahrhunderte, in denen die Frage „Was sagt Gott dazu?“ die einzige Frage aller Stände wird. In denen die Pracht, die Größe und die Überzahl der Kirchen den bescheidenen Hütten der Menschen das Sonnenlicht raubt. In denen feierlich seltsame Töne der Liturgie und geheimnisvolle Zeremonien der Priester wie ein Gruß aus jenseitigen Sphären des Himmels auf die eingeschüchterten und staunenden Menschen einwirkt. In denen in kollektiver, sonntäglich vertiefter Furcht vor Gottes Strafen gelebt und wie kaum eine andere Zeit das Grausame, Vulgäre und Rohe gepflegt wird. In denen in einem unvorstellbar grausamen Katalog das Vierteilen, Blenden, Hände-, Brüste- und Hodenabhacken, das Zunge-, Lider- und Fingernägelausreißen, das Zerpflügen eines lebenden, eingegrabenen Menschen als angebracht empfunden wird. In denen Priester dumpfe Seelenqualen schüren, verstörte Geister in der Magie Halt suchen und kosmische Zeichen, Vorhersagen vom „Jüngsten Gericht“, apokalyptische Verzerrungen und Visionen grotesker Tiere die Menschen verängstigen. Sünde und Buße sind die beiden Pole, zwischen denen sich der Mensch bewegt.

Es sind Jahrhunderte des Notstandes, die der Historiker Fried nicht sehen mag. Da wird zwischen 400 und 1200 in einem einmaligen religiösen Rausch jedes kirchenalternative Denken diskriminiert, wird die Liste verbotener Bücher lang und länger, erstickt die einstmals führende natur- und geisteswissenschaftliche Forschung, eilen stattdessen die Araber von Bagdad bis Cordoba den Mitteleuropäern auf allen Gebieten der Wissenschaft und Forschung davon, ist jeder Versuch der „Falsifikation“ des Glaubens völlig ausgeschlossen, zieht sich das trübe *memento mori* wie ein *cantus firmus* durch das Mittelalter, feiert der Fundamentalismus in Kreuzzügen, Inquisitions- und Hexenprozessen einsame Triumphe und ein Historiker erklärt, die „fundamentalistischen Kräfte“ der Religion seien gebändigt worden, der apokalyptische Glaube habe die Forschung angetrieben. In nur zweihundert Jahren haben die „heidnischen“ Griechen beinahe das Universum aus den Angeln gehoben, haben philosophische, politische, naturwissenschaftliche, medizinische und technische Erkenntnisse zuhauf vorgelegt, haben die Römer nachfolgend Thermen, Aquädukte, Zentralheizungen und Fernstraßen gebaut und keiner ist bisher auf den Gedanken gekommen, diese einmaligen Großtaten aus „den innersten Wurzeln des Glaubens“ abzuleiten.

Fried differenziert nicht, obwohl sein Buch *Die Formierung Europas 840-1046* seine Bereitschaft zur Aufschlüsselung der Epoche erkennen lässt.[574] Die meisten seiner Beispiele für eine „lernbegierige" und „höchst dynamische Wissensgesellschaft" entstammen der „hohen" Phase des Mittelalters, dem 12. und folgenden Jahrhunderten,[575] die durch das einströmende arabische und byzantinische Wissen und durch die aufkommende Renaissance geprägt sind. Erst jetzt setzt sich frischer Wind gegen die Zeit kultureller und wissenschaftlicher Flaute und gegen ein von der Kirche perfekt administriertes Schuld- und Sühnebewusstsein durch. Erst in diesen Jahren beginnt das, was man nach Fried als „höchst dynamische Wissensgesellschaft" interpretieren könnte: die künstlerischen Bewegungen, die dichterischen Schöpfungen, der Humanismus, die architektonische Wunderwelt zwischen Gotik und Barock und die Welle der geographischen Erkundungen. Erst jetzt, mit der Wiedererweckung in der Renaissance, werden den Menschen die Mängel der vergangenen Jahrhunderte vor Augen geführt, wird bewiesen, was klassische Gelehrte längst bewiesen haben, wie unterschiedlich die Beweggründe eines Menschen und seine Problemlösungsstrategien sein können. Erst jetzt wird die Idee des Denkens und der Freiheit neue Strahlkraft gewinnen. Erst jetzt eröffnen die antiken Bücher unglaubliche Einblicke in das Denken der Akademien und Philosophieschulen, in denen über den Tod und den Sinn des Lebens in unendlich feiner Verästelung nachgedacht worden ist. Erst jetzt wird das Wissen um die Ordnung antiker Säulen und Gebälke, ihre Proportionen, die technischen und statischen Lösungen wiederentdeckt. Erst jetzt wird deutlich, dass auch ohne Kirche ein erfülltes Leben möglich ist. „Da gab es keinen allmächtigen Gott, der bedingungslose Hingabe forderte, keinen anderen neben sich duldete und befahl: 'Du sollst ...!' Das Denken war keine Sünde, der Mensch nicht durch die Erbsünde seiner Würde beraubt."[576]

Dagegen sind die achthundert Jahre zwischen 400 und 1200 Jahrhunderte der feindlichen Polarisierung: Christ oder Heide, Hölle oder Himmel, Glaube oder Unglaube, Gehorsam oder Tod. Jahrhunderte, in denen die Wissenschaft schweigt, der Analphabetismus wuchert, Krüppel ohne Er-

574 Gewiss sind alle Epochen-Einteilungen künstlich und der Historiker P.E. Hübinger wendet ein ganzes Buch auf, um die Fragwürdigkeit von Epocheneinteilungen darzustellen (Spätantike und frühes Mittelalter, 1959). Aber solche Einteilung helfen wenigstens, Charakteristika zu erkennen.

575 Man mag darüber streiten, ob das „hohe" Mittelalter bereits im 10. Jahrhundert einsetzt, wie Otto Borst unter Hinweis auf landwirtschaftliche Verbesserungen (Räderpflug, Dreifelderwirtschaft) und die „Erfindung des Steigbügels" andeutet (O. Borst, Alltagsleben im Mittelalter, 1963, S. 28 ff.)

576 G. Hafner, Cassiodor, ein Leben für kommende Zeiten, 2002, S. 98.

barmen stigmatisiert werden, die schändliche Seele das Gewissen belastet und der Zorn Gottes für jedes Unglück herhalten muss. Zu keiner Zeit des Imperiums, vermutlich der Menschheitsgeschichte, ist ein derart monströses Drohpotential aufgebaut worden wie im Christentum. Kein Wunder, dass die Menschen ab dem fünften Jahrhundert bei jedem Donner Gottes wüstes Strafgericht fürchten.

Diese Jahre des frühen Mittelalters sind nicht „finster", weil die Menschen jedes Gefühl für Menschlichkeit, Kultur und warme Sinnlichkeit verloren oder gesellschaftlich allgemein akzeptierte Überzeugungen und Verhaltensweisen die Trübsal erzwungen hätten. Die Jahrhunderte sind finster, weil Fundamentalisten und ideologisierte Herrscher das Denken über Gott radikalisieren und einen unerbittlichen Krieg gegen alle Religionen, Kulturen und Menschen führen, die eine andere Meinung zu äußern wagen. Die „Finsternis" des Mittelalters ist kein Schicksal, sondern Folge.

So sieht es der Historiker und so sieht es Friedrich Nietzsche, der als Philosoph und Philologe einen tiefen Einblick in die Kulturgeschichte der Menschheit erwirbt: „Ich verurteile das Christentum, ich erhebe gegen die christliche Kirche die furchtbarste aller Anklagen, die je in Ankläger in den Mund genommen hat. [...] Sie hat aus jedem Wert einen Unwert, aus jeder Wahrheit eine Lüge, aus jeder Rechtschaffenheit eine Seelen-Niedertracht gemacht [...]. Ich heiße das Christentum den einen großen Fluch, die eine große innerlichste Verdorbenheit, den einen großen Instinkt der Rache, dem kein Mittel giftig, heimlich, unterirdisch, klein genug ist – ich heiße es den einen unsterblichen Schandfleck der Menschheit."[577]

„Wie weißt Du, was Gott gefällt und wem er verzeiht", ist die klassische Antwort des mongolischen Großkhan aus der Steppe auf das Ansinnen christlicher Botschafter im 13. Jahrhundert, sich taufen zu lassen. „So wie Gott der Hand mehrere Finger verlieh, so gab er den Menschen mehrere Wege, die Seligkeit zu erlangen."[578] Was hätte aus Europa werden können, wenn es dem mongolischen oder arabischen Vorbild der Toleranz gefolgt wäre.

577 F. Nietzsche, Der Antichrist, Kapitel 62.

578 Benedictus Polonus, Relatio 19/34 (A. van den Wyngaert, Sinica Franciscana, 135-143, Florenz 1929).

Teil Sieben

Warum dennoch Teile der antiken Kultur überliefert sind

Es stehe fest, schreibt der Historiker Paul E. Hübinger, dass „keine [...] Renaissance etwas hätte wiederbeleben können, was nicht wenigstens vor dem 10. Jahrhundert teils ehrfürchtig, teils um irgendeiner praktischen Absicht willen vor dem Untergang behütet worden war".[579] Damit soll die Kontinuitätstheorie, der nahtlose Übergang von der Antike zum Mittelalter, abgesichert werden und die Schlüsselrolle, die der christlichen Kirche bei der Überlieferung des antiken Kulturgutes zukomme.

In der Tat ist manches „behütet" worden, aber dass die christliche Kirche den antiken Kulturschatz „behütet" habe, haben wir widerlegt, das braucht nicht weiter vertieft zu werden. Tatsächlich sind die Hüter der antiken Kultur an ganz anderen Orten zu suchen, liegen die Quellen der Wiedergeburt der Antike, genannt Renaissance, an ganz anderer Stelle.

In Nordafrika, insbesondere in Oxyrhynchos, etwa 160 Kilometer südwestlich von Kairo gelegen, ist eine solche schier unerschöpfliche Quelle antiker Texte verborgen. Die Stadt, zur Zeit der griechischen und römischen Herrschaft über Ägypten Verwaltungszentrum des Gaues Oxyrhynchites, entsorgt ihren Müll, auch den literarischen, in Stadtnähe. Die Form der Lagerung und das trockene Wüstenklima sorgen dafür, dass in Oxyrhynchos ein gewaltiges Erbe aus der Zeit zwischen 100 und 600 n.Chr. ruht, das Ende des 19. Jahrhunderts geöffnet wird und der antiken Literaturforschung ungeahnte neue Erkenntnisse vermittelt. Dieter Hagedorn konstatiert: „Ganze Perioden und Gattungen der griechischen Literaturgeschichte wurden durch sie der Vergangenheit entrissen."[580]

---

579 P.E. Hübinger, Spätantike und frühes Mittelalter, 1959, S. 39.

580 D. Hagedorn, Papyrologie, in: Nesselrath (Hrsg.), Einleitung in die griechische Philologie, 1997, S. 62.

19 Arabische Überlieferung

Wichtiger und umfangreicher als die Papyri-Funde aber sind die Überlieferungen aus arabischen Quellen. Schon alleine die nachbarschaftliche Nähe hat seit Jahrhunderten dafür gesorgt, dass griechische Philosophie, Wissenschaft und Medizin in der antiken arabischen Welt weit verbreitet sind. Im siebten Jahrhundert wird dieser griechisch-arabische Akkulturationsprozess durch den raschen Siegeszug der Anhänger des Propheten Mohammed in Syrien, Ägypten und Nordafrika nachhaltig beschleunigt. Der Wissenschaftstandort Alexandria wird von Kalifen übernommen, unter deren Herrschaft viele griechische Autoren übersetzt werden, darunter alle bedeutenden medizinischen. 765 übersetzen persische Leibärzte am Kalifenhof in Bagdad syrische und griechisch-römische medizinische Manuskripte und vereinen sie mit persischen Handschriften zum *Kanon der Medizin*, der gemeinsam mit dem fünfbändigen pharmazeutischen Werk des ersten nachchristlichen Jahrhunderts, *De materia Medica*, über fünfhundert Jahre als medizinisches Standardwerk und Lehrbuch für Ärzte in Europa dient. Der berühmteste Übersetzer, der die medizinischen Werke des Hippokrates, Dioskurides, Galen u. a. ins Arabische übersetzt, ist Hunain Ibn Ishaq (808-873). Sein Zeitgenosse, Sabur Ibn Sahl, schreibt eine alphabetisch geordnete Sammlung von Arzneirezepten und -formeln. Parallel verfasst der arabische Wissenschaftler und Philosoph Al-Kindi ein Heilmittel-Formelbuch mit genauen Gewichtsangaben für die Rezepte. Im neunten Jahrhundert schreibt Ar-Razi das Hauptwerk des Mittelalters, Kitab al-Hawi, das Grundlage für eine 25-bändige medizinische und pharmazeutische Enzyklopädie werden soll und Mitte des 13. Jahrhunderts ins Lateinische übertragen wird (*Liber continens*).

Bagdad wird zunehmend zur Gelehrten-Metropole, die allen ehemaligen Hochburgen der Gelehrsamkeit den Rang abläuft. Unter dem Kalifen Al Mansur werden ab 774 die *Elemente* des Euklid ins Arabische übersetzt. Der Perser Muhammed Ibn Musa schreibt 810 in Bagdad sein Buch über mathematische „Gleichungen" und prägt dafür den Begriff Algebra. Zeitgleich übernehmen Araber die indischen Ziffern einschließlich der Null, die ab dem 12. Jahrhundert in Europa als „arabische Ziffern" bekannt werden. Im Jahre 827 gelingt es arabischen Gelehrten den Erdquadranten Pol-Äquator mit 11.016 Kilometern zu bestimmen. 970 führt Abu'l Wefa die Tangens- und Sinusfunktionen ein. 972 wird die erste nachantike Universität in Kairo gegründet.

Ende des neunten Jahrhunderts gibt es kaum mehr ein größeres wissenschaftliches Werk, das nicht ins Arabische übertragen worden ist.[581] Während Cassiodor (gest. 580) in seinen *Institutiones* lediglich *ein* Buch des griechischen Arztes und Anatoms Galen empfiehlt, kennen die Araber um 900 bereits 129 medizinische und philosophische Schriften Galens. Und während sich das lateinische Mittelalter mit Teilen von Platons *Timaios* zufrieden gibt, kennen die Araber den vollständigen Dialog, das *Gastmahl*, die *Gesetze*, die Texte des *Staates* und andere platonische Schriften. Es ist syrischen und arabischen Übersetzern und den Kommentaren des islamischen Theologen, Philosophen, Weltbürgers und Vorreiters des Dialogs der Kulturen Ibn Rushd, genannt Averroes (1126-1198), zu verdanken, dass uns die Werke des Aristoteles in hoher Qualität überliefert sind. Averroes wird in der christlichen Scholastik des Mittelalters sogar als „der Kommentator des Aristoteles" bezeichnet und Albertus Magnus und Thomas von Aquin haben ganz wesentlich von dieser Überlieferung gezehrt, auch wenn sie in der Folge den „Averroismus" bekämpfen.[582]

So beginnt in der ehemals römischen Peripherie unter arabischem Einfluss eine zweite Blütezeit der Künste und Wissenschaften. So übernimmt die arabisch-islamische Kultur, unter weitgehender Umgehung des christlich-lateinischen Europas, die Bewahrung und Weiterentwicklung der antiken Wissenschaft und Kultur, die dann ab dem 13. Jahrhundert nach Europa weitergereicht wird. Ein Geheimnis für diese fünfhundertjährige

581 Der Altphilologe und Orientalist Richard Walzer zitiert beeindruckende Beispiele für die arabische „internationale" Gelehrsamkeit (R. Walzer, Arabische Übersetzungen aus dem Griechischen, in: Antike und Orient im Mittelalter, 1962, S. 180ff.); dort auch weitere Quellen.

582 Vgl. Avicenna, Liber de anima seu Sextus naturalium, hrsg. von S. van Riet, Louvain-Leiden 1972. Zum islamisch-europäischen Kulturaustausch vgl. D.L. Lewis, God's Crucible. Islam and the Making of Europe, 570-1215, 2008. Auf die polemisch vorgetragene Auffassung von S. Gouguenheim, die christliche Zivilisation des Mittelalters habe sich ohne arabische Hilfe aus der antiken Hochkultur entwickelt (Aristoteles auf dem Mont Saint-Michel, Darmstadt 2010), wird nicht näher eingegangen.

Blütezeit gibt es nicht, noch weniger ist sie ein Wunder. Die Araber kennen schlicht keine Berührungsängste, fördern die Verschmelzung tief verwurzelter Kulturen nach Kräften, verwehren keinem Fremden den Aufstieg, wenn er seine „Schutzsteuer" bezahlt und machen sich ohne Scheu das Wissen „Andersgläubiger" zunutze.

Zu dieser Zeit ist im christlichen Mitteleuropa die Vernichtung missliebiger Bücher bereits weitgehend abgeschlossen, sind die Klosterbibliotheken mit „heiligen" Schriften zugestellt, ist das *Decretum Gelasianum*, Vorläufer des berüchtigten *Index librorum prohibitorum* – Liste verbotener Bücher, geboren,[583] wird in Hessen bei Mondfinsternissen versucht, das den Mond verschlingende Ungeheuer durch Lärm zu verscheuchen, wird Eheleuten gegen Kinderlosigkeit empfohlen, die gebackenen Exkremente von Eseln zu verzehren.

Das arabische Spanien. Mittelalterliche Hochkultur par excellence

In diesem Prozess der Bewahrung des antiken Erbes durch die Araber spielt Spanien eine mit Bagdad vergleichbare Rolle. Im Jahre 711 setzt Tarik Ibn Ziyad mit 7.000 Soldaten seinen Fuß auf die iberische Halbinsel. Der Ort, an dem er landet, trägt seither seinen Namen: *Djabal Tarik*, Gibraltar, Berg des Tarik. Das von den islamischen „Mauren" besetzte Spanien wird ein Glanzlicht multikultureller und religiöser Vielfalt werden und sich bis zur christlichen Eroberung Granadas (1492) zu einer der glanzvollsten und fruchtbarsten Regionen der Menschheitsgeschichte entwickeln. Die Kalifen-Dynastie der Umayyaden (756-1031) bewahrt sorgfältig das antike Erbe, holt syrische, persische, byzantinische und koptische Künstler ins Land und garantiert durch eine maßvolle Arabisierung das friedvolle Zusammenleben der Religionen. Bildung und hohes Kunstverständnis beruhen auf Adaption und Einbeziehung verschiedener künstlerischer Quellen und Stile, die im Umfeld des umayyadischen Herrschaftsbereiches kreativ weiterentwickelt werden.

Córdoba, das „Siegel der Schönheit", wird zum intellektuellen Mittelpunkt Europas, von dem neue kulturelle und wissenschaftliche Impulse

583 Decretum Gelasianum de libris recipiendis et non recipiendis, hrsg. von E. Dobschütz, 1912, Kapitel 5.

ausgehen. Kalif Al-Hakâm II. (961-976) gründet achtzig Schulen, siebzehn höhere, von der Moschee unabhängige Lehranstalten und siebenundzwanzig Volksschulen – alle öffentlich und unentgeltlich, für jeden zugänglich, der Lesen und Schreiben lernen will.[584] Die Stadt beherbergt zwanzig öffentliche Bibliotheken mit medizinischen, mathematischen, astronomischen Meisterwerken und mit verloren geglaubten Schriften der antiken Philosophen. Alleine die Umayyaden-Bibliothek in Córdoba verfügt im zehnten Jahrhundert über mehr als 500.000 Bände. Vergleicht man diesen Bestand mit der Bibliothek vom Kloster St. Gallen oder mit der Klosterbibliothek von Reichenau, die mit einem Bücherbestand von 400 bis 600 Werken zu dieser Zeit zu den größten und bedeutendsten im lateinsprachigen Mitteleuropa zählen, dann wird deutlich, welche Schätze im islamischen Spanien mit dem Namen „Al-Andalus“ gehütet werden.

Der arabisch-spanische Kultur- und Wissenschaftsfrühling dauert rund fünfhundert Jahre. Fast ein halbes Jahrtausend Frieden und Wohlstand, das ist nicht nur für die damalige Zeit eine außergewöhnliche Leistung. Und der Leser ahnt schon, was nun kommen wird: Religöse Fundamentalisten beenden die Blüte. Erst wandern im 11. Jahrhundert islamradikale Berber aus dem Großraum Marokko ein, die von Wissenschaft, Forschung und grenzensprengender Kooperation wenig halten, dann machen sich die Christen auf, das zerstörerische Werk zu vollenden: Die *Reconquista*, die Wiedereroberung Spaniens durch die Christen, steht vor der Türe. Mit ihr beginnen erneut Bücherberge zu rauchen. Das zentral gelegene Toledo, eine Hochburg wissenschaftlichen Denkens, wird zügig eingenommen (1085) und die christlichen Eroberer stehen staunend vor den architektonischen, wissenschaftlichen und künstlerischen Schätzen und vor den städtebaulichen und wassertechnischen Ingenieurleistungen. Die Umwidmung der Stadt beginnt und Toledo wird nunmehr zum Dreh- und Angelpunkt des Exportes griechisch-arabischer Wissenschaften nach Zentraleuropa und zu einer sprudelnden Quelle der im 14. Jahrhundert einsetzenden humanistisch orientierten „Renaissance“, der Wiedergeburt verschütteter antiker Schätze. Algebra, arabische Ziffern, Sternwarten, Papier, verloren geglaubte Werke, medizinische Schriften fließen als breiter Strom nach Mitteleuropa und leisten ihren Beitrag zur abendländischen Kultur, die sich damit

584 Siegfried Schmeer, Die Mauren in Spanien – Geschichte einer islamischen Kultur im europäischen Mittelalter, www.uni-marburg.de/~Schmeer/mauren.html (Zugriff 13.9.2009).

in Wahrheit als eine griechisch-römisch-arabisch-jüdische Kultur erweist, mit christlichen Beiträgen.

Für al-Andalus aber sind die Tage gezählt. Mit dem Aufmarsch fundamentalistischer Berber und dem weiteren Vordringen christlicher Herrscher im Zuge der *Reconquista* endet die weltoffene Mischgesellschaft. Nach fast zweihundert Jahren Krieg, unterbrochen von Jahrzehnten einer durch die schwarze Pest erzwungenen Verschnaufpause, muss sich das islamische Granada zu Beginn des Jahres 1492 ergeben. Die *Reconquista* wird damit für abgeschlossen erklärt. Im Staub der Flüchtlingsströme verblasst der Ruhm al-Andalus'. Stattdessen hält die gefürchtete, in ihrer Brutalität von keiner Region Europas je erreichte „spanische Inquisition" Einzug in die ehemalige Hochkulturlandschaft. Die Universitäten verwahrlosen und die Städte verarmen. 1499 lässt der spanische Großinquisitor Kardinal Ximénez auf dem Marktplatz von Granada Scheiterhaufen errichten, in die man unzählige Bücher aus den islamischen Bibliotheken hineinwirft. Die Werke, die Ximénez ohne Rücksicht auf ihren Inhalt verbrennen lässt, sind so zahlreich, dass das Feuer tagelang brennt. Berichten zufolge habe es sich um über eine Million Bücher gehandelt.

Isabella I. von Kastilien und Ferdinand II. von Aragon, Herrscher des vereinten christlichen Spaniens, aber gelten als Erretter des Christentums. Ihre Grabinschrift in der Kathedrale von Granada lautet: „Die Vernichter der mohammedanischen Sekte und Auslöscher der ketzerischen Falschheit, Fernando von Aragon und Isabella von Kastilien, Gemahl und Gemahlin, allerseits, die Katholischen geheißen, umschließt dieses marmorne Grab." In dieses gespenstische Szenario passt auch der herausragende Wallfahrtsort der katholischen Christen, Santiago de Compostela (Nordwestspanien), hinein, angeblich die Grabstätte des heiligen Jakobus. Inmitten des golden und silbern funkelnden Hauptaltars wird Jakobus, der Heilige, als Maurentöter mit dem Schwert in der Hand, auf einem prachtvollen weißen Ross sitzend, dargestellt, und wacht im prachtvollen Ornat über den Besucherstrom. Die Pracht und das Gepränge drängen jeden kritischen Rückblick auf das wirkliche, blutige Geschehen im damaligen Spanien zurück. Dennoch pilgern jährlich Hunderttausende von Gläubigen mit ihren Hoffnungen und Erwartungen nach Compostela und kaum einer fragt sich, ob diese Stätte überhaupt noch im eigentlichen Sinne christlich ist.

1992 hat sich König Juan Carlos im Gedenken an die Eroberung Granadas und den Fall der letzten islamischen Bastion in Spanien offiziell beim Staat Israel für das Unrecht entschuldigt, das den Juden während der spanischen

Inquisition widerfahren ist. Eine Entschuldigung für das Unrecht, das weitaus mehr Muslimen während der Inquisition zugefügt wurde, ist bis heute ausgeblieben.

20 Byzantinische Überlieferung

Nach Theodosius' Tod im Jahre 395 gewinnt die intellektuelle und kulturelle Teilung des Reiches in ein weströmisches „lateinisches" und ein oströmisches „griechisch-byzantinisches" Reich an Fahrt. Die beiden von Beratern abhängigen Söhne des Theodosius, Arkadius[585] und Honorius, letzterer offenbar ein Genius, der bereits mit zwei Jahren zum Konsul und mit neun Jahren zum mitregierenden Augustus ernannt wird, sind nicht in der Lage, die außen- wie innenpolitisch schwierige Situation des Imperiums zu beherrschen. Die Reichsteile driften auseinander: Während im byzantinischen Osten der Spagat zwischen antiker Kultur und christlicher Religion halbwegs erfolgreich eingeübt wird, bleibt im Westen, der sich ohnehin weniger den Kopf über das *homoousios*, die Wesenseinheit von Gottvater und Sohn, als über das Verhältnis geistlicher Macht zu weltlicher zerbrochen hat und dem die praktische Umsetzung der Isidorischen Dekrete[586] mehr am Herzen liegt, als die Frage der „Gottesgebärerin", das alte christliche Misstrauen gegen die heidnisch-weltliche Bildung bestehen.[587]

---

585 Philostorgius über Arkadius: „Klein, fahl, kränklich, schläfrig" (Kirchengeschichte 11,3). Zosimos: „Er war äußerst unvernünftig und gar nicht imstande zu begreifen, was zu tun sei", „völlig den Verstand verloren" (5,14,1; 5,22,3 und 24,2).

586 „Homoousios" ist seit dem Konzil von Nicäa (325) *das* Schlagwort der innerchristlichen Auseinandersetzung des 4. Jahrhunderts. Die „Isidorischen Dekrete" sind gefälschte Urkunden, die dem Papst große Teile Italiens zuschanzen. „Gottesgebärerin" ist ein Schlagwort aus der Auseinandersetzung des 5. Jahrhunderts, ob Maria eine Gottes- oder Menschengebärerin sei.

587 Die Trennung des Reiches in Machtbereiche ist den Zeitgenossen nicht unbekannt. Bereits im ersten vorchristlichen Jahrhundert grenzen Oktavianus, der spätere Augustus, und sein Konkurrent Antonius ihre Reichshälften in „Ost" und „West" ab (Plutarch, Marcus Antonius 30). Spätestens seit Diokletian, der Ende des 3. Jahrhunderts die *Tetrachie* als Herrschaft vier parallel regierender Augusti und Caesares mit entsprechenden Reichsanteilen einführt, und

Mit dem Wechsel des politischen Zentrums und dem Fortzug der reichen städtischen Aristokratie in das neue Kraftzentrum Konstantinopel verliert das antike Rom seinen beherrschenden künstlerischen Einfluss. Zwar bemühen sich die ostgotischen Könige im Rahmen ihrer Möglichkeiten um den Erhalt der Bauten und Kunstwerke, aber ab dem siebten Jahrhundert bleibt nur noch die lokale Kirche als einzige Institution übrig, das Vergangene zu sichern. Die aber zeigt wenig Interesse, das nichtchristliche Erbe zu pflegen. Damit wird das griechische Konstantinopel, das „Neue Rom", zum Hort der antiken Kultur.

Dort sehen weder Aristokratie noch ein Großteil der griechischen Presbyter einen unüberbrückbaren Gegensatz zwischen Christentum und antiker Kultur. Sie stehen in der griechisch-klassischen Tradition offener Beziehungen zu fremden Kulturen und wehren sich instinktiv, die auf Vielfalt bedachte Kultur der Väter gegen eine sich abkapselnde, sakral-monotone Denkweise einzutauschen. Die gemeinsame Sprache mit den „Hellenen" führt zu einer stärkeren Identifizierung mit den griechischen Vätern und zu einem größeren Respekt vor deren Kultur. Sie sind stolz auf das antike Erbe, schaffen ohne erkennbare Mühe den Spagat zwischen verordnetem christlich-monotheistischen Glauben und antiker Kultur und befinden grundsätzlich alle griechischen Texte, gleich ob patristischen oder antiken Ursprungs, als der Bewahrung oder Kommentierung würdig, auch wenn die Kommentierung meist christlichen Vorgaben folgt.[588] Selbst die aus aller Welt nach Konstantinopel transferierten Kult und Götterstatuen werden, wenn auch nicht mehr öffentlich, als Meisterwerke der Kunst verehrt.

Zwar beschädigt – wie auch im Westreich – der Ausschließlichkeitsanspruch der christlichen Religion die Idee und die Institutionen der öffentlichen Bildung, auch hat die Symbiose von Kirche und Staat in der Person des Kaisers zur Folge, dass weltanschaulich abweichende Auffassungen als staatsfeindlich betrachtet und verfolgt werden, aber die Wirkung bleibt begrenzt, da sich die byzantinische Kirche auf ihre geistlichen Aufgaben beschränkt und die Klöster sich in der Erfüllung sozialer und spiritueller Aufgaben üben. Eine radikal-aggressive Dogmatik wie im lateinischen Westen ist den byzantinischen Mönchen fremd, die sich auch nicht als Zentrum einer neuen christlichen Kultur und Bildung verstehen.

seit der Einweihung Konstantinopels (330) durch Kaiser Konstantin liegt die Trennung in der Luft. Sie ist – politisch gesehen – kein Drama.

588 Die *Anthologia Palatina* (Heidelberger Handschrift) vereint erotische Verse der Antike und christliche Texte.

An dieser spezifisch „byzantinischen“ Offenheit gegenüber der Kultur der Väter ändern innenpolitische Wirren, die das byzantinische Reich an den Rand des Abgrund bringen,[589] ebenso wenig wie regelmäßige Raubzüge der Hunnen in die nördlichen Territorien in den Jahren 405 bis 450. Auch persische Invasionen zwischen 532 und 627 in Kleinasien, Syrien und Palästina („Raub des Heiligen Kreuzes“, 614), Überflutungen durch arabische und bulgarische Mächte im sechsten und siebten Jahrhundert und die damit einhergehenden territorialen Verluste im Balkanraum, in Palästina, Ägypten, Nordafrika und Kleinasien führen nicht zu einer grundsätzlichen Änderung der oströmischen Einstellung zur antiken Kultur.

Das Ergebnis dieser Wertschätzung antiker Kunst und Wissenschaft ist die Neugründung der hauptstädtischen Hochschule unter Kaiser Michael III., dem „Säufer“ (reg. 842-867), die wiederum wesentlich zur Entfaltung einer byzantinischen „Renaissance“ beiträgt. Aus dieser Zeit stammen das *Lexikon* und die *Bibliothek* von Photios (um 820-890), dem Patriarchen von Konstantinopel, die „einen fast verschütteten Zugang zur antiken Literaturgeschichte neu eröffnet“.[590] Photios, von der römisch-katholischen Kirche höchst kritisch betrachtet, führt in seiner *Bibliothek* 386 antike und christlich-zeitgenössische Werke auf, die er teils kommentiert, teils zusammenfassend darstellt.[591] Das Werk gilt als eine Fundgrube für den Literaturwissenschaftler, der sich um einen Überblick über die spätantike und frühmittelalterliche Literatur bemüht, wenngleich es von zeitgenössisch-christlichen Titeln nur so wimmelt. Im zehnten Jahrhundert entsteht schließlich das byzantinisch-enzyklopädische Lexikon (*Suda*), das 31.000 Lemmata und zahlreiche Artikel über Leben und Werk antiker Autoren und über die antike Geschichtsschreibung und Geographie enthält. Das Lexikon zitiert viele in den vorangegangenen Jahrhunderten untergegangene Werke und ist als Überblicksdarstellung für die klassische Literaturforschung eine wichtige Quelle.[592] Daneben werden die alten pharmazeutischen Schriften gesammelt, die Texte berühmter Ärzte ausgewertet und Rechtssammlun-

589 Existenzgefährdend die Rebellion der Donau-Armee, die 602 Kaiser Maurikios den Kopf kostet.

590 O. Schütz (Hrsg.), Metzler Lexikon antiker Autoren, 1997, S. 537.

591 Vgl. J. Hergenröther, Photius, Patriarch von Konstantinopel: Sein Leben, seine Schriften und das griechische Schisma nach handschriftlichen und gedruckten Quellen, 3 Bde., 1867-1869, ND 1966. Zum Inhalt der „Bibliothek“ http://www.tertullian.org/fathers/photius.htm (Zugriff 10.6.2009).

592 Der Kleine Pauly, Bd. 5 , Sp. 407-408, s.v. „Suda“.

gen kommentiert, einerlei ob sie von heidnischen oder christlichen Autoren stammen.

Während also im lateinischen Westen des ehemaligen römischen Reiches der Kampf gegen die heidnische Kultur und gegen die alte Wissenschaftlichkeit mit den weit überlegenen Waffen der weltlich-kirchlichen Allianz geführt wird, während die ehemaligen Kulturhauptstädte in einer wissenschaftlichen und philosophischen Dämmerung versinken, werden in den Bibliotheken Konstantinopels und der führenden aristokratischen Familien über weitere fünfhundert Jahre Werke griechischer und römischer Dichtung, der Philosophie und der Naturwissenschaften gehütet und bilden die Basis für eine exklusive breite Bildung der byzantinischen Oberschicht. „Über das ganze Mittelalter", schreibt der Kunstgeschichtler Johannes G. Deckers, sei „Konstantinopel die einzige Stadt in der Christenheit" gewesen, die „das literarische und wissenschaftliche Erbe der Antike in derart großem Umfang bewahrt" habe.[593] „Konstantinopel", kommentiert Theodor Mommsen, „zeitigte noch Blüten, Winterblüten freilich, aber der ewige Flor griechischer Kunst und Poesie war doch nicht zu ertöten. So etwas gab es in Rom nicht mehr."[594]

Diesem Konstantinopel und seinen byzantinischen Gelehrten hat die mitteleuropäische Renaissance viel zu verdanken. Denn die Quelle der Wiedererweckung Mitteleuropas aus einem tausendjährigen Tiefschlaf der Kultur, der Wissenschaften und der Zivilisation liegt – neben der arabisch-islamischen Überlieferung via Sizilien und Spanien – hier im Osten des ehemaligen Imperium Romanum. Auslöser des Kultur- und Wissenschaftstransfers vom Bosporus zum Tiber ist Papst Innozenz III., der einen räuberischen Kreuzzug gegen das christliche Konstantinopel anordnet. Die Stadt wird im Jahre 1204 gestürmt, die Bibliotheken angezündet und das byzantinische Reich unter den neuen lateinsprachigen, christlichen Herrschern aufgeteilt. Für Konstantinopel bedeutet die christlich-lateinische

593 J. Deckers, Die frühchristliche und byzantinische Kunst, 2007, S. 106.

594 T. Mommsen, Römische Kaisergeschichte (2005), S. 570. H. Gerstinger ist dagegen der Ansicht, im 7. und 8. Jahrhundert sei es zu einem fühlbaren Niedergang der Kultur, zu einer Senkung des Bildungsniveaus und zu einem Verfall der Schulen und Bibliotheken gekommen. In einem unentschlossenen „Einerseits-andererseits", das für das ganze Buch kennzeichnend ist, konstatiert Gerstinger jedoch wenig später, Byzanz habe unentwegt an dem Erbe Hellas und Roms festgehalten, die Erziehung sei genau und im altgriechischen Stil geregelt und die Kenntnis der altgiechischen Literatur sei weit verbreitet gewesen (1948, S. 31).

Fremdherrschaft nichts als wirtschaftliche Ausbeutung und kulturellen Niedergang. Denn die christlichen Ritter begnügen sich nicht mit der Eintreibung von Abgaben, sondern zerschlagen die bestehende Wirtschaftsstruktur und etablieren ein Feudalsystem, in dem die ehemaligen Bauern als besitzlose Landarbeiter arbeiten müssen. Gleichzeitig machen sich die neuen Herren durch eine ausgeprägte religiöse Intoleranz verhasst. Insbesondere der Zisterzienserorden erwirbt sich durch die Vertreibung der orthodoxen Kleriker aus ihren Kirchen und Klöstern bei der Bevölkerung einen üblen Ruf.

Der wirtschaftlichen Ausbeutung und der religiösen Unterdrückung folgt der kulturelle Niedergang. Die Gelehrten fliehen in den Westen und schleppen in ihrem Gepäck die alten Texte nach Italien. Als Lehrer der griechischen Sprache, als Übersetzer und Kommentatoren, als Kopisten, Drucker und Verleger sowie als Sammler griechischer Handschriften vermitteln sie nunmehr dem lateinsprachigen Europa das geistige Erbe des antiken Hellas. Sie sind die Vorboten der Renaissance.

Den Zurückgebliebenen aber, den Bürgern von Konstantinopel, geht es schlecht. Wirtschaftlich ausgebeutet, religiös geknebelt, militärisch bedroht hoffen sie auf Besserung der Lage durch fremde Truppen. Der byzantinische General Notaras soll die Volksmeinung kurz vor dem Fall Konstantinopels im Jahre 1453 zusammengefasst haben: „Es ist besser, in der Stadt den türkischen Turban zu sehen als die lateinische Mönchskappe.“[595] Am 29. Mai 1453 erfüllt sich die Erwartung. Konstantinopel wird durch osmanische Truppen erobert und zunächst geplündert. Wenige Tage später setzt der Eroberer der Stadt, Sultan Mehmed II., den Übergriffen ein Ende. Mehmed sieht sich als „Kaiser der Römer“ und stellt sich damit ganz bewusst in die Kontinuität des oströmischen Reiches.[596] Er leitet ein beeindruckendes Bauprogramm ein, lässt repräsentative Gebäude errichten und anerkennt die griechisch-orthodoxen Christen und Juden als religiöse Gemeinschaften, die allerdings zu Abgaben verpflichtet werden. In einem anekdotenhaften Bericht liest sich die Großmut des Sultans so: „Meine Worte betreffen die Christen [...] Ob Priester oder Mönche [...] ich persönlich verbürge mich mit meinen Armeen und Gefolgsleuten für sie und verteidige sie gegen ihre Feinde. Jene Priester gehören zu meinem Volk. Ich nehme Abstand davon, ihnen irgendeinen Schaden zuzufügen. Es ist

595 S. Runciman, The Fall of Constantinople 1453, S. 151.

596 E. Werner, Sultan Mehmed der Eroberer und die Epochenwende im 15. Jahrhundert, 1982, S. 29.

verboten, einen Bischof von seinen Pflichten abzuhalten, einen Priester von seiner Kirche fernzuhalten und einen Eremiten von seiner Unterkunft. Ein Muslim darf eine Christin, die er geheiratet hat, nicht daran hindern, in ihrer Kirche Gott zu verehren und den Schriften ihrer Religion Genüge zu tun. Wer sich gegen diese Anordnungen stellt, soll als Feind Allahs und seines Gesandten betrachtet werden. Muslime sind verpflichtet, sich bis ans Ende der Welt an diese Anordnungen zu halten.“[597]

Mehmed bemüht sich nach übereinstimmender Forschungsmeinung[598] um die Wiederbelebung der antiken Kunst, fördert Wissenschaft und Architektur, lässt 57 Hochschulen und 59 Bäder bauen, so dass seine Regierungszeit als „osmanische Renaissance“ bezeichnet werden kann.

Hypothesen, die islamische Eroberung Konstantinopels im Jahre 1453 habe zu einem Exodus der griechisch-byzantinischen Gelehrten nach Mitteleuropa geführt, halten einer Überprüfung nicht stand. Denn aus der belagerten Stadt können nur wenige Schiffe fliehen. Zudem herrschen im Vergleich mit dem lateinisch-christlichen Mitteleuropa der Inquisition im neuen Istanbul geradezu tolerante Bedingungen: In Breslau und Umgebung werden wenige Tage nach der Einnahme Konstantinopels, am 2. Mai 1453, alle Juden inhaftiert und Geständnisse mit Folter erpresst. 41 Juden werden auf dem Scheiterhaufen verbrannt, die übrigen aus der Stadt ausgewiesen. Der zuständige Inquisitor Johannes Capistranus, ein Franziskanermönch, wird im Jahre 1690 durch Papst Alexander VIII. heiliggesprochen.

---

597 Johann L. Gottfried, Historische chronica, oder Beschreibung der furnemsten Geschichte so sich von Anfang der Welt bis auf d.J. 1619 zugetragen, Frankfurt 1657.

598 F. Babinger, Mehmed der Eroberer und seine Zeit, 1953; N. A. Effenberger / U. Rehm (Hrsg.), Sultan Mehmet II. Eroberer Konstantinopels. Patron der Künste, 2009; J. Freely, The Grand Turk, 2009.

21 Palimpseste. Die Wiederverwendung der Pergamente

Im frühen Mittelalter wird gerne auf die schon im Altertum geübte Technik zurückgegriffen, bereits benutzte Bücher zum erneuten Beschriften zu nutzen. Durch Abwaschen und Abschaben der ursprünglichen Beschriftung wird die alte Schrift mehr oder weniger gründlich verdrängt, meist mit einem Schwamm,[599] so dass der Schriftträger erneut verwendet werden kann. Offenbar wird auch auf „Vorrat" abgewaschen und abgeschabt, um das Pergament später neu zu beschriften. Der Philologe Paul Klopsch schließt dies aus der Beliebigkeit der Palimpseste hinsichtlich Herkunft und Ordnung. Dieses in der Antike durchaus verbreitete Verfahren der Palimpsestierung findet einen mittelalterlichen Höhepunkt im siebten und achten Jahrhundert.[600] Zahlreiche antike Schriften sind in dieser Zeit durch biblische oder kirchliche Texte überschrieben worden. Die Radierungen bzw. Abwaschungen sind allerdings meist so sorglos durchgeführt worden, dass der Originaltext mit modernen Methoden restauriert und wenigstens teilweise sichtbar gemacht werden kann.

Zahlen über den Umfang der palimpsestierten Schriften liegen nicht vor, da wir nicht wissen, wieviel Unentdecktes noch in den mittelalterlichen Archiven schlummert. Ernst Bickel spricht von einem „ungemein großen Umfang", von einer „Schwelle zum Abgrund", die das beliebte Palimpsestieren damals gewesen sei, von einer „ungeheuren Gefahr für die römische Nationalliteratur".[601] Vermutlich hat Bickel recht, denn die ideologische Ausrichtung des Mittelalters auf eine in den Schlingen der Dogmatik gefangene Religion, die damit verbundene Geringschätzung all dessen, was nicht dem Lobe Gottes dient, die Konzentration des Schreib- und Kopierdienstes auf die christlichen Klöster und die Kosten einer Per-

599 Sueton, Augustus 85.
600 P. Klopsch, Überlieferung, 2003, S. 60.
601 E. Bickel, Geschichte der römischen Literatur, 1937, S. 13.

gamentseite lassen den berechtigten Rückschluss zu, dass ein Großteil der antiken Pergament-Literatur durch das Verfahren der Palimpsestierung verloren gegangen ist und an die Stelle von Horaz und Ovid nunmehr Evangeliare, Psalter, Sakramentarien und Unscheinbares aus dem säkularen Vulgärbereich treten.

Die seit dem 19. Jahrhundert geübte Restaurierung palimpsestierter Schriften erlaubt uns einen Einblick in die Originalliteratur des ausgehenden Altertums und verbessert das Wissen über den Bibliotheksbestand der Spätantike erheblich. Paul Klopsch führt dazu als eines der bekanntesten Beispiele Ciceros *De re publica* an, das lange Zeit als verloren galt.[602] Man kannte die Inhalte lediglich aus Fragmenten und Zitaten bei anderen Autoren, während eine Originalüberlieferung unauffindbar blieb. 1819 fand Angelo Mai in der Vatikanischen Bibliothek einen Palimpsest, in dem weite Teile des ersten und zweiten Buches sowie Ausschnitte des dritten, vierten und fünften Buches zu finden waren. Als Ergebnis der Wiederbelebung wissen wir heute, dass das vorliegende Exemplar der *De re publica* im vierten Jahrhundert auf Pergament geschrieben, im siebten Jahrhundert abgewaschen, mit Augustinus-Kommentaren zu Psalm 119-140 überschrieben und im 19. Jahrhundert wieder sichtbar gemacht worden ist.

Gleichermaßen bekannt sind die *Gaii Institutiones*, ein in der Antike weit verbreitetes und im Mittelalter einflussreiches systematisches Lehrbuch des römischen Privatrechts aus der Mitte des zweiten nachchristlichen Jahrhunderts. Niebuhr entdeckte die *Institutiones* 1816 in Form eines Palimpsestes in Verona, unbeachtet unter einem Brief des Kirchenvaters Hieronymus. Ernst Bickel erwähnt als weitere Beispiele einen Plautustext aus dem vierten Jahrhundert, der unter einem biblischen Text aus dem achten Jahrhundert verborgen gewesen ist, Teile des *Corpus iuris* und einen Briefwechsel des Fronto mit den Kaisern.[603]

Ein noch sehr junges Beispiel ist das *Archimedes-Palimpsest*, ein kürzlich wiederentdecktes Buch des Archimedes, verschwiegen unter einem Gebetbuch aus dem Jahr 1229, in dem Archimedes möglicherweise die Grundlagen für die Berechnung des Schwerpunktes einer massiven Kugel und eines Paraboloidenstumpfs beschreibt. Konstantin von Tischendorf entdeckt 1846 diesen palimpsestierten Text, der aber infolge des Ersten Weltkrieges in Vergessenheit gerät, bis er 1998 auf einer Auktion bei Christie's,

602 P. Klopsch, Überlieferung, 2003, S. 61.
603 E. Bickel, Geschichte der römischen Literatur, 1937, S. 4/5.

New York, für 2,2 Millionen Dollar versteigert wird.[604] 2006 gelingt es, den ursprünglichen Text mit Röntgenlicht sichtbar zu machen.

Jeder restaurierte Text erweitert unsere Kenntnisse über eine ferne und doch so nahe Hochkultur und bestätigt die mehrfach abgesicherte Botschaft, dass die antiken Werke in den Klöstern nicht unbedingt in treue Hände gelangt sind. Denn nahezu alle sichtbar gemachten Schriften sind unter kirchlich-liturgischen oder christlich-biblischen Texten verborgen gewesen, ein Zeichen, dass die Klöster ziemlich sorglos mit den ohnehin stark dezimierten alten Werken umgegangen sind.

604 Vgl. J.L. Heiberg, Eine neue Archimedeshandschrift, in: Klio 42, 1907, S. 235-303; N.G. Wilson, Archimedes: The palimpsest and the tradition, in: Byzantinische Zeitschrift 2, 1999, S. 89-101. Die Überlieferung ausführlich unter www.archimedespalimpsest.org/palimpsest_history1.html (Zugriff 10.11.2010).

Epilog

Was hätte aus Europa werden können!

Was hätte aus diesem Europa werden können, wenn die Kirche Gott die Unendlichkeit belassen und die Gelder nicht in unsinnig hohe Kathedralen, sondern in Schulen gelenkt hätte. Wenn die Sonne Mittelpunkt hätte bleiben dürfen, der Fernhandel Roms weitergeführt worden und nicht an den Grenzen zur nächsten Religion gescheitert wäre. Wenn Liebe hätte Liebe bleiben dürfen und sich nicht im Takt augustinischer Vorgaben und nach einem Kirchenkalender hätte entfalten müssen. Wenn Seneca und nicht Augustinus das Sagen gehabt hätte und das Credo von Humanismus, Freiheit und Toleranz zur Essenz des Lebens geworden wäre und nicht das kirchliche Dogma. Wo ständen wir dann heute?

Was hätte aus dem Gedanken der Ökumene, des friedlichen Zusammenlebens der Völker, werden können, wenn die römische Religionstoleranz überlebt und der jüdische Anspruch, „keine anderen Götter" neben sich zu dulden, in der palästinensischen Provinz verblieben und dort vergraben worden wäre. Wenn jeder nach seiner Façon hätte selig werden können. Wenn es kein von den Religionen inszeniertes Zerwürfnis zwischen Juden, Häretikern, Islam und Christentum gegeben hätte, wenn alle Religionen ohne Hader schürenden Alleinvertretungsanspruch unter dem Dach der gemeinsam erworbenen Kultur und Zivilisation ihren Glauben hätten leben können. Wo ständen wir dann heute?

Dass es in Europa nicht so gekommen ist, dass der Mittelmeerraum seine politische und wirtschaftliche Einheit verlor, im christlichen Abendland ein wissenschaftliches Vakuum geschaffen wurde, Kultur zum Stiefkind der Religion geriet, die Menschen im Dunkel mächtiger Kathedralen ein armseliges Dasein fristeten, das lag vor allem an einer Kirche, die den religiösen Fundamentalismus auf die Spitze trieb, die Nichtigkeit irdischer Güter predigte, aber unbeschadet der mahnenden Worte Macht und Reichtum anhäufte und beides weidlich nutzte. Zu verlockend war die Macht, die der Kirche ab 380 n.Chr. in den Schoß gelegt wurde.

Zum Abschluss und um nicht missverstanden zu werden: Es ging in diesem Buch nicht um Religion oder Glauben. Es ging in diesem Werk noch nicht einmal um „Christentum“, sondern um einen hierarchisch-bürokratischen Komplex namens Amtskirche, die in dem Wahn, direkten und privilegierten Zugang zur Wahrheit zu haben, mit ihrer überbordenden Macht einen unverantwortlichen Missbrauch betrieb und trotz aller Verletzungen, die sie den Menschen zufügte, immer noch behauptet, die Religion der Liebe zu sein. Dabei sprechen Berge von Zitaten und Gebirge von Untaten gegen diesen unbescheidenen Anspruch. Darum also, um Missbrauch und Anmaßung ging es auch in diesem Buch, das damit auf die Gefahr hinweist, die von jeder Religion ausgeht, die behauptet mit Gott sprechen zu können und freundlichst vergisst, dass sich die Götter der Welt nicht in die Karten gucken lassen.

Bibliographie

1 Texteditionen und Übersetzungen

AMBROSIUS VON MAILAND
-- de obitu Theodosii oratio (Trauerrede auf Theodosius), Migne PL 16, Paris 1845, 1385-1406 (= CSEL 73, Wien 1955, 369f.).
-- epistulae, Migne PL 16, Paris 1845, 875f., (= CSEL 72, Wien 1968-1990).
-- Der Streit um den Victoriaaltar. Die dritte Relatio des Symmachus und die Briefe 17,18 und 57 des Mailänder Bischofs Ambrosius, hrsg. von R. Klein, Darmstadt 1972.

AMMIANUS MARCELLINUS
-- Römische Geschichte – Ammiani Marcellini Rerum gestarum libri qui supersunt, 4 Bde, übers. und komm. von W. Seyfarth, Berlin [3]1986-1988.
-- Das römische Weltreich vor dem Untergang, übers. von O. Veh, eingel. und erl. von G. Wirth, München/Zürich 1974.

ANONYMI DE REBUS BELLICIS LIBER, hrsg. von R. Schneider, Berlin 1908.

APPIAN, Römische Geschichte, übers. von O. Veh, 2 Bde, Stuttgart 1987-1989.

APOLLINARIS SIDONIUS, Letters, übers. von O.M. Dalton, Oxford 1915.

APULEIUS VON MADAUROS, Pro se de magia (Apologia), 2 Bde., hrsg. von Vincent Hunink, Amsterdam 1997.

ARISTIDES, AELIUS, Die Romrede des Aelius Aristides, hrsg. und übers. von R. Klein, Darmstadt 1983.

ATHANASIUS, Orationes contra Arianos, Bibliothek der Kirchenväter (BKV), Kempten/München [2]1911-1931, 1. Reihe, Band 13 Athanasius, Band 1.

AUGUSTINUS, AURELIUS
-- De civitate dei, BKV, 1. Reihe, Bd. 1, München u.a. 1911-1916.
-- Enchiridion de fide, spe et caritate – Handbüchlein über Glaube, Hoffnung und Liebe, BKV, 1. Reihe, Bd. 49, Kempten/München 1925, ND von Joseph Barbel, Düsseldorf 1960.
-- De diversis quaestionibus / Dreiundachtzig verschiedene Fragen übers. von C.J. Perl, Paderborn 1972.
-- De trinitate, hrsg. von J. Kreuzer, Hamburg 2003.

-- Confessiones – Bekenntnisse, übers. von J. Bernhart, 1980, ND Frankfurt/Main 2007.

Aurelius Victor, Die römischen Kaiser / Liber de Caesaribus hrsg. von K. Groß-Albenhausen und M. Fuhrmann, Zürich/Düsseldorf 1997.

Basilius

-- Mahnwort an die Jugend über den nützlichen Gebrauch der heidnischen Literatur, in: BKV, 1. Reihe, Band 47, Kempten/München [2]1925.

-- Regulae brevius tractatae, in: BKV 1. Reihe, Bd. 48, Kempten 1877.

Boethius, Trost der Philosophie, mit einem Nachwort von K. Flasch, München [3]2007.

Caesarius, Regulae Caesarii monachos, Klosterregeln für Nonnen und Mönche, hrsg. von Ivo auf der Maur, St. Ottilien 2008.

Cassiodor, Institutiones divinarum et saecularium litterarum, hrsg. von W. Bürsgens, Freiburg u.a., 2 Bde. 2003.

Catullus, C. Valerius. Sämtliche Gedichte, hrsg. von Albrecht, Stuttgart 1995.

Chronik von Montecassino, Monumenta Germaniae historica (MGH), Scriptores 34, hrsg. von Hartmut Hoffmann, Die Chronik von Montecassino, Hannover 1980.

Codex Theodosianus, hrsg. von T. Mommsen/P. Meyer, 2 Bde., Berlin 1904/1905, ND Zürich 1970/1971.

Codex Justinianus, hrsg. von P. Krüger, Berlin 1877, ND. 1963.

Codices Latini Antiquiores. A paleographical guide to latin manuskripts prior to the ninth century, hrsg. von E.A. Lowe, Bd. 1-11 und Suppl., Oxford 1934-1971, ND Osnabrück 1982.

Eunapius Sardianus

-- Vitae sophistarum – Leben der Sophisten, hrsg. von G. Giangrande, Rom 1956, übers. von Wilmer C. Wright (engl.).

-- Fragmente: The fragmentary Classicising historians of the later Roman Empire. Eunapius, Olympiodorus, Priscus and Malchus, hrsg. von R.C. Blockley (engl.), 2 Bde., Liverpool 1981/1983.

Eusebius Caesariensis

-- Historia ecclesiastica – Kirchengeschichte, hrsg. von E. Schwartz, Leipzig 1903/1908/1909, ND hrsg. von H. Kraft, übers. von Ph. Haeuser, München [3]1989.

-- Über das Leben des glückseligen Kaisers Konstantin (De vita Konstantini), hrsg. und übers. von P. Dräger [2]2007.

Flavius, Josephus

-- Jüdische Altertümer, übers. von H. Clementz, Halle 1899, ND Wiesbaden 2004.

-- Der Jüdische Krieg, übers. von H.M. Endres, München o.J.

Gregor d. Gr., S. Gregorii Magni Registrum epistularum, hrsg. von D. Norberg, Corpus Christianorum CLX/CLX A, Turnhout 1982.

Gregor von Tours
-- Historiae, hrsg. von B. Krusch und W. Levinson, MGH SS rer. Merov. 1,1, 1937/1951.
-- de virtutibus sancti Martini episcopi, Libri IV, hrsg. von B. Krusch, MGH SS rer. Merov.1,2, 1885, ND 1969.

Gregor von Nazianz, 2 Reden gegen Kaier Julian, Des heiligen Bischofs Gregor von Nazianz Reden, übers. von P. Häuser (BKV, 1. Reihe, Band 59) Kempten/München 1928.

Hieronymus
-- Hieronymi Epistulae, Migne PL 22, Paris 1845; übers. von E. Bauer, Heidelberg 1984.
-- Adversus Iovinianum, Migne PL 23, Paris 1888, S. 221-352.

Historia Augusta, Scriptores Historiae Augustae, hrsg. von E. Hohl, 2 Bde., Zürich/München 1976/1985.

Horaz, Quintus Horatius Flaccus Opera, hrsg. von B. Kytzler, Stuttgart 1992.

Isidor von Sevilla
-- Etymologiarum, hrsg. von W. M. Lindsay, 2 Bde., Oxford 1911, ND 1987.

Julian, Briefe, hrsg. von B. Weis, München 1973.

Juvenal, Satiren, übers. von Harry C. Schnur, Stuttgart 2007.

Kallimachos, Werke, hrsg. von M. Asper, Darmstadt 2004.

Kyrill von Alexandria, Contra Julianum imperatorem, Migne PG 852B-857B.

Lactantius (Laktanz), De mortibus persecutorum – Die Todesarten der Verfolger, hrsg. von S. Brandt und G. Laubmann, London 2003.

Leges Langobardorum, hrsg. von F. Beyerle, Witzenhausen 1962.

LegesVisigothorum, hrsg. von K. Zeumer 1902, ND 1973.

Libanios, Libanii opera, hrsg. von R. Foerster, 12 Bde., Leipzig 1903-1927.

Liber Pontificalis, hrsg. von L. Duchesne, Paris 1886, ND 1955.

Livius, Ab urbe condita, Römische Geschichte, hrsg. von H. J. Hillen und J. Feix, Darmstadt 1974-2000.

Lukian, Gegen die ungebildeten Büchernarren, übers. von P. Möllendorf, Mannheim 2006.

Maternus, De errore profanarum religionum – Vom Irrtum der heidnischen Religionen, hrsg. von K. Ziegler, München 1953.

Notitia dignitatum accedunt notitia urbis Konstantinopolitanae et latercula provinciarum, hrsg. von O. Seeck, Berlin 1876, ND Frankfurt a.M. 1962.

Origines, Acht Bücher gegen Celsus, übers. von P. Koetschau, München 1926.

Orosius, Historiarum adversum paganos libri VII, hrsg. von K. Zangemeister, Wien 1882, ND Hildesheim/Olms 1967; übers. von A. Lippold, Die antike Weltgeschichte in christlicher Sicht, 2 Bde., Zürich/München 1985-1986.

Ovid, Ovidi Nasonis Tristia, hrsg. von John Barrie Hall, Stuttgart/Leipzig 1995.

PHILOSTORGIUS, Kirchengeschichte, hrsg. von J. Bidez, Leipzig 1913, ND bearb. von F. Winkelmann, Berlin [3]1981.

PLATON, Phaidon, hrsg. von F. Schleiermacher, Platons Werke, Teil 2, Bd. 3, Berlin [3]1861.

PLINIUS DER ÄLTERE

-- Naturkunde, hrsg. von K. Brodersen, 6 Bde., Darmstadt1996.

-- Naturkunde-Gesamtregister, hrsg. von K. Bayer und K. Brodersen, Düsseldorf u.a. 2004.

PLINIUS DER JÜNGERE, Epistulae, hrsg.von H. Kasten, Zürich u.a. [7]1995.

PLUTARCH, Große Griechen und Römer, hrsg. von K. Ziegler, 6 Bde., Zürich 1954-1965.

PORPHYRIUS, Vita Porphyrii: Marc le diacre. Vie de Porphyre évêque de Gaza, hrsg. von H. Grégoire und M.A. Kugener, Paris 1930.

PROKOPIOS VON CAESAREA, Werke, hrsg. von O. Veh, 5 Bde., München 1961-1977.

QUINTILIANUS, MARCUS FABIUS, Ausbildung des Redners: Zwölf Bücher, hrsg. von H. Rahn, Darmstadt [5]2011.

RUFINUS, Historia ecclesiastica, hrsg. von E. Schwartz und T. Mommsen, Berlin 1907, S. 951-1040.

SENECA

-- De tranquillitate animi / Über die Ausgeglichenheit der Seele, übers. von H. Gunermann, Stuttgart 2002.

-- De Beneficiis, L. Annaeus Seneca. Philosophische Schriften, hrsg. von M. Rosenbach, Darmstadt [5]1995.

-- epistulae morales ad Lucilium Libri XI-XIII, hrsg. von R. Rauthe, Stuttgart 1966.

SPINOZA, Benedicti de Spinoza opera quae supersum omnia, hrsg. von G. Paulus, 2 Bde., Jena 1802-1803.

SYMMACHUS

-- Der Streit um den Victoriaaltar. Die 3. Relatio des Symmachus und die Briefe 17, 18 und 57 des Ambrosius hrsg. von R. Klein, Darmstadt 1972.

-- Reden, hrsg. und übers. von A. Papst, Darmstadt 1989.

SUETON

-- De viris illustribus / Berühmte Männer hrsg. von H. Martinet, Düsseldorf / Zürich 1997.

-- tranquilii de grammaticis, http://www.thelatinlibrary.com/suetonius/suet.gram.html.

SYNESIS VON CYRENE, Die Briefe des Bischofs Synesius von Kyrene, hrsg. von W. Fritz, Leipzig 1898, ND Aalen 1982.

TACITUS, P. CORNELIUS

-- Annales, hrsg. von E. Heller, Einleitung von M. Fuhrmann, Düsseldorf / Zürich [4]2002.

-- Agricola, übers. von R. Feger, Stuttgart 2004.
-- Germania, hrsg. von M. Fuhrmann, Stuttgart 2007.
-- Dialogus de oratoribus. Dialog über die Redner hrsg. von D. Klose, Stuttgart 2005.

TERTULLIAN
-- Apologetische, dogmatische und montanistische Schriften, übers. von H. Kellner, Kempten/München 1915.
-- De idololatria – Über den Götzendienst, hrsg. von H. Kellner, 1912.

THEODORET
-- episcopus Cyri Historia ecclesiastica, hrsg. von L. Parmentier / F. Scheidweiler, Berlin ²1954.
-- Heilmittel gegen die hellenistishen Krankheiten, Migne, PG 83.

VICTOR, SEXTUS AURELIUS, Die römischen Kaiser, Liber de Caesaribus. hrsg. von K. Groß-Albenhausen und M. Fuhrmann, Darmstadt ²2002.

VICTOR VON VITA, Historia persecutionis Africanae provinciae, hrsg. von K.Vössing, Kirchenkampf und Verfolgung unter den Vandalen in Africa, Darmstadt 2011.

VITRUVIUS, Vitruvii de architectura libri decem / Vitruv. Zehn Bücher über Architektur, übers. von C. Fensterbusch, Darmstadt 1996.

ZONARAS, JOHANNES, Joannis Zonarae epitome historiarum I-VI, hrsg. von L. Dindorf, Leipzig 1868-1875.

ZOSIMOS, Neue Geschichte, übers. von O. Veh, Stuttgart 1990.

2 Literatur

AILLAGON, JEAN-JAQUES, Rom und die Barbaren, in: Rom und die Barbaren – Europa zur Zeit der Völkerwanderung, Ausstellungskatalog der Kunsthalle Bonn, Bonn 2008, S 23-28.

ALAND, BARBARA, Christentum, Bildung und römische Oberschicht, in: Platonismus und Christentum, Festschrift für Heinrich Dörrie, hrsg. von Horst-Dieter Blume, Münster 1983, (Jahrbuch für Antike und Christentum Erg.-Bd. 10), S. 11-30.

ALBRECHT, MICHAEL VON, Geschichte der römischen Literatur. 2 Bde, München u.a. ²1994.

ALFÖLDY, GÉZA,
-- Die Krise des Römischen Reiches, Stuttgart 1989.
-- Römische Sozialgeschichte, Wiesbaden ²1979.

ALTET, XAVIER BARRALI I, Frühes Mittelalter. Von der Spätantike bis zum Jahr 1000, Köln 1997.

Andaloro, Maria u.a., Römisches Mittelalter. Kunst und Kultur in Rom von der Spätantike bis Giotto, Mailand 2002.

Angenendt, Arnold,

-- Das Frühmittelalter. Die abendländische Christenheit von 400 bis 900, Stuttgart u.a. 1990.

-- Die Christianisierung Nordwesteuropas, in: Kunst und Kultur der Karolingerzeit, Austellungskatalog, 2 Bde., Paderborn 1999, Bd. 2, S. 420 ff.

Aubin, Hermann, Vom Absterben antiken Lebens im Frümittelalter (1948) in: Paul E. Hübinger, Kulturbruch oder Kulturkontinuität im Übergang von der Antike zum Mittelalter, Darmstadt 1968.

Auerbach, Erich, Literatursprache und Publikum in der lateinischen Spätantike und im Mittelalter, Bern 1958.

Ausbüttel, Frank M., Theoderich der Große – Der Germane auf dem Kaiserthron, Darmstadt 2003.

Axon, William E. A., On the Extent of Ancient Libraries, in: Transactions of the Royal Society of Literature of the United Kingdom, 2. Series, Vol. X., London 1874, S. 383-405.

B

Bang, Martin, Die Germanen im römischen Dienst bis zum Regierungsantritt Constantins I., Berlin 1906.

Barcelo P. / Gottlieb, G., Das Glaubensedikt des Kaisers Theodosius, in: K.H. Dietz (Hrsg.), Klassisches Altertum, Spätantike und frühes Christentum, Würzburg 1993.

Barnes, Robert, Cloistered Bookworms in the Chicken-Coop of the Muses. The Ancient Libraryof Alexandria, in: Roy MacLeod (Hrsg.), The Library of Alexandria, London 2000.

Beck, Hans-Georg, Überlieferungsgeschichte der byzantinischen Literatur, in: Herbert Hunger, Geschichte der Textüberlieferung der antiken und mittelalterlichen Literatur, Bd. 1, Antikes und mittelalterliches Buch- und Schriftwesen, Zürich 1961, S. 423-510.

Becker, Maria, Die Kardinaltugenden bei Cicero und Ambrosius: De officiis, Basel 1994.

Beckwirth, John, Die Kunst des frühen Mittelalters, München/Zürich 1967.

Behn, Friedrich, Römertum und Völkerwanderung, Stuttgart 1963.

Bergmeier, Rolf, Konstantin und die wilden Jahre des Christentums. Die Legende vom ersten christlichen Kaiser, Aschaffenburg 2010.

Bering, Kunibert, Kunst des frühen Mittelalters, Stuttgart [2]2008.

Beutler, Christian, Bildwerke zwischen Antike und Mittelalter, Düsseldorf 1964.

Bickel, Ernst, Geschichte der römischen Literatur, Heidelberg 1937.

Blanck, Horst, Das Buch in der Antike, München 1992.

Bleckmann, Bruno

-- Fiktion als Geschichte. Neue Studien zum Autor der Hellenika Oxyrhynchia und zur Historiographie des vierten vorchristlichen Jahrhunderts, Abhandlungen der Akademie der Wissenschaften zu Göttingen Phil.-Hist. Klasse, Göttingen 2006.

-- Konstantin der Große, Reinbek [3]2007.

Bloch, Herbert, The Pagan Revival in the West at the End of the Fourth Century, in: Arnaldo Momigliano (Hrsg.), The Conflict Between Paganism and Christianity in the Fourth Century, Oxford 1963, S. 193–218.

Blomenkamp, P., Erziehung, in: RAC 6, 1965, S. 502-559.

Blum, Rudolf, Kallimachos und die Literaturverzeichnung bei den Griechen, Frankfurt 1977.

Blume, Horst-Dieter/Mann, Friedhelm (Hrsg.), Platonismus und Christentum, Festschrift für Heinrich Dörrie (Erg.-Bd. 10, Jahrbuch für Antike und Christentum), Münster 1983.

Booth, A.D., Elementary and Secondary Education in the Roman Empire, in: Transactions and Proceedings of the American Philol. Assoc., New York 109, 1979.

Borst, Otto, Alltagsleben im Mittelalter, Frankfurt 1983.

Brandt, Hartwin

-- Geschichte der römischen Kaiserzeit. Von Diokletian bis zum Ende der konstantinischen Dynastie (284–363), Berlin 1998.

-- Das Ende der Antike, München 2001.

-- Konstantin der Große. Der erste christliche Kaiser, München 2006.

Brather, Sebastian (Hrsg.), Zwischen Spätantike und Frühmittelalter, Berlin/New York 2008.

Brenk, Beat

-- Innovation in der Spätantike, Wiesbaden 1996.

-- Die Christianisierung der spätrömischen Welt, Wiesbaden 2003.

Brodka, Dariusz, Die Romideologie in der römischen Literatur der Spätantike, Frankfurt 1998.

Brown, Peter, Macht und Rhetorik in der Spätantike. Der Weg zu einem christlichen Imperium, München 1995.

Brox, Norbert, Falsche Verfasserangaben, Stuttgart 1975.

F. Brunhölzl, Geschichte der lateinischen Literatur des Mittelalters, Bd. 1: Von Cassiodor bis zum Ausklang der karolingischen Erneuerung, München 1975.

Büchner, Karl, Überlieferungsgeschichte der Lateinischen Literatur des Altertums, in: H. Hunger, Geschichte der Textüberlieferung der antiken und mittelalterlichen Literatur, Bd. 1 Antikes und mittelalterliches Buch- und Schriftwesen, Zürich 1961, S. 309-422.

BÜDINGER, MAX, Von den Anfängen des Schulzwanges, Festrede, Zürich 29.04.1865.

BURCKHARDT, JACOB

-- Der Cicerone. Eine Anleitung zum Genuß der Kunstwerke Italiens, Basel 1855, ND 1986.

-- Die Zeit Constantins des Großen, Leipzig 1880.

BURSCHE, ALEKSANDER, Die Entwicklung der Handelsbeziehungen zwischen Rom und den Barbaren, Rom und die Barbaren, in: Rom und die Barbaren – Europa zur Zeit der Völkerwanderung, Ausstellungskatalog der Kunsthalle Bonn, Bonn 2008, S. 98-104.

BUZAS, LADISLAUS, Deutsche Bibliotheksgeschichte des Mittelalters (Elemente des Buch- und Bibliothekswesens, Bd. 1), Wiesbaden 1975.

C

CAMERON, AVERIL

-- Das späte Rom 284-430, aus dem engl. übers./bearb. von Kai Brodersen, München 1994.

-- The Late Empire, AD 337-425, Cambridge University Press 1998, (hrsg. mit Peter Garnsey).

CANFORA, LUCIANO, Die verschwundene Bibliothek. Das Wissen der Welt und der Brand von Alexandria, aus dem Ital. von Andreas u. Hugo Beyer, Hamburg 1998.

CARCOPINO, J., Leben und Kultur der Kaiserzeit, Stuttgart 1977.

CASPAR, ERICH, Geschichte des Papsttums. Von den Anfängen bis zur Höhe der Weltherrschaft, 2 Bde., Tübingen 1930-1933.

CASSON, LIONEL, Bibliotheken in der Antike, übers. v. Angelika Beck, Düsseldorf/ Zürich 2002.

CAVALLO, GUGLIELMO, Schriftwesen und Buchkultur bei Römern und Barbaren, in: „Rom und die Barbaren – Europa zur Zeit der Völkerwanderung“, Ausstellungskatalog der Kunsthalle Bonn, 2008, S. 271-276.

CHRIST, KARL

-- Römer und Barbaren in der hohen Kaiserzeit, in: Saeculum 10, 1959, 273-288.

-- Der Untergang des Römischen Reiches, Darmstadt 1986.

CHRIST, KARL / KERN, ANTON, Das Mittelalter, in: Georg Leyh (Hrsg.): Handbuch der Bibliothekswissenschaft. Bd. 3,1. (Geschichte der Bibliotheken), Wiesbaden 1955.

CHRIST, WILHELM, Geschichte der griechischen Literatur bis auf die Zeit Justinians, München ^{2}1890.

CHRISTES, J./KLEIN, R./LÜTH, CHR. (HRSG.), Handbuch der Erziehung und Bildung in der Antike, Darmstadt 2006.

CIPOLLA, CARLO M., Literacy and Development in the West, London 1969.

CLAUDE, DIETRICH, Der Handel im westlichen Mittelmeer während des Frühmittelalters, Göttingen 1985.

CORBEZ, ANDRÉ, Frühes Mittelalter. Weltkulturen und Baukunst, München u.a. 1971.

CZYSZ, WOLFGANG, Die Römer in Bayern, Stuttgart 1995.

D

DANIEL-ROPS, HENRY, Die Kirche im Frühmittelalter, Innsbruck 1953.

DANNENBAUER, HEINRICH,

-- Die Entstehung Europas. Von der Spätantike zum Mittelalter, Bd. 1: Der Niedergang der alten Welt im Westen, Stuttgart 1959.

-- Bd. 2: Die Anfänge der abendländischen Welt, Stuttgart 1962.

DECKERS, JOHANNES G., Die frühchristliche und byzantinische Kunst, München, 2007.

DEICHMANN, FREIDRICH W., Einführung in die christliche Archäologie, Darmstadt 1983.

DELBRÜCK, HANS, Geschichte der Kriegskunst, 4 Bd., Berlin/New York 2000.

DEMANDT, ALEXANDER

-- Der Fall Roms. Die Auflösung des Römischen Reiches im Urteil der Nachwelt, München 1984.

-- Die Germanen im Römischen Reich, in: Mit Fremden leben. Eine Kulturgeschichte von der Antike bis zur Gegenwart, hrsg. von A. Demandt u.a., München 1995, S. 68-80.

-- Geschichte der Spätantike. Das Römische Reich von Diocletian bis Justinian, 284-565 n.Chr., München [2]2008.

DENK, OTTO, Geschichte des Gallo-Fränkischen Unterrichts- und Bildungswesens von den ältesten Zeiten bis auf Karl den Großen, Mainz 1892.

DIESNER, HANS-JOACHIM, Spätantike und Völkerwanderung, Wissenschaftliche Beiträge der Martin-Luther-Universität Halle 1966.

DIETZ, KARLHEINZ U.A. (Hrsg.), Klassisches Altertum, Spätantike und frühes Christentum: Adolf Lippold zum 65. Geburtstag gewidmet, Würzburg 1993.

DIHLE, ALBRECHT, Die griechische und lateinische Literatur der Kaiserzeit, München 1989.

DINZELBACHER, PETER/HEINZ, WERNER, Europa in der Spätantike 300-600, Darmstadt 2007.

DOLCH, J., Lehrplan des Abendlandes, Darmstadt [3]1971.

DOPSCH, ALFONS, Wirtschaftliche und soziale Grundlagen der europäischen Kulturentwicklung von Cäsar bis auf Karl den Großen, 2 Bde. Wien [2]1923.

Döring, Klaus, Vom Nutzen der heidnischen Literatur für eine christliche Erziehung, in: Gymnasium, Bd. 110-6, Heidelberg 2003, S. 551-567.

Duby, Georges/Daval, J.L. (Hg), Skulptur. Von der Antike bis zum Mittelalter, Köln 1999.

Dummer, Jürgen/Vielberg, Meinolf (Hrsg.), Leitbilder aus Kunst und Literatur, Stuttgart 2002.

E

El-Abbadi, Mostafa, Life and Fate of the Ancient Library of Alexandria, Paris [2]1992.

Engels, Lodewijk J./Hofmann, Heinz (Hrsg.) Spätantike mit einem Panorama der Byzantinischen Literatur (Neues Handbuch d. Literaturwissenschaft, 4), Wiesbaden 1997.

Ensslin, Wilhelm

-- Die Bedeutung der Germanen für die Antike und mittelalterliche Welt, in: Grundlagen und Grundfragen europäischer Geschichte. Bericht über das 4. intern. Historiker-Treffen in Speyer 1950, Baden-Baden 1951, S. 22-40.

-- Die Religionspolitik des Kaisers Theodosius d. Gr., Sitzungsberichte der Bayerischen Akad. d. W., Phil.-historische Klasse, Heft 2, München 1953.

-- Germanen als Helfer der Römer in den Zeiten des Niederganges ihres Reiches, in: Palaeologia 7, 1958/9.

Erbse, H., Überlieferungsgeschichte der griechischen klassischen und hellenistischen Literatur, in: H. Hunger u.a., Die Textüberlieferung der antiken Literatur und der Bibel, München [2]1988.

Ernesti, Jörg, Princeps christianus und Kaiser aller Römer. Theodosius der Große im Lichte zeitgenössischer Quellen, Paderborn u.a., 1998.

Ewig, E., Trier im Merowingerreich. Civitas, Stadt, Bistum, Trier 1954.

F

Fehrle, Rudolf, Das Bibliothekswesen im alten Rom. Voraussetzungen, Bedingungen, Anfänge, Freiburg i. Br, 1986.

Ferrero, Guglielmo, Der Untergang der Zivilisation im Altertum, Stuttgart, 1922.

Fiedrowicz, Michael, Christen und Heiden. Quellentexte zu ihrer Auseinandersetzung in der Antike, Darmstadt 2004.

Flasch, Kurt

-- Logik des Schreckens. Augustinus von Hippo De diversis quaestionibus ad Simplicianum I 2, übers. von W. Schäfer, Mainz, [2]1995.

-- Einführung in die Philosophie des Mittelalters, Darmstadt [2]1989.

-- Augustin, Stuttgart [3]2003.

-- Was ist Zeit? Augustinus von Hippo. Das XI. Buch der Confessiones, Frankfurt ²2004.

FOSSIER, ROBERT, Das Leben im Mittelalter, München/Zürich 2008.

FRATEANTONIO, CHRISTA, Religiöse Autonomie der Stadt im Imperium Romanum, Tübingen 2003.

FRIED, JOHANNES

-- Die Formierung Europas 840-1046, München 1993.

-- Aufstieg aus dem Untergang. Apokalyptisches Denken und die Entstehung der modernen Naturwissenschaft im Mittelalter, München 2001.

-- Das Mittelalter, München 2008.

-- Wissenskulturen, zusammmen mit M. Stolleis (Hrsg), Frankfurt/M. 2009.

FRIEDLÄNDER, LUDWIG, Darstellungen aus der Sittengeschichte Roms, 2 Bde., Leipzig ¹⁰1922, 10. Bd. besorgt durch G. Wissowa, Bd. 2, Kap. X „Literatur".

FRIZELL, BARBRO S., Arkadien und Wirklichkeit, Köln 2009.

FUCHS, M., Untersuchung zur Ausstattung römischer Theater, Mainz 1987.

FUHRMANN, HORST, Die Päpste. Von Petrus zu Benedikt XVI., München 2004.

FUHRMANN, MANFRED

-- Die Romidee in der Spätantike, in: HZ 207, 1968, S. 529 f.

-- Rom in der Spätantike. Porträt einer Epoche, Düsseldorf u.a. 1994.

G

GARBSCH, JOCHEN/OBERBECK, BERNHARD, Spätantike zwischen Heidentum und Christentum, Ausstellungskatalog der Praehistorischen Staatssammlung München i.V. mit der Staatlichen Münzsammlung (München Dez. 1989 – April 1990) München 1989.

GASTGEBER, CHRISTIAN

-- Die Überlieferung der griechischen Literatur im Mittelalter in: E. Pöhlmann (Hrsg.), Einführung in die Überlieferungsgeschichte und in die Textkritik der antiken Literatur, Darmstadt 2003.

-- Überlieferung in: Der Neue Pauly, 2003, Bd. 15/3, Sp. 718.

GEFFCKEN, JOHANNES, Der Ausgang des Griechisch-Römischen Heidentums, Heidelberg 1920.

GEHRKE, HANS-JOACHIM, Kleine Geschichte der Antike, München 2003.

GEMEINHARDT, PETER, Das lateinische Christentum und die antike pagane Bildung, Tübingen 2007.

GERKE, FRIEDRICH, Spätantike und frühes Christentum, (Kunst der Welt), Baden-Baden 1967.

GERSTINGER, HANS, Bestand und Ueberlieferung der Literaturwerke des griechisch-römischen Altertums, Graz 1948.

GIBB, HAMILTON A.R., The Fiscal Rescript of Umar II., in: Arabica 2/1, 1955, S. 1-16.

GIBBON, EDWARD, Verfall und Untergang des Römischen Reiches, 6 Bd., 1776-1788, ND Frankfurt 2004.

GIGON, OLOF, Die antike Kultur und das Christentum, Gütersloh 1966.

GIRARDET, KLAUS M., Die Konstantinische Wende. Voraussetzungen und geistige Grundlagen der Reichspolitik Konstantins d.Gr., Darmstadt 2006.

GNILKE, CHRISTIAN / SCHETTER, WILLY, Studien zur Literatur der Spätantike, Bonn 1975.

GRABNER-HEIDER, ANTON / MAIER, JOHANN, Kulturgeschichte des frühen Christentums. Von 100 bis 500 n.Chr., Göttingen 2008.

GRANT, MICHAEL, Der Untergang des römischen Reiches, Berg.-Gladbach 1977.

GRASBERGER, L., Erziehung und Unterricht im klassischen Altertum, 3 Bd., 1880, ND. Aalen 1971.

GRÉGOIRE, HENRI-BAPTISTE, Rapport sur les destructions opérées par le vandalisme, Paris 1794.

GRUNDMANN, H., Litteratus – illitteratus. Der Wandel einer Bildungsnorm vom Altertum zum Mittelalter, in: Archiv für Kulturgeschichte 40, 1958.

H

HÄGERMANN, DIETER u.a. (Hrsg.), Akkulturation: Probleme einer germanisch-romanischen Kultursynthese in Spätantike und frühem Mittelalter, Berlin 2004.

HAEHLING, VON RABAN, Das Verhältnis frühchristlicher Theologen zu den Naturwissenschaften, in: „Leitbild Wissenschaft?“, hrsg. von Jürgen Dummer u.a., Stuttgart 2003, S. 77-103.

HÄNNY, LOUIS, Schriftsteller und Buchhändler in Rom, Zürich ^{2}1885.

HÄRLE, WILFRIED, Dogmatik, Berlin/New York 1995, ND 2000.

HAFNER, GERMAN, Cassiodor, ein Leben für kommende Zeiten, Stuttgart 2002.

HAGEDORN, DIETER, Papyrologie, in: Heinz-Günther Nesselrath (Hrsg.), Einleitung in die griechische Philologie, Stuttgart u.a. 1997.

HAHN, JOHANNES, Gewalt und religiöser Konflikt. Studien zur Auseinandersetzung zwischen Christen, Heiden und Juden im Osten des römischen Reiches, in: Klio-Beiheft NF 8, Berlin 2004.

HALLER, JOHANNES, Das Papsttum. Idee und Wirklichkeit, 5 Bde., 1934, Reinbek 1965.

HARNACK, ADOLF V.

-- Geschichte der altchristlichen Literatur bis Eusebius, Teil 1/Halbbd. 1, Leipzig 1893, ND ^{2}1958.

-- Mission und Ausbreitung des Christentums in den ersten drei Jahrhunderten, Leipzig 1902.

HARRIS, W. V., Ancient Literacy, Harvard University Press, Cambridge (Mass.)/ London 1989.

HARRISON, THOMAS, Templum Mundi Totius: Ammianus Marcellinus and a Religious Ideal of Rome, in: Jan W. Drijvers/D. Hunt (Hrsg.), The Late Roman World and its Historian: Interpreting Ammianus Marcellinus, London 1999, S. 178-190.

HEATHER, PETER, Der Untergang des Römischen Weltreiches, Stuttgart 2007.

HEFTNER, HERBERT, Comites, iudices, iudices deputati: Untersuchungen zum Gerichtswesen im südgallischen Burgunderreich (443-534), Wien 2002.

HEGEL, GEORG W.F., Vorlesungen, Bd. 7/2 „Vorlesungen über die Geschichte der Philosophie", hrsg. von P. Garniron und W. Jaeschke, Hamburg 1989.

HENNING, DIRK, Periclitans res publica. Kaisertum und Eliten in der Krise des weströmischen Reiches, 454/5-493 n.Chr., Historia Einzelschriften 133, Stuttgart 1999.

HERZOG, REINHART, Spätantike-Studien zur römischen und lateinisch-christlichen Literatur, Göttingen 2002.

HEUBERGER, RICHARD Allgemeine Urkundenlehre für Deutschland und Italien, Berlin/Leipzig 1921 in: P. E. Hübinger (Hrsg.), Kultureinbruch oder Kontinuität, 1968, S. 131.

HÖLSCHER, TONIO, Die griechische Kunst, München 2007.

HOEPFNER, WOLFRAM (HRSG.)

-- Antike Bibliotheken, Mainz 2002.

-- Zu griechischen Bibliotheken und Bücherschränken, in: Archäologischer Anzeiger Heft 1, Berlin/New York 1996.

HOWALD, ERNST, Kultur der Antike, in: Handbuch der Kulturgeschichte, hrsg. von H. Kindermann,1936, Zürich ²1948.

HOWE, TANKRED, Vandalen, Barbaren und Arianer bei Victor von Vita, Frankfurt a.M. 2007 .

HUCK, OLIVIER, Die Gesetzgebung der Barbaren, in: „Rom und die Barbaren – Europa zur Zeit der Völkerwanderung", Ausstellungskatalog der Kunsthalle Bonn 2008, S. 285-290.

HÜBINGER, PAUL EGON

-- Spätantike und frühes Mittelalter, Darmstadt ²1959.

-- (Hrsg.) Kulturbruch oder Kontinuität im Übergang von der Antike zum Mittelalter, Darmstadt 1968.

-- (Hrsg.) Zur Frage der Periodengrenze zwischen Altertum und Mittelalter, Darmstadt 1969.

HUNGER, HERBERT u.a., Die Textüberlieferung der antiken Literatur und der Bibel, München ²1988.

HUNGER, HERBERT, Geschichte der Textüberlieferung der antiken und mittelalterlichen Literatur, Bd. 1, Antikes und mittelalterliches Buch- und Schriftwesen, Zürich 1961.

J

Jachmann, Günther, Gefälschte Daten, in: Klio 35 (1942), S. 60-88.

Jacobs, Manfred, Die Reichskirche und ihre Dogmen, Göttingen 1987.

Jochum, Uwe, Kleine Bibliotheksgeschichte, Stuttgart [3]2007.

Johann, H.Th., Erziehung und Bildung in der heidnischen und christlichen Antike, Darmstadt 1976.

Jones, A.H.M., The Later Roman Empire 284-602: A Social, Economic and Administrative Survey, Oxford 1964.

Junkelmann, Marcus, Die Legionen des Augustus. Der römische Soldat im archäologischen Experiment, Mainz [9]2003.

K

Kampers, Gerd, Geschichte der Westgoten, Paderborn 2008.

Karsten, Brigitte (Hrsg.), Tätigkeitsfelder und Erfahrungshorizonte des ländlichen Menschen in der frümittelalterlichen Grundherrschaft (bis ca. 1.000), München 2006.

Keller, Thomas, Das dialektische Bildungsverständnis des Staatsdichters Claudian. Humanistische Kulturpädagogik als politischer und ontologischer Appell, in: U. Schmitzer, Suus cuique mos, Göttingen 2006, S. 231-247.

Kenyon, F.G., Books ans Readers in Ancient Greece and Rome, Oxford [2]1978.

Kirn, Paul, Zum Problem der Kontinuität zwischen Altertum und Mittelalter, in: Paul E. Hübinger (Hrsg.), Kulturbruch oder Kontinuität, 1968, S. 123 f.

Kitto, Humphry D. F., Die Griechen, übers. von H. von Hentig, Frankfurt 1960.

Kleberg, Tönnes, Buchhandel und Verlagswesen in der Antike, Darmstadt 1969.

Klein, Richard

-- Der Streit um den Victoriaaltar. Die dritte Relatio des Symmachus und die Briefe 17,18 und 57 des Mailänder Bischofs Ambrosius, Darmstadt 1972.

-- Symmachus. Eine tragische Gestalt des ausgehenden Heidentums, Darmstadt [2]1986.

-- Theodosius der Große und die christliche Kirche, in: Eos, Bd. 82, 1994, S. 85–121.

-- Roma versa per aevum. Ausgewählte Schriften zur heidnischen und christlichen Spätantike (Spudasmata Bd. 74), Hildesheim u.a. 1999.

Klopsch, Paul, Die Überlieferung der lateinischen Literatur im Mittelalter, in: E. Pöhlmann, Einführung in die Überlieferungsgeschichte und in die Textkritik der antiken Literatur, Darmstadt 2003.

Klingner, Friedrich, Vom Geistesleben im Rom des ausgehenden Altertums, Halle 1941.

Koch, Herbert, Probleme der Spätantike, Stuttgart 1930.

Kolb, Frank, Rom. Die Geschichte der Stadt in der Antike, München 2002.

KORNEMANN, ERNST

-- Aus der Geburtsstunde eines Gottes, Leipzig 1943.

-- Römische Geschichte II, bearb. von H. Bengtson, Stuttgart [5]1963.

KRANZ, PETER, Vom Kunstwert der Götzenbilder. Idealplastik in der Spätantike, in: U. Schmitzer (Hrsg.), Suus cuique mos. Studien zur paganen Kultur des lateinischen Westens im 4. Jahrhundert n.Chr., Göttingen 2006, S. 115-166.

KRÜGER, JULIAN, Oxyrhynchos in der Kaiserzeit: Studien zur Topographie und Literaturrezeption, Frankfurt a. M. 1990.

KRUMBACHER, KARL/EHRHARD, A./GELZER, H., Geschichte der byzantinischen Litteratur von Justinian bis zum Ende des oströmischen Reiches (527-1453), München [2]1897.

KÜPPERS, JOCHEM, Bildungstradition und Persönlichkeit. Oder: Warum ging Rom nicht unter? In: J. Dummer / M. Vielberg (Hrsg.), Leitbilder aus Kunst und Literatur, Stuttgart 2002, S. 53-80.

L

LANDFESTER, MANFRED, Geschichte der antiken Texte. Autoren- und Werklexikon. (Der neue Pauly/Suppl. 2), Darmstadt 2007.

LANGE, CHRISTIAN / PINGGÉRA, KARL (Hrsg.), Die altorientalischen Kirchen, Darmstadt 2010.

LAUFFER, SIEGFRIED, Diokletians Preisdiktat, Berlin 1971.

LECHNER, M., Erziehung und Bildung in der griechischen und römischen Antike, München 1933.

LEIGHTON, D. REYNOLDS (Hrsg.), Texts and transmission. A survey of the latin Clas sics, Oxford 1990.

LEPPIN, HARTMUT

-- Von Konstantin dem Großen zu Theodosius II. Das christliche Kaisertum bei den Kirchenhistorikern Socrates, Sozomenos und Theodoret, Göttingen 1996.

-- Themistios. Staatsreden, Stuttgart, 1998 (H. LEPPIN / W. PORTMANN).

-- Theodosius der Große, Darmstadt 2003.

LEWIS, NAPHATLI, Papyrus in Classical Antiquity, Oxford 1974.

LIPPOLD, ADOLF

-- Paulus Orosius. Die antike Weltgeschichte in christlicher Sicht, 2 Bde., Zürich/ München 1985/86.

-- Theodosius der Große und seine Zeit, München [2]1980.

LÖSCHKE, GEORG, Das Syntagma des Gelasius Cyzicenus, 1906, in: F. CUMONT, Die orientalischen Religionen im römischen Heidentum, Darmstadt [9]1989.

M

Manderscheid, H., Die Skulpturenausstattung der kaiserlichen Thermenanlagen, Berlin 1981.

Marasco, Gabriele (Hrsg.), Greek and Roman Historiography in Late Antiquity. Fourth to Sixth Century A.D., Leiden/Boston 2003.

Markschies, Christoph,

-- Zwischen den Welten wandern, Frankfurt 1997.

-- Warum hat das Christentum in der Antike überlebt?, Leipzig 2004.

Marrou, Henri I.,

-- Geschichte der Erziehung im klassischen Altertum, Freiburg 1957, ND München 1977.

-- Augustinus und das Ende der antiken Bildung, Paris/Paderborn u.a.1938/1981.

Martin, Jochen

-- Spätantike und Völkerwanderung, München 1987.

-- Christentum und antike Gesellschaft, Darmstadt 1990, hrsg. von J. Martin/Barbara Quint.

Mazal, Otto

-- Griechisch-römische Antike (Geschichte der Buchkultur, Bd. 1), Graz 1999.

-- Frühmittelalter (Geschichte der Buchkultur, Bd. 3/1 u. 3/2), Graz 1999/2003.

Mazzarino, Santo, Das Ende der antiken Welt, München 1961.

Meier, Mischa / Patzold, Steffen, August 410 – Ein Kampf um Rom, Stuttgart 2010.

Meier, Christian, Entstehung des Begriffs „Demokratie“. Vier Prolegomena zu einer historischen Theorie, Frankfurt 1970.

Meier, Mischa, Das andere Zeitalter Justinians. Kontingenzerfahrung und Kontingenzbewältigung im 6. Jahrhundert n.Chr., Hypomnemata 147, Göttingen 2003.

Meyer, Eduard, Wirtschaftliche Entwicklung des Altertums, Jena 1895.

Meyer-Flügel, Beat, Das Bild der ostgotisch-römischen Gesellschaft bei Cassiodor, Bern u.a. 1992.

Milkau, Fritz / Leyh, Georg (Hrsg.), Handbuch der Bibliothekswissenschaft, Bd. 3,1 Geschichte der Bibliotheken, Wiesbaden 1955.

Mommsen, Theodor, Römische Kaisergeschichte (Mitschrift) hrsg. von Barbara und Alexander Demandt, München ^{2}2005.

Müller, August, Der Islam im Morgen- und Abendland, 2 Bde., hrsg. von Wilhelm Oncken, Berlin 1885-1887.

N

Nesselrath, Heinz-Günther (Hrsg.), Einleitung in die griechische Philologie, Stuttgart u.a. 1997.

NICKEL, RAINER, Lexikon der antiken Literatur, Düsseldorf/Zürich 1999.

NOETHLICHS, KARL-LEO, Die gesetzgeberischen Maßnahmen der christlichen Kaiser des vierten Jahrhunderts gegen Häretiker, Heiden und Juden, Köln 1971.

NORDEN, EDUARD, Die Römische Literatur, Stuttgart/Leipzig [7]1998.

NORWICH, JOHN J., Byzanz. Aufstieg und Fall eines Weltreiches, München u.a. 1997.

O

OORT, JOHANNES / D. WYRWA (Hg), Heiden und Christen im 5. Jahrhundert, Leuven 1998.

OPELT, ILONA, Die Polemik in der christlichen lateinischen Literatur von Tertullian bis Augustin, Heidelberg 1980.

ORLANDI, SILVIA/GREGORI, GIAN LUCA, Die Epigraphik der römisch-barbarischen Zeit, in: Rom und die Barbaren – Europa zur Zeit der Völkerwanderung, Bonn 2008, S. 277-281.

P

PAPST, ANGELA, Divisio regni. Der Zerfall des Imperium Romanum in der Sicht der Zeitgenossen, Bonn 1986.

PARSONS, EDWARD A., The Alexandrian Library. Glory of the hellenic world. Its rise, antiquities and destructions, New York 1967.

PARTSCH, SUSANNE, Frühchristliche und byzantinische Kunst, Stuttgart 2004.

PATZELT, ERNA, Die Karolingische Renaissance, Wien 1924/Graz 1965.

PFEIFFER, R., Geschichte der klassischen Philologie. Von den Anfängen bis zum Ende des Hellenismus, Oxford 1968, übers. von M. Arnold, München [2]1978.

PIEPENBRINK, KAREN, Christliche Identität und Assimilation in der Spätantike, Berlin [2]2009.

PIRENNE, HENRI, Mahomet et Charlemagne, Paris/Brüssel 1937; dt. Die Geburt des Abendlandes, übers. von P.E. Hübinger, Nijmegen 1941.

PÖHLMANN, EGERT

-- Einführung in die Überlieferungsgeschichte und in die Textkritik der antiken Literatur, Bd. 1 „Altertum", Darmstadt 1994;

-- Bd. 2 „Mittelalter und Neuzeit", Darmstadt 2003.

PRINZ, FRIEDRICH,

-- Adel und Christentum im Schmelztiegel des Merowingerreiches, in: Blätter für deutsche Landesgeschichte 103, 1967.

-- Von Konstantin zu Karl dem Großen. Entfaltung und Wandel Europas, Düsseldorf 2000.

-- Von den geistigen Anfängen Europas. Der Kulturtransfer zwischen christlicher Spätantike und Frühmittelalter, in: Dieter Hägermann (Hrsg.), Akkulturation, Berlin 2004.

-- Europas geistige Anfänge, ein Vortrag vor der Katholischen Akademie Bayern am 12.6.2002, in: www.zeit.de/gesellschaft/200229_prinz; Zugriff 12.11.2009.

R

Rauscher, Gerhard, Das griechisch-römische Schulwesen, Bonn 1901.

Rees, Roger, Diocletian and the Tetrarchy. Debates and Documents in Ancient History, Edinburgh 2004.

Rehm, W., Der Untergang Roms im abendländischen Denken, Leipzig 1930, ND Darmstadt 1969.

Reichert, Waltraud, Erziehungskonzeptionen der griechischen Antike, Rheinfelden 1990.

Reudenbach, Bruno, Die Kunst des Mittelalters, Bd. 1, 800 bis 1200, München, 2008.

Reynolds, Leighton D. / Wilson, Nigel G., Scribes and scholars. A guide to the transmission of Greek and Latin literature, Oxford [3]1991.

Richter, H., Das weströmische Reich besonders unter den Kaisern Gratian, Valentinian II. und Maximus (375-388), Berlin 1865.

Riegl, Alois, Die spätrömische Kunst-Industrie nach den Funden in Österreich-Ungarn im Zusammenhange mit der Gesamtentwicklung der Bildenden Künste bei den Mittelmeervölkern, Wien, 1901.

Ritter, Adolf M., Charisma und Caritas. Aufsätze zur Geschichte der Alten Kirche, Göttingen 1993.

Rostovtzeff, Michael, Geschichte der Alten Welt, 2 Bd., Wiesbaden 1941/1942.

Rüdiger, Horst, Die Wiederentdeckung der antiken Literatur im Zeitalter der Renaissance, in H. Hunger „Geschichte der Textüberlieferung“, Zürich 1961, S. 511-580.

Rüpke, Jörg, Römische Religion und religiöser Wandel in der Spätantike, in: Verkündung und Forschung 2, Greifswald 2007.

Rugullis, S., Die Barbaren in den spätrömischen Gesetzen. Eine Untersuchung des Terminus barbarus, Frankfurt 1992 (Europ. Hochschulschriften 3).

Ruhbach, G.

-- Bildung in der Alten Kirche, in: Kirchengeschichte als Missionsgeschichte, Die Alte Kirche, München 1974, S. 293-312.

-- Das Bildungsproblem in der Alten Kirche, in: H.Th. Johann (Hrsg.), Erziehung und Bildung in der heidnischen und christlichen Antike, Darmstadt 1976.

Rumpf, Andreas, Archäologie, 2 Bde., Berlin 1953, Bd. 1 „Einleitung. Historischer Überblick“.

S

SALTZWEDEL, JOHANNES (Hrsg.), Das Ende des römischen Reiches, München 2009.

SANTIFALLER, LEO

-- Beiträge zur Geschichte der Beschreibstoffe im Mittelalter, mit besonderer Berücksichtigung der päpstlichen Kanzlei, Graz/Köln 1953.

-- Urkundenforschung. Methoden, Ziele, Ergebnisse, Wien u.a. [4]1986.

SAUER, E. The Archaeology of Religious Hatred, o.O. 2003.

SCHANZ, M. / HOSIUS, M. C. / KRÜGER, G., Geschichte der römischen Literatur, 4. Teil, 2. Bd. Die Literatur des 5. und 6. Jh, Handbuch der Altertumswissenschaft; ND München 1971.

SCHEITHAUER, ANDREA, Kaiserliche Bautätigkeit in Rom. Das Echo in der antiken Literatur, Stuttgart 2000.

SCHENK VON STAUFENBERG, ALEXANDER GRAF, Das Imperium und die Völkerwanderung, München 1948.

SCHICKERT, KATHARINA, Der Schutz literarischer Urheberschaft im Rom der klassischen Antike, Tübingen 2005.

SCHLANGE-SCHÖNINGEN, HEINRICH

-- Kaisertum und Bildungswesen im spätantiken Konstantinopel, Stuttgart 1995, (Historia-EZ 94).

-- Die römische Gesellschaft bei Galen: Biographie und Sozialgeschichte (Habil.), Berlin 2003.

-- Konstantinopel. Eine Brücke des Wissens von der Antike zur Neuzeit, in: Stätten des Geistes. Große Universitäten Europas von der Antike bis zur Gegenwart, hrsg. von A. Demandt, Köln 1999, S. 39-58.

-- Augustinus und der Fall Roms. Theodizee und Geschichtsschreibung, in: Jenseits der Grenzen, hrsg. von A. Goltz u.a. , Berlin 2009.

SCHMIDT, HERMANN JOSEF, Nietzsche absconditus, 4 Bde., Berlin 1991-1994.

SCHMIDT, LUDWIG, Geschichte der deutschen Stämme bis zum Ausgang der Völkerwanderung I, 2/3, II 1, Quellen und Forschungen zur alten Geschichte und Geographie, Berlin 1905/1907/1911, ND München 1969.

SCHMIDT, OTTO EDUARD, Ciceros Villen, Leipzig 1899, ND Stuttgart 1972.

SCHMITZER, ULRICH (Hrsg.), Suus cuique mos. Beiträge zur paganen Kultur des lateinischen Westens im 4. Jahrhundert n.Chr., Göttingen 2006.

SCHEINER, PETER, Byzanz 565-1453, München [3]2008.

SCHRÖTELER, JOSEF, Die Pädagogik der nicht-christlichen Kulturvölker, München 1934.

SCHUBERT, HANS V., Geschichte der christlichen Kirche im Frühmittelalter, 1921, ND Darmstadt 1976.

SCHUBART, WILHELM, Das Buch bei den Griechen und Römern, Berlin/Leipzig [2]1921, ND hrsg. von E. Paul, Heidelberg [3]1962.

SCHULTZE, VIKTOR, Geschichte des Untergangs des griechisch-römischen Heidentums, 2 Bd., Jena 1887/1892, ND Hildesheim u.a. 1985.

SCHULZE, CHRISTIAN, Medizin und Christentum in Spätantike und frühem Mittelalter, Tübingen 2005

SCHUPP, FRANZ, Geschichte der Philosophie im Überblick, Bd. 2: Christliche Antike, Mittelalter, Hamburg 2003.

SEECK, OTTO, Geschichte des Untergangs der antiken Welt, 6 Bd., Stuttgart ^{4}1921, ND 2000.

SEELIGER, REINHARDT (Hrsg.), Kriminalisierung des Christentums? Karlheinz Deschners Kirchengeschichte auf dem Prüfstand, Freiburg u.a. 1993.

SPEYER, WOLFGANG

-- Die literarische Fälschung im heidnischen und christlichen Altertum. Ein Versuch der Deutung in: Handbuch der Altertumswissenschaften 1,2 München 1971.

-- Büchervernichtung und Zensur des Geistes bei Heiden, Juden und Christen, Stuttgart 1981.

-- Verkannte Magie – reinigendes Feuer, in: H. R. Seeliger (Hrsg.), Kriminalisierung des Christentums? Karlheinz Deschners Kirchengeschichte auf dem Prüfstand, Freiburg u.a. 1993, S. 303-310.

SPRINGSFELD, K., Alkuins Einfluß auf die Komputistik zur Zeit Karls des Großen, Aachen 2002.

STAAB, FRANZ, Zur Kontinuität zwischen Antike und Mittelalter am Oberrhein, Sigmaringen 1994.

STEMBERGER, GÜNTER, Anfänge christlicher Judenfeindschaft, in: H. R. Seeliger (Hrsg.), Kriminalisierung des Christentums. Karlheinz Deschners Kirchengeschichte auf dem Prüfstand, Freiburg 1993, S. 123 ff.

STOCKMEIER, PETER, Glaube und Paideia. Begegnung von Christentum und Antike, in: Theologische Quartalszeitschrift 147, 1967, S. 432-452.

STROCKA, VOLKER M., Römische Bibliotheken, in: Gymnasium 88, 1981, S. 289-329.

T

TENORTH, H.E., Geschichte der Erziehung, München ^{2}2000.

TEUFFEL, WILHELM S., Geschichte der römischen Literatur, 3 Bde., Aalen ^{6}1910-1916.

TIMPE, DIETER, Römisch-germanische Begegnung in der späten Republik und frühen Kaiserzeit, München/Leipzig 2006.

TLOKA, JUTTA Griechische Christen, christliche Griechen, Tübingen 2005.

U

UNGER, FRIEDRICH W., Quellen der Byzantinischen Kunstgeschichte, Wien 1878.

V

VEYNE, PAUL

-- Brot und Spiele. Gesellschaftliche Macht und politische Herrschaft in der Antike, Darmstadt 1990.

-- Die Kunst der Spätantike, Stuttgart 2009.

VITTINGHOFF, F.

-- Zum geschichtlichen Verständnis der Spätantike, in: Historische Zeitschrift 198, 1964, S. 529-574.

-- Soziale Struktur und politisches System der hohen römischen Kaiserzeit, in: Historische Zeitschrift 230, 1980, S. 31-55,42.

VOESSING, KONRAD

-- Geschichte der römichen Schule – ein Abriss vor dem Hintergrund der neueren Forschung, in: Gymasium 110, 2003, S. 455-497.

-- Schule und Bildung in Nordafrika der Römischen Kaiserzeit, Brüssel 1997.

VOGT, JOCHEN

-- Konstantin der Große und sein Jahrhundert, München 1949.

-- Die Spätantike. Der Niedergang Roms. Metamorphose der antiken Kultur, München 1983.

VOIGT, GEORG, Die Wiederbelebung des Classischen Alterthums, Berlin 1859.

VOLBACH, WOLFGANG F., Frühchristliche Kunst, München 1958.

W

WAAS, MANFRED, Germanen im römischen Dienst, Bonn 1965.

WALZER, RICHARD, Arabische Übersetzungen aus dem Griechischen, in: Antike und Orient im Mittelalter, Vorträge der Kölner Mediävistentagungen 1956-1959, hrsg. von P. Wilpert, Berlin 1962, S. 179-195.

WARD, JOHN O., Alexandria and its medieval legacy. The book, the monk and the rose, in: Roy MacLeod (Hrsg.), The Library of Alexandria. London 2000.

WARD-PERKINS, BRYAN, Der Untergang des Römischen Reiches, Darmstadt 2007.

WATSON, PETER, Ideen. Eine Kulturgeschichte von der Entdeckung des Feuers bis zur Moderne, München 2008.

WATTS, E., Where to Live the Philosophical Life in the Sixth Century? Damascius, Simplicius and the Return from Persia, in: Greek, Roman, and Byzantine Studies 45, 2005, S. 285-315.

WEBER, MAX, Die sozialen Gründe für den Untergang der antiken Kultur (Vortrag vor der akademischen Gesellschaft), Freiburg 1896.

WEEBER, K.W., Alltag im antiken Rom, Düseldorf/Zürich [3]1997.

WENDEL, CARL

-- Geschichte der Bibliotheken. Das griechisch-römische Altertum, in: Handbuch der Bibliothekswissenschaft 3/l, [2]1954.

-- Die bauliche Entwicklung der antiken Bibliotheken, in: Kleine Schriften zum antiken Buch- und Bibliothekswesen, hrsg. von Werner Krieg Köln 1974, S. 144-164.

WEST, ANDREW F., The Lost parts of Latin Literature, in: The School Review, Vol. 13, Nr. 5, 1905, University of Chicago, S. 371-381.

WILSON, NIGEL

-- Griechische Philologie im Altertum. in: Heinz-G. Nesselrath (Hrsg.) 1997, S. 87-103.

-- Griechische Philologie in Byzanz, in: Heinz-G. Nesselrath (Hrsg.) 1997, S. 104-116.

WINKELMANN, FRIEDHELM, Untersuchungen zur Kirchengeschichte des Gelasios von Kaisareia, in: Sitzungsbericht der Akad. d. Wissenschaften, Klasse für Sprachen, Literatur u. Kunst, Berlin 1966, S. 1-124.

WISSOWA, GEORG, Bestehen und Vergehen in der römischen Literatur. Rede zum Antritt des Rektorats der Vereinigten Friedrichs-Universität Halle-Wittenberg am 12. Juli 1908, Halle 1908.

Z

ZANKER, PAUL, Die römische Kunst, München 2007.

ZIMMERMANN, NORBERT, Werkstattgruppen römischer Katakombenmalerei, in: Jahrbuch für Antike und Christentum 35, 2002.

3 Kompendien

AUSSTELLUNGSKATALOG, Rom und die Barbaren – Europa zur Zeit der Völkerwanderung, Kunsthalle Bonn 2008.

AUSSTELLUNGSKATALOG, Das Königreich der Vandalen, Badisches Landsmuseum, Karlsruhe 2009.

BIBLIOTHEK DER KIRCHENVÄTER. Eine Auswahl patristischer Werke in deutscher Übersetzung (BKV), hrsg. von O. Bardenhewer, Th. Schermann und K., Reihe I 1911–31, Reihe II 1934-38. Die BKV (Auszüge) ist in einer Internet-Version unter http://www.unifr.ch/bkv/index.htm verfügbar. Sie schlägt als Nachschlagewerk für antike Kirchenschriftsteller hinsichtlich der Nutzerfreundlichkeit alle vergleichbaren althistorischen Internet-Angebote.

CORPUS INSCRIPTIONUM GRAECARUM, 4 Bde, Berlin 1828-1877.

CORPUS INSCRIPTIONUM LATINARUM, 16 Bde, Leipzig/Berlin 1862-1943.

DER KLEINE PAULY. Lexikon der Antike, hrsg. von K. Ziegler, W. Sontheimer und H. Gärtner, 5 Bde., München 1979.

DER NEUE PAULY (Reallexikon der Altertumswissenschaft in 15 + 3 + 1 Bde.), Stuttgart seit 1996.

DIE GRIECHISCHEN CHRISTLICHEN SCHRIFTSTELLER der ersten drei Jahrhunderte, hrg. von der dt. Akademie der Wissenschaften zu Berlin, Leipzig/Berlin 1897 ff.

GESCHICHTE DER TEXTÜBERLIEFERUNG der antiken und mittelalterlichen Literatur, 2 Bde, Zürich 1961–1964.

HANDBUCH DER KULTURGESCHICHTE, hrg. von Heinz Kindermann, Potsdam 1936.

HANDBUCH DER LATEINISCHEN LITERATUR DER ANTIKE, hrg. von Reinhart Herzog u.a.; Bd. 4: Die Literatur des Umbruchs. Von der römischen zur christlichen Literatur 117 bis 284 n.Chr., hrsg. von K. Sallmann, München 1997; Bd. 5: Restauration und Erneuerung. Die lateinische Literatur von 284 bis 374 n.Chr., hrsg. von R. Herzog, München 1989.

HANDBUCH DER LITERATURWISSENSCHAFT: Die Literatur der Römer, hrsg. von A. Kappelmacher-Schuster, Potsdam 1934.

HAUPTWERKE DER ANTIKEN LITERATUREN. Einzeldarstellungen und Interpretationen zur griechischen, lateinischen und biblisch-patristischen Literatur, hrg. von E. Schmalzriedt, München 1976.

INSCRIPTIONES LATINAE SELECTA, hrsg. von H. Dessau, 3 Bde., Berlin 1892-1916.

LEXIKON DES GESAMTEN BUCHWESENS, hrsg. von S. Corsten/G. Pflug/F. A. Schmidt-Künsemüller, Stuttgart 1989.

LEXIKON FÜR THEOLOGIE UND KIRCHE, Freiburg, 1930-38.

LEXIKON ANTIKER AUTOREN, hrsg. von O. Schütze, Stuttgart, 1997.

MIGNE, JACQUES PAUL

-- Patrologiae cursus completus. Series latina, 217 Bde. und 4 Reg.-Bde., Paris 1844-1855.

-- Patrologiae cursus completus. Series graeca, 161 Bde. Paris 1857-66, ND Athen 1987.

Neues Handbuch der Literaturwissenschaft, Bd. 4: Spätantike mit einem Panorama der byzantinischen Literatur, hrsg. von Lodewijk J. Engels/Heinz Hofmann, Wiesbaden 1997.

Paulys Realenzyklopädie der klassischen Altertumswissenschaft, G. Wissowa/K. Ziegler/W. John, 1. und 2. Reihe + Supplementbände, Stuttgart seit 1903.

Scriptores Rerum Germanicarum (SS Rer. Ger.), Teil 25 Einhardi Vita Karoli Magni, hsrg. von O. Holder-Egger, 1911, ND 1965.

Theologische Realenzyklopädie, 36 Bde., 1977-2004.

Bildnachweis

Titelbild: Der Sterbende Gallier: Cornerstone / pixelio.de
Abb. 1: Ephesus, Bibliothek: akg-images / Erich Lessing
Abb. 2: Diskuswerfer, Myron: akg-images
Abb. 3: Apollo von Belvedere: akg-images
Abb. 4: Laokoon: akg-images
Abb. 5: Völkerwanderung: akg-images
Abb. 6: Apsismosaik: akg-images / Andrea Jemolo
Abb. 7: Augustus: akg-images
Abb. 8: Caracalla-Therme: akg-images
Abb. 9: Campus Martius: Wikimedia Commons

Hermann Detering

Falsche Zeugen

Außerchristliche Jesuszeugnisse auf dem Prüfstand

ISBN 978-3-86569-070-8, 243 Seiten, kartoniert, Euro 19.-

Nach Ansicht der meisten Theologen ist die geschichtliche Existenz Jesus von Nazaret nicht nur durch christliche, sondern auch durch außerchristliche Quellen klar bezeugt. Als „Kronzeugen" gelten vor allem die antiken Historiker Josephus, Tacitus, Sueton und einige andere. Das vorliegende Buch geht der Frage der Zuverlässigkeit dieser Zeugnisse nach. Es zeigt sich, dass die angeblichen „Jesuszeugnisse" weder einen historischen Jesus von Nazaret noch die Existenz eines frühen Christentums im ersten Jahrhundert bezeugen können. Die durchweg negativen historischen Resultate werfen die Frage nach der Bedeutung der Geschichte für den christlichen Glauben auf. Im Gegensatz zum Jesus-Buch Joseph Ratzingers, das die als heilig angesehenen Schriften auslegt und ein pastorales Anliegen verfolgt, steht Detering in der Tradition der historisch-kritischen Bibelforschung. Er befragt die „Zeugen", die etwas über die geschichtliche Figur Jesus aussagen könnten, sucht nach Fakten und nach Wahrheit. Hermann Detering, promovierter Theologe und evangelischer Pfarrer, betreibt die Webseite www.radikalkritik.de.

Theodor Ebert

Der rätselhafte Tod des René Descartes

ISBN 978-3-86569-048-7, 236 Seiten, Abbildungen, kartoniert, Euro 16.-

René Descartes hat einen festen Platz in der Philosophiegeschichte, sein Rationalismus hat die europäische Aufklärung geprägt. Zu Lebzeiten hingegen erfährt er nicht nur Wertschätzung, insbesondere unter den Theologen hat er entschiedene Gegner. Im Herbst 1649 folgt er einer Einladung der schwedischen Königin Christine nach Stockholm. Wenige Monate später stirbt der französische Philosoph dort – wie es heißt, an einer Lungenentzündung.

So jedenfalls die „offizielle" Version, wie sie sich bis heute in Descartes-Biographien findet. Doch bereits kurz nach Descartes Tod kursierten Gerüchte, es sei Gift im Spiel gewesen. Theodor Ebert geht diesem Verdacht nach und rollt den „Fall Descartes" noch einmal auf. Anhand vorliegenden, aber bislang wenig beachteten Dokumenten rekonstruiert er zunächst den Krankheitsverlauf. Dabei ergeben sich erhebliche Zweifel an der Diagnose „Lungenentzündung", viele Indizien deuten darauf hin, dass Descartes tatsächlich keines natürlichen Todes gestorben ist. In einem zweiten Schritt erörtert der Autor, wer ein Motiv und wer die Möglichkeit für einen Mord an Descartes gehabt haben könnte. Am Ende der akribischen Untersuchung erscheint der rätselhafte Tod des René Descartes in einem neuen Licht.

Der Anhang enthält zahlreiche Dokumente in Übersetzung, die es den Lesern ermöglichen, die Argumentation des Autors nachzuvollziehen und sich ein eigenes Urteil zu bilden.

Harald Strohm

Die Gnosis und der Nationalsozialismus

Eine religionspsychologische Studie
Überarbeitete Neuauflage
ISBN 3-932710-68-1, 277 Seiten, kartoniert, Euro 18.-

Harald Strohm wirft einen Blick auf die ideologischen Traditionen, an die der nationalsozialistische „Mythus des 20. Jahrhunderts" (Alfred Rosenberg) anknüpfen konnte. Seine religionspsychologische Studie führt zurück bis zu den gnostischen Strömungen der Antike. In der Diesseitsverachtung und Lebensangst der Erlösungsreligionen findet er die dualistischen Denkmuster, die sich – aufgegriffen und popularisiert durch die Esoterik der Jahrhundertwende – in Konzentrations- und Vernichtungslagern, in Lebensbornanstalten und in der „Ostkolonisation" niederschlagen. Strohms Vergleich der Aussagen spätantiker manichäistischer Texte mit der Vorstellungswelt Adolf Hitlers erhellt, dass eine wichtige Wurzel des eliminatorischen Denkens in den Visionen eines endgültigen Kampfes um das Schicksal der Welt zu finden ist. Der Gedanke, daß eine auserwählte Elite die „Mächte der Finsternis" in einer Entscheidungsschlacht vernichten müsse, verschwindet nie aus dem abendländischen Denken und wird im Nationalsozialismus schließlich mit bürokratischen und industriellen Mitteln umgesetzt.

Petrus van der Let

Zipfelmützengötter

Religion als Echo der Kindheit
ISBN 3-932710-47-9, 181 Seiten, Abbildungen, kartoniert, Euro 15.-

„Zipfelmützen-Götter" nennt der Autor Kind-Götter, wie sie in vielen Religionen vorkommen: Helden und Bösewichte, die sich sehr oft durch die Gemeinsamkeit einer Kopfbedeckung auszeichnen und ähnliche Abenteuer durchleben. Diesen mythologischen Mützen-Trägern spürt van der Let durch die Kulturen und durch die Geschichte nach, findet sie in Heldensagen und auf Tempelreliefs, zeigt einen Bedeutungswandel (der sie in diversen Religionen zum Teufel werden lässt) und schließlich die Vereinnahmung der Figuren durch Kunst, Literatur und Werbung.
Da die Zipfelmützen-Götter unabhängig voneinander in verschiedenen Kulturen auftreten, stellt sich die Frage nach der Entstehung solcher Figuren. Ein Vergleich ihrer Erlebnisse und Wahrnehmungen mit den Ergebnissen der modernen Säuglingsforschung ergibt eine erstaunliche Perspektive: Die Heldenerzählungen scheinen mit den Augen eines Kleinkindes erlebt. In Anknüpfung an die Forschungen des Religionshistorikers Harald Strohm versucht der Autor diese Mythen als literarische Verarbeitung frühkindlicher Erinnerungen zu erklären und entwirft dabei ein rationales Modell der Entstehung mythologischer Texte „jenseits von Offenbarung und Religiosität" als anthropologische Konstante, als Wahrnehmungen, die jeder Mensch als Säugling macht.
Die Götter & Halbgötter, Zwerge & Elfen, der Satan und selbst die Hobbits aus Tolkiens Herr der Ringe werden als „Erfindungen mit Regressionscharakter" entschlüsselt, für die jede Zeit ihre jeweils eigene Darstellungsform sucht und findet.

Rolf Bergmeier

Kaiser Konstantin und die wilden Jahre des Christentums

Die Legende vom ersten christlichen Kaiser

ISBN 978-3-86569-064-7, 350 Seiten, kartoniert, Euro 24.-

Konstantin der Große gilt als *der* christliche Kaiser, dessen Regentschaft den Beginn des christlichen Abendlandes definiert. Eine Vision vor der Schlacht an der Milvischen Brücke soll ihn zum Glauben an den einzig „wahren" Gott bekehrt haben. Ein ideologisch weniger verklärter Blick auf das frühe 4. Jahrhundert ergibt jedoch ein ganz anderes Bild. Denn Konstantin hat sich nie zum Christentum bekannt, antike Bauwerke und Münzen zeigen ihn als sonnengöttlichen Herrscher. Seine Religionspolitik war in erster Linie geprägt vom Streben nach der Alleinherrschaft. Christliche Einflüsse auf seine Entscheidungen sind nicht nachweisbar.

Von solchen Feststellungen unbeeindruckt, halten zahlreiche deutsche Althistoriker das Bild des allerchristlichsten Kaisers aufrecht. Dass Konstantin als arianischer „Ketzer" getauft wurde, spielt in ihrer Wahrnehmung ebensowenig eine Rolle, wie die Zeugnisse, die den Kaiser mit dem Sonnengott in Verbindung bringen. Die Erkenntnis der Symbolforschung, dass das Kreuz zur Zeit Konstantins noch nicht als christliches Symbol gegolten hat, führt nicht zu einem quellenkritischen Umgang mit den Berichten aus kirchlichen Quellen. Anstatt zu fragen, wann das himmlische „in diesem Zeichen siege" in die antiken Texte zur Schlacht an der Milvischen Brücke hineingeschmuggelt worden ist, erörtern Althistoriker noch heute allen Ernstes, ob Konstantin das Kreuz denn im Traum oder tatsächlich gesehen habe.

Ohnehin stellte das Christentum damals keine einheitliche geistige Kraft dar, sondern präsentierte sich als ein Bündel sich gegenseitig heftig bekämpfender Konfessionen. Nicht die geistige Stärke der Gläubigen und die Überzeugungen Konstantins lassen somit das Christentum zur den Mittelmeerraum dominierenden Religion aufsteigen. Erst 50 Jahre nach dem Tod Konstantins des Großen setzt Kaiser Theodosius die neue Staatsreligion durch – aus politischem Kalkül und indem die Religionsfreiheit abgeschafft wird.

Peter Maslowski

Papstkirche ohne Heiligenschein

Geschichte der Konzile von Konstanz bis zum Vatikanum II

Hrsg. von Felix Weiland

ISBN 3-932710-83-5, 345 Seiten, kartoniert, Euro 20.-

Das Spätwerk Peter Maslowskis (1893-1983) befasst sich mit den sechs neueren Konzilen der (katholischen) Kirche und den Auseinandsetzungen, die Anlass für ihre Einberufung waren. Auf diesen „Funktionärsversammlungen" wurden nicht nur zahlreiche dogmatische Richtungsentscheidungen getroffen, es ging auch immer um „große Politik", um die Vorherrschaft im „christlichen Abendland", um Steuern und Besitz. Maslowski bietet einen tiefen Einblick in Machtpolitik, Geld und Geschäfte der Papstkirche und in die Konflikte mit den jeweiligen weltlichen Mächten – vom Beginn des 15. Jahrhunderts bis zum Aufbruch durch das Zweite Vatikanische Konzil unter Johannes XXIII. und dem bis heute anhaltenden konservativen Rückschlag unter dem Pontifikat Pauls VI.